上海国家会计学院
案例集
（第十一辑）

上海国家会计学院　编

中国财经出版传媒集团

经济科学出版社
Economic Science Press

图书在版编目（CIP）数据

上海国家会计学院案例集．第十一辑／上海国家会
计学院编．-- 北京：经济科学出版社，2022.6

ISBN 978 - 7 - 5218 - 3804 - 6

Ⅰ．①上…　Ⅱ．①上…　Ⅲ．①会计学 - 案例　Ⅳ.
①F230

中国版本图书馆 CIP 数据核字（2022）第 115910 号

责任编辑：白留杰　杨晓莹
责任校对：刘　昕
责任印制：张佳裕

上海国家会计学院案例集

（第十一辑）

上海国家会计学院　编

经济科学出版社出版、发行　新华书店经销

社址：北京市海淀区阜成路甲 28 号　邮编：100142

教材分社电话：010 - 88191309　发行部电话：010 - 88191522

网址：www. esp. com. cn

电子邮件：bailiujie518@ 126. com

天猫网店：经济科学出版社旗舰店

网址：http：//jjkxcbs. tmall. com

北京密兴印刷有限公司印装

710 × 1000　16 开　23.25 印张　400000 字

2022 年 9 月第 1 版　2022 年 9 月第 1 次印刷

ISBN 978 - 7 - 5218 - 3804 - 6　定价：76.00 元

（图书出现印装问题，本社负责调换。电话：010 - 88191510）

（版权所有　侵权必究　打击盗版　举报热线：010 - 88191661

QQ：2242791300　营销中心电话：010 - 88191537

电子邮箱：dbts@ esp. com. cn）

序

　　凝聚了上海国家会计学院教学研究团队一年心血的新一辑案例集即将面世，可喜可贺！自学院撰写案例、编辑出版案例集的工作启动以来，《上海国家会计学院案例集》已经出版了多辑。与案例库建设配套的另两项工程，即有多种检索、查询、统计和编辑功能，文本和视频兼容的案例数据库建设，以及综合国内外案例开发与案例教学经验的"案例研究方法泛论"编撰工作均已完成。组织各种资源，开展这一系列案例开发和案例教学工作背后的逻辑是着力塑造学院重视教学和研究密切结合实际的应用型特色，满足高层次财经人才培养的需要。纵然案例集的出版需要学院组织多方资源，花费学院教研团队大量宝贵的时间，但这仍旧是年轻的上海国家会计学院的无悔选择。聚焦高端、注重应用的特色塑造既需要我们广泛选用国内外其他院校的专家们编撰的优秀教学案例，也需要我们在深入调研的基础上，编写反映中国企业经营与管理实践、适应学院教学要求的高质量案例。而在继续着力做好全国会计领军人才培养工程、建设好会计行业的门户网站——"中国会计视野"、办好连续3年跻身英国《金融时报》全球排名30强的EMBA项目和受到广泛好评的中国大陆第一个EMPAcc项目等工作的同时，贡献高质量的具有中国特色和内涵的财经案例，也是上海国家会计学院义不容辞的责任。系列案例集的陆续出版好比是一串不断往前延伸的足迹，我们为足迹的持续延伸而欣慰，为新足迹更加坚定而自豪。当然，这一切也让我们倍加珍惜来之不易的发展环境，感恩财政部以及社会各界对学院的关心和支持。

　　古人云：不积跬步，无以至千里。上海国家会计学院正按照财政部领导的要求，积极谋求爬坡升级，每一个新成绩的取得都只能代表我们在朝国际一流会计学院征程迈进过程中又前行了细微的一步。前进的路很长，也充满艰辛，但只要我们持续努力，就一定能够贡献出高质量的知识产品，就能不断逼近我们心中的圣殿。

李扣庆

二零一三年七月

目　录

沃尔公司政采十年诉讼路

——"政府采购第一案"的启示

章 辉

"政府采购第一案"源于 2003 年"非典"疫情之后举行的一场价值高达 114 亿元的政府采购项目。2003 年 10 月，国家发展和改革委员会（以下简称国家发展改革委）、原卫生部委托两家采购代理机构，分别对医疗救治体系项目进行公开招标，采购相关仪器设备。北京现代沃尔经贸有限责任公司（以下简称沃尔公司）在两次投标报价中均为最低，却都未中标。为此，沃尔公司依法对该次政府采购事项进行了质疑、投诉，并两次将财政部告上法庭。该案前后持续达 10 年之久，又因是《中华人民共和国政府采购法》（简称《政府采购法》）2003 年 1 月 1 日起正式施行后的第一例状告财政部的政府采购案件，且涉及三个国家部委（财政部、国家发展改革委和原卫生部），因此被称为"政府采购第一案"。

一、我国政府采购制度建设简介

按照我国政府采购实践所遵循的"先试点、积累经验再推广"的模式，并以《政府采购法》的颁布施行和启动政府采购协议（government procurement agreement，GPA）谈判程序为界，可以将我国政府采购实践分为三个阶段：即 1995~2002 年是试点阶段；2003~2007 年是规范与发展阶段；2008 年至今是政府采购市场开放的探索阶段。

（一）政府采购的试点阶段（1995~2002 年）

我国政府采购的实践，要早于政府采购在制度层面的建设。1995 年，上海市财政局和卫生局联合下发《关于市级卫生医疗单位加强财政专项采购经费管理的若干规定》，要求对预算价格在 500 万元以上的采购项目，要实行公开招标采购；500 万元以下的项目可实行非招标采购形式。这标志着我国政府采购工作试点的开始。随后，河北省、深圳市和重庆市也先后进行了政府采购工作的尝试。在各先行试点城市和地区取得良好社会经济效益的影响下，各省（区、市）也不同程度地开展了政府采购试点工作。以 1998 年为例，全国有 29 个省份共签订政府采购合同近 2 000 份，采购规模约 31.6 亿元，共节约资金 4.16 亿元，资金节约率为 13.38%[①]。1999 年初，中央国家机关通过向社会公开招标的方式采购计算机及其辅助设备，标志着中央国家机关政府采购的试点工作开始启动。从此，政府采购工作在全国各地轰轰烈烈地展开。

随着政府采购工作实践的深入开展，一些地方政府也对政府采购制度建设进行了有益的探索。1998 年，深圳市率先制定了中国政府采购的第一个地方性法规——《深圳经济特区政府采购条例》。之后，河北、上海、江苏、辽宁等省份也先后制定了政府采购管理办法。1998 年，国务院明确财政部为政府采购的主管部门，从而在国家层面初步确立了政府采购管理机构及执行机构。1999 年，财政部颁布了第一部关于政府采购方面的行政规章——《政府采购管理暂行办法》。随后，财政部又陆续颁布《政府采购招标投标管理暂行办法》《政府采购合同监督暂行办法》《政府采购资金直接拨付管理办法》等一系列规章制度。与此同时，地方各级人民政府也相继在财政部门设立或明确了政府采购管理机构，监督管理政府采购活动，并根据有关规定，制定了本地政府采购有关规定、办法。各项规章制度颁布和管理机构的明确，极大地促进了各地政府采购工作的开展，使政府采购规模迅速得到提高、政府采购范围逐步扩大。从 1998～2002 年的五年间，政府采购规模增加了近 32 倍。政府采购范围也由最初单纯的货物类扩大到工程类和服务类，而且为我国《政府采购法》的起草与制定提供了宝贵的经验。

（二）政府采购制度的规范与发展阶段（2003～2007 年）

2003 年 1 月 1 日，我国《政府采购法》正式颁布施行，标志着我国政府采购制度建设由试点阶段进入了规范与发展阶段，政府采购活动也开始步入了法制化管理的轨道。从此，依法采购、规范管理对我国政府采购工作提出了更高的标

---

① 张弘力. 关于建立中国政府采购制度的若干问题［J］. 预算管理与会计，1999（7）.

准和新的要求，也使我国政府采购实践跃上了一个更高的平台。

《政府采购法》的施行，极大地推动了我国政府采购工作向广度和深度发展。以《政府采购法》施行的第一年为例，全国政府采购规模达到 1 659.4 亿元，比《政府采购法》实施前的 2002 年增加了 650 亿元，节约预算资金 196.6 亿元，资金节约率为 10.6%；采购规模比上年同期增长 64.4%，分别占当年财政支出和 GDP 的 6.7% 和 1.4%，比上年同期分别增长 2 个百分点和 0.4 个百分点[①]。然而，政府采购涉及众多的采购主体和诸多的经济关系，远远不是一部《政府采购法》所能涵盖的。为了进一步健全和完善我国的政府采购制度，财政部又先后出台了一系列的行政规章，如《中央单位政府采购管理实施办法》《政府采购货物和服务招标投标管理办法》《政府采购供应商投诉处理办法》《政府采购信息公告管理办法》《政府采购代理机构资格认定办法》，等等。财政部会同监察部联合制定并颁布了《政府采购评审专家管理办法》《集中采购机构监督考核管理办法》。与此同时，各地区也对政府采购制度的建设给予了高度的重视。大部分地区都根据《政府采购法》的规定制定了本地区政府采购管理实施办法，有些地区还制定了一些专项内容的管理办法。集中采购机构也都按照法律要求制定了内部操作规程和工作人员守则等内部管理制度。所有这些工作，都极大地促进了我国政府采购制度的规范化发展，为我国政府采购制度建设的进一步健全与完善奠定了基础。

（三） 政府采购市场开放的探索阶段（2008 年至今）

我国政府在 2001 年加入世界贸易组织（WTO）时承诺：中国有意成为《政府采购协议》[②]（GPA）的缔约方，在条件成熟时开放本国的政府采购市场，并尽快启动加入谈判。

自加入 WTO 以来，我国政府就积极履行有关加入 GPA 的承诺，为提出政府采购市场开放清单、启动加入 GPA 谈判创造条件。2007 年 12 月 28 日，我国政府正式签署了加入 WTO《政府采购协议》的申请书，同时递交了我国加入 GPA 的初步出价清单，这标志着我国加入 WTO《政府采购协议》的谈判正式启动。截至 2015 年底，我国政府已向 WTO 政府采购委员会先后提交了六份加入 GPA 的出价清单。在最新的第六份清单中，首次列入大学、医院和国有企业，工程项

---

① 根据相应年份《中国政府采购年鉴》（中国财政经济出版社）相关数据整理。
② 《政府采购协议》是 WTO 的一项诸边协议，目标是促进成员方开放政府采购市场，扩大国际贸易。

目全部列入出价，门槛价也降至参加方水平。同时，扩大了中央政府实体覆盖范围，增加了5个省份（出价省份达到19个），还增列了服务项目，调整了例外情形。

对于我国政府而言，加入遵循互惠对等原则的WTO《政府采购协议》，开放我国政府采购市场已不可回避。自我国政府正式启动加入GPA申请以来，我国理论界及实务部门针对我国政府采购市场开放后可能面临的机遇与挑战，在如何完善国内政府采购制度、有效保护国内政府采购市场、促进国内产业进入国际政府采购市场等方面，都进行了有益的探索和实践。

二、"政府采购第一案"回顾

2003年9月，国务院批准了国家发展改革委、原卫生部编制的《突发公共卫生事件医疗救治体系建设规划》。根据此规划，原卫生部作为政府采购人，委托采购代理机构对上述医疗救治体系项目进行了公开招标。沃尔公司参加了2004年10月29日、11月19日先后开标合计586台血气分析仪的采购项目①。沃尔公司在两次投标报价中均为最低，却都未中标。

2004年12月22日，沃尔公司向采购代理机构提出质疑，但未获满意答复。

2005年1月7日，沃尔公司以原卫生部国家医疗救治体系领导小组、国家发展改革委国家医疗救治体系领导小组为被投诉人，向财政部提出投诉②。

2005年3月23日，沃尔公司因认为财政部未对其以上投诉作出处理和答复，向北京市第一中级人民法院提起行政诉讼，请求判决财政部履行法定职责。

北京市第一中级人民法院于2006年12月8日作出一审判决：判决财政部败诉，责令其对沃尔公司的投诉进行处理和答复。

财政部不服一审判决，认为医疗救治体系项目属重大建设项目，对国家重大建设项目招标投标活动的投诉应由国家发展改革委受理并作出处理决定。财政部已将沃尔公司的投诉转交国家发改委处理，属于正确履行法定职责。2006年12月22

① 包括286台血气分析仪和300台便携式血气分析仪的采购计划，预算总金额超过3 000万元。

② 具体投诉事项包括：（1）投诉人所投产品是血气分析仪中最好的品牌之一，其以最低价投标而未中标，也得不到合理的解释；（2）招标文件中无具体评标方法、打分标准、计算公式；（3）中标公示应包括评标委员会成员名单而未包括，不符合法定标准；（4）中标人在其他投标中相同产品的价格比本投标报价低。

日，财政部向北京市高级人民法院提出上诉，要求撤销一审判决。

2012 年 11 月 21 日，北京市高级人民法院作出终审判决，判决驳回上诉，维持一审判决。

2014 年 5 月 9 日，财政部作出被诉处理决定，并于同年 5 月下旬向沃尔公司直接送达了被诉处理决定。该处理决定并未令投诉方沃尔公司满意。由于上述招标已经过去 10 年，沃尔公司已经无法再中标，而且财政部的处理决定也未涉及对违法部门的处罚和对受损企业的补偿。

2014 年 8 月 18 日，沃尔公司再次向北京市第一中级人民法院提起行政诉讼。

2015 年 6 月 19 日，北京市第一中级人民法院作出判决：撤销财政部于 2014 年 5 月 9 日作出的《财政部投诉处理决定书》（财库〔2014〕52 号）；财政部应当于法定期限内针对沃尔公司的投诉重新作出处理决定。

沃尔公司质疑、投诉、行政诉讼流程如图 1 所示。

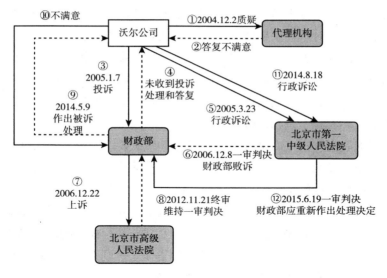

图 1 "政府采购第一案"过程

三、"政府采购第一案"的焦点问题

梳理"政府采购第一案"的全过程，案件的缘起、发展和反复，主要是围绕以下三个焦点问题。

（一）公开招标是否应采取"价低者得"

2004 年 10 月 29 日、11 月 19 日先后开标的合计 586 台血气分析仪采购项目中，中标供应商（广东某公司）投标报价最高，每台 8 万元，而沃尔公司报价最低，每台 5.68 万元，但两次都是广东某公司中标。因此，沃尔公司依据《政府采购法》第五十一条、第五十二条、第五十四条之规定①，向采购代理机构提出质疑，属于政府采购供应商的合法权利。

（二）财政部是否有责任对工程类政府采购投诉供应商进行处理和答复

根据我国《政府采购法》，各级人民政府财政部门是负责政府采购监督管理的部门，依法履行对政府采购活动的监督管理职责。没有在国家发改委、原卫生部方面得到满意的答复，沃尔公司就向财政部书面投诉；因为认为财政部没有按照法定期限处理和回复，他们又向法院提起行政诉讼。北京市第一中级人民法院一审认定财政部没有在收到投诉后 30 个工作日内对投诉事项作出决定，并以书面形式通知投诉人，于是判其败诉。

财政部随后向北京市高级人民法院提起上诉，要求撤销原判。财政部上诉理由为：诉讼中涉及的采购项目是国家医疗救治体系项目的一个组成部分，属于国家重大建设项目，按照国务院有关规定应该由国家发改委来处理有关投诉。

财政部这一判断的法律依据是《政府采购法》中对工程类政府采购的规定，即《政府采购法》第四条规定"政府采购工程进行招标投标的，适用《招标投标法》"。依据《招标投标法》，国家发改委承担着制定细则、审核代理机构等大部分职责。依据《政府采购法》，财政部门是政府采购的监督管理部门。而按照《招标投标法》和国务院有关部门之间分工、重大建设项目监督的有关规定，对国家重大建设项目投诉的受理由国家发改委负责，这也是财政部上诉的主要依据之一。

---

① 《政府采购法》第五十一条：供应商对政府采购活动事项有疑问的，可以向采购人提出询问，采购人应当及时作出答复，但答复的内容不得涉及商业秘密；第五十二条：供应商认为采购文件、采购过程和中标、成交结果使自己的权益受到损害的，可以在知道或者应知其权益受到损害之日起 7 个工作日内，以书面形式向采购人提出质疑；第五十四条：采购人委托采购代理机构采购的，供应商可以向采购代理机构提出询问或者质疑，采购代理机构应当依照本法第五十一条、第五十三条的规定就采购人委托授权范围内的事项作出答复。

（三） 政府采购活动中利益受损供应商是否应该得到补偿

在 2012 年 11 月 21 日北京市高级人民法院作出终审判决后，财政部于 2014 年 5 月 9 日作出被诉处理决定《财政部投诉处理决定书》，并于同年 5 月下旬向沃尔公司直接送达了被诉处理决定。

被诉处理决定认为，根据法院判决，被投诉项目属于货物采购，其采购方式和采购程序均应依照 2004 年项目启动前已实施的《政府采购法》及《政府采购货物和服务招标投标管理办法》规定执行，而被投诉项目未依照上述规定执行，违反了《政府采购法》第二条第一款和第六十四条第一款的规定。鉴于被投诉项目适用法律和采购程序错误，被告不再对投诉事项逐一进行审查。根据《政府采购法》第二条、第六十四条，《政府采购供应商投诉处理办法》第十九条第三项规定，决定采购活动违法。

但沃尔公司认为财政部的处理决定也未涉及对违法部门的处罚和对受损企业的补偿。于是，2014 年 8 月 18 日，沃尔公司再次向北京市第一中级人民法院提起行政诉讼。

四、"政府采购第一案"解析

（一）"价低者得"并不是公开招标唯一的评标标准

政府采购公开招标评标的方法一般有最低评标价法和综合评分法。最低评标价法是指投标文件满足招标文件全部实质性要求，且投标报价最低的投标人为中标候选人的评标方法，一般适用于技术、服务等标准统一的政府采购项目；综合评分法是指投标文件满足招标文件全部实质性要求，且按照评审因素的量化指标评审得分最高的投标人为中标候选人的评标方法。显然，政府采购公开招标并不意味着"价低者得"。就本案而言，其招标文件中规定采用综合打分法，仅规定了商务、技术和价格三部分的分值，但未规定具体评分因素及其分值比重。存在评审因素没有细化和量化的瑕疵，客观上埋下了评审结果被质疑的风险。

此外，简单地认为政府采购公开招标应当"价低者得"，也是对政府采购功能的误解，是以私人部门采购的评判标准来衡量政府采购。

政府采购不仅是采购（这也是政府采购与私人部门采购的显著差异），还是政府宏观调控的工具之一，其天然承载着一系列的政府宏观政策导向。只不过这些政策导向是通过采购这种形式、通过影响市场的供求关系来实现，这些政策导向就表现为政府采购功能，体现为政府采购的政策属性。政府采购功能是由调控功能、效率功能、协调功能和规范功能组成的功能体系，且每一功能又有着不同的实现形式。具体而言，调控功能的实现形式包括增加就业、维护社会公共利益、扶持中小企业、稳定物价、促进民族经济发展、激励自主创新等；效率功能的实现形式则体现在提高采购资金的使用效益；协调功能的实现形式主要有协调经济发展与环境保护、协调区域与产业的发展、协调贸易摩擦等；规范功能的实现形式则表现为规范政府行为与促进廉政建设、规范市场体系等。

我们通常会用"物有所值"来评判政府采购的结果。但政府采购"物有所值"的"值"与私人部门采购"物有所值"的"值"在内涵上是不一致的。政府采购"物有所值"的"值"是包括上文所提的"调控功能、效率功能、协调功能和规范功能"综合体，指向保障政府履职和公共服务需要，承载着一系列的政府宏观政策职能；而私人部门采购"物有所值"的"值"，就仅仅是在采购预算一定的情况下，实现采购数量和质量的最大化，或者在采购数量和质量一定的情况下，做到采购预算节约最大化。因此，在依法开展政府采购活动的过程中，"价低者不得"也属于实现政府采购功能的要求。

（二）财政部门必须依法履行对政府采购活动的监督管理职责

我国《政府采购法》第十三条规定，各级人民政府财政部门是负责政府采购监督管理的部门，依法履行对政府采购活动的监督管理职责。因此，财政部基于本案是国家医疗救治体系项目的一个组成部分，属于国家重大建设项目，且工程类建设项目招标投标的适用《招标投标法》，按照国务院有关规定应该由国家发改委来处理有关投诉的理由，并不能推卸财政部在政府采购监督管理中应尽的职责。

自我国《政府采购法》施行以来，该法第四条关于"政府采购工程进行招标投标的，适用招标投标法"的规定，就被理论和实务部门认为是《政府采购法》和《招标投标法》的冲突"源泉"。这种错误的解读或理解，很大程度上是由于未能准确把握"政府采购工程进行招标投标的，适用招标投标法"属于政府采购方式的规定。

众所周知，《招标投标法》属于程序法（为保障实体权利与实体义务的实现而制定的实施程序的法），只对招标和投标程序作出规范。《政府采购法》

属于实体法（直接规定人们实体权利和义务的法），不仅要明确采购方式和程序，还要从实体上予以规范，包括政府采购预算编制要求、采购过程中应当接受的监督管理、采购活动中应当坚持的政策取向、采购合同的订立、采购资金的拨付等。

招标投标流程只是政府采购流程中的一个环节。招标投标流程始于招标文件的制作，止于中标供应商的确定。政府采购流程始于采购预算的编制，止于采购资金的支付，比招标投标流程长得多。因此，政府采购工程进行招标投标的，只在招标投标流程适用《招标投标法》，属于政府采购方式适用的规定，其他环节仍然适用《政府采购法》，包括财政部应尽的监督管理职责。

（三）政府采购救济机制需要进一步完善

从本案的判决看，至少涉及行政责任和民事责任的追究。就民事责任而言，按照我国《政府采购法》第七十三条第三款的规定，采购合同已经履行的，给采购人、供应商造成损失的，由责任人承担赔偿责任。而实际上，财政部于2014年5月9日作出的被诉处理决定中，并没有涉及对供应商承担赔偿责任的内容。从我国《政府采购法》施行以来的各类案件处理结果看，政府采购中利益受损供应商也鲜有得到赔偿的案例，这暴露出我国政府采购救济机制的缺陷。

根据我国现行的《政府采购法》，供应商维权的主要方式有质疑、投诉、行政复议或行政诉讼等，且后一方式的采取以前一方式的实施为前提（见图2）。从法律形式上看，虽然赋予供应商多种可供选择的救济权利，但供应商维权程序却十分烦琐，维权的成本很高。比如依据规定，供应商在提起维权投诉之前，必须首先向采购人或采购人委托的代理机构提出质疑，否则政府采购监督管理部门不受理投诉，即"质疑前置程序"；质疑之后不服，应先向同级政府采购监督管理部门投诉。只有对投诉处理结果不服，才可以申请行政复议或者提起行政诉讼。这种制度设计显然有明显的缺陷与不足，既限制了行政诉讼原告资格，又使法院无所适从，难以及时有效保障当事人的合法权益，客观上增加了供应商维权的时间与经济代价，司法救济成本无形中提高了。因此，可以考虑从有效维护供应商合法权益、提高政府采购效率出发，对供应商依法向人民法院提起行政诉讼不设前置条件。

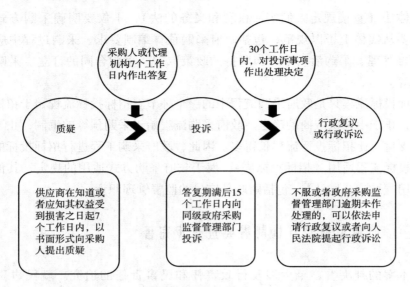

图2 政府采购供应商维权流程

附件一：本案例相关法律规定

1.《中华人民共和国政府采购法》第二条第一款、第二款规定，在中华人民共和国境内进行的政府采购适用本法。本法所称政府采购，是指各级国家机关、事业单位和团体组织，使用财政性资金采购依法制定的集中采购目录以内的或者采购限额标准以上的货物、工程和服务的行为。

2.《中华人民共和国政府采购法》第六十四条规定，采购人必须按照本法规定的采购方式和采购程序进行采购。任何单位和个人不得违反本法规定，要求采购人或者采购工作人员向其指定的供应商进行采购。

3.《政府采购供应商投诉处理办法》第十二条规定，财政部门应当在受理投诉后3个工作日内向被投诉人和与投诉事项有关的供应商发送投诉书副本。

4.《政府采购供应商投诉处理办法》第十三条规定，被投诉人和与投诉事项有关的供应商应当在收到投诉书副本之日起5个工作日内，以书面形式向财政部门作出说明，并提交相关证据、依据和其他有关材料。

5.《政府采购供应商投诉处理办法》第十七条规定，财政部门经审查，对投诉事项分别作出下列处理决定：（1）投诉人撤回投诉的，终止投诉处理；（2）投诉缺乏事实依据的，驳回投诉；（3）投诉事项经查证属实的，分别按照本办法有关规定处理。

6.《政府采购供应商投诉处理办法》第十九条规定，财政部门经审查，认定采购文件、采购过程影响或者可能影响中标、成交结果的，或者中标、成交结果的产生过程存在违法行为的，按下列情况分别处理：（1）政府采购合同尚未签订的，分别根据不同情况决定全部或者部分采购行为违法，责令重新开展采购活动；（2）政府采购合同已经签订但尚未履行的，决定撤销合同，责令重新开展采购活动；（3）政府采购合同已经履行的，决定采购活动违法，给采购人、投诉人造成损失的，由相关责任人承担赔偿责任。

7. 《政府采购供应商投诉处理办法》第二十条规定，财政部门应当自受理投诉之日起30个工作日内，对投诉事项作出处理决定，并以书面形式通知投诉人、被投诉人及其他与投诉处理结果有利害关系的政府采购当事人。

8. 《中华人民共和国行政诉讼法》第七十条规定，行政行为有下列情形之一的，人民法院判决撤销或者部分撤销，并可以判决被告重新作出行政行为：（1）主要证据不足的；（2）适用法律、法规错误的；（3）违反法定程序的；（4）超越职权的；（5）滥用职权的；（6）明显不当的。

附件二：沃尔公司政府采购案行政判决书（有删节）

北京市第一中级人民法院
行 政 判 决 书

（2015）一中行初字第 232 号

原告：北京现代沃尔经贸有限责任公司，住所地北京市×××。

被告：中华人民共和国财政部，住所地北京市西城区三里河南三巷3号。

第三人：中华人民共和国国家卫生和计划生育委员会，住所地北京市西城区西直门外南路1号。

第三人：国信招标集团股份有限公司，住所地北京市×××。

第三人：广东开元医疗科技有限公司，住所地广东省广州市×××。

原告北京现代沃尔经贸有限责任公司（以下简称现代沃尔）因不服被告中华人民共和国财政部（以下简称财政部）作出的《财政部投诉处理决定书》（以下简称被诉处理决定）（财库〔2014〕52号），向本院提起行政诉讼。本院受理后，依法组成合议庭，并通知中华人民共和国国家卫生和计划生育委员会（以下简称国家卫计委）、国信招标集团股份有限公司（以下简称国信招标）、广东开元医疗科技有限公司（以下简称开元医疗）作为第三人参加本案诉讼。本院于2015年5月25日公开开庭审理了本案，原告现代沃尔的法定代表人×××及委托代理人×××，被告财政部的委托代理人×××，第三人国信招标的委托代理人×××到庭参加了诉讼。第三人国家卫计委、开元医疗经本院合法传唤未到庭参加诉讼，不影响本案审理。本案现已审理终结。

2014年5月9日，被告财政部作出被诉处理决定，认定：2004年10月28日，国信招标受原中华人民共和国卫生部（以下简称原卫生部）委托，在中国采购与招标网发布招标公告，采购内容为286台干式血气分析仪。招标文件中规定采用综合打分法，规定了商务、技术和价格三部分的分值，但未规定具体评分因素及其分值比重。2004年11月19日，投标截止、开标、评标，共有三家供应商参与投标，评标委员会专家由多家采购代理机构提供的专家库汇总后随机抽取，评审后现代沃尔综合排名第三。2004年12月21日，国信招标受原卫生部委托发布中标公告，其中未包括评标委员会成员名单。2004年12月22日，现代沃尔向国信招标提出质疑。2004年12月29日，国信招标答复质疑，称由于本项目属于国家医疗救治体系建设项目的一部分，应遵照《中华人民共和国招标投标法》（以下简称《招标投标法》）的相关规定。被诉处理决定另查明，中标通知书发出后，国家医疗救治体系项目（编号为GXTC-0404038）D包—血气分析仪（以下简称被投诉项目）政府采购合同已经履行。被诉处理决定认为：根据法院判决，被投诉项目属于货物采购，其采购方式和采购程序，均应依照2004年项目启动前已实施的《中华人民共和国政府采购法》（以下简称《政府采购法》）及《政府采购货物和服务招标投标管理办法》规定执行，而被投诉项目未依照上述规定执行，违反了《政府采购法》第二条第一款和第六十四条第一款的规定。鉴于被投诉项目适用法律和采购程序错误，被告不再对投诉事项逐一进行审查。综上，被诉处理决定根据《政府采购法》第二条、第六十四条，《政府采购供应商投诉处理办法》第十九条第（三）项规定，决定采购活动违法。

原告现代沃尔请求撤销被诉处理决定，判令被告重新作出行政行为。其诉讼理由略为：第一，原告向被告投诉的事项有4项，而被诉处理决定仅以被投诉项目采购方式和采购程序不符合《政府采购法》的相关规定决定采购活动违法，未针对原告的具体4项投诉事项进行审查并作出决定，构成不履行生效判决所确认的监管职责，以及未履行对采购人和供应商违法行为的查处职责；第二，被诉处理决定仅适用《政府采购法》及相关规定错误，被投诉项目本身即是按照《招标投标法》及其相关规定进行的招标，因此本案还应当适用《招标投标法》及相关的法律规定；第三，被告应当在投诉处理程序中追加第三人开元医疗参加行政程序。本案自2005年争议至今，原告仍未见过开元医疗。其中标合同的履行情况等，原告也无从了解。开元医疗作为中标人是本案的利害关系人，被告应当通知其参加行政程序。

被告财政部当庭答辩请求本院驳回原告的诉讼请求。其当庭答辩理由略为：一、根据法院的生效判决，被投诉项目应当适用《政府采购法》及相关规定，而被投诉项目适用《招标投标法》及相关法律规定进行招标，采购方式和采购程序已经违法。鉴于被投诉项目的采购方式和采购程序已经违法，因此对于原告的具体投诉事项，被告已经无需逐一审查；二、被诉处理决定系根据《政府采购供应商投诉处理办法》第十九条第（三）项之规定，在合同已经履行的情况下，确认采购活动违法。该决定对于合同的履行已经不会产生实际影响，因此开元医疗并不构成《政府采购供应商投诉处理办法》中所指的与投诉事项有关的供应商，被告未通知其参加投诉处理程序并不违法。

第三人国信招标同意被诉处理决定，同意被告财政部的答辩意见。

第三人国家卫计委、开元医疗均未到庭陈述意见，亦未针对被诉处理决定提交书面意见。

被告财政部于法定期间向本院提交如下证据材料：（1）（2005）一中行初字第 432 号行政判决书；（2007）高行终字第 247 号行政判决书，证明生效判决要求被告就原告提出的被投诉项目的投诉予以处理和答复。（2）原告于 2005 年 1 月 7 日提交的《关于国家医疗救治体系项目（项目编号：GXTC－0404038）中标公示的投诉书》及相关投诉材料。（3）2004 年 10 月被投诉项目的《招标文件》部分内容。证据 2、3 证明投诉书中所列被投诉人与招标文件及《政府采购法》的规定不相符。（4）《财政部投诉处理决定书》（财库〔2013〕59号）。（5）原告于 2013 年 7 月 10 日向本院提交的行政起诉状。（6）（2013）一中行初字第 3543 号行政判决书。（7）原告于 2014 年 1 月 28 日向北京市高级人民法院提交的行政上诉状。证据 4—7 证明就《财政部投诉处理决定书》（财库〔2013〕59 号）是否涉及被投诉项目，双方存在争议。（8）《关于确认国家医疗救治体系采购项目（编号为 GXTC－0404038）投诉案被投诉人的告知书》（财库便函〔2014〕71 号），证明投诉书中所列被投诉人与招标文件及《政府采购法》的规定不相符，被告要求原告确认被投诉人。（9）《有关国家医疗救治体系采购项目（编号为 GXTC－0404038）相关事宜的复函》（京沃尔经贸函复字〔2014〕第21 号），证明原告书面确认被投诉人为原卫生部。（10）《提出答复通知书》（财库便函〔2014〕88 号），证明被告要求国家卫计委、国信招标就投诉事项提交书面说明和相关证据材料。（11）国信招标于 2014 年 4 月 1 日作出的《关于国家医疗救治体系项目投诉事项和有关招标情况的汇报》，证明就原告的投诉事项，被告已向国信招标进行了调查。（12）《国家卫生计生委财务司关于提供国家医疗救治体系项目 D 包投诉事项处理工作相关材料的复函》（国卫财务价便函〔2014〕154 号），证明就原告的投诉事项，被告向国家卫计委进行了调查，以及被投诉项目已按照合同签约执行。（13）2004 年 10 月国家医疗救治体系项目的招标文件部分内容，证明该采购项目未依照《政府采购法》和《政府采购货物和服务招标投标管理办法》的规定执行，适用法律和采购程序错误。（14）2004 年 12 月 22 日《国家医疗救治体系项目评标结果公示》，证明被投诉项目中标结果公示未包括评标委员会成员名单，不符合《政府采购法》和《政府采购货物和服务招标投标管理办法》的规定。原告现代沃尔于法定期间向本院提交媒体相关报道网页打印件，证明采购活动的违法性，以及被告没有进行查处。第三人国家卫计委、国信招标以及开元医疗均未向本院提交证据。

经庭审质证，原告认为被告提交的证据 4、7 与本案无关联，认为证据 3、13 虽然真实，但并不完整；原告对被告提交的其他证据均无异议。第三人国信招标对被告提交的证据均无异议。被告财政部及第三人国信招标认为原告提交的证据与本案无关，真实性亦无法确认。本院对上述证据认证如下：被告提交的证据 4—7 系其他投诉处理案件的相关材料，与本案无关，本院不予采纳；原告提交的证据与本案无关，本院不予采纳。对被告提交的其他证据，本院均予采纳。

经审理查明：2003 年 9 月，国务院批准了国家发展和改革委员会（以下简称国家发改委）、原卫生部编制的《突发公共卫生事件医疗救治体系建设规划》。根据此规划，原卫生部作为政府采购人，委托采购代理机构即本案第三人国信招标于 2004 年 10 月对上述医疗救治体系项目进行了公开招标，招标编号：GXTC－0404038，原告现代沃尔参加了其中 D 包血气分析仪（即本案被投诉项目）的投标。2004 年 12 月 21 日，被投诉项目开标公示，中标人为广东开元医疗设备有限公司（企业名称后变更为广东开元医疗科技有限公司，即第三人开元医疗），原告未中标。次日，原告向第三人国信招标提出质疑，但未获满意答复。2005 年 1 月 7 日，原告以原卫生部国家医疗救治体系领导小组、国家发改委国家医疗救治体系领导小组为被投诉人，向被告财政部提出投诉。具体投诉事项共为 4 项，略为：（1）投诉人所投产品是血气分析仪中最好的品牌之一，其以最低价投标而未中标，也得不到合理的解释；（2）招标文件中无具体评标方法、打分标准、计算公式；（3）中标公示应包括评标委员会成员名单而未包括，不符合法定标准；（4）中标人在其他投标中相同产品的价格比本投标报价低。

2005 年 3 月 23 日，原告因认为被告未对其以上投诉作出处理和答复，向本院提起行政诉讼。本院经审理后于 2006 年 12 月 8 日作出（2005）一中行初字第 432 号一审判决，判决被告对原告针对被投诉项目招投标的组织不合法问题所进行的投诉予以处理和答复。被告不服一审判决上诉至北京市高级人民法院。2012 年 11 月 21 日，北京市高级人民法院作出（2007）高行终字第 247 号终审判决，判决驳回上诉，维持一审判决。

2014 年 3 月，原告根据被告要求确认被投诉人为原卫生部，同年 3 月 27 日被告向第三人国家卫计委、国信招标作出《提出答复通知书》，并转送了投诉书副本，同时要求上述两个第三人就投诉事项和有关情况提交书面说明，并提供相关的证据材料和法律依据。2014 年 4 月，国信招标、国家卫计委先后向被告提交了书面答复意见。2014 年 5 月 9 日，被告作出被诉处理决定，并于同年 5 月下旬向原告直接送达了被诉处理决定。2014 年 8 月 18 日，原告不服被诉处理决定向本院提起行政诉讼。

另查，被告在投诉处理程序中未通知第三人开元医疗参加投诉处理程序，亦未向其送达被诉处理决定。再查，第十二届全国人民代表大会第一次会议于 2013 年 3 月 14 日决定批准国务院机构改革和职能转变方案。该方案……将卫生部的职责、国家人口和计划生育委员会的计划生育管理和服务职责整合，组建国家卫生和计划生育委员会……不再保留卫生部、国家人口和计划生育委员会。

本院认为：本院（2005）一中行初字第 432 号及北京市高级人民法院（2007）高行终字第 247 号行政判决已经判决被告对原告针对被投诉项目招投标的组织不合法问题所进行的投诉予以处理和答复，而被诉处理决定正是根据上述生效判决作出，因此对被告作出被诉处理决定的法定职责，本院在本案中不再审查评述。

一、被诉处理决定的程序合法性

（一）财政部门在作出政府采购投诉处理决定前，应当保障与投诉事项有关的供应商参加投诉处理程序的权利，此为正当程序原则的应有之义，也是财政部门的法定义务。行政机关在作出行政行为前，应当通知利害关系人参加行政程序，并保障其陈述意见、提交证据等程序权利，避免利害关系人在未陈述申辩甚至毫不知情的情况下，受到行政行为的侵害，此为正当程序原则的重要内涵。而且，对于政府采购投诉处理程序中的利害关系人参加问题，《政府采购供应商投诉处理办法》亦有明确规定。参照该办法第十二条及第十三条之规定，财政部门应当在受理投诉后 3 个工作日内向被投诉人和与投诉事项有关的供应商发送投诉书副本，而被投诉人和与投诉事项有关的供应商则应当在收到投诉书副本之日起5个工作日内，以书面形式向财政部门作出说明，并提交相关证据、依据和其他有关材料。上述规定之目的，即在于保障包括与投诉事项有关的供应商在内的利害关系人参加行政程序的权利，并对其行使该权利的行为加以规范。因此，在政府采购投诉处理程序中，财政部门通知与投诉事项有关的供应商参加投诉处理程序，既是正当程序原则的要求，也是财政部门的法定义务。

（二）关于与投诉事项有关的供应商的具体范围，相关法律规范并未予以明确列举；对于与投诉事项有关这一概念的判断标准，亦无明确界定。结合法理予以分析，在行政行为所涉及的行政法律关系中，如果公民、法人或者其他组织的权利义务将直接因行政行为而产生、变更或者终止，则通常属于应当参加行政程序的利害关系人。而参照《政府采购供应商投诉处理办法》第十七条之规定，财政部门经审查，对投诉事项分别作出下列处理决定：……因此，投诉处理决定系针对投诉事项作出，即可认为与投诉处理决定或与投诉处理结果有利害关系亦构成与投诉事项有关。对此，《政府采购供应商投诉处理办法》第二十条亦可佐证。该条规定，财政部门……对投诉事项作出处理决定，并以书面形式通知投诉人、被投诉人及其他与投诉处理结果有利害关系的政府采购当事人，此处所称其他与投诉处理结果有利害关系的政府采购当事人，当然包括与投诉事项有关的供应商。因此，如果供应商的权利义务将直接因投诉处理决定而产生、变更或者终止，则该供应商与投诉处理决定即有利害关系，亦为与投诉事项有关的供应商。

（三）本案与通常情况下处理决定系针对投诉事项作出略有差异之处在于，被诉处理决定尚未直接针对投诉人（即原告现代沃尔）的具体投诉事项进行审查。被诉处理决定对此特别予以说明：鉴于被投诉项目适用法律和采购程序错误，本机关不再对投诉事项逐一进行审查。但由于被诉处理决定的逻辑实际上是将整个采购程序的合法性视作是审查原告具体投诉事项的先决问题，因此与被诉处理决定有利害关系的供应商，也应属于与投诉事项有关的供应商。

（四）第三人开元医疗在本案中与被诉处理决定有利害关系，应属于与投诉事项有关的供应商。被告答辩认为，被诉处理决定考虑到合同已经履行，因此决定采购活动违法，对合同的履行并不会产生实际影响，因此开元医疗不构成与投诉事项相关的供应商。但是，被诉处理决定系根据《政府采购供应商投诉处理办法》第十九条第（三）项作出，而该项规定适用的前提即是财政部门认定采购文件、采购过程影响或者可能影响中标、成交结果的，或者中标、成交结果的产生过程存在违法行为的。在此前提下，财政部门再根据上述办法的规定进一步区分政府采购合同尚未签订、政府采购合同已经签订但尚未履行以及政府采购合同已经履行等三种不同情况分别作出不同的处理决定。因此，《政府采购供应商投诉处理办法》第十九条虽然针对不同情形规定的处理方式有所不同，但适用该条作出的处理决定从法律效力上会对中标、成交结果产生影响。而且参照《政府采购供应商投诉处理办法》第十九条第（三）项之规定，给采购人、投诉人造成损失的，由相关责任人承担赔偿责任。因此，决定采购活动违法，是对采购活动合法性作出的具有法律效力的评价，会对采购人以及中标人的权利义务产生直接的影响。本案中，开元医疗作为中标人，其在政府采购中的相关权利义务可能直接因被诉处理决定而受到影响，其当然构成与被诉处理决定有利害关系的供应商，亦即与投诉事项有关的供应商。

综上，本案中，被告财政部在投诉处理程序中既未通知与投诉事项有关的第三人开元医疗参加行政程序，亦未向其送达被诉处理决定，对开元医疗的程序权利已经造成侵害，已经构成程序违法。

二、被诉处理决定的实体合法性

本案被诉处理决定认定，中标通知书发出后，被投诉项目政府采购合同已经履行。这一事实是被诉处理决定适用《政府采购供应商投诉处理办法》第十九条第（三）项的要件性事实。该事实能否确认，将对最终的处理方式产生重大影响，属于本案关键事实之一。但综合现有证据，唯有国家卫计委在投诉处理程序提交的答复意见提及该投诉所涉及的血气分析仪设备在 2005 年招标结束后已按照合同签约执行，并由中标厂商配送至相关传染病医院投入使用。合同是否履行除了根据合同当事人的陈述，一般还应当有其他客观证据予以佐证。况且，国家卫计委只是合同的一方当事人，在作为合同对方当事人的开元医疗未参加投诉处理程序，又无其他证据能够佐证的情况下，被诉处理决定仅以合同一方当事人的单方陈述即确认上述事实，主要证据不足。

综上所述，被告在投诉处理程序中未通知开元医疗参加行政程序，亦未向其送达被诉处理决定，构成程序违法。上述违法情节既侵害开元医疗的程序权利，亦可能影响被诉处理决定本身的公正性和正确性。被诉处理决定在被投诉项目合同是否履行等关键性事实的认定方面，也存在证据不足的问题。因此，被诉处理决定依法应予撤销。原告请求撤销被诉处理决定，并判令被告重新作出行政行为的诉讼请求成立，本院应予支持。被告应当针对原告所提出的具体投诉事项，依法全面审查并作出处理。故，依照《中华人民共和国行政诉讼法》第七十条第（一）（三）项之规定，判决如下：

一、撤销被告财政部于二〇一四年五月九日作出的《财政部投诉处理决定书》（财库〔2014〕52 号）；

二、被告财政部应当于法定期限内针对原告现代沃尔的投诉重新作出处理决定。

案件受理费 50 元，由被告财政部负担（于本判决生效后 7 日内交纳）。

如不服本判决，可以在判决书送达之日起十五日内向本院递交上诉状，并按对方当事人的人数提出副本，上诉于北京市高级人民法院。

审　判　长　×××
代理审判员　×××
代理审判员　×××

二〇一五年六月十九日
书　记　员　×××

参考文献

［1］北京市第一中级人民法院行政判决书，（2015）一中行初字第 232 号.

［2］谷辽海. "政府采购第一案"化解了权力之争［J］. 经济，2007（1）：112 – 113.

［3］汲东野. 政府采购第一案走过 10 年　财政部再败诉［N］. 法制日报，2015 – 7 – 29.

［4］汪才华. 浅谈"政府采购第一案"的判决和投诉处理［J］. 招标与投标，2013（9）：29 – 35.

［5］章辉. 全面认识政府采购绩效管理［J］. 中国财政，2018（9）：42 – 44.

汉堡王与提姆霍顿的
"税收倒置交易"

李昕凝　卫江昊

一、引　言

　　税收倒置交易是近年兴起的跨国公司国际避税的重要方式。与在避税地设立子公司并通过转移定价、混合错配等手段进行国际避税不同，税收倒置交易（tax inversion transaction）是指如下这类交易：本土跨国公司通过改变注册地（管理机构所在地）或股权交易等方式，将海外子公司变更为母公司，以避免成为原居民国（通常是高税国）的税收居民；或者通过股票交换、现金交易等手段，收购或与海外公司合并，并将该合并后的公司以海外公司的名义注册为新的集团母公司，从而避免就高额的全球所得向原税收居民国纳税。由于这类交易通常表现为母子公司身份互换，或者大型跨国公司兼并小规模海外公司却将小公司变更为母公司，呈现母子公司、大小公司"倒置"的特点，并且往往能为该跨国集团公司带来明显的税收收益，因而被称为"税收倒置交易"。

　　税收倒置交易最早出现在美国。美国是全世界最主要的资本输出国，拥有众多实力强大的跨国公司。从20世纪80年代第一起税收倒置交易案——麦克德莫特案发生以来，美国跨国公司税收倒置交易案频发，受到该国政府和社会公众的广泛关注。2014年，美国快餐品牌汉堡王与加拿大快餐品牌提姆霍顿成功进行了倒置交易，成功规避了巨额税款。此案由于有"股神"巴菲特的参与，影响力极大，引发诸跨国公司纷纷效仿，甚至迫使美国政府出台了新的法规对此类行为予以限制。本文以该案为例，分析税收倒置交易的原理、特点、类型、交易流程等问题，并进一步讨论税收倒置交易对完善我国反避税制度的启示。

二、税收倒置交易的避税原理

（一）变更税收居民身份，获取直接税收利益

弄清楚这个问题要从所得税的税收管辖权谈起。税收管辖权可以简单理解为一国履行征税权力的边界。这个边界由两种维度构成：属地与属人。属地即指属于本国境内的所得，应在本国纳税；属人即指属于本国纳税人的所得，应在本国纳税。具体地，哪些所得应属于本国境内，需要制定一套所得来源地判定的规则；哪些人属于本国纳税人，一般通过是否满足税收居民的条件来判定，有的国家还用是否为本国公民（国籍）来判定。这就在实践中形成了 3 种具体的税收管辖权规则：地域管辖权、居民管辖权与公民管辖权。

为充分保护国家税收主权，防止税源流失，世界上大多数国家采取地域管辖权与居民管辖权相配合的模式，比如我国。在这种模式下，非居民纳税人负有限纳税义务，仅需就来源于该的所得向该国纳税；而居民纳税人负无限纳税义务，需要就来源于全球的所得向居民国纳税。有些国家（地区）出于吸引国际资本的考虑，采取单一地域管辖权，实际上构成了离岸中心或国际避税地，比如我国香港。即使是这些地区的长期居民，也只对其政府负有限纳税义务，仅需要就来源于该地区的所得向政府纳税。当然，还有少数国家采取最为严格的地域、居民、公民三重税收管辖权，比如美国。不仅居民纳税人需要就全球来源所得向美国纳税，而且即使不是美国的税收居民，只要拥有美国国籍，就应对美国负无限纳税义务。

按照公司运行的一般规则，跨国公司在全世界经营获取的利润，应按持股比例向母公司汇回。由于历史、经济、资本等多重原因，跨国公司的居民国通常是美、英等发达国家。这些国家均行使属人兼属地的管辖权，同时税收收入以所得税为主体，税率较高，跨国公司从海外汇回的利润面临高额的税收负担。以美国为例，由于美国行使居民、公民、地域三重税收管辖权，跨国公司的海外利润在汇回美国母公司后，需向美国缴纳所得税。按照以往美国税法的规定，公司所得税税率高达 35%。这使得美国跨国公司有强烈的避税动机。

税收倒置交易蕴含着一个非常简单的避税思路：通过变更母公司注册地等方式，将"人"的身份转移，"逃出"高税的美国，从而避免以全球所得向美国纳税。这种操作方法，可以使这些诞生于美国、发展于美国的公司，在资本积累到

一定阶段后，摇身一变"逃出"美国成为外国公司，其取得的大量境外来源利润无需在美国纳税。这是税收倒置交易可以帮助跨国公司获取的直接税收利益。

对比母公司在美国注册成立的跨国公司集团与母公司在海外注册成立的跨国公司集团，可以更直观地看出跨国公司采用倒置交易的避税效果。

（1）假设跨国公司的母公司 A 注册成立在美国（见图 1），海外子公司所在国家的企业所得税税率为 20%，美国子公司 B 与海外子公司 C 的年度收益均为 100 美元，则美国子公司 B 需要根据美国税法缴纳 35 美元的企业所得税，海外子公司 C 在海外缴纳了 20 美元的企业所得税，在余下的收益 80 美元汇回美国进行税收抵免后在美国还要缴纳 15 美元的企业所得税，跨国公司集团 A 的税后收益为 130 美元。

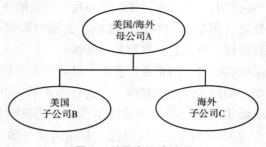

图 1　利用注册地避税

（2）假设跨国公司的母公司 A 注册成立在美国海外，上述假设不变，则美国子公司 B 仍需要缴纳 35 美元的企业所得税，但是海外子公司只需要缴纳海外 20 美元的企业所得税，跨国公司集团 A 的税后收益为 145 美元。

比较方案（2）与方案（1），税收倒置交易的避税收益为 15 美元。

（二）安排关联交易，获取间接税收利益

1. 借贷安排。倒置交易完成后，通过母子公司借贷。假设跨国公司的境外所得直接汇回美国，需要向美国缴纳高额所得税。然而，在倒置交易完成后，海外母公司向美国境内子公司的资金拨付可以通过借款形式进行，可以带来 3 方面的税收优惠。（1）这笔借款作为海外母公司的税后利润，承担了母公司所在国（低税国）较低的所得税。若这笔款项直接作为美国公司所得汇入，需要在美国缴纳高税；（2）美国子公司获得借款后，须向海外母公司支付利息，而利息支出属于税前列支项目，能够降低美国子公司的应纳税所得额，从而降低应缴税

额；（3）若将税收倒置交易的目的国选为与美国签订有税收协定的国家（地区），则可以在利息支付需缴纳美国预提所得税的环节，进一步享受较低的优惠税率（见图2）。

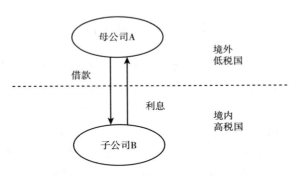

图2 通过借贷安排获取税收利益

2. 转让定价安排。通过倒置交易将母公司变更为低税地居民公司，与跨国公司通用的避税策略"在低税地或避税地设立基地公司"类似，可以在集团内部关联交易时设置转让价格，将利润转移至税率较低的母公司。举例而言，美国子公司可以将研发基地从美国转移至低税母公司所在国，境外母公司再将知识产权以高价卖回给美国子公司。甚至于，技术的研发仍然在美国进行，但仅仅定义为合约研发，特许权属于低税地母公司。从而高额的无形资产实际是在美国开发的，却由低税地母公司拥有，母公司可以授权美国公司使用该特许权并收取高额特许权使用费。若两国签有税收协定，特许权使用费的预提税可以享受优惠待遇。总之，通过种种转让定价的安排，美国子公司可以扣除高额的成本费用，同时将绝大多数利润实现在低税地的母公司，大大降低了集团公司的整体税负水平。

3. 跳板作用。税收倒置交易后利用海外母公司的跳板作用（"hopscotch" loans）将其余海外收益剥离至美国。选择税收倒置交易的跨国公司大多数在海外留存有巨大的收益。通过倒置交易，跨国公司可以利用倒置交易后的海外母公司的跳板作用以借款的形式将海外收益逐步输送回美国，避免了税收倒置交易前美国跨国公司在全球范围内所得需要缴纳的高昂税收，并且通过借款利息可以税前抵扣的性质，进一步享受税收利益（见图3）。

图3 利用跳板进行收益剥离

三、跨国公司的税收倒置交易：动因、类型及特点

（一）跨国公司进行税收倒置交易的动因

1. 节约税款。经济全球化、资本流动国际化连同各国税收制度的差异为跨国公司进行国际避税筹划提供了巨大空间。在本次特朗普税改之前，美国所得税长期高达 35%，远高于欧洲国家公司所得税税率的平均值（约为 18.5%），更遑论世界上还有很多国家（地区）几乎不征收所得税（如 BVI、开曼等）。高额的税率使美国跨国公司有强烈的避税动机，尤其当面临经营困境或财务压力时更是如此。比如 2000 年左右互联网经济泡沫时期以及 2008 年国际金融危机后，跨国公司为减少税收开支，积极寻求通过倒置交易进行税收筹划。据统计，在过去的 10 年中已经有 50 家美国本土企业出于降低税负的目的迁往海外①。

2. 保护海外利润。跨国公司希望充分保护和利用海外利润。海外的巨额收益会受到利率波动、汇率波动以及政治风险的影响，并且这些风险无法通过对冲手段完全消除。而将这些利润输送回母国（主要是美国）面临的税收征管问题严重，收益汇回成本高昂、程序烦琐。利用税收倒置交易方式，将集团母公司倒置在海外税率较低国家，原美国母公司变更为集团子公司。此时再将利润汇至美国进行再投资及研发等活动，可以有效省税费及其他成本带来的利润损失。

3. 其他商业考虑。倒置交易产生的协同效应有助于跨国公司价值的提升。税收倒置交易已从简单的在避税地设立子公司，发展为向与具有商业实质的海外公司进行合并。这种情形下，资本市场对于倒置交易中并购双方的协同效应普遍看好，增加了跨国公司的市值，比如，2014 年 12 月加拿大政府通过了汉堡王并购提姆霍顿的倒置交易，汉堡王当日股价上升 3.8%。

（二）跨国公司税收倒置交易的类型及特点

1. 税收倒置交易的类型。倒置交易将母公司变更至海外有几种方法，跨国公司常用的三种为股权交易、资产交易和混合交易。

（1）在股权交易中，原美国公司的股票被换成目标倒置地的海外公司的股票。该行为是为了将外国公司最终变更成为集团公司的母公司，原美国公司需要

---

① 王惠姗．美国税收倒置交易频发的原因及分析［J］．国际税收，2015（2）：78 – 81.

将公司资产转移给海外设立的子公司以满足倒置交易的稀释股权阈值。倒置交易后，原美国公司的股东往往在新成立的海外母公司中仍然拥有多数股权。

（2）资产交易往往在目标倒置地发生。一家新的海外公司成立，原美国公司将资产注入该海外公司以换取海外公司的股权。这类型的资产交易往往发生在倒置交易的早期，政策监管还未对美国公司与没有商业实质的海外公司进行倒置交易予以禁止。

（3）除此之外，还有股权和资产交易的混合交易。在该种交易方式中，原美国公司将其资产转移给一家海外公司，海外公司成立一家在美国注册成立的合并子公司，并将部分资产转移至该合并子公司。之后将美国公司与新成立的合并子公司进行合并，最终原美国公司变更成为海外公司的子公司。

2. 税收倒置交易的特点。

第一，跨国公司倒置后企业的注册地发生了变更。第二，倒置交易的主要目的是避税。尽管政府监管逐步趋于严格，税收倒置交易也会考虑商业运作问题，但是避税仍是其交易主要目的。第三，由自我倒置逐步演变成与具有商业实质的海外实体进行合并。为了满足 2004 年法案中 60% ~80% 的稀释股权阈值，大多数持有倒置目的的跨国公司开始寻求在海外具有实质性商业活动的公司进行合并，以达到目标持股阈值。这一法案的颁布也使得跨国公司在海外寻求具有同等规模公司进行倒置的难度提升，从而进一步抑制倒置交易的进行。根据塔利（Talley，2015）的研究，在 2004 年以前大多数（约有86%）跨国公司的税收倒置交易都是自我倒置；在 2004 年后随着政府监管的加强，自我倒置比例逐步下降至45%。

（三）常见的倒置交易结构设计

1. 自我倒置。自我倒置指的是由准备倒置的跨国公司在海外自行设立子公司，并将公司注册地改变至该子公司所在地的税收倒置交易方式。在 2004 年以前大多数跨国公司利用监管漏洞成功进行了自我倒置，将母公司注册地变更至海外规避了美国税收。如首例税收倒置交易案麦克德莫特案例。1983 年麦克德莫特有限公司通过股票交易的方式，将注册在巴拿马的麦克德莫特国际有限公司变成集团的母公司。交易完成后，在巴拿马注册成立的麦克德莫特国际有限公司变更成为美国注册成立的麦克德莫特有限公司的母公司，公司架构发生改变，实质性经营活动不变。此交易使得麦克德莫特有限公司规避了美国 2 200 万美元的税收。

2. 反向并购倒置交易。在 2004 年法案出台后，倒置交易主体股东所持倒置后公司的股权需要满足 60% ~80% 的阈值。在一些交易中，可能难以达到相关的稀释阈值，因为在美国注册成立的倒置目标公司往往相对于海外目标公司而言，规模过于庞大，难以以公平的股票交易达到期望的稀释程度。因此，许多倒置交易试图通过一系列旨在使美国目标公司稀释股权或者推动海外目标公司在其财年提升其价值，来美化海外目标公司的相对估值，从而达到相应的阈值。常见的策略是美国目标公司通过借入现金，并将其作为股息派发给股东，从而降低其净资产和股权价值来达到交易目标。

如图4所示，跨国公司利用反向并购来达到倒置交易的目的。在该图中，由海外目标公司的控股公司设立一个由海外目标公司100%控股的合并子公司，且该合并子公司设立在美国，合并子公司通过与美国目标公司的控股公司之间进行交易。美国目标公司作为股票发行方，通过反向并购与合并子公司进行合并，最后达到美国目标公司控股公司与海外目标公司控股公司共同控股海外目标公司，且该注册成立在海外的目标公司将对美国目标公司控股。通过该交易，使得双方公司的控股公司在法案规定的股权阈值内成功控股注册成立在海外的目标公司。

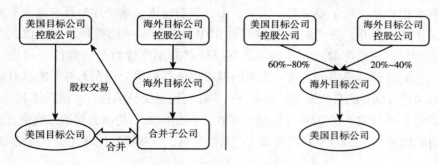

图4　反向并购变更的组织架构

其他的结构化策略包括在交易之前让美国目标公司分拆部分部门，或者让海外目标公司作为买方收购其他海外实体来扭转彼此的规模。这种结构有效地减少了被收购实体（原美国目标公司）相对于海外目标公司的规模，以满足2004年法案规定的适用摊薄限额。

四、汉堡王－提姆霍顿的税收倒置交易

（一）基本情况

汉堡王有限公司（burger king worldwide, inc.，以下简称汉堡王）成立于

1954 年，是在美国特拉华州注册成立的全球大型快餐汉堡连锁品牌，在全球 61 个国家及地区拥有超过 11 220 家分店，每天服务客户群体达到 1 100 多万人次。2010 年汉堡王被全球投资集团 3G 资本收购，收购后汉堡王从纽交所退市并于 2012 年重新登陆纽交所上市，代码为 BKW。被 3G 资本收购后汉堡王的主营收入由餐厅经营收入转变为出售品牌经营权收入。现今大多数的汉堡王餐厅由独立特许经营商拥有和经营，并积极推进全球扩张战略。汉堡王在交易当年的收入主要来源于以下三个方面：（1）特许经营收入，主要包括特许经营餐厅抽取的销售额百分比和特许经营商支付的特许权使用费用；（2）由汉堡王租赁或转租给特许经营商的物业收入；（3）汉堡王餐厅的零售额。

提姆霍顿有限公司（Tim Hortons Inc.，以下简称提姆霍顿）成立于 1964 年，是北美洲最大的上市连锁餐厅之一。母公司注册地址在加拿大，是加拿大最大的连锁餐厅，原上市代码为 THI。它属于餐饮行业中的快餐服务行业，其餐厅包含了广泛的快餐种类，菜单包括优质咖啡、冷热特色饮料（包括拿铁咖啡、卡布奇诺咖啡和浓缩咖啡）、特种茶和水果冰沙、新鲜烘焙食品、经典三明治以及其他食品。截至交易发生当年（2014 年），提姆霍顿共有 4 590 家全系列餐厅，其中加拿大 3 665 家、美国 869 家、海湾地区 56 家。

（二）原因分析

第一，汉堡王有通过倒置交易进行避税的动机。倒置交易后，虽然无法改变汉堡王在美国门店所缴纳的税收，但是其在加拿大的门店只需要缴纳税率为 15% 的企业所得税，同时汉堡王在世界各地的税收负担也将因为倒置交易会有所下降。倒置交易给汉堡王提供了避税的动机与空间。

第二，寻求规模等同的同行业快餐品牌进行合并，使得倒置交易更容易满足政府监管中规定的股权稀释阈值，以及更容易通过实质性商业活动测试。为了满足 2004 年法案中规定的 60% ~80% 的稀释股权阈值，往往需要众多跨国公司在倒置交易中通过支付股息等手段来缩小自身规模，并且同时需要提升海外公司规模；而汉堡王与提姆霍顿的交易当日，双方作为上市公司，汉堡王的市值达到 110 亿美元，提姆霍顿的市值达到 120 亿美元，双方市值规模一致，更容易满足股权稀释阈值的要求。同时，提姆霍顿成立历史悠久，在海外拥有众多实质性商业活动，使得交易更容易逃脱两国税务系统的监管。

第三，正如汉堡王在 2014 年 8 月 25 日披露的报告中称的那样："交易的关键驱动因素是利用汉堡王的全球渠道和全球发展经验来加速提姆霍顿在国际市场的持续性增长。"汉堡王的市场地位下滑，寻求采用倒置交易来获得交易后双方在餐饮行业的协同效应，同时提姆霍顿也需要汉堡王的全球发展经验来开拓国际市场，也是本次交易的重要原因之一。

（三）交易过程

2014 年 12 月 9 日，提姆霍顿宣布，该公司的股东已批准与汉堡王的并购交易，交易的市值达到了 230 亿美元，其中在交易当日汉堡王市值达到 110 亿美元；提姆霍顿市值达到 120 亿美元。同时作出合并成立新公司的决定：即餐饮品牌国际有限公司（Restaurant Brands International），新母公司注册成立在加拿大。交易完成后，新母公司的股票将在纽约证券交易所和多伦多证券交易所以 QSR 交易代码进行交易。

汉堡王的大股东 3G 资本将继续持有新公司的大多数股份，其余部分由提姆霍顿和汉堡王的现有股东持有。在这个新的实体中，提姆霍顿和汉堡王将继续作为独立品牌进行运营，同时受益于共享公司。新成立的公司将在全球拥有覆盖性的服务范围，包括两个独特标志性品牌旗下的 100 多个国家的 18 000 多家餐馆。

1. 倒置交易组织架构设计。根据汉堡王 2014 年 8 月 26 日发布的公告，交易双方协议及并购计划中规定，由交易双方分别新设成立数个公司以建立倒置完成所需要的组织架构。

（1）成立一家控股公司（公司名称：110773 BC 无限责任公司）。该公司是根据加拿大商业法律，在加拿大注册成立的无限责任公司。

（2）成立一家合伙公司（公司名称：New Red Canada Partnership）。该公司是根据加拿大安大略省法律注册成立的合伙公司，由上述控股公司完全控股。

（3）成立一家在美国合并子公司（公司名称：Blue Merger Sub）。该公司是在美国特拉华州注册成立的上述合伙公司的全资子公司。

（4）成立一家在加拿大合并子公司（公司名称：8997900 Canada）。该公司是根据加拿大法律注册成立的上述合伙公司的全资子公司，同时是上述控股公司的间接子公司。四家公司的组织架构如图 5 所示。

2. 反向并购进行倒置交易。根据交易双方签订的股权协议，交易的主要步骤如下：

（1）注册成立在加拿大的合并子公司根据加拿大法律收购提姆霍顿所有已发行股份，并且在交易完成后改名为提姆霍顿有限公司。通过此项操作，提姆霍顿仍是注册成立在加拿大的税收居民，但是其母公司变更为注册成立在加拿大的上述控股公司。

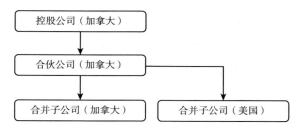

图5　倒置交易组织架构设计

（2）注册成立在美国的合并子公司与汉堡王进行合并，并且在合并完成后，存续的主体仍然称为汉堡王有限公司。通过该项合并，汉堡王变更成为注册成立在加拿大的上述控股公司的间接控股子公司。

（3）在合并完成后，汉堡王的股东将在新成立控股公司中拥有占比76%的股权，而提姆霍顿的股东将在新成立控股公司中拥有24%股权，从而使得该股权阈值满足2004年法案规定的稀释股权阈值。汉堡王将作为本次交易的收购方，向提姆霍顿支付基于其股份数量计算的约86.286亿美元的款项，其中交易款项的一半来自外部融资。

（4）在交易完成后，将控股公司更名为餐饮品牌国际有限公司，自此将汉堡王的母公司注册地变更成为加拿大注册成立的公司。适用于加拿大税制，汉堡王旗下所有在美国境外的门店将不用再根据全球征税制向美国缴纳相应税收。其进行的交易如图6和图7所示。

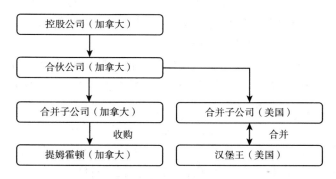

图6　倒置交易并购

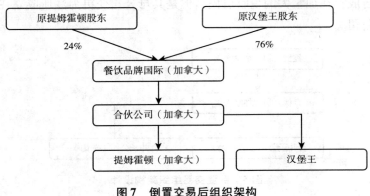

图7　倒置交易后组织架构

（四）汉堡王 - 提姆霍顿倒置交易的税收效应

1. 税收架构分析。在分析该倒置交易案前后税收架构的变化前，我们首先需要了解该案涉及的两个主要国家——美国和加拿大的相关税收制度。

（1）所得税税率。如前所述，美国此前公司税税率为35%。加拿大公司税分为联邦税和省/地方税两级，联邦税的法定税率为38%，但在联邦税收免除后税率可降至28%，并且还可以叠加13%的一般税收扣除，税率低至15%；省/地方公司税一般为11%～16%。从而，加拿大公司税的综合税率在26%～31%，比美国略低。但是加拿大公司法规定，资本所得只有50%被计入应纳税所得额的计算，因此股息、红利等投资所得（消极所得）的实际税率仅为13%～16%①。预提所得税方面，虽然美国股息、利息、特许权使用费的预提所得税税率高达30%，但根据两国签订的税收协定，美国公司向加拿大支付的股息、利息、特许权使用费，可免于在美国缴纳预提税。

（2）消除重复征税的方式。美国使用抵免法消除国际重复征税，而加拿大综合使用免税法与抵免法来消除国际重复征税。抵免法和免税法是两种主要的消除国际重复征税的方法。抵免法指的是，同一笔所得在其他国家已缴纳的税款，可以在该笔所得境内计算应纳税额时予以抵免。我国与特朗普税改前的美国均使用这种方法。抵免法可以有效免除重复征税。由于美国国内所得税税率较高，一笔所得汇回美国，抵免外国已缴税款后，通常还需按照美国税率补缴税款。免税法则指，为避免造成国际重复征税，对居民公司获取的境外所得直接免征境内所得税。当然，免

---

① 资料来源：根据加拿大税务局网站披露的所得税法规整理。

税法通常有比较严格的限定条件。一般而言，这一笔所得应已经在境外缴税。若该所得来源国未予以课税、不征所得税或所得税税率极低，通常居民国不准予使用免税法。此外，也不是所有类型的所得均能适用免税法。比如，加拿大仅对居民公司由于股权控制而获取的境外来源股息所得使用免税法。这部分股息可以免于缴纳加拿大所得税，而利息和特许权使用费则不能直接适用境外所得免税条款。

倒置交易前，汉堡王总公司位于美国。全球的子公司及汉堡王各门店，在利润汇回总公司（主要为股息）时，需要向美国缴税。当然，若不汇回可以延期纳税，但需要避免成为美国税法中 F 部分（也即受控外国公司条款）认定的情况。此外，汉堡王作为品牌方，将品牌授权境外子公司使用，也需要在美国缴纳不菲的特许权使用费预提税（见图 8）。

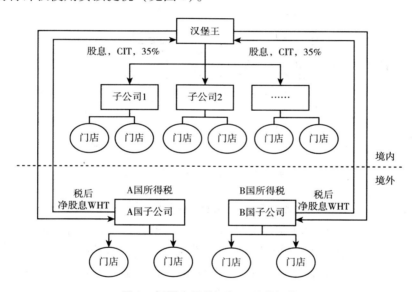

图 8　倒置交易前汉堡王税收架构

倒置交易后，集团总公司"餐饮品牌国际"位于加拿大。全球子公司及汉堡王、提姆霍顿各门店在利润汇回总公司时，开始向加拿大政府缴税。原汉堡王公司仍为美国公司，它可以将特许权转让给加拿大母公司，或者仍持有特许权，但授权加拿大母公司使用和管理。由于美国和加拿大之间签有税收协定，特许权使用费在两国之间的支付不产生预提所得税。而品牌授权境外子公司使用时，则应就该笔特许权使用费缴纳加拿大预提税，远低于此前美国的预提税税率。此外，加拿大集团公司还可以向各子公司收取管理费、提供借款等，将原应实现于美国的利润逐步剥离，降低集团整体的税收负担（见图 9）。

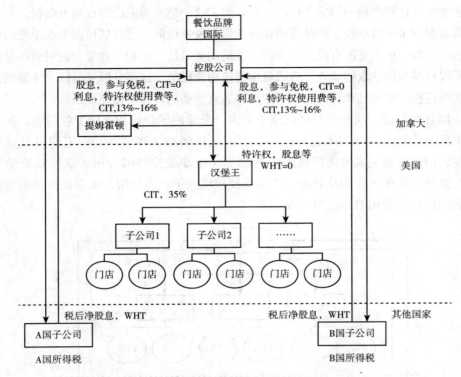

图9　倒置交易后汉堡王税收架构

2. 避税效果分析。汉堡王通过并购提姆霍顿，进行税收倒置交易，是否真正起到了避税效果，降低了集团整体税负水平？我们可以计算并购前汉堡王公司的有效税率，与并购后餐饮品牌国际的有效税率，并将两者进行对比。数据来源于 Wind 美股数据库上市公司财报，有效税率的计算选取如下公式：有效税率 = 所得税税额/税前利润。表1 展示了倒置交易前的汉堡王 2011～2013 年年报相关数据及有效税率的计算结果。2011～2013 年，汉堡王平均有效税率为 25.65%。

表1　　　　　　　　　倒置交易前汉堡王各年有效税率　　　　　　　　单位：万美元

BKW. N	2013 年 12 月 31 日	2012 年 12 月 31 日	2011 年 12 月 31 日	平均值
报告类型	年报	年报	年报	
报表类型	合并报表	合并报表	合并报表	
除税前利润	32 220	15 970	11 470	
所得税	8 850	4 200	2 660	
有效税率（%）	27.5	26.3	23.2	25.65

汉堡王收购提姆霍顿后，2014 年餐饮品牌国际有限公司成立，该公司 2014 年以来的相关财报数据及有效税率计算结果如表 2 所示。倒置交易后，这个海外母公司 2014～2018 年各年的有效税率分别为 −9.96%、23.92%、20.68%、−12.26% 以及 17.5%。剔除情况特殊的 2014 年、2017 年，有效税率平均为 20.7%，较倒置交易前汉堡王平均有效税率 25.66% 降低了近两成。倒置交易前后税负程度确实有所差异，说明倒置交易给汉堡王带来了一定的税收利益。

表 2　　　　　　　　倒置交易后餐饮品牌国际各年有效税率　　　　　　　单位：万美元

项目	2018 年 12 月 31 日	2017 年 12 月 31 日	2016 年 12 月 31 日	2015 年 12 月 31 日	2014 年 12 月 31 日	平均值
报告类型	年报	年报	年报	年报	年报	
报表类型	合并报表	合并报表	合并报表	合并报表	合并报表	
除税前利润	136 000	108 930	117 960	67 800	−24 390	
所得税	23 800	−13 360	24 390	16 220	2 430	
有效税率（%）	17.5	−12.26	20.68	23.92	−9.96	20.7

五、美国政府应对税收倒置交易的策略

愈演愈烈的跨国公司倒置交易使美国税收主权受到严峻挑战，税收秩序被扰乱，严重影响美国政府税收收入的实现。此外，跨国公司携资本大量外逃，对美国产业链布局、国内就业和资本积累等方面均会产生十分不利的影响。为规范此类行为，重塑税法的严肃性，降低其对经济社会诸多方面的不良影响，美国政府分别在 1984 年、2004 年、2014 年以及 2016 年出台不同法规，逐步对倒置交易进行限制。2017 年特朗普税改，大幅降低了企业所得税税率，又进一步压缩了税收倒置交易操作的空间。

（一）早期举措

1. 对股东从事倒置交易的收益征收个人所得税。1983 年麦克德莫特案后，美国国会颁布条款，要求倒置交易公司的股东对股权交易征收 10% 的个人所得税。

2. 设置 60%～80% 的稀释股权阈值。若原美国公司股东持有倒置后母公司 80% 以上的股权，则倒置交易无效；同时注重商业实质的考察。

在 2004 年 10 月，美国联邦政府通过了《2004 年美国就业机会创造法案》（the american jobs creation act of 2004），对税收倒置交易进行了明确的规定与限制。新法案的反税收倒置交易条款将税收倒置交易划分为两类型。

第一类是倒置交易无效的类型。若满足以下三个要求，则认为倒置交易不具有商业实质，倒置交易后的跨国公司海外母公司仍会被认为是美国的居民企业，需要遵守美国税收法律缴纳美国的所得税：（1）美国公司的股东在倒置交易后持有海外被合并实体 80% 以上的股份；（2）与整个跨国集团公司相比较，该海外实体在其所属国不具有实质性的商业活动；（3）海外被合并的实体直接或间接获得了原美国公司的所有资产。其中提到的"实质性商业活动"是指跨国公司海外公司拥有 25% 的雇员与资产在其所属国，并且有 25% 的收入来自所属国。

第二类是指满足上述第（2）（3）两点，但是美国公司的股东在倒置交易后持有海外被合并实体的股权比例在 60%~80% 之间，该类税收倒置交易类型被称为"有限倒置"。法案认可该类交易的进行，并且税收倒置交易后的海外公司被美国税法认可为非税收居民，不必对跨国公司的全球所得在美国纳税。但是，交易双方通过交易获得的交易所得要缴纳美国所得税。交易所得是指倒置交易发生时的任何收入以及交易发生 10 年内通过股权或者财产转移的相关收入，并且这部分所得税不允许抵免。

（二）近年法规

1. 2014 年 9 月修订条款限制税收倒置交易。随着倒置交易的不断发展，美国政府采取了进一步措施对税收倒置交易进行限制。2014 年 9 月美国财政部发布了新一轮的修订条款，进一步提升倒置交易准入门槛。

（1）消除倒置交易后的海外母公司的跳板作用（hopscotch loans），修订后使得由海外公司提供利用跳板将收益输送回美国的借款被视为"美国财产"，应该缴纳相应的所得税。

（2）新法案使得倒置交易后的美国公司股东持有小于海外被合并实体 80% 的股权比例更加困难。跨国公司为了满足 80% 的交易门槛，在一些税收倒置交易中，往往会夸大海外母公司的规模，减小美国公司的规模。首先，新修订条款防止夸大海外母公司的规模，将现金及有价证券在计算公司规模时剔除；其次，防止美国公司在税收倒置交易前通过分红减小规模，忽略美国公司倒置交易前的股息分配行为。

2. 2016 年 4 月颁发公告修改股权稀释比例的相关规定。2014 年底汉堡王与提姆霍顿的税收倒置交易引发美国社会广泛关注。此后，众多倒置交易型的跨国公司并购计划频频出现，迫使美国加紧出台新的限制性法规，以阻止这些跨国公司逃出美国。美国财政部 2016 年 4 月 4 日颁布新的公告，公告中未改变税收倒置交易股权的稀释阈值，但是规定并购主体预计在合并 3 年内股权稀释比例为 60% ~ 80% 的，不予批准交易，也即变相扩大了股权稀释比例，进一步提高倒置交易的准入门槛。该规定的出台直接阻碍了美国制药巨头辉瑞（Pfizer）与爱尔兰制药企业艾尔建（Allergan）的倒置交易。

3. 2017 年底《减税与就业法案》进一步削弱税收倒置交易的动机。美国跨国公司的税收倒置交易之所以会不断出现、持续发酵，归根结底是美国较为严苛的所得税税制造成的。居民、公民、地域三重管辖权，高居不下的所得税税率及相应的预提税率，对海外股息所得不能适用免税法处理双重征税等税制安排，使总部位于美国的跨国公司面临高昂的税收负担，因而它们纷纷像富豪移民一样，谋求既能享有美国市场带来的便利，又能不受美国全球征税制管辖的退出机制。美国政府同样意识到了这一点，2017 年底《减税与就业法案》（俗称特朗普税改法案）的正式颁布，通过改进税制、降低税率等举措，减轻企业尤其是跨国集团在美国的税收负担，将从根本上削弱跨国公司进行倒置交易以避税的动机。

（1）企业所得税税率降低至 21%，居于世界平均水平。

（2）有限度地转向属地征税制，将股息所得由全球征税制转变为属地征税制，跨国公司来源于境外公司的股息红利可以免税。未来美国公司的海外利润将只需在利润产生的国家交税，而无需向美国政府交税。

（3）为降低大量利润留存海外对美国税收造成的不良影响，同时达到鼓励海外利润回归的目的，该法案规定对美国公司留存海外的利润以较低的税率一次性征税，其中现金利润的税率为 15.5%；非流动性资产的税率为 8%。

六、对完善我国反避税法规的启示

（一）我国与税收倒置交易有关的制度规范

我国税法及相关规定中，并无对倒置交易进行规范和约束的条款。这与以往我国境内跨国企业主要以外资为主、较少有中资企业从事大规模跨国经营活动的现实情况有关。那么，若今后出现中国境内跨国企业进行以逃避中国税收为目的的倒置交易活动，我国现行税收法规能否有效应对？

分析这个问题，可以梳理倒置交易涉及的税收问题，找到我国税收法规中的对应文件或条款，再进一步判断我国税法围绕这些税收要素的相关规定是否能够起到反税收倒置交易的作用。税收倒置交易涉及的主要税收问题有：（1）税收管辖权规则；（2）非居民所得的来源判定及征税规则；（3）境外所得国际重复征税的免除规则；（4）跨境并购重组中涉及的税收规则等。根据税收倒置交易需要在海外并购或设立公司等特点，上述问题可以进一步对应到受控外国公司规则，《企业所得税法》及相关条例中对境外税收抵免的相关规定等税收规范，此外还涉及特殊目的公司、返程投资问题等非税法规。

1. 我国使用抵免法处理国际重复征税。按照我国现行规定，对于居民企业来源于境外的所得，无论股息、利息还是特许权使用费，均使用抵免法处理国际重复征税问题。对于上述所得在境外国家已缴纳的预提税，可以直接抵免；对于股息承担的境外国家所得税（汇回的股息为已缴当地所得税的税后净股息，故存在重复征税），可以间接抵免，抵免层级已由 3 层扩展至 5 层。虽然抵免法是有效消除国际重复征税的方法，但是抵免法尤其是股息所得的间接抵免，计算复杂，适用标准严格，效率较免税法低。对海外利润规模较大的境内跨国企业而言，遵从成本较高，造成不小的负担。

2. 我国受控外国公司法规规定了持股比例、"黑名单"规则（税率比我国企业所得税标准税率低 50% 以上），并强调受控外国公司利润分配行为必须符合合理商业目的的要求。也即，受控外国公司的海外利润若不作分配，如果没有合理商业目的，则应被认为出于避税考虑，视同分配，计入我国居民企业的所得并向我国纳税。

3. 我国返程投资的相关规定。返程投资指境内居民通过特殊目的公司，对境内开展直接投资活动，也即俗称的"假外资"。返程投资与倒置交易在架构上十分相近，但形成的原因完全不同。返程投资在我国的兴起和发展，与国内特殊的制度背景息息相关。企业进行返程投资活动的目的也十分多元，有的是为了获得境内为吸引外资提供的优厚条件；有的是为了方便进行海外融资活动或谋求上市；也有的是为了更好保护私人财产，等等。根据我国规定，一旦构成返程投资，会面临比较严格的外汇监管。

（二）我国税制及相关法规尚不能有效规范税收倒置交易

我国现行法规，无论是受控外国公司规则，还是特殊目的实体、返程投资等相关规定，均未涉及居民身份转换的问题。这会导致境内跨国公司可以轻易地通过并购重组或设立外国公司，并利用受控外国公司的跳板作用，将利润滞留海外。下面举一例说明（见图10）。中国公司 A 为中国境内的居民公司，拥有全资子公司 B（境内中国公司）与子公司 C（开曼公司）。开曼子公司 C 分配给 A 公司的利润，应向中国缴纳企业所得税。如果利润未做分配，又不具有合理商业目的，则视同分配，同样要向中国纳税。为将该跨国集团母公司变更为海外公司，可以通过倒置交易完成。中国股东在开曼成立控股公司 D，该公司的注册地与实际管理机构所在地均为开曼，由该母公司控股开曼子公司 C 和中国公司 A，中国公司 A 下设中国子公司 B。如此一来，开曼子公司 C 实现的利润可分配至开曼控股公司 D，而无需向中国政府纳税。但实际上，开曼公司 D 的实际控制人与中国境内 A 公司可能完全相同，或是利益共同体。这是一个典型的倒置交易架构，由于我国对倒置交易后的股权稀释比例没有规定，中国股东可以轻易地通过这种方式变更母公司的居民身份，避免旗下境外子公司利润向我国纳税。

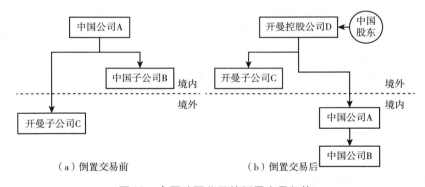

图10　中国跨国公司的倒置交易架构

（三）启示与建议

随着全球经济的发展，跨国公司在经济全球化浪潮下占据越来越重要的地位，跨国公司自身的税收负担也随着跨国公司的业务拓展逐步升高，高昂的企业所得税税收负担催生了跨国公司的避税活动。跨国公司通过利用转让定价、资本弱化以及避税地避税等手段来达到避税目的，降低企业所得税税收负担。与常规利用避税地避税的方式有所不同，本文所述的税收倒置交易这一模式，则是通过并购重组等企业交易活动，来改变母公司注册地并达到降低集团税负的目的，汉堡王与提姆霍顿的交易就是其中的典型案例。同时我们也应该认识到，税收倒置交易的研究是一个动态的过程。随着国际税收新秩序的建立，以及各国国内政策的变化，税收倒置交易也会出现动态的反馈。

在"一带一路"倡议背景下，我国跨国公司进行国际投资建设的规模将与日俱增，目前已成为仅次于美国的第二大资本输出国。虽然我国尚未出现税收倒置交易避税案件，然而随着国际经济形势的发展变化，可以预见在我国进行生产经营活动的跨国公司可能开展的各类避税活动会越来越密集。如何在创造良好的营商环境、吸引跨国公司来华经营、鼓励国内企业"走出去"的基础上，捍卫国家税收主权、保护税基税源，无疑需要我国税收政策制定者和研究者们重点关注。首先，应在现行法规中纳入对倒置交易的认定规则。对交易形式、股权稀释比例等问题作出明确规定，在一定程度上限制境内跨国企业通过倒置交易获取税收利益。还应注意，相关制度安排不能仅限于《企业所得税法》，还应扩展到适用《个人所得税法》的合伙企业和个人独资企业；其次，在税制改革中着重考虑我国税制的国际竞争力问题。目前我国企业所得税法定税率居于世界平均水平，并不算高。但在美国掀起的世界新一轮减税潮流下，这个税率难免会逐步丧失竞争力。可以通过引入股息免税法等方式，降低我国跨国企业的税收遵从成本。最后，税收、金融、外汇政策应协力打造更为优良的营商环境，留住资本和企业，培育植根于中国、发展于中国的跨国集团。

参考文献

[1] 戴悦. 美国反倒置税收政策分析 [J]. 国际税收，2017（2）.

[2] 邓芳楠. 构建中国反倒置交易税收政策的研究——基于美国经验 [D]. 对外经济贸易大学硕士学位论文，2017.

[3] 郭月梅，肖月丽. 我国完善避税地监管的路径选择 [J]. 税务研究，2016（10）.

[4] 黄洪. 我国反避税机制的运行现状与优化措施 [J]. 税务研究，2012（2）.

[5] 李本贵. 税基侵蚀与利润转移原因分析及对策 [J]. 税务研究，2016（7）.

[6] 李超民，胡怡建. 特朗普税制改革取向及其影响 [J]. 税务研究，2017（1）.

[7] 李天飞. 美国最新税改计划中"属地原则"评析 [J]. 国际税收，2017（7）.

[8] 王惠姗. 美国"税收倒置"频发的原因及分析 [J]. 国际税收，2015（2）.

[9] 于江. 并购的公司避税效应及其经济后果研究 [D]. 北京交通大学博士学位论文，2016.

[10] 张富强, 孙钰明. 国际避税港的六大模式 [J]. 涉外税务, 2003 (10)：43 - 46.

[11] 张文春. 美国跨国公司在避税地或低税国的投资趋势 [J]. 涉外税务, 2001 (7)：36 - 38.

[12] 赵国庆. 审视跨国高科技公司避税行为, 完善我国反避税制度 [J]. 国际税收, 2013 (2).

[13] Anton Babkin, Brent Glover, Oliver Levine. Are Corporate Inversions Good for Shareholders? [J]. Journal of Financial Economics, 2016.

[14] C. Bryan Cloyd et al. , Firm Valuation Effects of the Expatriation of U. S. Corporations to Tax Haven Countries [J]. Journal of the American Taxation Association, 2003 (25).

[15] Charles Behagg. Tax Inversions：Time to Take a Look in the Mirror Reflections on the Inversion Phenomenon [J]. Intertax, 2016 (44).

[16] Chris Capurso. Burgers, Doughnuts, and Expatriations：An Analysis of the Tax Inversion Epidemic and a Solution Presented Through the Lens of the Burger King-Tim Hortons Merger [J/OL]. 2016：http：//scholarship. law. wm. edu/wmblr/vol7/iss2/6.

[17] Chris Jones, Yama Temouri. The determinants of tax haven FDI [J]. Journal of World Business, 2016 (2)：237 - 250.

[18] Clausing, Kimberly A. Beyond Territorial and Worldwide Systems of Taxation [J]. Journal of International Business and Economics, 2015 (15).

[19] Clausing, Kimberly A. Multinational Firm Tax Avoidance and Tax Policy [J]. National Tax Journal, 2009 (4).

[20] Desai, Mihir A. & Hines Jr. , James R. , Expectations and Expatriations：Tracing the Causes and Consequences of Corporate Inversions [J]. National Tax Journal, 2002 (3).

[21] Eloine Kim. Corporate Inversion：Will the American Jobs Creation Act of 2004 Reduce the Incentive to Re-Incorporate? [J]. Journal of International Business and Law, 2005 (4).

[22] Eric J. Allen, Susan C. Morse. Tax-Haven Incorporation for U. S. -Headquartered Firms：No Exodus Yet [J]. National Tax Journal, 2013 (2)：395 - 420.

[23] Eric L. Talley. Corporate Inversions and the Unbundling of Regulatory Competition [J]. Virginia Law Review, 2015 (6).

［24］Inho Andrew Mun. Reinterpreting Corporate Inversions：Non-Tax Competitions and Frictions ［J］. Yale Law Review, 2017, 126 (7)：2152 – 2220.

［25］Leitner, Abraham & Glicklich, Peter A. , New Regulations Tighten Anti-Inversion Rules but Probably Won't Stop U. S. Corporate Expatriation ［J］. Tax Management International Journal, 2009 (38).

［26］Nirupama S. Rao. Corporate Inversions and Economic Performance ［J］. National Tax Journal, 2015 (12).

［27］Scott Dyreng, Michelle Hanlon, Edward Maydew. Long-Run Corporate Tax Avoidance ［J］. The Accounting Review, 2008, 83 (1)：61 – 82.

［28］Shaviro, Daniel, The David R. Tillinghast Lecture：The Rising Tax-Electivity of U. S. Corporate Residence ［J］. Tax Law Review, 2011 (3)：377 – 430.

［29］Stuart Webber. Escaping the U. S. Tax System：From Corporate Inversions to Re-Domiciling ［J］, Tax Notes International, 2011 (63)：273.

YY 地产公司无锡酒店项目税收筹划

葛玉御

一、案例背景

YY 地产公司从广西 NT 公司手中通过股权收购取得江苏 NT 置业有限公司 100% 股权，目前实行经营和财务共管。江苏 NT 置业有限公司成立于 2011 年 7 月，注册地为无锡市锡山区，注册资本 2 000 万元。2018 年初，YY 地产公司收购了该公司 100% 股份，但股权交割尚未完成。江苏 NT 置业有限公司在无锡东开发了 NTHC 大厦项目。该项目于 2014 年 7 月底取得预（销）售许可证；2016 年 11 月下旬完成竣工验收备案；2017 年 9 月下旬取得《关于 NTHC 大厦通过交付使用竣工验收的通知》。但是，截至 2018 年 6 月底，未实现销售。2016 年 5 月办理了"增值税一般纳税人选择简易办法征收"的备案手续。

上海 YH 商业管理有限公司成立于 2018 年 2 月初，注册地为上海市崇明区长兴镇，注册资金 2 000 万元，属于自然人投资或控股的有限责任公司。该公司主要经营范围有：物业管理、工程管理服务、建筑装饰装修工程设计与施工、建筑智能化工程、园林绿化工程、房地产经纪、房地产开发经营、酒店管理等。

上海 PD 商业经营管理有限公司成立于 2018 年 1 月底，注册地为上海市奉贤区，注册资金 2 000 万元，属于自然人投资或控股的有限责任公司。该公司主要经营范围有：房地产开发经营和经纪、物业管理酒店管理、物业管理、建筑装饰装修建设工程设计与施工、园林绿化工程施工等。

组织架构如图 1 所示。

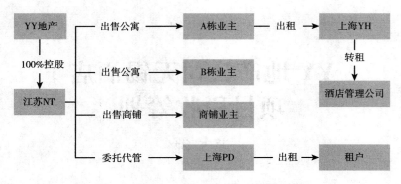

图1　YY地产公司无锡酒店项目组织架构

江苏 NT 置业有限公司的主要产品及规模情况见表1。

表1

产品名称	A 栋 （公寓）	B 栋 （公寓）	商场 （1~3 层）	地下车库 （不计容）	公共配套 （含人防/均不计容）
实测面积 （平方米）	12 750	12 827	12 053	6 307	5 326

总建筑面积为 49 263 平方米。公寓和商场公共部位均需精装修之后出售，装修工程尚未启动。

二、主要税种及税率

YY 地产公司无锡酒店项目主要涉及税种包括增值税、企业所得税、土地增值税、房产税、城市维护建设税、教育费附加和地方教育费附加。

1. 增值税。

（1）地产项目增值税的制度基础。2016 年 5 月 1 日，房地产业、建筑业、金融业和生活服务业全面"营改增"，地产项目适用流转税由营业税转变为增值税。

《关于全面推开营业税改征增值税试点的通知》规定，销售不动产是指转让不动产所有权的业务活动。不动产是指不能移动或者移动后会引起性质、形状改变的财产，包括建筑物、构筑物等。建筑物包括住宅、商业营业用房、办公楼等可供居住、工作或者进行其他活动的建造物；构筑物包括道路、桥梁、隧道、水坝等建造物。转让建筑物有限产权或者永久使用权的，转让在建的建筑物或者构筑物所有权的，以及在转让建筑物或者构筑物时一并转让其所占土地使用权的，按照销售不动产缴纳增值税。

建筑服务业适用税率由原营业税的 3% 变为增值税的 11%。为平衡税负变动，《关于全面推开营业税改征增值税试点的通知》给予过渡性的优惠政策。第一，一般纳税人以清包工方式提供的建筑服务，可以选择适用简易计税方法计税。以清包工方式提供建筑服务，是指施工方不采购建筑工程所需的材料或只采购辅助材料，并收取人工费、管理费或者其他费用的建筑服务。第二，一般纳税人为甲供工程提供的建筑服务，可以选择适用简易计税方法计税。甲供工程是指全部或部分设备、材料、动力由工程发包方自行采购的建筑工程。第三，一般纳税人为建筑工程老项目提供的建筑服务，可以选择适用简易计税方法计税。建筑工程老项目是指《建筑工程施工许可证》注明的合同开工日期在 2016 年 4 月 30 日前的建筑工程项目；未取得《建筑工程施工许可证》的，建筑工程承包合同注明的开工日期在 2016 年 4 月 30 日前的建筑工程项目。第四，一般纳税人跨县（市）提供建筑服务，适用一般计税方法计税的，应以取得的全部价款和价外费用为销售额计算应纳税额。纳税人应以取得的全部价款和价外费用扣除支付的分包款后的余额，按照 2% 的预征率在建筑服务发生地预缴税款后，向机构所在地主管税务机关进行纳税申报。第五，一般纳税人跨县（市）提供建筑服务，选择适用简易计税方法计税的，应以取得的全部价款和价外费用扣除支付的分包款后的余额为销售额，按照 3% 的征收率计算应纳税额。纳税人应按照上述计税方法在建筑服务发生地预缴税款后，向机构所在地主管税务机关进行纳税申报。第六，试点纳税人中的小规模纳税人跨县（市）提供建筑服务，应以取得的全部价款和价外费用扣除支付的分包款后的余额为销售额，按照 3% 的征收率计算应纳税额。纳税人应按照上述计税方法在建筑服务发生地预缴税款后，向机构所在地主管税务机关进行纳税申报。

销售不动产由于周期较长的特征，《关于全面推开营业税改征增值税试点的通知》给予老项目的过渡性优惠政策。第一，一般纳税人销售其 2016 年 4 月 30 日前取得（不含自建）的不动产，可以选择适用简易计税方法，以取得的全部价款和价外费用减去该项不动产购置原价或者取得不动产时的作价后的余额为销售额，按照 5% 的征收率计算应纳税额。第二，一般纳税人销售其 2016 年 4 月 30 日前自建的不动产，可以选择适用简易计税方法，以取得的全部价款和价外费用为销售额，按照 5% 的征收率计算应纳税额。第三，一般纳税人销售其 2016 年 5 月 1 日后取得（不含自建）的不动产，应适用一般计税方法，以取得的全部价款和价外费用为销售额计算应纳税额。纳税人应以取得的全部价款和价外费用减去该项不动产购置原价或者取得不动产时的作价后的余额，按照5%的预征率在不动产所在地预缴税款后，向机构所在地主管税务机关进行纳税申报。第四，一般纳税人销售其2016年5月1日后自建的不动产，应适用一般计税方法，以取得的全部价款和价外费用为销售额计算应纳税额。纳税人应以取得的全部价款和价外费用，按照5%的预征率在不动产所在地预缴税款后，向机构所在地主管税务机关进行纳税申报。

第五，小规模纳税人销售其取得（不含自建）的不动产（不含个体工商户销售购买的住房和其他个人销售不动产），应以取得的全部价款和价外费用减去该项不动产购置原价或者取得不动产时的作价后的余额为销售额，按照5%的征收率计算应纳税额。第六，小规模纳税人销售其自建的不动产，应以取得的全部价款和价外费用为销售额，按照5%的征收率计算应纳税额。第七，房地产开发企业中的一般纳税人，销售自行开发的房地产老项目，可以选择适用简易计税方法按照5%的征收率计税。第八，房地产开发企业中的小规模纳税人，销售自行开发的房地产项目，按照5%的征收率计税。第九，房地产开发企业采取预收款方式销售所开发的房地产项目，在收到预收款时按照3%的预征率预缴增值税。第十，个体工商户销售购买的住房，应按照《营业税改征增值税试点过渡政策的规定》第五条的规定征免增值税。纳税人应按照上述计税方法在不动产所在地预缴税款后，向机构所在地主管税务机关进行纳税申报。第十一，其他个人销售其取得（不含自建）的不动产（不含其购买的住房），应以取得的全部价款和价外费用减去该项不动产购置原价或者取得不动产时的作价后的余额为销售额，按照5%的征收率计算应纳税额。

不动产经营租赁服务的增值税优惠。第一，一般纳税人出租其2016年4月30日前取得的不动产，可以选择适用简易计税方法，按照5%的征收率计算应纳税额；第二，公路经营企业中的一般纳税人收取试点前开工的高速公路的车辆通行费，可以选择适用简易计税方法，减按3%的征收率计算应纳税额；第三，试点前开工的高速公路，是指相关施工许可证明上注明的合同开工日期在2016年4月30日前的高速公路；第四，小规模纳税人出租其取得的不动产（不含个人出租住房），应按照5%的征收率计算应纳税额；第五，其他个人出租其取得的不动产（不含住房），应按照5%的征收率计算应纳税额；第六，个人出租住房，应按照5%的征收率减按1.5%计算应纳税额。

2018年，根据增值税"按照三档并两档的方向简并税率"的要求，适用于制造业的17%降低为16%；适用于房地产业、建筑业的11%降低为10%。

（2）YY地产公司无锡酒店项目适用增值税税率。根据《关于全面推开营业税改征增值税试点的通知》，江苏 NT 置业有限公司销售在 2016 年 5 月 1 日之前自行开发的房地产项目可认定为老项目（含公寓和商场），可选择按 5% 征收率计算缴纳增值税。出租商场取得租金收入则按不动产租赁 10% 的税率计算缴纳增值税。

江苏 NT 委托上海 PD 代管公寓，佣金服务按 6% 计算缴纳增值税。上海 PD 出租给租户，按 10% 计算缴纳增值税。

上海 YH 商业管理有限公司作为一般纳税人，转租公寓给酒店管理公司，按 10% 的税率计算缴纳增值税；返还给业主的租金，可取得由业主提供的税率为 5% 的增值税进项发票。

2. 企业所得税。根据《企业所得税法》（2018 年修正），企业所得税的税率为 25%。企业所得税优惠税率主要包括以下四类：第一，高新技术企业享受 15% 的税率优惠。第二，技术先进型服务企业减按 15% 征税。第三，西部大开发地区鼓励类产业企业减按 15% 征税。鼓励类产业企业是指以《西部地区鼓励类产业目录》中规定的产业项目为主营业务，且其主营业务收入占企业收入总额 70% 以上的企业，政策优惠区域为内蒙古自治区、广西壮族自治区、重庆市、四川省、贵州省、云南省、西藏自治区、陕西省、甘肃省、青海省、宁夏回族自治区、新疆维吾尔自治区、新疆生产建设兵团、湖南省湘西土家族苗族自治州、湖北省恩施土家族苗族自治州、吉林省延边朝鲜族自治州和江西省赣州市。第四，小型微利企业所得税优惠：自 2019 年 1 月 1 日至 2021 年 12 月 31 日，对小型微利企业年应纳税所得额不超过 100 万元的部分，减按 25% 计入应纳税所得额，按 20% 的税率缴纳企业所得税；对年应纳税所得额超过 100 万元但不超过 300 万元的部分，减按 50% 计入应纳税所得额，按 20% 的税率缴纳企业所得税。

目前各公司均为独立法人单位，并不符合高新技术或技术先进型服务企业要求，企业所得税税率均为 25%。公司注册地主要在上海和江苏，不适用西部大开发地区的税收优惠。

3. 土地增值税。土地增值税是房地产业面临的核心税种，本质上是反房地产暴利税，针对房地产经营企业等单位和个人，有偿转让国有土地使用权以及在房屋销售过程中获得的收入，扣除开发成本等支出后的增值部分，课征税收。土地增值税适用四级超率累进税率，增值率 50% 及以内，税率 30%；增值率超过 50% 但不超过 100%，税率 40%；增值率超过 100% 但不超过 200%，税率 50%；增值率超过 200%，税率 60%。计算增值额的扣除项目包括：取得土地使用权所支付的金额；开发土地的成本、费用；新建房及配套设施的成本、费用，或者旧房及建筑物的评估价格；与转让房地产有关的税金；财政部规定的其他扣除项目。

纳税人符合下列条件之一的，应进行土地增值税的清算：房地产开发项目全部竣工、完成销售的；整体转让未竣工决算房地产开发项目的；直接转让土地使用权的。对符合以下条件之一的，主管税务机关可要求纳税人进行土地增值税清算：已竣工验收的房地产开发项目，已转让的房地产建筑面积占整个项目可售建筑面积的比例在85%以上，或该比例虽未超过85%，但剩余的可售建筑面积已经出租或自用的；取得销售（预售）许可证满3年仍未销售完毕的；纳税人申请注销税务登记但未办理土地增值税清算手续的；省（自治区、直辖市、计划单列市）税务机关规定的其他情况。

4. 房产税。根据《房产税暂行条例》，个人所有非营业用房产免征房产税；而单位或个人持有营业房产一律照章征收房产税。房产税税率，依照房产余值计算缴纳的，税率为1.2%；出租不动产，按租金收入12%计算缴纳房产税；个人出租房屋，减按4%税率缴纳房产税。

5. 城市维护建设税和教育费附加、地方教育费附加。根据《城市维护建设税暂行条例》，城市维护建设税随增值税附征，纳税人所在地在市区的，税率为7%；纳税人所在地在县城、镇的，税率为5%；纳税人所在地不在市区、县城或者镇的，税率为1%。纳税人所在地，是指纳税人住所地或者与纳税人生产经营活动相关的其他地点。根据《征收教育费附加的暂行规定》，教育费附加随增值税附征，教育费附加3%；地方教育费附加2%。

三、主要问题及筹划目标

1. 需要重点关注并解决的问题。

（1）装修支出的巨额增值税进项税额无法抵扣。预期装修费支出11 286万元，约占总开发成本的44%，均可取得10%的增值税专用发票，涉及可抵扣税额1 026万元。销售合同中跟业主约定是精装修后交付使用，但装修投资的收入未从总成交价中分割出来。由于该项目销售不动产是按简易计算方法交税，不可抵扣进项税额，由此导致装修投资活动发生的巨额增值税进项税额无法抵扣。

（2）土地增值税税负较重。经估算，土地增值税合计金额高达7 164万元，占预期销售收入的11.3%。其中：A、B栋估算土地增值税约1 519万元，约占预期销售收入的4.5%；商场估算土地增值税约5 645万元，约占预期销售收入的18.7%。由此可见，A、B栋土地增值税税负处于可接受状态，但商场的土地增值税负担特别重。

（3）精装修活动的税收影响。A 栋和 B 栋公寓，均在精装修之后对外销售。根据《江苏省地方税务局关于土地增值税若干问题的公告》，房地产开发企业销售已装修的房屋，对可移动的物品（如可移动的家用电器、家具、日用品、装饰用品等），不计收入也不允许扣除相关成本费用。目前精装修活动对应的收入，未在销售合同中分割，对土地增值税清算和增值税的抵扣均有重要影响。

（4）超标准建筑安装成本的扣除。关于建筑安装成本，无锡市税务局在审核土地增值税清算报表时有最高限额。就江苏 NT 的产品而言，2010 年税务局公布的最高限额是 1 680 元/平方米，而实际的建筑安装成本是 2 560 元/平方米，是最高限额的 1.5 倍。如何将超标准的建筑安装成本在土地增值税清算时扣除，需要重点关注。

（5）整体税收筹划。如何通过组织结构调整和经营活动的重新安排，实现税负最优。

2. 筹划目标。

（1）对于预期装修费用的进项税额，通过筹划达到可抵扣的目的。

（2）降低土地增值税负担，尤其是商铺销售收入的土地增值税负担。

（3）规划精装修成本中可移动物品的比例，以合理分割对应的销售收入。

（4）通过合理方式使超地方标准的合理的建筑安装成本在清算土地增值税时扣除。

（5）调整组织结构，重新安排经营活动，以实现整体税负最优。

四、初步筹划方案分析

1. 关于装修支出的增值税进项税额难以抵扣和土地增值税负担过高问题。

（1）筹划方案一：将不动产销售收入划分为两部分，一部分为不含精装修的销售收入；另一部分为从事精装修业务取得的收入。同时，成立物业管理公司，受托代理业主从事精装修业务（包括公寓精修和商铺公共部位装修），实际的装修工程外包给装修公司。

税收筹划效果分析：根据对土地增值税的估算，含税精装修成本 11 286 万元加计 30% 之后，占扣除项目合计金额的 36.21%。如将预期收入的 36.21% 即 22 991 万元和精装修成本，同时转到物业管理公司，将使江苏 NT 的土地增值税减少 2 594 万元，增值税减少 1 150 万元；物业管理公司按 6% 的税率交增值税

1 366.5 万元，同时可抵减进项税额 1 026 万元，实际应交增值税为 340.5 万元。整体来看，筹划方案将节约土地增值税和增值税共计 3 403.5 万元。

（2）筹划方案二：仅在销售合同中将总销售额划分为不含精装修的销售额和精装修业务销售额，不设商业管理公司代理精装修业务。此时，分割出来的精装修业务销售额，只要能收回实际装修成本即可，因为按一般计税方法的税率为 10%，高于简易计税的征收率。

税收筹划效果分析：含税销售额 11 286 万元，比简易计税时应多交增值税 488.57 万元，但能够全部抵扣装修业务的增值税进项税 1 026 万元，即完全省掉了税收筹划之前按简易计税方法缴纳的 5% 的增值税；同时，根据演算结果，因为销售收入减少了 5%，土地增值税将减少 205 万元。

两种筹划方案可能存在的问题：第一，销售收入分割之后，业主支付的装修成本如何贷款，如何让业主接受同一购买行为要跟两个公司签订合同；第二，主管税务机关可能不会认可这一行为；第三，广西 NT 公司不一定能接受筹划方案。

2. 关于土地增值税清算时，如何遵守精装修中可移动物品的成本和收入均不计的规定。

筹划方案：对于公寓精装修，严格区分装修成本中硬装部分和软装部分各自的支出；要求装修公司开发票时，区分硬装和软装，分别开票。同时，分割不动产销售合同中的总销售价款，将一部分划分为可移动的装修物品对应的销售额。

税收筹划效果分析：根据经验数据，50% 的精装修成本可划归为可移动的装修物品成本，也就是 5 643 万元；如果将预期收入的 18.1% 即 11 496 万元和 5 643 万元精装修成本分割出来，结果显示可减少 1 296 万元土地增值税，而且预期收入分割到可移动装修物品销售额越多，土地增值税会持续减少（所分割出来的销售额的 30% ~40%）。对于增值税，此类收入要按 16% 缴税，比简易计税要高 11 个百分点，但同时可抵减进项税额 10% 或 16%（从装修公司取得的进项发票只能抵扣 10%，此时应合理选择供应商），所以不利影响并不大。

筹划方案可能存在的问题：销售的分割比例超过 18.1%，税务机关可能有不同的意见。

3. 关于建筑安装成本的最高限额问题。清算之前可委托资质等级为甲级、信用等级为 AAA 级的工程造价咨询机构出具审核报告，证明超限额的建筑安装成本的合理性和合法性，达到税前扣除的目的。

4. 关于调整组织结构、重新安排经营活动，以实现税负最优。

（1）设立分公司。跨省经营的总公司与分公司的应税所得，可由总公司汇总缴纳企业所得税，当总公司或分公司当年度或以前年度有亏损时，可相互弥补，达到在有累计亏损的企业中节省 25% 的企业所得税的目的。但是，当年度成立的分公司，从第二年开始纳入企业所得税分摊范围。假设总公司已经有累计可弥补亏损 1 000 万元，通过设立分公司在无锡从事酒店管理工作，分公司所取得的应税所得，在由总公司汇总纳税时，应纳税所得额是抵减掉总公司亏损之后的余额。

（2）设立非居民纳税人。在中国境内未设立机构、场所或虽设立机构、场所但取得的所得与其所设机构、场所没有实际联系的企业，应税所得减按 10% 的税率征收企业所得税。

（3）设立技术先进型服务企业。根据《关于将服务贸易创新发展试点地区技术先进型服务企业所得税政策推广至全国实施的通知》规定，从事《技术先进型服务业务认定范围（试行）》中的一种或多种技术先进型服务业务，大专及以上学历的员工占企业职工总数的 50% 以上，从事技术先进型服务业务取得的收入占企业当年总收入的 50% 以上的技术先进型服务企业，则减按 15% 税率征收企业所得税。

五、筹划方案选择

1. 将硬装部分装修服务外包，并剥离收入，降低土地增值税税负。针对"装修支出的增值税进项税额难以抵扣和土地增值税负担过高问题"，上述筹划方案一将不动产销售收入划分为两部分，意味着购房者要与两家公司签订两份合同，一份毛坯房销售合同，一份装修合同，购房者难以同意。一方面网上许多专家都让购房者警惕开发商拆分合同，防止装修扯皮；另一方面拆分合同会影响购房者办理购房贷款。因此，筹划方案一不易实现。筹划方案二中如果不拆分合同，仅在销售合同中将总销售额划分为不含精装修的销售额和精装修业务销售额，并选择适用不同的计税方法，税务机关一般不会认可，因为同一个工程项目（以施工许可证登记的为准），应采用一种计税方式。政策依据是《营业税改征增值税试点实施办法》第十八条：一般纳税人发生财政部和国家税务总局规定的特定应税行为，可以选择适用简易计税方法计税，但一经选择，36 个月内不得变更；以及《土地增值税暂行条例实施细则》第五条：转让房地产所取得的收入，包括转让房地产的全部价款及有关的经济收益。

因此，YY 地产公司经过充分考虑税收风险，选择将硬装部分的装修服务以清包工的方式外包，承接清包工业务的装修（物业）公司，增值税可选择建筑行业的简易计税，征收率3%。同时将与之对应的部分收入（利用各类营销手段）从总的房地产销售收入中剥离。根据《国家税务总局关于房地产开发企业土地增值税清算管理有关问题的通知》规定，房地产开发企业销售已装修的房屋，其装修费用可以计入房地产开发成本。采购的装修材料不能抵扣的进项税额可计入房地产开发成本，并享受加计扣除30%，从而将土地增值税的增值率控制在50%以下，节省土地增值税税负1 000万元。

2. 区分硬装、软装，控制成本配比，降低土地增值税税负。针对"土地增值税清算时，如何遵守精装修中可移动物品的成本和收入均不计的规定"这一问题的筹划方案，经与主管税务机关沟通，方案可行。对于公寓精装修，通过严格区分装修成本中硬装部分和软装部分各自的支出并分别开票，分割不动产销售合同中的总销售价款，将一部分划分为可移动的装修物品对应的销售额，降低土地增值税税负1 300万元。同时选择了销项税税率16%的供应商，平衡增值税税负的变动，基本无影响。

3. 工程造价机构出具成本合理性审核报告，确保税前扣除。经与主管税务机关沟通，在清算之前可委托资质等级为甲级、信用等级为AAA级的工程造价咨询机构出具审核报告，证明超限额的建筑安装成本的合理性和合法性，确保税前扣除。

4. 设立分公司，汇总纳税降低整体税负。为降低企业整体税负，筹划方案建议的设立非居民纳税人，由于实际业务联系紧密，难以分割，难以操作，风险较高。设立技术先进型服务企业，考虑到YY地产公司当前的业务范围，难以满足要求。最终YY地产公司选择设立无锡分公司，从事酒店管理工作，分公司所取得的应税所得，在由总公司汇总纳税时，可抵减掉总公司亏损之后的余额，从而降低整体税负。

六、结论与建议

本文以YY地产公司通过股权收购方式取得无锡酒店项目为例，分析"中间进场"的地产公司所面临的一系列税收问题。针对装修支出的巨额增值税进项税额无法抵扣，土地增值税税负较重，精装修活动产生税收影响，超标准建筑安装成本难以扣除，以及通过组织结构调整和商业活动安排实现税负最优等问题，提出多种税收筹划方案，并通过与主管税务机关、利益相关方的沟通协调，确定选择了四个方面税收筹划方案：第一，将硬装部分装修服务外包，并剥离收入，降低土地增值税税负；第二，区分硬装、软装，控制成本配比，降低土地增值税税负；第三，工程造价机构出具成本合理性审核报告，确保税前扣除；第四，设立分公司，汇总纳税降低整体税负。由于项目还未完全清算，预估节省土地增值税、企业所得税、增值税、城市维护建设税和教育费附加、地方教育费附加超过3 000 万元。

通过本案例的研究发现，地产公司"中间进场"的情况下，需充分了解项目之前的状况，尤其因"营改增"带来的"老项目"问题和土地增值税税负畸高的问题，设计合理的筹划方案，并务必与主管税务机关和利益相关方进行事前沟通、协调，确保方案落地有效，降低风险。当然，对企业整体发展而言，税收筹划收益只是需考量的因素之一，在进行筹划之时也应充分考虑企业现金流、报表呈现等问题，以实现企业整体利益最大化。囿于本文研究主题，未能在此方面展开，期待后续研究进一步深入。

参考文献

1. 陈爱中，李达．土地增值税征管中存在的问题与建议［J］．税务研究，2010（4）．

2. 崔淑清．房地产开发企业土地增值税税收风险、筹划研究［J］．财经界，2019（4）．

3. 窦苗静．房地产企业土地增值税筹划探讨［J］．财经界，2019（4）．

4. 栾美璐，张庆．我国房地产企业纳税筹划研究——以万科为例［J］．科技经济导刊，2019（5）．

5. 王小玉．房地产开发企业土地增值税的税务筹划［J］．经济研究导刊，2010（1）．

6. 许泽亮．试析企业纳税筹划的常见风险问题及规避［J］．纳税，2019（5）．

科研项目预算管理案例研究

———基于 D 研究所 J 科研项目的案例分析

朱 丹 顾 玲

科研单位的项目成本管理一直以来是个难题。本案例以 D 研究所 J 项目为背景资料，阐述了 J 项目如何从项目成本管理的前期入手，抓好项目预算管理工作，保证项目提前完成，节省了预算资金。下文重点阐述了项目管理、基于 WBS（项目任务结构分解）编制预算、过程控制等知识点，以帮助财务人员能够理解科研项目预算管理有别于一般的预算管理，科研预算管理需要学习项目管理的基本原理，掌握科研项目 WBS（项目任务结构分解）预算编制的方法。

一、案例背景

（一）产业背景介绍

随着军民深度融合，在发动机产业领域，民参军、民企为军品配套将更加广泛、更加深入，以及武器装备在推行竞争性采购和常态化的市场竞争机制下，产品技术优势不断缩减，成本和价格驱动将是赢得竞争的关键因素。

行业主管部门提出了建立世界一流发动机企业的集团愿景，实施"创新驱动、质量制胜、人才强企"等三大战略，加快自主创新战略转型的目标。2017 年 7 月行业主管部门在战略研讨会制定的 12345 的集团战略体系中（即一个主业、两大市场、三大战略、四个坚持、五大工程），成本工程是五大工程中的重要一项。为了促使下属公司和事业单位能够重视成本工程的工作，行业主管部门下达了近 10 项成本工程考核指标，其中包含科研项目科研费超垫支增长率。

然而，长期以来，军工科研院所因其科研生产活动的特殊性和复杂性，其收入都依赖于国家拨款，长期游离于市场和经济之外，从单位领导到普通员工都缺乏基本的成本管理意识、不符合现阶段的市场经济发展趋势，使得科研项目成本控制不力，科研费超支、垫支情况严重。虽然在技术方面拥有领先优势，但是要想在激烈的市场竞争环境中占有一席之地，仅靠领先的技术是远远不够的。军工科研院所如果希望能持续地发展，创造好的经济效益，就必须重视成本管理。因此军工科研院所必须转变观念，积极运用先进的管理理念和科学的成本管理方法来加强科研项目成本管理，以达到控制好成本，促进科研项目顺利开展，在市场竞争中占据有利地位。科研项目成本管理是全过程管理，但最关键的是通过做好科研项目的预算管理来实现科研项目的成本管理。

（二）案例 D 研究所简介

D 研究所隶属于中国某国有大集团，是全额拨款事业单位，是该行业唯一的控制系统研究所。截至 2018 年 3 月共完成国家和部级重点科研课题 50 余项；获得国家和部级奖励近 30 项；获授权发明专利 63 件。D 研究所的战略目标是成为国内领先的控制系统最佳集成供应商，国内第一，国际先进。

D 研究所实行所务会下的所长负责制，重大事项决策、重要干部任免、重要项目安排以及大额度资金使用由所务会决议通过。组织机构由运营管理、支撑保障、技术科研三大部分组成。

1. D 研究所的科研项目情况。D 研究所目前共有项目 134 项，其中已定型转批生产项目 14 项；在研项目 120 项目（其中型号类项目 61 项，预研类项目 59 项）。型号类项目任务来源为军方，研究所主要为发动机主机配套。预研类项目来源为国防科工局、工信部或其他科技管理部门。

2. D 研究所的人力资源状况。D 研究所现有职工 1 061 人，其中技术人员 792 人、技能人员 140 人、管理人员 129 人；博士学历 29 人、研究生学历 516 人、本科及学历 337 人；拥有研究员职称 42 人、高级职称 167 人、中级职称 321 人。如图 1 所示。

3. D 研究所科研项目成本管理现状。一项完整的项目成本管理会涉及项目主管所领导、项目副总师、计划部、财务部、审计部、相关技术部门。虽然项目管理实行矩阵式管理，但是各职能部门缺乏对科研项目成本管理的责任认识、管理经验不足，管理观念和管理方法相对局限。

当前，研究所项目成本管理过程的现状如下：

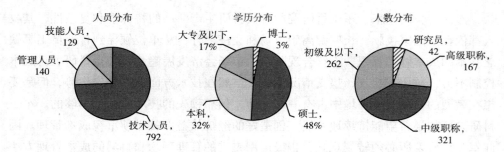

图1 D研究所人力资源状况

（1）项目（成本）预算现状。目前，D研究所项目（成本）预算由项目管理员采用经验估算法（也称类比法）编制。由于科研项目研制周期较长、无法对投入的成本费用进行精准预算，同时由于各项目间缺乏可比性，即使是同一个项目，因所处阶段不一样，经费投入也会存在差异，因此，针对科研项目经费投入的预算至今仍无行之有效的办法。

（2）项目成本核算现状。由于预算编制依据与项目成本核算不是同一基础，造成项目预算编制与预算脱节。因为D研究所是体制内的军工科研研究所，其成本核算依据统一的《军工事业单位成本核算制度》，其中项目成本构成的分类还要依据《国防科研项目计价管理办法》与《国防科技工业科研经费管理暂行办法》两大标准文件，具体核算内容分为八项，即设计费、材料费、外协费、专用费、试验费、固定资产使用费、工资费、管理费。其中前五项是直接成本；后三项是间接成本，需要通过一定的分配比例分摊计入。然而，由于核算内容要求相对模糊，会计人员的职业判断不同，经常出现同类型的成本既在材料费中核算，又在外协费中核算；既在设计费中核算又在外协费中核算的情况。或者预算时将其作为材料费，核算时将其作为外协费，造成各核算科目之间的预算和决算差异较大。

（3）项目成本控制现状。财务部虽然是成本控制的归口责任部门，但往往侧重于对资金的总量控制和管理，忽视了预算执行的进度与效果。由于项目实施过程缺乏有效的手段和数据进行实时控制，长期以来，实际成本执行进度与计划进度存在差异；实际成本支出和项目预算存在差异。

（4）项目成本决算现状。目前，为了符合财务审计的要求，每次在科研项目财务决算审计前，财务人员、项目管理员和项目组都要进行大量的自查、整改工作，检查是否有列支任务书以外的成本支出。列支的部分如果能通过补充资料进行整改的就补充资料，如果无法通过补充资料来整改的就只能进行账务调整，将任务书外的成本支出调出，然后为了填补缺口再从其他项目调入成本，使得项目决算成本与实际差异较大。

　　D 研究所的科研项目属于武器装备类国家高端制造设备研制，因此项目开展要求高、风险大，不确定性强，从项目论证立项到结题验收少则三年，多则十年以上。表 1 是 2015～2017 年来 D 研究所已结题科研项目成本支出情况。

表 1　　　　2015～2017 年 D 研究所已结题验收项目成本支出情况　　单位：万元

项目	批复金额	审定决算数	项目超支	超支率（%）
1	5 930.00	6 079.64	149.64	2.52
2	6 420.00	6 958.61	538.61	8.39
3	840.00	992.87	152.87	18.20
4	440.00	514.76	74.76	16.99
5	3 135.00	3 457.43	322.43	10.28
6	315.00	396.36	81.36	25.83
7	395.00	427.35	32.35	8.19
8	950.00	1 156.63	206.63	21.75
9	100.00	112.26	12.26	12.26
10	255.00	333.39	78.39	30.74
11	560.00	575.23	15.23	2.72
12	680.00	693.58	13.58	2.00
13	3 200.00	3 307.88	107.88	3.37
14	1 350.00	1 385.28	35.28	2.61
15	520.00	528.20	8.2	1.58
16	640.00	675.24	35.24	5.42
17	430.00	455.20	25.2	5.88

　　从表 1 可以看出，近三年 D 研究所已结题可研项目成本超支和不合理的成本支出金额较大，对 D 研究所的经营效益影响较大，所以 D 研究所对于科研项目开展成本管理非常有必要。

　　（5）项目成本考核机制现状。D 研究所目前尚未建立成本考核机制，成本考核机制缺失。即使在项目财务决算审计中发现了不符合规定或者超出概算支出的情况，没有人会因此承担责任、受到惩罚，也不会主动地对存在不符合规定支出或者超概算支出的原因进行总结和反思。

（三）案例 J 科研项目背景

与国外的同类科研项目相比，J 科研项目的设计体系在功能、性能、维护性、可靠性等方面都有一定的差距，需要在"十二五"期间进一步从深度和广度上进行验证、完善、提高 J 科研项目的设计水平。J 科研项目是于 2013 年经国科工局批准立项的，由 D 研究所承担研究任务。该项目在"十一五"研究成果的基础上，进一步对控制系统进行研究，形成具有更强大的运算能力、更快的反应速度的数控系统。在"十一五"研究成果的基础上，继续提高技术水平，并掌握综合控制技术、专家故障诊断和趋势预测技术，从而提高控制系统品质，为控制系统提供性能好、生存力强的性能，提高寿命和维护性降低运行成本。预期通过本项目的实施，开展系统级、部件级的研究，试制相关试验样件。构成系统经试验验证，达到控制系统设计与试验验证。J 科研项目总投资 765 万元，项目周期计划从 2013 年 3 月至 2017 年 3 月。

二、案例 J 科研项目实施项目预算管理实践的做法

（一）建立 J 科研项目成本管理机构

为便于 D 研究所 J 科研项目成本管理工作能够高效、顺利地开展，采用矩阵式组织管理结构，即研究所保持原有的组织机构不变，由各部门抽调与项目相关的人员（如技术人员、管理人员）组成项目成本管理小组，成员组成员成为项目主管所领导、项目副总师、项目管理员、项目财务经理、项目审计经理、各专业组业务经理。

项目主管所领导是项目成本管理的负责人，负责该项目成本管理的全面工作。

项目副总师是项目成本管理的具体负责人，负责该项目成本管理的具体工作，保障该项目成本管理工作目标能得以实现。

项目管理员是项目成本管理的实施者，负责组织项目（成本）预算的编制工作，按照有关规定合理使用科研经费，跟踪项目成本合同执行情况以及科研成本完成情况，及时办理项目报销结账手续，配合财务部做好项目成本管理工作，做好配合各方的监督检查工作。

项目财务经理负责协助项目管理员做好项目（成本）预算编制工作，严格

按科研经费使用审批手续和财务管理制度规范核算，督导科研经费合理合规的使用，做好项目的成本分析、决算等相关工作，及时发现项目成本管理过程中存在的问题并提出合理意见，及时做好成本控制及效益分析等工作，做好配合各方的监督检查工作。

项目审计经理负责监督科研项目（成本）预算执行情况，执行科研项目成本责任考核制度。

各专业组业务经理的主要职责是配合项目管理员完成项目（成本）预算编制工作，按照规定合理使用科研经费，将科研经费按预算支出，做好配合各方的监督检查工作。

（二）J 科研项目（成本）预算

1. （成本）预算编制原则与要求。（成本）预算编制工作是科研项目成本管理工作的起点，是科研项目成本管理成功的关键要素。因此 J 科研项目预算编制工作需符合五项原则：一是符合国家相关法律法规和项目主管部门的经费使用要求；二是符合成本节约原则；三是符合成本效益原则；四是预算精细化原则；五是全员参与原则。即除项目副总师和项目管理员外，技术人员和财务人员也应该参与到（成本）预算的编制工作中来。D 研究所控制系统科研项目（成本）预算应根据项目目标、项目资源计划以及单位现有的基础条件等编制。

2. （成本）预算编制方法。为确保 J 科研项目（成本）预算更科学、更合理，（成本）预算环节分为四个步骤：即先建立项目的工作分解结构（WBS）；再结合项目计划编制项目进度计划；其次根据研究任务列出所需要资源，包括人力资源、设备、材料、工作场地等，形成项目资源清单和配置计划；最后再采用如类比法或估算法等得出项目（成本）预算。

（1）建立工作分解结构。D 研究所根据 J 科研项目的研究任务对项目全生命周期的四个阶段进行工作分解，具体项目工作分解结构见图 2。

①立项建议书是项目立项的依据，在项目建议书中需要论述项目的研究背景、立项的必要性以及项目未来的市场应用情况，同时还需要简单地论述项目的总体技术方案以及从技术基础、软硬件配套条件证明研制单位目前已具备承担该项目的研制能力与条件。

②立项评审是指项目主管部门组织专家通过会议评审方式对项目建议书的内容进行评审（即对项目能否立项进行评估）。

③研制方案是指项目开展研究工作的具体设想，项目立项后就要开展研制方

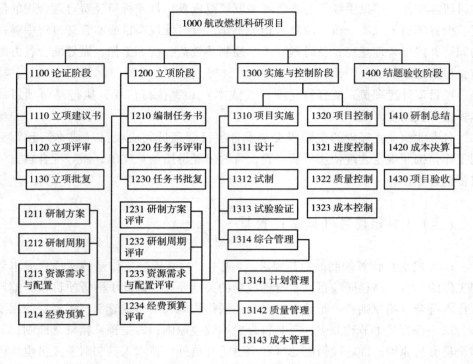

图2　D研究所J科研项目工作分解结构

案的编制工作，主要包括项目的研究内容、研究目标、技术指标、技术方案、关键技术、技术途径、达到的性能指标等。

④任务书评审是指项目主管部门组织专家通过会议评审方式对研制方案、研制周期、研制经费的内容进行评审。

⑤结题验收是指项目研究工作完成后，项目主管机关委托验收部门组织具有高级职称的技术、经济和管理专家成立验收组，根据项目复杂程度分别组成技术、资料和财务等验收小组，通过查阅研制总结、研究报告、研究成果以及经费使用情况和资料归档情况等内容对项目的完成质量、实施进度、经费管理情况和项目组织管理情况进行考核和评价。

⑥研究报告是指项目研究过程中形成的相关报告，包括技术总结和工作总结，是证明项目研究任务是否完成、研究成果是否实现的主要材料。

（2）编制项目进度计划。项目进度计划是在工作分解结构（WBS）的基础上，根据各工作包实施时间度量的基础上编制完成，在项目实施的过程中进行不断的修正。编制项目进度计划的目的是为了能够清楚地将每个工作包的工作计划区分，这样有利于成本管理工作。项目进度计划表主要包括：项目阶段、工作内容、开始时间、完成时间和耗时天数等项目相关信息。D 研究所 J 科研项目进度计划见表2。

表2 **J 科研项目进度计划**

项目阶段	工作内容	开始时间	完成时间	耗时天数（工作日）
论证阶段	1110 立项建议书	2013 年 3 月 1 日	2013 年 3 月 30 日	21
	1120 立项评审	2013 年 5 月 20 日	2013 年 5 月 20 日	1
	1130 建议书批复	2013 年 6 月 10 日	2013 年 6 月 10 日	1
立项阶段	1210 项目任务书	2013 年 6 月 11 日	2013 年 6 月 30 日	16
	1211 研制方案	2013 年 6 月 11 日	2013 年 6 月 30 日	16
	1212 研制周期	2013 年 6 月 11 日	2013 年 6 月 30 日	16
	1213 资源需求与配置	2013 年 6 月 11 日	2013 年 6 月 30 日	16
	1214 经费预算	2013 年 6 月 11 日	2013 年 6 月 30 日	16
	1220 任务书评审	2013 年 8 月 26 日	2013 年 8 月 26 日	1
	1221 研制方案评审	2013 年 8 月 26 日	2013 年 8 月 26 日	1
	1222 研制周期评审	2013 年 8 月 26 日	2013 年 8 月 26 日	1
	1223 资源需求与配置评审	2013 年 8 月 26 日	2013 年 8 月 26 日	1
	1224 经费预算评审	2013 年 8 月 26 日	2013 年 8 月 26 日	1
	1230 任务书批复	2013 年 11 月 26 日	2013 年 11 月 26 日	1
实施与控制阶段	1311 设计	2014 年 3 月 25 日	2015 年 4 月 20 日	365
	1312 试制	2014 年 12 月 25 日	2016 年 6 月 30 日	120
	1313 试验验证	2015 年 4 月 25 日	2016 年 12 月 30 日	318
	1314 综合管理	2014 年 3 月 25 日	2016 年 12 月 30 日	678
	13141 计划管理	2014 年 3 月 25 日	2016 年 12 月 30 日	678
	13142 质量管理	2014 年 3 月 25 日	2016 年 12 月 30 日	678
	13143 成本管理	2014 年 3 月 25 日	2016 年 12 月 30 日	678
	1321 进度控制	2014 年 3 月 25 日	2016 年 12 月 30 日	678
	1322 质量控制	2014 年 3 月 25 日	2016 年 12 月 30 日	678
	1323 成本控制	2014 年 3 月 25 日	2016 年 12 月 30 日	678
结题验收阶段	1410 研制报告	2017 年 1 月 4 日	2017 年 1 月 30 日	20
	1420 成本决算	2017 年 2 月 1 日	2017 年 2 月 5 日	5
	1430 项目验收	2017 年 5 月 25 日	2017 年 5 月 25 日	1

为了让项目进度更加清晰明了，在J科研项目进度表的基础上编制J科研项目甘特图（见图3）。

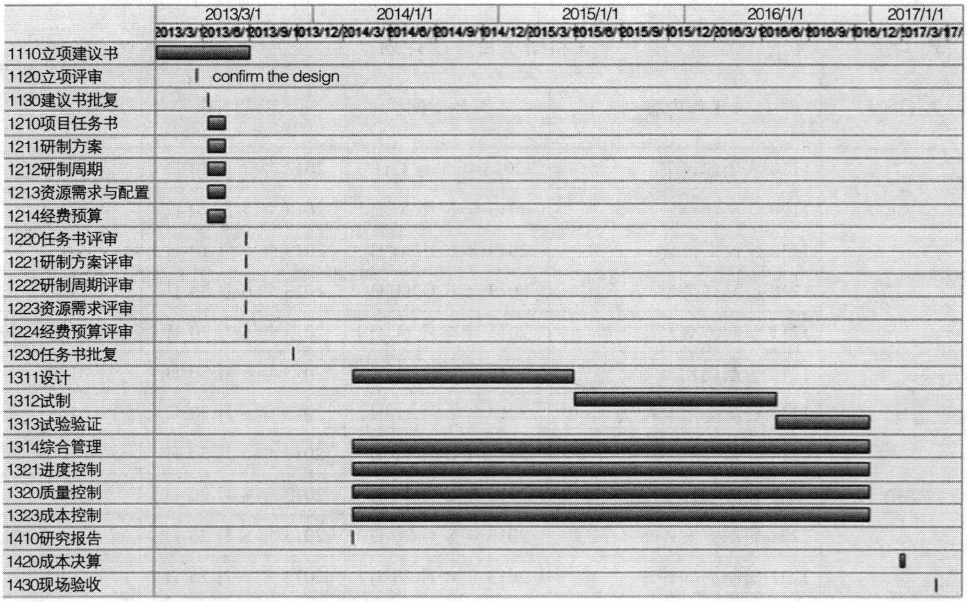

图3　D研究所J科研项目甘特图

（3）编制项目资源需求和计划清单。编制项目资源需求与配置的目的是能够对项目中各项工作开展需要的资源进行预计，再结合存量资源进行合理的配置。科研项目资源需求与配置计划覆盖项目的全生命周期，预估需求资源的种类、数量以及单价等的项目成本管理计划。

J科研项目资源需求和计划清单是根据项目工作分解结构、项目进度计划表与J科研项目研制工作内容编制的。资源需求和计划清单是编制项目（成本）预算的依据。

①项目资源需求。一般情况下，科研项目资源需求主要有开展科研活动所需的人力资源、设备、材料、场地等。J科研项目的资源需求如下：

一是人力资源。J科研项目主要参研人员情况如表3所示。

二是设备。科研人员根据各工作包预测J科研项目所需的专用仪器设备，除需要使用D研究所内现有的环境试验台、抗污染试验台外，还需另外采购燃油控制装置、测试传感器、试验用工装，改造整机测试台、硬件仿真测试台。

表3　　　　　　　J科研项目主要参研人员情况

序号	姓名	专业	职称/职务	承担的任务
1	×××	发动机控制	×××	项目负责人
2	×××	发动机控制	×××	控制系统
3	×××	发动机控制	×××	总体
4	×××	发动机控制	×××	总体
5	×××	发动机控制	×××	总体
6	×××	发动机控制	×××	六性
7	×××	电气设计	×××	电气
8	×××	电气设计	×××	电气
9	×××	软件测试	×××	软件测试
10	×××	软件测试	×××	软件测试
11	×××	软件开发	×××	软件开发
12	×××	软件开发	×××	软件开发
13	×××	软件开发	×××	软件开发
14	×××	软件开发	×××	软件开发
15	×××	软件开发	×××	软件开发
16	×××	软件开发	×××	软件开发
17	×××	电子工程	×××	电子
18	×××	电子工程	×××	电子
19	×××	电子工程	×××	电子
20	×××	电子工程	×××	电子
21	×××	电子工程	×××	电子
22	×××	电子工程	×××	工艺
23	×××	电子工程	×××	工艺
24	×××	发动机控制	×××	电液
25	×××	发动机控制	×××	电液
26	×××	发动机控制	×××	电液
27	×××	机械工程	×××	电液
28	×××	机械动力	×××	传感
29	×××	机械动力	×××	传感

续表

序号	姓名	专业	职称/职务	承担的任务
30	×××	动力工程	×××	试验
31	×××	发动机控制	×××	试验
32	×××	发动机控制	×××	试验
33	×××	计划管理	×××	项目管理
34	×××	质量管理	×××	质量管理
35	×××	会计	×××	经费管理
36	×××	会计	×××	审计管理

三是材料。科研人员根据各工作包预测J科研项目所需的材料如下：元器件如印制板连接器、电阻、电容、半导体、晶振、光耦、集成电路等；辅助材料如搭铁线、保险丝、导线接头、硅胶板等；成附件如传感器、伺服阀、电磁阀、燃油滤、交流电机、继电器箱等。

四是场地。科研人员根据各工作包预测目前研究所的工作场地能满足项目的科研需求。

②编制资源计划清单。航改燃机资源计划清单涵盖项目管理的全部阶段，项目管理员及各专业组业务经理在细化的工作单元基础上，根据不同工作单元所需资源的种类、数量、使用时间等信息进行编制，形成计划清单。J科研项目资源计划清单见表4。

表4　　　　　　　　　　J科研项目资源计划清单

项目阶段	工作单元	资源名称	单位	数量（天）	参与时间（小时）	天数
论证阶段	1110 立项任务书	项目副总师	人	1	2	21
		项目管理员	人	1	2	21
		主管设计师	人	8	4	21
	1120 立项评审	项目副总师	人	1	8	1
		项目管理员	人	1	8	1
		主管设计师	人	6	2	1
		主管工艺师	人	1	2	1
		试验主管	人	1	2	1
		评审专家	人	7	8	1
	1130 建议书批复	科工局系统四司	人	2	8	1

项目阶段	工作单元	资源名称	单位	数量（天）	参与时间（小时）	天数
立项阶段	1211 研制方案	项目副总师	人	1	1	24
		主管设计师	人	8	2	24
	1212 研制周期	项目副总师	人	1	1	1
		主管设计师	人	6	2	1
		主管工艺师	人	1	2	1
		试验主管	人	1	2	1
	1213 资源需求与配置	项目管理员	人	1	4	3
		主管设计师	人	8	8	3
	1214 经费预算	项目副总师	人	1	0.5	5
		项目管理员	人	1	4	5
		财务管理员	人	1	4	5
	1220 任务书评审	项目副总师	人	1	8	1
		项目管理员	人	1	8	1
		主管设计师	人	8	8	1
		财务管理员	人	1	8	1
		评审专家	人	7	8	1
	1230 任务书批复	科工局系统四司	人	2	8	1
实施与控制阶段	1311 设计	项目副总师	人	1	1	307
		主管设计师	人	25	2	260
		技术资料	份	1		
		样品样件	件	1		
		对外合作	批	1		
	1312 试制	主管工艺师	人	2	2	283
		外协加工	批	1		
		材料	批	1		
	1313 试验验证	试验主管	人	3	2	130
		材料	批	1		
		试验工装	件	1		
		试验设备改造	项	1		
		试验设备	批	1		

续表

项目阶段	工作单元	资源名称	单位	数量（天）	参与时间（小时）	天数
实施与控制阶段	1314 综合管理	项目管理员	人	1	1	723
		质量管理员	人	1	1	723
		财务管理员	人	1	1	723
	1321 进度控制	项目副总师	人	1	0.25	723
		项目管理员	人	1	1	723
		主管设计师	人	6	0.25	307
		主管工艺师	人	1	0.25	283
		试验主管	人	1	0.25	130
	1322 质量控制	项目副总师	人	1	0.25	723
		质量管理员	人	1	1	723
		主管设计师	人	6	0.25	307
		主管工艺师	人	1	0.25	283
		试验主管	人	1	0.25	130
	1323 成本控制	项目副总师	人	1	0.25	723
		项目管理员	人	1	0.5	723
		主管设计师	人	6	0.25	307
		主管工艺师	人	1	0.25	283
		试验主管	人	1	0.25	130
		财务管理员	人	1	1	723
		审计管理员	人	1	0.5	723
结题验收阶段	1410 研制总结	项目副总师	人	1	0.5	19
		主管设计师	人	6	1	19
		主管工艺师	人	1	1	19
		试验主管	人	1	1	19
	1420 成本决算	项目副总师	人	1	0.5	5
		项目管理员	人	1	0.5	5
		财务管理员	人	1	8	5

项目阶段	工作单元	资源名称	单位	数量（天）	参与时间（小时）	天数
结题验收阶段	1430 项目验收	项目副总师	人	1	8	1
		项目管理员	人	1	8	1
		主管设计师	人	6	1	1
		主管工艺师	人	1	1	1
		试验主管	人	1	1	1
		财务管理员	人	1	8	1
		评审专家	人	7	8	1

由于项目涉及对外合作、材料、外协加工、试验设备的品种、数量比较多，文中统一用对外合作一批、材料一批、外协加工一批、试验设备一批表示（具体明细表略）。

J科研项目资源需求与计划包含了项目管理的全阶段，由于项目阶段不同，工作内容不同，需求的资源也不同。J科研项目所需的资源需求主要包括人力资源、材料资源、设备资源、试验场地等。由于需求的资源不同，来源也不相同，有的资源所内能提供，有的资源需要外部购买。无论资源来自何处，都会发生成本。

（4）编制项目（成本）预算。J科研项目资源计划清单编制完成后，结合各项资源的数量、种类、使用时间和市场价格，根据相关计算公式计算出每个工作包的费用，从而得到项目（成本）预算分解结构（见表5）。项目实施与控制阶段设计环节的样品样件预算、试制环节的外协加工、材料预算、试验环节的材料、工装、设备改造、设备预算明细见表6。

表5　　　　　　J科研项目（成本）预算分解结构

阶段	工作包	资源名称	单位	数量	参与时间（小时/天）	单价（元）	天数	（成本）预算小计（万元）
论证阶段	1110 立项任务书	项目副总师	人	1	2	100	21	0.42
		项目管理员	人	1	2	65	21	0.27
		主管设计师	人	8	4	80	21	5.28

续表

阶段	工作包	资源名称	单位	数量	参与时间（小时/天）	单价（元）	天数	（成本）预算小计（万元）
论证阶段	1120 立项评审	项目副总师	人	1	8	100	1	0.08
		项目管理员	人	1	8	65	1	0.05
		主管设计师	人	6	2	80	1	0.10
		主管工艺师	人	1	2	80	1	0.02
		试验主管	人	1	2	80	1	0.02
		评审专家	人	7	8	125	1	0.70
	1130 建议书批复	主管部门某司	人	2	8	0	1	—
立项阶段	1211 研制方案	项目副总师	人	1	1	100	24	0.24
		主管设计师	人	8	2	80	24	3.07
	1212 研制周期	项目副总师	人	1	1	100	1	0.01
		主管设计师	人	6	2	80	1	0.10
		主管工艺师	人	1	2	80	1	0.02
		试验主管	人	1	2	80	1	0.02
	1213 资源需求与配置	项目管理员	人	1	4	65	3	0.08
		主管设计师	人	8	8	80	3	1.54
	1214 经费预算	项目副总师	人	1	0.5	100	5	0.03
		项目管理员	人	1	4	65	5	0.13
		财务管理员	人	1	4	55	5	0.11
	1220 任务书评审	项目副总师	人	1	8	100	1	0.08
		项目管理员	人	1	8	65	1	0.05
		主管设计师	人	8	8	80	1	0.51
		财务管理员	人	1	8	55	1	0.04
		评审专家	人	7	8	125	1	0.70
	1230 任务书批复	主管部门某司	人	2	8	0	1	—

续表

阶段	工作包	资源名称	单位	数量	参与时间（小时/天）	单价（元）	天数	（成本）预算小计（万元）
实施与控制阶段	1311 设计	项目副总师	人	1	1	100	307	3.07
		主管设计师	人	25	2	80	260	104.00
		技术资料	份	1				4.00
		样品样件	件	1				35.00
		对外合作	批	1				60.00
	1312 试制	主管工艺师	人	2	2	80	283	9.06
		外协加工	批	1				53.00
		材料	批	1				182.00
	1313 试验验证	试验主管	人	3	2	80	130	6.24
		材料	批	1				39.00
		试验外协	批	1				6.00
		试验工装	件	1				18.00
		试验设备改造	项	1				20.00
		试验设备	批	1				72.00
	1314 综合管理	项目管理员	人	1	1	65	723	4.70
		质量管理员	人	1	1	65	723	4.70
		财务管理员	人	1	1	55	723	3.98
	1321 进度控制	项目副总师	人	1	0.25	100	723	1.81
		项目管理员	人	1	1	65	723	4.70
		主管设计师	人	6	0.25	80	307	3.68
		主管工艺师	人	1	0.25	80	283	0.57
		试验主管	人	1	0.25	80	130	0.26
	1322 质量控制	项目副总师	人	1	0.25	100	723	1.81
		质量管理员	人	1	1	65	723	4.70
		主管设计师	人	6	0.25	80	307	3.68
		主管工艺师	人	1	0.25	80	283	0.57
		试验主管	人	1	0.25	80	130	0.26

续表

阶段	工作包	资源名称	单位	数量	参与时间（小时/天）	单价（元）	天数	（成本）预算小计（万元）
实施与控制阶段	1323 成本控制	项目副总师	人	1	0.25	100	723	1.81
		项目管理员	人	1	0.5	65	723	2.35
		主管设计师	人	6	0.25	80	307	3.68
		主管工艺师	人	1	0.25	80	283	0.57
		试验主管	人	1	0.25	80	130	0.26
		财务管理员	人	1	1	55	723	3.98
		审计管理员	人	1	0.5	55	723	1.99
结题验收阶段	1410 研制总结	项目副总师	人	1	0.5	100	19	0.10
		主管设计师	人	6	1	80	19	0.91
		主管工艺师	人	1	1	80	19	0.15
		试验主管	人	1	1	80	19	0.15
	1420 成本决算	项目副总师	人	1	0.5	100	5	0.03
		项目管理员	人	1	0.5	65	5	0.02
		财务管理员	人	1	8	55	5	0.22
	1430 项目验收	项目副总师	人	1	8	100	1	0.08
		项目管理员	人	1	8	65	1	0.05
		主管设计师	人	6	1	80	1	0.05
		主管工艺师	人	1	1	80	1	0.01
		试验主管	人	1	1	80	1	0.01
		财务管理员	人	1	8	55	1	0.04
		评审专家	人	7	8	125	1	0.70
合　计								677.62

表6　项目实施与控制阶段样品样件、外协加工、材料试验环节设备等预算明细

工作单元	一级资源名称	二级资源名称	单位	数量	单位（元）	金额（万元）
设计	样品样件	Y1	台	1	220 000.00	22.00
		Y2	台	1	130 000.00	13.00
	对外合作	H1	项	1	250 000.00	25.00
		H2	项	1	350 000.00	35.00

工作单元	一级资源名称	二级资源名称	单位	数量	单位（元）	金额（万元）
	外协加工	J1	项	1	100 000.00	10.00
		J2	项	1	50 000.00	4.00
		J3	项	1	100 000.00	12.00
		J4	项	1	130 000.00	13.00
		J5	项	1	40 000.00	4.00
		J6	项	1	100 000.00	10.00
试制	材料	C1	个	500	35.00	1.75
		C2	个	4	1 740.00	0.70
		C3	个	40 000	3.50	14.00
		C4	个	12 000	2.00	2.40
		C5	个	100	820.00	8.20
		C6	套	382	736.00	28.12
		C7	套	136	2 386.00	32.45
		C8	个	5 000	22.00	11.00
		C9	个	10	2 850.00	2.85
		C10	个	1	11 590.00	1.16
		C11	个	3	2 200.00	0.66
		C12	个	18	960.00	1.73
		C13	个	50	45.00	0.23
		C14	块	2	19 500.00	3.90
		C15	个	1	780.00	0.08
		C16	个	1	687.00	0.07
		C17	个	1400	45.00	6.30
		C18	个	280	200.00	5.60
		C19	个	280	180.00	5.04
		C20	个	1700	120.00	20.40
		C21	个	2	1.50	3.00
		C22	个	2	0.50	1.00
		C23	个	2	0.45	0.90
		C24	台	2	10 000.00	2.00
		C25	个	1	44 000.00	4.40
		C26	个	1	48 000.00	4.80

续表

工作单元	一级资源名称	二级资源名称	单位	数量	单位（元）	金额（万元）
试制	材料	C27	个	150	350.00	5.25
		C28	个	1	2 600.00	0.26
		C29	米	1 500	40.00	6.00
		C30	米	7 000	8.00	5.60
		C31	项	1	2.00	2.00
		D1	件	2	30 000.00	6.00
		D2	罐	24	1 100.00	2.64
		D3	个	1	2 506.00	0.25
		D4	块	2	0.09	0.19
		D5	块	1	1.16	1.16
		D6	套	9	15 322.00	13.79
		D7	块	2	1.93	3.86
		D8	个	1	45 000.00	4.50
		D9	个	1	7 050.00	0.71
		D10	个	1	4 500.00	0.45
		D11	个	2	4 135.00	0.83
		D12	个	3	1 125.00	0.34
		D13	个	1	2 592.00	0.26
		D14	台	1	44 395.00	4.44
	试验外协	S1	项	1	55 000.00	5.40
		S2	项	1	5 000.00	0.50
	试验工装	G1	件	3	180 000.00	18.00
	设备改造	Z1	台	2	200 000.00	20.00
	试验设备	B1	台	1	250 000.00	25.00
		B2	台	1	300 000.00	30.00
		B3	台	2	35 000.00	7.00
		B4	小时	48	36.00	0.17
		B5	小时	48	117.00	0.56
		B6	小时	480	162.00	7.78
		B7	小时	24	34.00	0.08
		B8	小时	24	36.00	0.09
		B9	小时	48	28.00	0.13

工作单元	一级资源名称	二级资源名称	单位	数量	单位（元）	金额（万元）
试制	试验设备	B10	小时	48	12.00	0.06
		B11	小时	48	44.00	0.21
		B12	小时	96	52.00	0.50
		B13	小时	180	17.00	0.31
		……		……	……	……
合　　计						439.27

由于项目管理全过程中，还会存在人员的差旅费、会议费等约30万元（差旅费、会议费的预算见表7、表8），因此还需将这部分的费用计算在内。

表7　　　　　　　　　　　　差旅费预算明细

出差内容	出差地点	人次	天数	补助（元）	车船票（元）	住宿（元）	金额（万元）
论证、调研、协调	沈阳	12	3	300	1 440	300	4.54
论证、调研	长沙	9	3	300	1 190	300	2.95
调研、跟产	西安	6	3	300	1 390	300	2.21
调研、跟产、验收	洛阳	6	3	300	468	300	1.10
评审、协调、汇报	北京	26	3	300	513.5	400	5.43
合　　计							16.33

表8　　　　　　　　　　　　差旅费预算明细

会议名称	次	天数	人数	会议类型	金额（万元）
研制方案评审	1	3	15	中型	2.00
顶层设计评审	1	3	15	中型	2.00
工艺方案评审	1	2	10	小型	1.50
试验大纲评审	1	2	10	小型	1.50
试验结果评审	1	2	10	小型	1.50
软件方案评审	1	2	10	小型	1.50
技术攻关评审	1	2	10	小型	1.50
燃油装置评审	1	2	10	小型	1.50
中期检查	1	3	5	微型	1.00
小　　计					14.00

另外由于项目研制周期为 3 年，考虑到科研项目的不确定因素比较多、科研风险比较大，还需考虑不可预见费，按以往经验一般为项目成本的 5% 即 35 万元，因此 J 科研项目的（成本）预算为 743 万元。

将 J 科研项目（成本）预算分解结构与其项目进度计划结合起来，就可以得到该项目分年度（成本）预算，项目（成本）预算就是项目成本控制的目标；项目年度（成本）预算就是项目年度成本控制的目标（见表9）。

表9   **J 科研项目年度（成本）预算**

年份	2013	2014	2015	2016	2017	合计
（成本）预算（万元）	70	78	340	247	8	743

三、案例 J 科研项目实施项目成果及经验总结

J 科研项目实施期从 2014 年 3 月至 2016 年 12 月，项目共计支出 692 万元，比（成本）预算 743 万元节约近 51 万元。在整理完相关验收材料后向主管部门提出了验收申请，主管部门组织专家对项目进行现场验收。在听取项目汇报后，专家组分成技术组和综合组分别对项目任务完成情况、经费完成情况、档案资料的完整情况进行全面完整的检查，最终以科工局优秀项目的成绩通过了项目验收。

该项目负责人认为该项目重视前期工作是 J 科研项目顺利实施的保障。

（一）重视采用项目管理模式

与 D 研究所之前的项目管理组织松散、管理效率低下的情况相比，J 科研项目成本管理建立了完整、有效的管理机构作为项目成本管理的支撑，负责信息沟通、指令下达、组织运转和决策，保证了项目成本管理能够顺利进行。根据实际情况，项目管理模式采用矩阵式组织结构，充分发挥职能型和项目型这两种组织结构的优势，避免了这两种结构组织各自的劣势。项目负责人作为该组织的领导者，权力比较大，可以支配资源，明确组织中每个人在成本管理中的职责，使得每个成本责任人都清楚自己在成本管理中需承担的责任，出现成本偏差时也能够分解差异到各责任人，有助于找到差异产生的原因，不会存在由于责任不清产生大家相互推诿的现象，项目副总师定期组织成本责任人召开项目成本管理工作交流会，提高成本管理的效率。

（二）重视项目预算编制

D 研究所之前的项目成本预算由项目副总师和项目管理员根据以往经验采用类比法编制预算较为随意，预算编制结果不准确。而 J 科研项目则非常重视预算环节，明确了预算编制要求和编制方法，并改为项目人员和财务经理共同参与预算编制组。首先，建立项目工作分解结构（WBS），再编制项目研制计划进度图；其次，形成项目资源需求计划清单；最后，结合采用类比法和估算法等方法得出项目成本预算的预算编制流程，与之前的预算编制方法相比，与该项目的关联性更强，预算更为科学、合理，准确性更高、参考性更强。

（三）重视项目预算执行和成本核算

D 研究所之前把财务部作为成本控制的归口责任部门，但财务部门往往侧重于对资金的总量控制和管理，忽视了预算执行的进度与效果。而 J 科研项目则由项目人员和财务经理共同参与预算执行和控制，并以项目为 J 成本核算对象，分阶段和工作包等维度进行资源耗费核算，加强了项目预算执行和成本核算工作。与之前的预算管理相比，能够真实地反映预算执行进度及成本费用情况，为项目人员在资源调配方面提供决策依据。

参考文献

1. 孙慧．项目成本管理［M］．机械工业出版社，2018.

2. 李林池等．《军工科研事业单位财务制度》解读［M］．国防工业出版社，2013.

3. 财政部．政府制度——行政事业单位会计科目和报表（财会〔2017〕25 号）.

宝武集团"竞争成本变革"案例分析

庞金伟

一、宝钢成本变革的案例概况

（一）宝钢成本管理的历史沿革及背景

1. 宝钢成本管理的历史沿革。宝钢成本管理是伴随着中国改革开放后现代化企业发展的需要而进步的，其紧跟时代的脉搏，带有强烈的时代发展的烙印，在一定程度上反映了中国制造企业科学的成本管理发展历史。

公司投产至今，成本管理经历了几个发展阶段，从综合消耗额管理到责任成本管理；从责任成本管理到标准成本管理；从标准成本管理到目前的竞争成本管理，应当说每一种管理模式的变革都有鲜明的时代背景，是企业追求发展壮大的内在需求。今天，面对严酷的市场竞争和加入 WTO 后的挑战，更有必要强调：持续不断的管理创新是成本管理实现价值最大化的灵魂。

成本管理的思路来源于当时所处的经济社会环境，宝钢的成本管理也经历了四个阶段：（1）成本核算阶段，主要采用综合消耗额管理；（2）成本节约阶段，主要采用责任成本管理；（3）成本控制阶段，主要采用标准成本制度；（4）提升成本竞争力阶段，在进一步发展、完善标准成本制度的同时，以系统论为指导，以实现长期效益最大化为出发点，以满足公司战略目标需要为目标，广泛吸收综合许多成本管理的最新成果，如环境成本管理、质量成本管理、作业成本法等，形成了比较完整的竞争力成本管理的理论、方法和体系（见图1）。

2. 宝武集团竞争成本变革的背景。2015 年，我国钢铁业遭遇极度严寒，经营压力骤增、业绩下滑，管理者和员工的收入首次下降，宝钢作为国内钢铁行业的领头羊面临着前所未有的挑战；同时过去的成本管理存在诸多问题，"高成本体制"严重制约了公司发展。在这种困境之下，由财务部领头主导设立"三马拉一车"模式，即从财务战略角度设立精简机构、削减成本、提升效率三大目标，从而开启了成本变革的序幕。

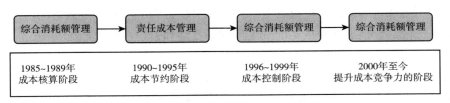

图1 宝钢公司成本管理发展历程

（二）宝武集团竞争成本变革前存在的问题

1. 难以适应宏观环境和行业环境变化。随着国家经济转型愈加深入，经济增速放缓，钢铁需求增量减速，经济增长对扩大钢材消费的助力作用慢慢减弱，钢铁行业开始进入新的调整期。宝钢的成本管理方式已经过时，不仅局部化特征明显，而且各项举措流于表面，没有形成综合有效的成本管理体系，已经逐渐难以适应宏观环境和行业的变化。面对严峻的形势，宝钢需要考虑从战略高度重新认识和定位成本控制，从源头把握成本驱动因素，将成本管理的思路引入全价值链当中。

2. "高成本体制"制约公司增强竞争力。撇开市场不利因素，"高成本体质"严重制约了公司增强综合竞争力，尤其是当下钢价走低，成本问题显得尤为突出。为了响应中央"三去一降一补"的号召，公司开始大刀阔斧地加大成本端变革为核心的改革力度。凭借着巨大成本体量、待挖掘协同效应、员工素质和执行力，只要贯彻实行变革，就有可能在成本端打开竞争新优势。

3. 传统降本方法局部化、零散化、短期化特征明显。宝钢降本增效原以项目化形式选取部分重点及难点指标改善推进。尽管公司内部在此期间逐步积累了不少工作经验，然而由于生产环境和条件、职工意愿等的变化使得原有机制也有一些问题亟待完善：（1）短期化问题。降本不持续，推进结果常体现"一抓就收、一放就松"的短期降本行为；（2）零散化问题。降本措施缺乏统筹，无法覆盖全员全体系，存在盲区；（3）局部化问题。降本未将部分指标的改善与全成本下降统一，易出现为追求局部指标优化而造成额外成本投入，整体降本效果难以衡量且总成本未必最优。

（三）宝武集团竞争成本变革的目的

在压力和挑战面前，通过财务部门对形势任务和历年成本走势的剖析及多层面深入讨论，宝钢上下对成本削减工作的必要性和迫切性达成广泛共识，全方位改善"高成本体质"、提高成本竞争力成为公司重要研究课题；尤其是公司从总的战略层面针对成本削减、精简组织管理结构和提升劳动效率这3个方面进行了一系列重点部署，公司财务战略也相应进行工作对接，以期通过成本变革提升企业综合竞争力和抗风险能力，保证宝钢新一轮的发展、转型。

1. 从降本增效措施转变为成本变革战略。公司形成共识：成本变革更是一种战略，不仅要削减成本，更要从战略高度认识成本变革；成本是企业生存前提，成本竞争力不满足条件，就会成为供给侧改革的方向；战略产品代表公司未来发展方向，要安排在最具成本竞争力的产线生产。成本变革是公司适应市场、适应行业转型期的生存法则，必须将成本削减纳入战略规划，通过推动文化培育、组织机构设计及管理流程优化等顶层设计的重大变革，实现从源头的驱动；可以通过科学手段进行多维分析提供战略性成本信息，走好每一步战略关键步骤，给企业竞争优势形成和核心竞争力创造良好的条件。

2. 激发成本变革的内生动力。极具挑战的变革理念和量化的削减目标的真正落地和效果的持久，取决于调动各级管理者、厂部、员工及利益相关方的积极性。宝钢采取各种薪酬激励政策激励那些为成本削减做出切实可行方案和贡献的部门和人员，将成本削减相关的绩效评价牵引机制与员工切身利益相挂钩。公司对从下至上的成本变革政策精心策划、大胆试水和宣传贯彻，使得变革理念在公司上上下下深入人心。

3. 建设围绕成本变革的核心能力。作为钢铁制造型企业，成本削减的实效与业务类指标的优化密不可分，需要通过"PDCA＋认真"式闭环管理，使成本管控成为贯穿公司产供销全体系日常经营管控的指挥棒和行为准则，通过日常成本削减工作揭示制造、购销、物流、研发、协力等领域的管理问题和改进潜力点，引导公司财务体系以外的各业务领域在关注效益的同时更关注成本合理性，追求全流程产品总成本最优，促使全体干部员工逐步养成降本习惯、提升立足基层岗位的成本管控能力。

4. 培养高素质的团队、建立可靠信息系统。要想应对危机，使企业发展跟上时代步伐，需要培养高素质的财务人员来实现。力求提高效率，重视创造力、凝聚力，打破财务人员缺乏创新精神和创新能力的刻板印象。

财务部为此针对开发成本削减信息化支撑平台，高效、准确、动态、透明地揭示成本削减实绩，月度第2个工作日即可展现上月各单元削减实绩，并可往下至明细科目为各单元进一步分析提供数据支撑。同时，针对一线员工持续开展成本管理知识、理念和最佳实践案例的宣传推广和培训，推进管理会计工具和方法在现场的实践和应用。

5. 形成长效固化和有效纠偏机制。重视影响常态化和长效化推进的问题，包括稳定、均衡、动力和全局问题，避免因短期行为带来的透支潜力、遏制创新等现象。推进科学降本和可持续性降本，关注技术进步，开展成本削减有效性、科学性、风险性评估，寻求降本与可能产生风险的平衡。分领域、分专业条线细化梳理成本费用构成，持续完善绩效牵引机制，给员工的自主性和创造力进一步松绑。加强全流程、全价值链之间的协同降本推进，完善内部各级单位的价值回拨机制，提高协同降本各方积极性。

二、宝武集团财务转型中 ERP 系统的搭建

（一）企业资源计划管理思想

传统的人工录入原始凭证并且稽核的方式无论是从效率上还是成本上看都不如 ERP 系统更加适合现代企业财务管理的需求。现代企业的整体资源需要利用和管理从上至下整个企业环境，对信息的质量要求进行筛选和匹配。经过 ERP 系统处理过的信息质量比较高，它能够对企业拥有的人、财、物、信息、时间空间等进行整合和优化。基于财务管理信息系统整合的相关信息，企业管理层才可以协调企业内部的各项职能，全面进行预算管理和控制企业成本，使企业对市场导向有着更为清醒的认知，确保企业能在激烈的市场竞争中充分发挥优势，从而取得最佳的经济效益。

实现对整个价值链和供应链的有效管理是引入 ERP 财务系统的根本目的。在 ERP 系统设计中不仅要考虑到企业内部资源利用是有限的，当今依靠内部资源不足以使企业在市场中脱颖而出时还必须把与经营过程有关的各方上中下游企业和用户等纳入一个紧密的供应链中。这样一来企业就能合理地安排产、供、销活动，使企业能够利用所有资源快速高效地进行经营活动，以进一步提高效率并在市场上获得相对竞争优势。

ERP 系统因为依靠计算机的运算和大数据，所以在信息的处理上鲜少有错

并且保持中立和客观性。减少了管理的主观性和随意性。它的存在不仅提高了效率、降低了成本，还充分体现了管理与控制的高度一体化的结合。与此同时，它也实现了公司内部的数据信息和功能模块的共享，将财务部门作为中心发散到整个企业，连接了各个部门使得财务部门紧紧抓牢整个企业的脉络。ERP 系统信息的高度集中，也使得财务成本系统与其他业务管理子系统的高度集成。会计、成本信息的收集基本上实现了自动化，远离了过去那种手工记账，大大降低了人力资源成本。ERP 系统的精髓就是贯彻"以市场为导向，以财务为中心"的开发理念，强调"会计信息是业务自动化的副产品，通过会计、成本信息达到对业务的全面监控和及时反映"，真正落实了企业管理以财务为中心的理念。

（二）ERP 系统的特点

1. 以市场为导向，以财务为中心。基于 ERP 系统设计和开发所遵循的核心思想。国内外大多数先进企业都建立了以财务管理为中心的企业级信息管理系统，该系统将企业的生产经营过程划分形成"6M"架构 —— 市场营销、生产制造、原料管理、设备管理、资金管理、人力资源管理 6 个领域。在 6 项业务管理全面实现计算机化的同时，形成"6M"架构，也实现了"以财务管理为中心"的理念。这样使得企业能够快速有效地进行成本预算、成本控制、盈利分析及融资决策。

2. 完整性和及时性。ERP 系统的设计体现了合同、物流、资金三者信息处理融为一体。整体即是合同、物流、资金 3 种管理范畴的集成，并且实现了动态实时跟踪各项资源和业务信息，达到了可动态实时跟踪每一个用户合同执行情况的目的。

3. 规范性和整合性。该系统设计时考虑了各项系统开发技术的规范化和标准化，其中最关键的是统一了各级各项代码和数据字典，在此基础上以业务流程的再造为核心，合理设计整个系统功能架构，以功能覆盖产线的指导思想确保系统可以适应企业的管理模式，对共性处理业务在优化集成的基础上设计符合流程的统一规范模式，内含冶金生产管理各功能要素。

4. 共享性与安全性。在系统和使用者的关系上，兼顾系统友好方便的同时突出信息的共享和数据的安全。在系统中，有十分有效的用户使用授权功能，该功能可以确定用户的操作权限，既满足不同层次用户的个性化需求，同时又保障数据和功能使用的安全性。

（三）以财务为中心的 ERP 系统

财务成本管理子系统是公司 ERP 系统的核心子系统。它的建立标志着以财务为中心的经营管理模式的计算机系统框架已经形成，财务成本系统包括：普通会计管理系统、报支管理系统、固定资产管理系统、成本会计管理系统、副产品账务管理系统、厂务会计管理系统。

普通会计的职能是对各项经济业务进行全面的反映和监督，这一职能在 ERP 系统的支持下得到了充分的发挥，尤其是 ERP 系统的标准化和精准化使得财务信息做到口径一致增强了可比性和可靠性。在财务信息是业务自动化的副产品的理念指导下，ERP 系统实现了企业业务处理的同时即依据财务规则产生会计信息的在线会计处理，内部稽核与检查功能的设置更确保了会计信息的准确和对业务信息的监督。

报支管理系统是对内外报销支付的唯一窗口。在 ERP 系统开发完成之后，报支系统使得以往业务人员在财务部门排队办理报销或付款的"习惯"不再存在，所有人员均可利用任何一台系统终端自助服务，轻松自在地完成自己的财务报销任务。报支业务处理规则建制于系统中使得业务人员无需了解财务即可完成报销业务，也使得财务人员无需做账即可完成账务处理。

同样，依托先进的信息技术，标准成本管理制度的优势在 ERP 系统中得到充分发挥，标准成本制度在管理规则、处理方法等方面具备更高的科学性和先进性，特别是成本信息的收集、处理和集成已达到较高的水平。在信息系统的支持下，成本控制与成本业绩评价功能得到了更好的发挥，成本会计系统实现了直接对成本中心成本信息的收集和计算，并依弹性预算计算成本中心的成本业绩，科学衡量和评价成本绩效；产副品系统实现了对全厂投入信息的实时跟踪和计量，精确计量有利于财务信息质量的提高，确保了成本计算数据的准确性和完整性；厂务会计实现了对公辅设施的成本计算和科学分配，并对生产绩效进行计算和评价。

财务部门从公司整体层面为了日常组织的推进搭建监控分析体系，构建成本削减跟踪信息化平台，实现企业日常情况每月都能够进行跟踪和预测。按月度预算跟踪分析各单位成本削减数据，建立成本削减"快报＋月报"的监控分析机制并定期发布优秀案例，全年交流和分享 34 项优秀案例。

公司层面：依据成本削减规划设置分年目标，制造成本削减按变动成本、固定成本和现货归户损失减少 3 项进行跟踪，不考虑任何剔除项目，与公司损益完全匹配，评价结果作为激励发放依据。

厂部层面：以年度目标为基准，按滚动弹性目标为依据，进行月度跟踪、季度评价；过程中对与年度目标设定差异较大的事项按一事一议进行分析评价。总体评价原则，按在 2015 年实际基础上所做增量贡献直接打分，上不封顶下不保底。

成本削减指标构成从成本下降和损失减少两方面综合评价厂部的贡献，具体由成本中心成本下降、现货归户损失下降、存货资金占用成本、付现费用损失 4 个指标组成，实施分项跟踪合并评价。

具体评价规则：成本削减完成率=（成本中心成本下降额+现货归户损失下降额+存货资金占用成本下降额+付现费用损失额)/(成本削减分解目标+现货归户损失下降目标+存货资金占用成本下降目标)×100%。实际完成率 100% 得 100 分，每上升 1% 加 0.5 分；每下降 1% 扣 1 分，不设上下限。

（四）建立成本削减信息化支撑平台

随着公司对成本削减跟踪落实情况关注度越来越高，时间要求也不断提高，然而成本削减涉及广泛、计算规则复杂，原手工处理数据的方式无法满足需求。财务部门构建成本削减信息化支撑平台，为公司各层面准确及时地提供成本削减月实际数据，并减少数据落地，为绩效评价提供数据保障。该平台对接成本预算系统和成本核算系统，实现成本削减内容全覆盖、跟踪分析精细化、评价结果透明化。

成本削减系统分为厂部跟踪汇总、季度评价、月度明细计算、月度预测 4 大功能，粗可到厂部、细可到成本中心成本科目；可按月揭示削减成果，也可按厂部需求预测当月或下月削减成果。既满足了按厂部、大类项目两个维度展示成本削减的目的，也提供了厂部层面 8 大类科目分析及分厂级考评的需求。

系统数据获取及计算：成本削减系统数据源均通过公司既有的成本核算、预算、计划值等系统自动采集，确保了数据准确性。考虑成材率、合金、锌锡等消耗情况与月度生产品种结构密切相关，利用计划值现有功能，采用锁定当月结构，分析评价水平差的方式计算削减成果。对于相同项目及相近单元采用统一计算逻辑，确保了结果的公正性。比如热轧、厚板、冷轧等轧制单元均采用统一的计算方法，成本削减目标和实绩使用同一逻辑计算，避免了目标与实绩计算方式不匹配的情况。

对特殊事项影响的修正：成本削减系统针对评价规则的特殊性，新增了对季度削减结果的评价值计算功能，实现削减评价结果合理化、透明化。主要对固定成本部分结合上季度完成情况进行 125% 封顶，同时需要在季度针对一事一议事项对部分厂部削减结果做相应调整。

（五） 开发财务成本数据仓库

ERP 系统的成功开发和多年运行使得宝钢积累了大量的业务数据和财务数据，各级人员都希望能够快速有效地从大量杂乱无章的数据中获取及时有效的信息，决策者更是希望能够依靠数据统计和测算指导企业决策和发掘企业的竞争优势。面对这样的企业需求，构建以财务成本、数据仓库为核心的数字化经营体系就显得迫在眉睫。为了更好地使企业生产经营决策服务于财务成本管理，必须进入信息技术的最新阶段——数据挖掘分析和商务智能应用。

数据挖掘可以通过连续、立体的动态表来展现各种数据，并且对这些数据进行组合、聚类、排序等处理，还可通过丰富多彩的图形去展现，以更加直观的方式去展现数据规律，找到数据间的内在联系（见图2）。

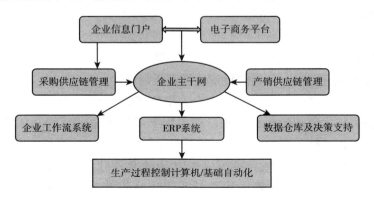

图2　以 ERP 为中心的企业管理流程

三、宝武集团财务部门在成本变革中的作用

财务部门在成本变革中发挥着至关重要的作用。宝武集团在钢铁市场产能过剩的市场条件下想要控制成本，必须把财务部门作为控制成本的中心，协调其他各部门实施成本控制的工作。

（一）所有成本归零，一切成本皆可降

先"破"：公司打破刚性费用禁区，审视各项成本费用发生的合理性和必要性，从采购、制造、费用、质量等方面全方位系统策划成本削减，建立极具挑战的目标促使各业务领域不得不想方设法迎合变革的思路，采取加强管理、提升效率、优化流程和从源头改善业务等手段保障成本削减任务精准执行。

再"立"：使用 ABC 即作业成本法找出企业业务管理中增加成本费用的驱动因素，分类制定降低成本费用的目标和对应的具体改善方案。成本削减任务必须层层分解到管理层、部门、员工，责任到从个人到部门，真正实现成本削减全员、全体系、全过程的组织实施。

成本费用因子：以会计报表数据为基准，分专项费用及部门费用，首先向人工成本、维修成本、生活后勤费用、生产协力费用等过去不能降的成本禁区开刀；存货资金占用和现货损失一并纳入成本削减目标，购销部门还需对"购销差价"和"跑赢大市"负责（购销差价为钢材售价减去主要原料采购价格，跑赢大市反映集中销售/采购价格的变化额与同期市场公开可比价格变化额之间的差异）。

分类制定削减原则：与人、与事、与资产相关等；重点控制费用从严管控、事业部子公司统一标准、公司领导按分管责任归口。

1. 成本中心成本下降目标设定完全采用公司 2016 年度制造成本预算编制结果生成：各类技术经济指标和消耗指标原则上应优于 2015 年 1~9 月的实际水平。各工序能耗指标参照 2015 年 1~9 月的实际水平修订，修订结果不得超过公司 2016 年能源管控指标，吨钢能源成本较 2015 年预计下降 2%；各工序辅料消耗指标参照 2015 年 1~9 月平均消耗水平，吨钢辅料成本较 2015 年预计下降 2%。

2. 现货归户损失的降低以 2015 年实际现货损失为基准，要求同口径损失减少 10%。"存货资金占用成本"以 2016 年存货管控总量目标为基准，再细化分解出结构性目标（3 个月以内、4~6 个月、6 个月以上）。付现费用损失依据对公司造成重大损失的事件，按公司直接对外付现的费用作为成本削减扣减额纳入评价，年度不设目标。

3. 固定费用除折旧、职工薪酬、财务费用由公司统筹管理外，各专项费用必须较 2015 年实绩下降 15%~20%，其中：与人、销售、机构相关的费用下降 15%；与事相关的费用下降 20%；研发费（不含职工薪酬、折旧）下降 10%；

重点控制费用除出国费用下降30%外，其余按2014年实际下降15%；事业部、各子公司各单项费用降幅参照总部要求。

成本削减基数确定：回头看，基于对历年成本费用水平的回归分析；以2015年费用水平为基数；实质重于形式，如维修费管控既包括费用化部分也包括资本化部分；增收收入可用于抵冲成本费用，如能源产品外销收入、自有码头承揽社会业务获得的装卸收入等。

（二）成立公司"成本变革推进委员会"

旨在基于对公司全程价值链的深入分析，发现成本改善机会，进一步加强成本削减工作的系统、科学策划，建立成本改善长效机制；通过系统的成本分析和问题揭示，支撑各生产单元及专业条线发现成本洼地、制定成本改善项目；探索研究协同降本的价值回拨机制，依托委员会平台对跨工序及体系协同事项以一事一议等方式进行讨论和审定，提升协同降本各方的公平性和积极性。

成立之初，成本变革推进委员会办公室很快绘出了两张图——成本变革路线图和成本管控地图，用具体数据向各单位讲清楚怎么降成本、在哪里降成本。2016年，委员会办公室策划推进了20项成本改善课题项目；提出22项成本关注点；交流和分享34项优秀案例；策划9个专题汇报；开展了能源加工成本等4项专项审计工作。

（三）建立约束及激励体系

为更好地发挥奖金的激励作用，引导各部门挖潜增效，支撑公司2016年成本削减目标的完成，股份公司总部变革以往的绩效奖金分配办法，加大对成本削减工作奖金的分配比例。进一步增强奖金与成本削减业绩的挂钩力度，调整奖金与绩效挂钩机制，由原来的100%与KPI挂钩，调整为40%与KPI挂钩、60%与成本削减业绩挂钩，凸显成本削减工作的重要性。其中：

员工维度：公司对各部门进行权力下放，将分配机制进行改革。加大鼓励和保护成本削减推进过程中先进者和先行者的力度，以最大限度减少平均主义之下"搭便车"的行为。公司工会组织三聚焦两促进劳动竞赛活动，竞赛评价规则与成本削减目标接轨，进一步激发广大职工立足岗位开展成本削减的热情，形成全员参与、上下同欲的竞赛氛围。

厂部维度：变革以往的绩效评价体系及发放机制，公司将总部部门季度绩效奖投放总额根据总部利润和成本削减目标完成情况动态设定，比如，部门绩效奖六成与成本削减业绩挂钩，四成与部门绩效考评结果挂钩；成本削减贡献奖中2/3 直接与本部门成本削减业绩评分挂钩，激励各部门努力完成自身目标来保证获得奖金；另 1/3 形成奖金池，各部门根据成本削减业绩"瓜分蛋糕"，鼓励各单位在成本削减中对比赶超、追求卓越、业绩越好，"抢"的奖金越多，上不封顶，下不保底，充分拉开奖金分配差距。

管理者维度：公司高管作为"裁判员"，不但负责各单元成本削减目标审定，协调跨部门协同降本项目，同时作为"运动员"负责条线成本削减任务总落实，归口责任目标纳入当年绩效评价，以"人单合一、一人一表"形式由财务部门按月跟踪分析及通报。

协作方维度：降本不能仅靠降费率，各厂部应该协同上下游供应商共同开展功能计价、标准优化、技术降本等举措；公司鼓励供应商专注于主体业务，实现可持续的价值创造，合理回报供应商为公司成本削减做出的贡献，建立和完善"利益共享、风险共担"机制，使得上下游连成一片利益共同体。例如对协力供应商参与的增值价值创造项目实施激励分享，共创价值、共享成果。

（四）建立循环式品质管理流程（PDCA）制度约束

1. 目标分解落实。公司于年初将各单位成本削减年度分解目标正式纳入预算目标一并下达，组织编制成本削减专项预算，制定分项目计划并纳入绩效体系。策划推进 20 项成本改善课题项目，明确成本变革工作设想及工作任务。以"归零思考"来审视各项工作，打破思维桎梏，全方位、全系统梳理成本削减潜力点，不留管理盲区；从生产厂部和职能管理两个维度着手，共同推动产品制造成本下降。

（1）以厂部为载体，从成本下降和损失减少两个方面落实成本削减任务。成本下降以铁钢单元单位成本下降和轧制单元单位加工成本下降为对象，年度下达成本削减总目标，月度滚动形成弹性目标，要求生产厂部对全成本进行管控；损失减少以生产厂部归户责任的现货损失下降存货资金占用成本和付现费用损失为管控对象，年度下达目标，其中现货损失下降月度滚动形成弹性目标，要求生产厂部从减少损失和浪费角度进行管控。

（2）以职能管理为载体，从关注系统性优化工作，如合同组织、物流优化、能源平衡、设备状态和经济运行等方面，聚焦费用源头削减和效率提升，推动公司高成本体质加快改善。

2. 专题分析检查。由分管副总联合召集，定期通过会议平台检查及协调推进，月度绩效跟踪、季度绩效兑现。在每天举行的生产经营早会上，成本是各家单位必报的内容，不谈成本不能过关。财务部门应当定期对成本和会计数据进行检查和列报，由管理层讨论并解决问题，时时关注成本。

积极开展专项效能监察，围绕在制品库存、产成品物流、渠道物流、设备维修成本等重点难点项目开展专项监察；针对能源加工成本、物流成本、湛江钢铁成本管理、半成品委托加工管理等4个项目进行专项审计，有效推动了成本削减工作任务落地和目标达成。

建立成本科目负责制，按照"成本中心+成本科目"搭建管理部门、厂部到财务部的3级责任管控体系，对各类费用的预算、报支、审核、分析实施全过程闭环管理，实现全成本、全角度、全员参与。

3. 改进落实。做好成本削减工作的过程管理，针对前一阶段推进中存在的问题落实改进措施，明确责任；系统性开展跨厂级同工序对标，不定期与集团外钢企对标，揭示成本改善潜力点和短板。

以一事一议事项形式，倡导协同降本。在公司总体效益最大化的前提下，协同降本以避免下工序承担不合理成本、强调工序服从、降低上工序质量波动影响是下工序应有的责任、力求管理简单化为原则开展相关数据确认及绩效调整工作，以科学、客观展现生产单元所做的降本努力，提高协同降本各方的合理性和积极性。以冷轧厂剔除加宽轧制对成材率的影响为例：加宽轧制是针对部分超高强钢在炼钢生产过程中出现边裂、边部翘皮等质量缺陷，制造部采用热轧加宽轧制并在后工序进行返修切除的方案，最大限度减少损失增加盈利。冷轧工序承担挽废的职责，并增加了一定的成本投入，即影响了成材率指标，公司在对冷轧厂绩效评价时对此事项予以剔除。在追求公司整体价值最大化过程中受影响的部门利益，公司允许通过一事一议的形式对部门绩效进行调整，从而保障了成本削减单位积极性，最终实现公司整体竞争力的提升。

（五）全方位推进，细化五个维度变革举措

公司在关注盈利的同时更关注成本合理性，追求全流程产品总成本最优。以变革驱动、管理降本、技术降本、协同降本、经济运行等5个维度作为细化推进成本变革落地的抓手。同时，将成本削减专项规划任务与专业规划有效对接，依托专业规划举措的推进和实施，确保成本削减规划任务落地和目标实现。

1. 按照职能设置部门，驱动变革。积极策划构建与经营模式创新相适应的

组织机构，探索大部门体制，合理配置总部职能，促进职能服务于公司战略任务落地；购销等业务部门以价值创造为核心，加强扁平化管理；精简组织机构及管理人员、业务人员配置数量，进一步提升管理和运作效率。

精简业务类岗位人员，打破身份界限，打开技术业务岗位序列管理界面，全面拓展员工职业生涯发展路径。大力推进操检合一、全线通、多能工培养，精简专项点检人员，推动全员劳动效率提升。2016 年，公司各单位通过全方位多渠道的通力合作、协同推进，实现正式员工劳动效率提升 6.5%，全口径劳动效率提升 8.1%。

从全流程价值链角度系统分析和梳理公司成本构成，以与一流企业全方位对标为抓手，积极开展成本侧变革。通过成本管控地图的编制揭示公司一些不必要的流程成本、沉没成本，切实降低管理中可能存在的浪费现象。考虑搭配钢铁产品全生命周期，必须提质增效、高效协同，增加以物联网、互联网、云计算、大数据等新技术与公司上中下游供应链的深度融合应用的路径，构建集智能装备、智能工厂、智慧运营于一体的智慧制造体系，从源头上改善工作环境、降低工作负荷。

2. 流程再造，降低管理成本。

（1）精益制造，降低作业成本。炼铁工序以保持全流程生产稳定为前提，探索原料低品质低成本条件下炉料结构优化方向，降低配料成本；炼钢工序以稳定设备状态、提升制造能力为突破口，以连铸为中心组织生产，追求质量与成本最优；轧制工序严格一贯制生产管理，提升生产组织能力；强化一贯制质量管理，促进操作水平持续改进，支撑产品制造成本削减；公辅体系关注能源系统各环节成本控制，实现能源系统经济运行，优化运输资源配置，打通能力瓶颈，保证公司生产物流畅通，降低运营成本。

以冷轧厂降低包装成本为例：冷轧厂对包装成本的构成进行分解，识别出 4 个末端影响因素：包装代码、材料损耗、材料价格、钢卷单重。通过优化 15 家用户的包装方式，涉及包装量 14 万吨；通过与浦项、新日铁开展对标优化包装材料，如使用镀锌原料代替原有普冷＋喷漆的方式；以提高单卷交货重量的方式合理降低包装成本；建立理论包装成本模型，有效降低卷铁、木制品、板铁等包装材料的损耗。通过上述点滴努力，2016 年全年包装成本削减 6 963 万元（价格＋消耗），用户至今无不良反馈，对包装质量满意度保持在较高水平。

（2）削减费用，提高效率。优化维修策略，减少月维修量，控制项目源头，实现更经济的维修。降低物料消耗，通过优化检修资源配置提升协力效能及性价比；加大自力项目推进力度；全年维修总投入同比下降 20%，其中物料下降

23.5%；月均作业线故障时间创近 5 年来最低；事故成本同比减少 2.5 亿元，下降幅度 44.64%。

实施阶段性协力业务回归，提升人员配置效率，通过有效控制业务发生量、工艺技术进步、管理优化等举措推进协力业务灭失；结合公司智能制造的战略发展，推进工具化、自动化、无人化改造，大幅提升协力配置效率。全年生产协力费用共降低 1.5 亿元。

通过优化交通用车班次、调整浴室、工作服洗涤收发服务时间、压缩用房、物业管理费、部分后勤服务业务回归等措施的执行，全年生活后勤服务费用削减 4 760 万元。

灵活运用各项债务融资工具，择机发行人民币银行间市场产品、公司债等直接融资品种，争取最优融资价格；充分利用国家金融改革政策红利，争取试点创新业务获得低成本融资。进一步拓展资金短期运作渠道，实现资金保值增值。全年累计削减财务费用 2.39 亿元。

（3）集中采购，降低原料成本。以市场化价格机制促成本下降。加大溯源工作力度，优化采购中间渠道，缩减不增值环节；对品牌依赖度高的备件采购，进一步协同使用和技术部门，积极推动同类供应商参与，形成可替代物品选型清单。通过区域总包和功能承包、供应商归并、卷钢涂料功能计价、国产化替代等业务模式优化和购销联动等机制创新变革手段，深层次开展成本削减。全年削减资材备件采购成本 4.8 亿元。

发挥物流体系协同优势，提高原燃料物流管理和运行能力；减少北方外港矿石中转量，提高不同制造基地的协同采购数量，降低国内配送成本；副原料运输推进询比价采购降本；适时更新合同模式，优化沿海矿煤运输船型、价格；优化合同条款，加强港口疏通、提高原料直进比率，降低船舶滞期费。全年削减采购物流成本 5.8 亿元。

针对技改项目中涉及的设备进行实物确认、清理及预审查工作；组织专业归口部门加强项目中原有设备报废的审查力度，对拟报废设备的零配件提出留用意向。2016 年度重点推进炼铁厂一二烧结设备的利用和部件留用工作。

（4）加强监管，降低投资成本。合理管控投资规模和结构，引导项目单位重视和提高投资质量和效益。在确保规划期内实现年度资金盈余目标的基础上控制投资项目立项规模和进度安排，优先实施支撑生产经营、经济效益显著的项目，有条件实施运行影响较小、短期难以显现效益的装备类和措施类项目，暂缓实施必要性和迫切性相对欠缺的项目。

强化投资项目立项和后评估管理，完善投资项目闭环管理流程。立项阶段完善专家和职能评审机制，充分论证审核立项必要性和经济可行性，把好立项关。后评估阶段充分对照项目可研，揭示立项目标实现情况，分析总结偏差形成原因并及时整改，并将后评估发现的主要问题和困难作为后续项目立项的指引。

加强实施过程精细化管理，综合工程优化设计、设施利用和现场管理等多项举措，统筹降低项目投入。改进供应商寻源和采购管理，推进集批战略采购，持续加大引进设备国产化推进力度。积极开展自主集成、政策利用、技术降本等多维度降本举措。

3. 科技创新，优化工艺降低成本。围绕技术创新和技术降本两条主线，以全流程的技术降本为抓手，提升工序低成本制造能力，扩大产品差异化优势。以产品一贯制造技术为核心，从全流程的角度系统降本；从大类产品竞争力提升入手，聚焦规格拓展、成本降低、制造稳定 3 个维度，着重推进产品工艺优化或改善、低成本制造技术应用、稳定制造技术和新技术应用；充分发挥厂所一体化作用，推进 15 个科研大项目，新增策划 8 个科研大项目，重点解决现场跨工序、跨流程的重大技术难题，实现科技降本。

2016 年重点推进了铁钢区、冶炼与成品制造上下工序间一体化降本协同、成品线重点工艺技术突破，深入推进焊管、普冷、镀锡和彩涂产品、低噪声特性取向硅钢、热轧高强钢等大类产品竞争力。其中：

炼铁通过优化调整澳洲矿和巴西矿的比例，优化焦炉燃料结构，降低混合煤气 COG 混入比例、降低生石灰单耗等举措，2016 年铁水变动成本下降 14 元/吨，实现降本 2.1 亿元。

炼钢重点开展 KR 预处理改善提升脱硫效果，降低预处理周期和粉剂消耗，连铸通过重新设计 SEN、调整吹氩工艺，重点解决长期困扰产品质量的 UT 探伤不合问题，3#连铸机管线钢探伤不合率显著下降。针对铸坯角横裂，通过调整铸机辊缝、侧辊改造、角部强冷等举措进一步有效提升连铸热送率。

热轧围绕二代集装箱、管线钢、热轧酸洗板和汽车用热轧高强钢等产品从合金降本和工艺缩减方面开展产品降本，管线钢和 500MPa 高强钢实现批量生产。同时围绕精轧立辊宽度动态调控提高宽度控制精度，F1E 动态辊缝调控功能上线稳定运行，红铁皮改善取得进展。

厚板产线推进 X80 管线钢、60kg 级别结构钢和船板合金降本，实现批量生产；进一步优化在线冷却工艺，提升冷却控制效率；推进管线钢、船板、结构钢等品种热装，热装率由 2015 年的 17% 提高到 25%。优化品种钢的加热制度，推进低温出炉，提升加热效率。

冷轧优化冷轧 IF 钢、汽车用钢大类产品高强钢成分和工艺，完成一轮工业试制，开展家电用热镀锌自润滑低膜厚 SL 的工业试制和用户认证，推进彩涂膜厚控制精度和减少样带次数，降低涂料成本。

4. 全流程、全系统协同，降低成本。

以炼铁为责任中心，各部门为高炉稳定、顺行创造有利条件；从采购源头控制原燃料水分、粉率及品质；根据季节、物料特点有针对性地安排物流；研究院围绕技术降本维度，与炼铁厂共同试验论证，探索烧结增产、新煤种开发研究。

管理协同，全员、全体系降本，以 4 级降本增效项目为抓手，全员、全体系参与成本削减项目；综合考虑原料、烧结、炼焦高炉的投入，最终体现铁水成本最优，局部服务于整体综合成本；各类检定修、年修打破以往传统模式，优化组织，缩短工期，降低产能损失。

技术协同：加强技术突破，针对资源情况，开展高球团比、高块矿比等试验，并固化高块矿比成果；开展煤、矿联动，推进配煤配矿结构团队联动，平衡高炉、炼焦配料结构经济性，确保铁水成本最优；消化新设备成本投入、积极优化消耗，在焦炉投产后稳定生产，摸索合理工艺参数，有效降低炼焦能耗。

合理配置资源，协同降低三地制造基地成本。组织策划湛江、梅钢与大院间资源互供，做好东山、梅山供宝山基地冷轧向的品种拓展，满足宝山基地自炼钢热轧资源最低需求；做好宝山、梅山热轧产线满产下的生产准备，保障东山富余板坯的顺利消化；协同东山基地推进产销平衡计划体系的建设，推进互供宝山、梅山板坯的品种拓展和互供料流程梳理，优化三地产品产线分工。

按最经济配置资源原则，系统策划采购端三地协同。结合差异化需求和区域性市场，分品种落实资源供应及物流优化工作。进口矿煤资源聚焦物流成本最优的路线设计减载和中转方式，确保直进比例指标提升；合理平衡三地在港、在厂、在途库存，努力降低库存占用。统一供应商管理模式，建立总部与子公司共享的合格供应商清单；统筹总部与子公司需求，共享各自的采购优势。

深入践行"一厂管一厂"的管控模式，以同类机组的生产技术、产品质量、成本同等水平为突破口，实现东山基地制造能力的快速提升，最大限度发挥协同效应。

5. 探索设备经济运行模式，建立低负荷生产模式。

（1）经济生产，探索建立低负荷生产组织模式。针对部分重点用户长期、稳定的产品需求，有计划开展合同预测和生产组织；建立低负荷生产运行下的各基地应急预案。制定炼钢产能和品种钢生产不饱满情况下的生产组织预案，以成本和物流最优为原则调整铁水预处理、转炉、精炼、连铸、机清设备的停开机，实现低负荷情况下炼钢经济生产和铁钢最大限度平衡。推进 GA 外板、电池壳钢等产品定制化生产，减少生产切换和板坯改钢。对小合同等特殊钢种采取预测生产方式，根据各产线定位，优化产线分工，建立多基地、多品种组合的生产组织模式。

（2）去掉长期亏损业务。围绕事业部及子公司 3 年扭亏减亏的经营目标，以不长期亏损为警戒、以不长期失血为底线，建立各级子公司的运行状况监控机制，重点关注长期亏损子公司成本削减、扭亏增盈的措施和效果，专题研究长期失血子公司持续经营或经济运行的必要性。对于长期突破底线且扭转无望的子公司酌情进入停产阶段。

四、成本变革的成果

经过全体员工共同努力，宝钢股份 2015 年第四季度以来开展的一系列变革举措取得超预期成效。2016 年，公司主要技术经济指标同比显著提升，现货发生率、能源、维修、质量、物流、销管费用等专项成本均得到明显改善，全口径劳动效率提升 8.1%；累计成本削减 58.52 亿元，完成规划目标的 143.3%，强力支撑了公司业绩和员工收入的恢复乃至提升，增强了员工对公司竞争力的信心，赢得了投资者认同。

（一）各级单元成本竞争力全面得到提升

宝钢股份总部大力推进采购物流降本及期间费用削减。2016 年，大宗原燃料采购物流累计减 5.77 亿元，年度目标完成率 174.8%；资材备件采购成本累计削减 4.81 亿元，年度目标完成率 145.8%；期间费用累计削减 7.03 亿元，年度目标完成率 157.8%。

宝山基地全方位推进成本变革。铁钢区域稳产高产，消耗指标持续改善，铁水单位成本下降 27 元/吨，烧结通过配矿结构优化实现"提品降耗"，全年烧结品位 58.4%，为近 10 年最佳；炼焦全年成焦率 74.85%，为近 10 年最佳；炼钢工序加工成本下降 65 元/吨；轧制区域加工成本均超额完成削减目标，超高强钢、汽车外板等重点品种制造能力稳步提升；氧气放散率等指标创历史最优，现货发生率同比下降 12.1%。全年累计成本削减 29.6 亿元，其中变动加工成本削减 14.1 亿元；付现费用削减 11.0 亿元；现货损失下降 4.5 亿元。

梅山基地倒逼"吨钢变动成本在锁定价格前提下比上年再下降156元"。制定"成本费用改善指标在各工序分解落地、与全机关部门量化挂钩"的成本绩效考评方案，形成"年目标+季对话+月滚动+周预测"的成本预算管理体系，建立配煤配矿优化模型、全品种毛利差模型和新产品目标成本模型，推进产、销、研、供全流程协同创造价值，开展全方位、多层次对标找差。全年累计实现成本削减5.96亿元。

东山基地通过对标找差提升成本竞争能力。结合由建设转入生产经营的特点，围绕"成本竞争力400元目标"，以技术经济指标达标、对标为主要手段，完善成本预算、成本分析、绩效考核、现场成本管理，确保成本管控体系有效；与梅山基地进行销管费用对标，减少无效运输，提高余热余压资源回收利用水平。2016年10月，2150连铸、热轧精整、连退和2#热镀锌等加工成本已低于宝山基地。

钢管条钢事业部持续加大成本削减力度，全面、全员、全过程开展成本管控。以成本最优目标优化采购模式，策划实施从买产品向买服务转变、自己能干的事不外委、部分管理费用探底包干等改革项目，取得经济效益4 862万元。本部工序成本同比上年累计下降2.9亿元；精密钢管厂吨钢成本"破三进二"，创历史最好水平；烟宝热轧工序变动成本削减1/3，达到同类机组先进水平。

宝钢国际、海外公司等其他单元主动适应新环境和新形势，从大处着眼、小处着手，聚焦成本费用源头控制，通过费用细化分析，推进重点成本费用项目降本，深化成本变革推进机制；将有限的资源向与销量相关的费用倾斜；利用运输方式的结构优化，挖掘物流费用降本的潜力；完善成本管理机制，形成重点项目降本责任能落实、考核能到位的全员降本氛围，全年合计实现成本削减6.52亿元。

（二）成本竞争力领先同行业

吨钢材销售成本同比降幅高于国内同行：2016年行业吨钢材销售成本同比降幅2.3%，宝钢股份下属宝山基地吨钢材销售成本降幅分别为6.6%、12.2%，均大幅高于同期国内钢铁行业平均水平。

铁水成本行业排名大幅提升：2015年，全国行业平均铁水成本为1 446元/吨，宝钢股份下属宝山基地为1 418元/吨，排名全国第16位。2016年，炼铁克服限煤影响，全年实现成本削减27元/吨，支撑全年铁水成本下降至1 303元/吨水平，较全年行业平均铁水成本1 436元/吨低133元/吨，铁水成本从2015年的第16位提升至2016年的第3位。

继续保持行业内较低融资成本优势：公司 2016 年积极应对金融机构对钢企频繁限贷抽贷、钢铁煤炭类企业公开市场信用违约事件频发、年底国债期货跌停等不利融资环境，全年综合资金成本率仅为 2.97%；全年共创造运作收益 6.27 亿元，实现净收益 1.89 亿元。

尽管宝武合并对公司信用评级带来负面影响，公司 2016 年信用评级结果仍然维持不变，继续保持综合性钢铁行业最优评级。

（三）成本变革有力支撑了公司业绩

公司 2016 年购销差价同比上升 22 元/吨，基本持平，成本削减贡献有效支撑了公司的业绩表现。在成本削减成果的强力助推下，2016 年公司实现利润 115.2 亿元，同比增加 96.7 亿元，创六年来新高，在钢铁冬常态加剧的深冬交出了一份靓丽的答卷。

与国内大中型钢企集团比，公司利润总额国内同行第一，公司以占大中型钢企 4.3% 的产量、6.2% 的收入，贡献了 37.9% 的利润；公司一家盈利超过国内排名第 2~4 名 3 家钢企利润之和。

与全球钢铁同行相比，尽管公司产量规模水平在全球不占优势，但公司 2016 年利润总额在包括浦项、新日铁住金、JFE、安米等在内已公布业绩的全球主要钢企中排名第 2 位，吨钢利润排名第 1 位。

公司全年实现经营活动现金流 185 亿元，在消化湛江钢铁建设项目支出的前提下创造了 31 亿元自由现金流，提前两年完成自由现金流为正的公司本轮规划目标。

（四）成本变革的内生机制已基本形成

积极应对市场急剧变化，主动出击，顺利制定和推出 3 年成本削减专项规划，实现成本削减的源头驱动。开展成本管控机制和组织绩效的优化设计，首推与成本削减强相关的绩效评价牵引机制，以一切成本皆可降为原则层层分解削减任务，搭建分层、全员推进机制；克服困难，牢固降本意识，实现 2016 年成本削减工作圆满收官。

通过各项变革工作的精心策划、大胆试水、深入宣贯和缜密推进，变革理念已深入人心，核心举措实现固化，并且成本削减已成为各级管理者优化生产经营工作的共同语言、统一标杆和重要抓手。

2017年将继续坚持3年成本削减170亿元目标不动摇，积极克服集中技术改造、环保成本和政策性费用上升等不利因素，通过转变模式创新机制、协同体系、技术降本等手段，从各方面找出新的降本潜力点，推动成本削减深入开展，促进公司经营业绩更上一层楼。

公司主要财务管理业绩指标纵向、横向对比见表1和表2。

表1　　　　公司主要财务管理业绩指标纵向对比

项目	单位	2013年	2014年	2015年	2016年	2017年	2018年一季度
一、盈利能力指标							
利润总额	亿元	80.1	82.8	18.5	115.2	240.35	69.2
吨钢利润总额	元/吨	364	384	82	420	521	633
息税折旧摊销前利润	亿元	186.9	191.5	131.2	260.7	460.2	
净资产收益率（加权）	%	5.29	5.16	0.9	7.26	12.24	3.01
总资产报酬率	%	3.8	3.79	1.08	5.36	5.75	1.57
销售毛利率	%	9.47	9.86	8.87	12.73	14.1	10.24
销售净利率	%	3.18	3.25	0.44	4.96	7.05	8.19
经济增加值	亿元	5.7	10	−41.9	47.7		
二、成本竞争力指标							
成本费用利润率	%	3.36	3.4	0.44	5.29	9.68	12.26
期间费用总额	亿元	83	104.2	118.3	120.4	163.68	37.46
销售费用	亿元	19.6	22	21.5	22.7	33.66	7.30
管理费用	亿元	68.8	77.3	72.9	75.9	96.32	27.75
财务费用	亿元	−5.4	4.9	23.9	21.9	33.7	2.41
吨钢销管费用	元/吨	402	461	417	359	355	343
三、资产管理指标							
应收账款净额周转天数	天	18.8	20.5	21.1	18.9	17.13	17.28
存货周转天数	天	62.8	61.7	60.7	65.9	64.54	77.71
应付账款净额周转天数	天	38.6	40.6	49.8	52.9	46.47	39.07
流动资产周转率		2.58	2.46	2.27	2.16	2.14	0.50
固定资产周转率		2.29	2.22	1.89	1.78	1.82	0.44
总资产周转率		0.86	0.82	0.71	0.74	0.82	0.19

续表

项目	单位	2013 年	2014 年	2015 年	2016 年	2017 年	2018 年一季度
四、偿债能力指标							
资产负债率	%	47.03	45.68	47.83	50.96	50.2	49.16
流动比率		0.82	0.83	0.76	0.85	0.80	0.86
速动比率		0.5	0.53	0.51	0.55	0.60	0.52
EBIT 利息保障倍数	倍	15.3	11.3	1.9	5.7	7.5	
五、每股指标							
每股收益	元/股	0.35	0.35	0.06	0.55	0.86	0.23
每股经营现金流量	元/股	0.73	1.72	1.29	0.99	0.90	0.93
每股净资产	元/股	6.71	6.94	6.85	7.37	7.90	8.24

表 2　　　　　　　　　　公司主要财务管理业绩指标横向对比

指标	公司	2013 年	2014 年	2015 年	2016 年	2017 年	2018 年一季度
营业总收入（亿元）	宝钢股份	1 900	1 878	1 641	1 857	2 895	675.46
	鞍钢股份	753	740	528	579		
	武钢股份	896	994	583	613		
	浦项	3 551	3 683	3 259	3 044		
	新日铁住金	3 093	2 908	2 660	2 767		
	JFE	2 037	1 974	1 850	1 955		
利润总额（亿元）	宝钢股份	80.1	82.8	18.5	115.2	240.4	69.2
	鞍钢股份	7.3	15.8	−37.6	16.2		
	武钢股份	6.1	15.5	−78.8	3.7		
	浦项	111.7	78	10.1	82.2		
	新日铁住金	214.3	181.3	177.5	55.4		
	JFE	86.9	105.2	68.1	36.8		
钢产量（万吨）	宝钢股份	2 200	2 153	2 264	2 745		1 189.3
	鞍钢股份	2 082	2 145	2 051	2 182		
	武钢股份	2 024	1 989	1 540	1 498		
	浦项	3 642	3 765	3 797	3 750		
	新日铁住金	4 822	4 748	4 488	4 533		
	JFE	3 116	3 141	2 982	3 028		

指标	公司	2013 年	2014 年	2015 年	2016 年	2017 年	2018 年一季度
吨钢利润（元/吨）	宝钢股份	364	384	82	420	521	633
	鞍钢股份	35	74	−183	74		
	武钢股份	30	78	−512	25		
	浦项	307	204	26	219		
	新日铁住金	444	384	395	122		
	JFE	279	337	228	122		
ROE（%）	宝钢股份	5.29	5.16	0.9	7.26	12.24	3.01
	鞍钢股份	1.64	1.96	−10.06	3.46		
	武钢股份	1.19	3.18	−23.28	0.48		
	浦项	3.07	1.22	−0.21	2.31		
	新日铁住金	8.08	6.73	6.76	1.96		
	JFE	5.99	7.63	3.88	3.18		
销售利润率（%）	宝钢股份	4.22	4.41	1.13	6.2	8.30	10.24
	鞍钢股份	0.97	2.13	−7.13	2.8		
	武钢股份	0.68	1.56	−13.51	0.6		
	浦项	3.15	2.12	0.31	2.7		
	新日铁住金	6.93	6.23	6.67	2		
	JFE	4.27	5.33	3.68	1.88		

参考文献

[1] 李琦强. 信息化技术——宝钢财务控制体系的支撑 [J]. 中国经贸导刊，2002（15）：50 − 51.

[2] 王棣华. 关于宝钢战略成本管理的案例分析 [J]. 中国会计师，2010（1）：75 − 79.

[3] 朱鹏鹏. 浅析 ERP 的涵义及其发展历史 [J]. 财讯，2017（30）：1 − 1.

[4] 罗鸿，王忠民. ERP 原理设计实施 [M]. 电子工业出版社，2003.

[5] 梁丽瑾. 埃及信息化理论与实务 [M]. 经济科学出版社，2006.

[6] 刘海生. 战略成本管理研究 [J]. 会计之友，2009（1）.

[7] 陈胜群. 企业成本管理战略 [M]. 立信会计出版社，2000.

[8] 周大鹏. 制造业服务化对产业转型升级的影响 [J]. 世界经济研究，

2013（9）：17－22.

　　［9］赵益维，姚树俊．知识管理视角下的服务型制造创新机制研究［J］．中国科技论坛，2010（10）：34－39.

　　［10］张忠，金青，王晓宇．基于网络的制造业服务化价值创造研究［J］．常州工学院学报，2015（4）：43－47.

　　［11］张蕊．基于价值链的成本管理探讨［J］．中国管理信息化，2013（1）：15－17.

吉利汽车的责任利润中心建设
与绩效考核研究

季　周

身在经济全球化、技术进步、市场竞争、客户需求多样化以及人本管理的大背景下，企业经营环境更加复杂，组织目标更加多元。身处竞争激烈的汽车行业，吉利面对集团业务急速扩大，销量快速增长和客户需求多元化的环境下，2010 年就开始探索管理会计理念和技术嵌入企业核心业务流程，产品线责任利润中心管理模式应运而生。产品线责任利润中心是实现同一产品线上的研发、采购、制造、销售、质量、财务等单位矩阵式参与管理，实现市场质量信息反馈快速响应、市场营销策略共同策划、成本共同关注、利润目标共同实现的管理。也是打破传统的经营管理模式，充分体现以市场为导向，实施让离市场最近、能听见市场炮声的人来指挥运行其生产经营活动。具体做法是企业根据核心业务流程划分"经营链"，将企业员工划分为若干个可以独立核算的最小组织单位——经营体。

本案例介绍吉利汽车财务管理部管理会计实践，具体聚焦汽车产品线责任利润管理模式与经营体，通过研发经营体、采购经营体、销售经营体和制造经营体的实际案例，深入剖析管理会计工具和方法在吉利汽车责任利润中心建设和绩效考核方面取得的成果。

一、企业背景

（一）吉利汽车简介

浙江吉利控股集团始建于 1986 年，1997 年进入汽车行业，专注实业，现已发展成为一家集汽车整车、动力总成和关键零部件设计、研发、生产、销售和服务于一体，并涵盖出行服务、线上科技创新、金融服务、教育、体育等在内的全球型集团。公司总部位于杭州，在全球各地设有设计中心、研发中心，研发和工程技术人员超过2万人，拥有大量发明创新专利，全部产品拥有完整知识产权。在中国、美国、英国、瑞典、比利时、白俄罗斯、马来西亚建有世界一流的现代化汽车整车和动力总成制造工厂，拥有各类销售网点超过4 000家，产品销售及服务网络遍布世界各地。集团资产总值超过3 000亿元，员工总数超过12万人，连续7年进入世界500强。

吉利汽车2005年在香港成功上市，2017年成为香港恒生指数中唯一一只汽车蓝筹股。2010年收购沃尔沃汽车，2012年进入世界500强榜单，在国际化发展、财务战略、资本市场各方面都取得了骄人的成绩。国际化战略稳扎稳打，包括协同欧洲研发中心CEVT，英国考文垂新设伦敦出租车工厂，收购英国电动车绿宝石，投资冰岛甲醇新能源，"一带一路"建白俄罗斯CKD工厂；2017年在马来西亚收购了宝腾汽车49.9%的股份和路特斯51%的股份；收购美国飞行车汽车；成为沃尔沃集团第一大持股股东，2019年初又成为戴姆勒股份公司第一大股东。2017年，吉利汽车全年总营业收入927亿元，净利润106亿元人民币，同比增长108%。吉利汽车2018年的年营业收入为1 066亿元，比上年增长15%；净利润125.5亿元，同比增长18%。2018《财富》世界500强榜单吉利控股集团以412亿美元营业收入位列第267名，较去年上升76位。

吉利汽车2018年全年累计销量150多万辆，同比增长约20%，位居中国品牌乘用车销量第一。2018年市场占有率为6.3%。吉利拥有中国杭州、宁波杭州湾，瑞典哥德堡，英国考文垂，德国法兰克福5大研发中心，建立了全球化多点布局的研发体系。吉利汽车研究院总部和研发中心是吉利汽车（杭州湾）研发中心。

（二）责任利润中心

集团战略规划到2020年实现年产销300万辆，进入世界汽车企业前10强。经营战略与经营目标是整个企业经营的指挥棒，目标指向战略，指标是目标的分解。如果没有目标和指标，企业战略经营目标的执行工作便无法落地。特别是企业处于高速发展、竞争加剧、转型探索等复杂多变的环境里，对于战略的把握与指标的设计如何做到科学高效可计量？公司的不同业务线和各职能部门能否统一语境，步调一致，各司其职？对于企业战略执行和落地考验的是组织的管理能力和管理绩效。

　　企业创造经济绩效是一个开展活动为客户带来价值的过程，"管理会计"是用会计的信息、技术、工具和方法进行管理，并计量取得的经济成果。因此，与业务过程有关的会计就是管理会计。在实践中，管理会计的边界与管理的边界是一致的，即管理问题都需要尽可能通过会计计量来回答是否能创造经济绩效。

　　责任中心是指承担一定经济责任，并享有一定权利的企业内部（责任）单位。企业的经济绩效是所有责任中心共同努力的成果。管理会计责任中心特征如下：

　　1. 拥有与企业总体经营目标相协调、与其管理职能相适应的经营决策权，且承担与其经营权相适应的经济责任。

　　2. 明晰责任中心的权责利，设计公平合理的激励机制，使管理人员的部分收益与其管理业绩和管理职责相联系，从而调动全体管理人员和员工的责任意识和工作动力。

　　3. 各责任中心的局部利益必须与企业整体利益相一致，不能为了各责任中心的局部利益而影响企业的整体利益。

　　产品线责任利润中心是实现同一产品线上的研发、采购、制造、销售、质量、财务等单位矩阵式参与管理，实现市场质量信息反馈快速响应、市场营销策略共同策划、成本共同关注、利润目标共同实现的管理。根据核心业务流程划分经营链，将企业员工划分为若干个可以独立核算的业绩单位——经营体。经营体之间参照市场价格指定的内部交易价格，进行工厂各工序间的交易合作，每一个经营体成为业绩核算单位。其基本思路是突破传统的组织结构，充分体现以市场为导向，以经济绩效为目标，为企业内部资源协调、运营控制、业绩评价和员工激励等提供业务决策依据，明确责权利，衡量和评价经济成果（见图1）。

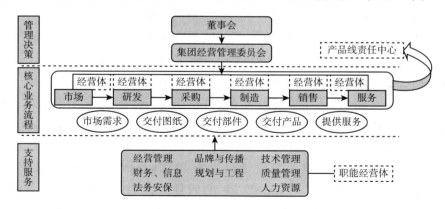

图1　吉利汽车产品线责任利润中心

吉利汽车从 2010 年开始试运行责任中心的建立，并在具体的经营实践中不断总结完善，取得的成就有目共睹。本案例聚焦产品线责任利润管理模式与经营体，从以下几方面深入剖析管理会计在吉利汽车管理会计实践过程与成果：

1. 了解产品线责任中心组织结构和管理方式（责任中心建设思路及其结构，明确各经营体权责利的划分，特别是责任，即考核指标的合理性；指标价格的制定依据及合理性）；

2. 经营体嵌入核心业务流程（按照业务流程来恰当地划分各经营体，并科学地予以核算和考核，就是管理会计的应用，已嵌入管理会计较有代表性的责任会计、转让价格、成本控制、绩效考核等概念）；

3. 经营体实施前后，在成本改善方面的提升和在管理绩效方面的改进；

4. 经营体如何实现员工考核、分配和激励。

二、责任利润中心建设

在全球化的大背景下，汽车行业竞争激烈，企业经营环境更加复杂。吉利所实践的经营体模式以企业战略为方向，以管理流程和价值链为核心，以内部交易价格机制为基础，以经营体划分进行会计核算单位变革，使各经营体与组织整体目标统一，形成合力。

（一）管理理念

吉利集团从 2010 年开始探索经营体管理模式的构建，其目的是希望通过经营体管理机制的实施，逐渐打破传统的经营管理模式，充分体现以市场为导向，实施让离市场最近的人来指挥运行其生产经营活动。尝试将组织划分成一个个小单元，通过独立核算制加以运作，让全体员工共同参与经营，依靠全体员工的智慧和努力，实现员工个人价值与团队经营目标双赢。通俗地说，快乐经营体就是把市场搬进企业，让每个业务单元、每个员工都能够当家理财、勇担责任，快乐参与企业经营。

2010 年第 1 批示范单位老豪情公司率先试运行快乐经营体管理模式。2014 年 1 月，吉利汽车安聪慧总裁在经营管理大会上提出：快乐经营体在全集团全面开始推行。同年 3 月，销售、采购、研发系统陆续导入推行实施"快乐经营体"管理模式。2016 年经营体全面推广至销售、研发、采购、量产新基地，同时针对性开展相关职能专项经营体建设。2017 年安聪慧在年度经营工作大会上指出："我们做经营体，要向纵深发展，经营体是激励集团各单位向挑战目标的实现。"

通过多年的摸索与实践，经营体管理模式已经在吉利各业务模块进行了全面的推广与实施。员工的自主经营思想、观念及工作积极性正在发生转变，"高压力、高收入、高绩效"的薪酬评价与分配体系逐渐完善，在激活整体组织的活力方面效果显著。这一管理模式的推进使得销售模块中的营销人员享受市场占有率及销量提升带来的收益；研发模块中的研发人员的收入和新品研发进度及市场表现密切挂钩；采购模块中的采购人员工资和采购产品质量及产品成本密切挂钩；制造模块中所有制造人员不断实现资源利用最大化、成本最小化，分享质量提升、降本增效等带来的经营收益（见图 2）。

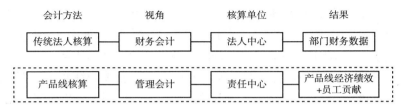

图 2　产品线责任利润中心基本思路

（二）经营体实践

下文聚焦产品线责任利润中心内部四大核心"经营体"——研发、采购、销售和制造。

1. 制造经营体。各制造类公司根据核心业务流程划分经营链，将企业员工划分为若干可以独立核算的最小组织单位——经营体，而经营体之间参照市场价格制定的内部交易定价，进行工厂各工序间的交易合作，将每一个经营体均作为业绩核算单位。产品在不同的经济体之间流转，从而构成整个经营链。经营体考核指标强调物料和能耗的节约以及效率的提升，主要涵盖成本的节约、效率的提高、产品质量的提升、作业面积的节约、人员的减少、工装设备使用寿命延长、员工技能提升等。

制造经营体建设的步骤是"五到位"建设法（见图 3）。经营体是最小的责任中心，是责权利的结合体，其经济目标、责任范围和分配权限必须明确。经营体五到位是一个循序渐进的构建过程，逻辑清晰、环环相扣，每一个环节都要到位。只有这样，企业在后期开展自身经营业绩评价时才能做到有据可依、有章可循。

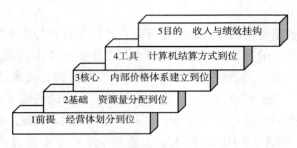

图3　经营体建设五步法

第一，经营体划分到位是前提。在企业整体的项目管理体系内，经营体以地域、产品为导向，确保经营体划分到位。目前，吉利在全国范围内，如成都、湘潭、晋中、宝鸡、张家口、贵阳以及宁波片区设有整车、动力、零部件等制造工厂，每个量产工厂均作为一个制造经营体，各个经营体之间相互独立。

第二，资源量分配到位是基础。资源量分配与经营体的性质、规模、品牌息息相关。不同的经营体，与之匹配相应的研发、基建、设备以及信息化资源投入，为经营体的运营打下良好基础，顺利实现量产，并强调后期对于资源的高效利用，合理追加配置，维持保障及技改类项目投资。

第三，内部价格体系建立到位是核心。目前，由量产工厂、目录公司、销售公司、经销商组成了一套完整的内部价格确立体系，再结合材料成本、政府补贴、销售费用、经销商返利等利润影响因素，确保内部价格体系建立到位，其核心部分内部价格体系的建立也使得经营链在流转时保证公平高效的内部市场。

第四，计算机结算方式到位是工具。企业财务信息化是财务与信息化的结合，也是企业顺应信息化浪潮的必要条件，有助于提高企业管理水平，从而增强企业竞争力。计算机结算方式作为技术性工具，对于前三步的经营体划分、资源量分配、内部价格体系建立的核算，需做好严谨、准确、高效的记录，确保数据记录的及时性、完整性和准确性。

第五，收入与绩效挂钩是目的。绩效被认为是衡量收入水平的标志，将收入与绩效完美挂钩，可作为绩效考核和员工激励的重要依据；绩效工资制度也因具备激励效果，从而提高了经营体的绩效水平。制造经营体绩效主要体现在责任利润、可控三费、产销量、市场占有率等关键指标上，通过对投入和产出各项指标的综合考察，同时也可提高经营体自身对节约投入要素的积极性。

2. 研发经营体。吉利汽车作为国内外领先的乘用车设计、制造、销售企业，研发技术显得尤为关键，是其市场竞争力的关键衡量标准。在保证关键技术的支撑下，该经营体的内部结构和激励体系也需要具备良好的机制（见图4）。

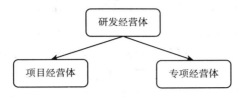

图4　研发经营体

在结构上，研发经营体内部形成纵向延伸：不同项目作为专项经营体内部的子单元，这些项目自身又成为项目经营体（包含项目层次的造型、研发、制造工程、质量、采购、生产整个流程）。在专项经营体中，其需要识别出核心技术项目，并将一定的工作重心转移到这些核心技术项目上，使有限的资源最大限度地被利用，力求打造增值增效的研发经营体。同时在专项经营体中追求内部市场化，根据市场经济运行规律，模拟市场交易方式来组织经营体中的生产经营活动，提高其市场运作效率和经营体整体的经济效益。而每个项目经营体横向延伸则关注到核心人员与非核心人员的激励制度。对于核心人员设立专项奖金；非核心人员也根据生产贡献程度设立一定的奖励机制。由此形成纵向和横向延伸，帮助经营体从多维角度来透视其内部绩效。

项目经营体奖金池有两个固定的部分：节点项目奖和月工资预留，其会预先根据项目的特征系数和月基本工资等数据量化形成，即节点项目奖＝项目奖金基数×项目难度系数×岗位系数×项目节点系数；月工资预留＝月基本工资×5%×项目难度系数。该项目资金池主要用于兑现新产品生产前期的连线调试阶段和新产品量产前的试生产阶段之前的奖励，该部分约占整个兑现过程的60%（见图5）。

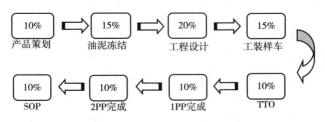

图5　"SOP＋3"之前阶段的项目节点兑现情况

剩余40%部分则在上市之后12个月内根据产品的销售和质量反馈情况兑现。主要结合销量目标完成率和质量目标完成率，其中销量目标完成率占比达到

80%。该两项完成率的目标值都来源于企业制定的经营大纲，占比20%的质量目标完成率主要考察3MIS、6MIS和IQS［售后3个月、售后6个月、IQS＝（车辆售出后12个月内总故障数÷当月销售总量）×100（pp100）］3项质量衡量指标。而上市之后汽车真实的销量和质量数据分别来自集团的总裁办公室和质量管理部。之后将真实的完成率数据和目标值进行对比，将兑现起始得分定在90%（这也是考虑到项目经营体出于对销量和质量完成率的高要求），一旦低于90%将无法兑现整个项目经营体40%的奖金；而大于等于90%，则可以按实际得分所占比例兑现。另外，项目经营体对于超销量目标的实现也会有追加激励机制，针对超销量目标的台数对应不同的奖励金额。

在研发过程中，不可避免地会出现影响客户感知的共性痛点问题，研发经营体通过在内部开展重大质量攻关、重大技术攻关，建立痛点专项攻关机制，旨在解决这些问题并从中总结技术经验，形成可复制、可推广的技术方法与标准体系，以供今后行业内实践应用。其攻关克难的激励形式则以重磅悬赏的方式推进，意在引导经营体内部竞争性创新。

3. 采购经营体。采购经营体构成了企业生产成本的主要责任经营体，其内部业务模块的划分和以节约程度为基准的考核指标的设立对企业的利润绩效十分关键。

采购经营体向下主要按车系和业务类别划分为四个经营体：整车经营体、动力采购经营体、间接经营体、钢板经营体，由各车系、业务类别采购人员组成各采购经营体组织，将经营体细化到不同的业务模块，有助于在各自的经营体中独立核算、独立考核，增强主动性和节约意识（见图6）。

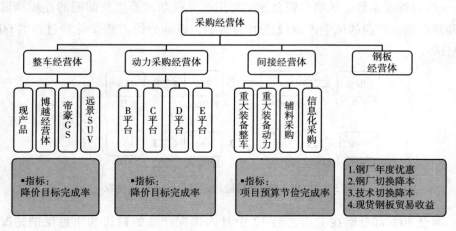

图6　采购经营体

其中整车经营体和动力采购经营体考核指标为降价目标完成率；间接经营体由于涉及重大装备、辅料采购以及信息化采购等无具体针对对象的采购，则考核指标为项目预算结余完成率；而钢板经营体作为全企业最为核心的原材料之一，单独形成一个采购经营体，其成本节约主要有四个方面：钢厂年度优惠、钢厂切换成本、技术切换成本（即转换成本，指客户从购买一个供应商的产品转向购买另一个供应商的产品时所增加的费用，如增加新设备、重新设计产品、调整检测工具、对使用者进行再培训等发生的费用）、现货钢板贸易的收益。

此外，在实现各车型单台零部件采购降成本目标的前提下，可以享受超额部分的单台实际降额业绩提成，前提是要保证零部件质量。

4. 销售经营体。销售环节对于利润指标成果的实现具有直接推动作用，通过下设不同区域的经营体，可以帮助企业分区域对比评价和考核绩效，体系内部设立的与销量、利润直接挂钩的种种指标都是在激励不同的销售经营体在实现基本目标绩效之后，向着更好目标迈进。

为了更好地推进经营体内的独立核算制，销售经营体被划分为三个部分：销售大区经营体、市场经营体和支持经营体。通过将其划分为更小的经营单元，可以将考核对象细化到每一个员工，激励各员工共同参与到经营当中，在企业目标不断实现、业绩不断提升的同时，实现员工的个人价值，达到双赢的目的（见图7）。

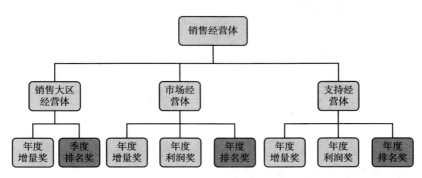

图7 销售经营体划分

目前执行的销售激励体制是：不同经营体的绩效考核奖项设置有所区分。销售大区经营体主要设有年度增量奖和季度排名奖；市场经营体和支持经营体除设置年度增量奖外，还设置了年度利润奖和年度排名奖。销售经营体下激励奖项设置反映出的"高压力、高绩效、高收入"理念中同时涵盖了企业和员工共赢的思想，将"快乐经营体"作为机制，并以销量、市场占有率和排名作为终极考核指标。在切实有效的思想、机制和考核指标激励下，销售经营体在完成大纲设定基本经营目标后，会由于激励惯性，推动超额贡献的产生，进而实现超额目标。

三、责任利润中心运行机制

（一）经营体三支柱

吉利独特的经营体管理和核算模式是一种科学管理的实践，它不是一种简单地以降本增效为手段的成本驱动，而是将经营体模式作为一种长效机制，兼顾价值驱动和成本导向。在经营体模式中，企业内部市场化的核算是基础，经营体是内部市场交易的主体，而将企业资源进行货币量化、建立内部交易价格体系以及信息化系统则成为实现经营体模式的 3 个支柱。收入和绩效挂钩则是驱动力，如图 8 所示。

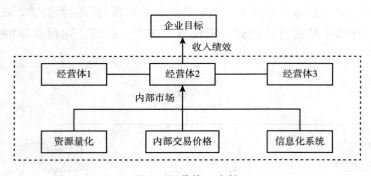

图8　经营体三支柱

（二）管理会计嵌入业务流程

冯巧根（2015）认为管理会计本质上是企业组织的一种价值管理行为，它以经营活动为核心，目的是实现组织战略，创造组织价值。企业的一切价值管理活动已经转向客户价值经营，即通过为客户创造价值来获得企业的价值增值；而股东价值是客户价值实现的财务结果，并创建了客户价值与股东价值的关联模型。

通用的总裁斯隆曾经说过："财务不可能离开运营，存在于真空之中。"所以说，在企业管理中，离开业务流程讨论管理会计问题，将使管理会计成为无源之水、无本之木。管理会计必须走进流程，走进业务，这样才具备生命力。

流程以客户需求为起点，以满足客户需求为归宿，追求经济绩效目标的实现。经济绩效目标在管理会计中则体现为全面预算。流程的过程中，产生成本费用，因此成本管理必须以流程为抓手；流程的过程中，潜藏着各种风险，因此风险管理和内部控制必须嵌套到流程中才能落实；流程的过程中，可能存在着无效的环节和步骤，因此需要运用价值链分析来消除无效部分；流程的过程中，会产生各种质量问题，因此只有改进流程管理，质量管理才能真正发挥作用。流程以经济绩效报告为终点，经济绩效报告即管理会计报告的核心内容。可见，管理会计与流程管理是水乳交融的关系：管理会计通过流程发挥作用，流程运用管理会计来降低成本、控制风险和提升效率及效果。

（三）管理会计与经营体目标

1. 激发基层责任单元活力，重构"责、权、利"经营体系。激发基层责任单元活力，重构"责、权、利"经营体系是吉利管理会计实践的 DNA。通过划分经营体核算单元，采用去行政化、职能化的手段强化基层的专业化能力，重构了任务到位、资源到位、激励到位、直面市场的"责、权、利"一体化运营体系。在战略落地方面，通过不断优化的内部劳务及资源使用的内部价格结算体系，强化了各产品线基于毛利的业绩目标。在资源分配和管理执行方面，将可管、可控、可提升价值创造能力的各类资源下沉到基层责任单元，赋予基层责任单元与此相关的人、财、物管理权，实现目标、资源、权利、激励等纵向穿透。同时，管理会计工具配合绩效管理，建立简单、直观的考核激励机制，以绩效激励价值创造和任务目标，确保配套各项改革的资源包、任务包、权利包到位，达到激发基层经营团队活力的目标。此外，采用行为红线控制基层责任单元风险，利用财务共享、信息化系统等手段实现资金流、物流的分离，在资源下沉的基础上，实现了公开、透明、实时的业务活动管控。

通过集中化、专业化，扁平化促使经营体单元改良或变革，倒逼各项管理支撑，确保资源切实下沉。激发各级经营体活力，实现了资源投入与任务挂钩、业务发展与绩效挂钩、企业价值与个人薪酬挂钩的目标。

举例来说，吉利创造性地提出在不打破现有的组织架构基础上，组建虚拟的零缺陷经营体管理团队。为了巩固和提升质量改善项目取得的成果、向更高的目标"零缺陷"冲刺，吉利集团现投产的9大基地，共组建了45个零缺陷经营体，将整车按系统划分，从系统管理、系统分析角度，改善控制质量问题，为提升整车质量起到了明显的效果，形成了一套较为完整的质量改善模式。不仅在质量改善方面应用了经营体管理模式，而且在研发技术方面也建立了独有的经营体管理模式。总裁很早就提出了必须要让研发人员有市场意识，提出了"源于市场、忠于市场"的研发理念，工程师团队向市场看齐，而不是闭门造车。每个经营长对结果负责，根据研发需要，可以调动各个研发部门的资源，选择适合的工程师一起开发产品。经营长有可能来自研发部门，也有可能来自制造部门或市场部门，"谁有能力谁上"，以此极大提高员工的工作热情和主动性。

2. 绩效考核 + 激励驱动，支撑奋斗者文化落地。企业经营与绩效考核的关系是很多企业实施绩效管理工作的难点和痛点。吉利经营体的创新实践，紧紧把握岗位、绩效和薪酬3个核心要素，获得企业发展和员工成长、业务增长和员工获益的双赢局面，同时强有力支撑起吉利集团"以奋斗者为本"文化的落地。

以绩效机制确保各单位核心业绩基本目标达成，以经营体机制鼓励各业务实现增值及挑战目标达成。现有考核体系是保障，即针对经营大纲分解和岗位关键指标与任务的月度绩效评价，以平衡计分卡为指导，考核角度全面，确保任务全面完成。以经营体激励机制创造价值，鼓励超越目标达成，企业和员工共同分享经营成果。

企业首先以绩效机制确保各单位核心业绩基本目标的达成。企业应及时发现当前的不足和劣势，一旦确认某个因素成为发展瓶颈，就应及时调整并改进，使得企业各经营体在不断优化的业务设计下精益求精，确保企业当前运营达到目标绩效，实现企业战略的目标收益。企业现有的考核体系为月度绩效评价，主要是在一定时期内对企业的经营计划大纲进行分解，细化到研发、设计、制造、销售等各个环节的各个方面，为每一个岗位设计关键指标，并根据该关键指标分配下达一定时期内的任务。该绩效评价考核角度较为全面，能确保基本目标任务全面完成，使各环节均衡发展。

其次是以经营体机制鼓励各业务实现增值及挑战目标达成。如销售经营体下激励奖项设置印证了"高压力、高绩效、高收入"理念。在实现基本的绩效目标后，企业应该努力创造机会，突破原有的业务设计，在更高层级的目标/收益水平上运用新的业务设计创造额外价值，以经营体为单位，更加独立地核算绩效，实现在理想状态下可达到最高目标和可获得最高收益的业务运营顶尖状态，不断向企业的极限潜能发出挑战。

吉利有三种主要的经营体奖励模式——互博奖金、超越目标激励、经营成果的节约分红，使得企业可以更好地从经营体的角度独立核算业绩并进行激励。为了助力实现"顶尖状态"下的经营体，企业从众多的关键绩效指标中挑选最能体现经营业绩的 3～5 个指标，让不同业务部门的经营体及下属经营体更有针对性地去努力实现，鼓励超越之前的基本目标水平，更好地落实经营体理念，实现企业员工目标协调一致、收益分享共赢。

四、责任利润中心管理成效

以集团制造一线经营体案例介绍吉利经营体创新成果以及从公司年报数据反映的管理会计经营业绩和管理成果。

（一）经营体管理成果

随着经营体理念的不断推进，各个经营体都在不断地完善体系，总结实践经验。以制造一线经营体为例，经营体思想的引入在转变班组负责人和员工的意识以及落实具体生产实践上均收获很大的成效。在能耗控制、降低物料消耗、减少人工浪费方面成效显著，同时通过员工绩效与经济效益挂钩，激发经营体成员的主人翁意识。

1. 经营长经营意识的转变。制造经营体的设立使得原来的班组长转变为经营长，经营意识也随着经营体的设立、实操经验的积累而逐渐改变。在人员的主动性问题上，过去班组长只能通过下达计划指令要求员工去完成产量，让员工接受被动式管理；现在的经营长通过激励制度激发员工的主动性，加强自我管理以完成内部订单。对于机器设备的保养问题，过去班组长在接收到保养要求时才会下达命令；现在经营长从可持续性角度出发，力争通过延长寿命节约一定的设备耗费。在物料方面，过去仅关注定额，没有充分考虑成本问题，而现在经营长会同时关注定额和价格，在保证质量的前提下，尽可能降低物料消耗量。在考核方法上，由以结果为导向的考核转向以过程为导向的考核，更加注重生产过程的高效低耗，将员工业绩与经营效益直接挂钩。对于现场环境的监管，也从过去以结果为导向的关注现场 5s（整理、整顿、清扫、清洁和素养）改善转向主动考虑以最低成本进行改善，更强调高效。

2. 生产经营思路的转变。

（1）能耗的控制。经营体在实施前，岗位上偶尔会出现漏气点，但除非班组长检查发现，员工本身一般不会有主动寻找的意识，造成能耗的浪费；而在实施后，员工的主动性有了很大的提高，能够做到自觉排查、自觉处理、及时整改。

该转变不仅体现出经营体体制下增强了员工个人的主人翁意识、经营长们有更多时间来思考管理提升，更使得经营体甚至整个企业在成本方面有很大提升：班组排查漏点 26 处，整改 26 处；设备单台平均能耗从以前的 7 元降低到 3.36 元，降幅超过 50%。

（2）降低物料消耗。

①碗型塞孔涂胶。在经营体运行后，经营者发现碗型塞孔涂胶时会出现浪费、低效甚至存在质量风险，之后经过员工们的头脑风暴，对涂胶的堵头进行了改进，大幅减少了涂胶的浪费，并使涂胶的效率有所提升。

成果改善主要体现在以下四个方面：成本——改善前一瓶正常 10 毫升胶水可用 1 500 件；而改进后，可用 2 400 多件，能耗节约 32.41%。质量——改善前存在涂胶不到位、试漏不合格风险；改进后可以实现完全到位。效率——改善前，需要 100% 纯手工擦掉多余的涂胶；改进后，每加工 1 件产品可节约 8 秒，1 天加工 400 件即可节约 3 200 秒，提高了员工的工作效率。管理——改善前，员工仅从产品质量出发，没有关注物料浪费；改进后，员工已经具备主动意识，在保证质量的前提下主动改进"消耗高、效率低"的问题。

②过滤纸自动排送。过去存在专机、珩磨机等使用的过滤纸在生产中不断自动排送的问题，在员工提出建议改为班长每 2 小时手动点排后，每周耗费的过滤纸数量大幅减少。具体量化体现为：改善前后一个月可节约 40 卷，每卷单价 243 元，1 年则节约 116 640 元。以前员工不会考虑设备上的消耗是否正常，滤纸用了多少也不会关心，现在员工在一些细节问题上会主动观察，及时提出切实可行的建议，帮助从整体上改善生产环节的物料消耗问题。

③工具物品的摆放。过去的工具物品摆放具有随意性，对产品的属性、数量、使用情况等都不熟悉；经营体在运营后，员工主动要求对这些物品进行梳理：规定最大存放量、老旧工具以旧换新，废弃工具统一收集、统一管理，等等。

这一改进使得生产用工具避免了不必要的浪费和重复性申购，员工在取用时也能节约一定的时间。在管理理念上，最大的进步就是在保证了最低工具占用的同时还降低了不必要的消耗，提高了生产工具使用效率，过去那种多多益善的思想一去不复返了。

④封堵产品的使用。在改善前碗型塞孔的封堵是面对面的接触，直接导致缸体试漏机封堵更换频繁磨损，全年封堵成本耗费较大；员工从封堵的目的出发，自主经过多次试验将原来面对面式的封堵换成O型密封圈，同样能够实现对碗型塞孔的供气。由于该O型密封圈的成本较原来面对面式的封堵单个成本节约幅度非常大，因此全年对该物料的耗用大幅减少。

成本方面，在同样保证产品质量的前提下，改善前全年约为32 670元，改善后约为4 147.2元，节约幅度达87.31%，改善效果十分明显。改善后员工的管理理念不再是过去的依赖型，思想向自发性转变。该项工艺的创新改进研究不仅体现了员工的经验不断丰富，技能不断提升，更重要的是体现了经营体体制改进下的主动性和创造力。

（3）减少人工浪费。经营者发现在OP180试漏及OP190工位分组过程中，生产节拍不足工艺定额，存在大量的等待耗费时间，双班人员耗费较多。通过试漏分组人员的现场调整、工艺优化后，生产节拍符合了定额要求，工艺人员定额数量也减半，双班人数减半。

通过工作的调整、优化，成果改善主要体现在以下方面：成本，改善前经营体中存在岗位浪费现象，此次改进使单个经营体就节约了8万余元。质量，在精简员工的前提下，同样保证质量，大大提高了质量的实现效率。效率，减少等待和动作的浪费，但保证了生产节拍的需求，同样也是提高了绩效实现的效率。管理，一改以前高产期要人的情形，在实施经营体之后，经营长们会自发地、充分地评估员工能力，在确保生产经营任务能完成的情况下，最大限度精简员工数量，节约人工成本。

（二）公司财务业绩成果

2017年，吉利汽车销量大幅增加，共售出1 247 116部汽车（包括集团的合营公司所销售的领克品牌汽车销量），较2016年增长63%。从汽车销量来看，吉利已成为最大型的中国自主品牌汽车制造商。截至2017年底，全年总收入较2016年增长73%，至927.6亿元，净利润总额由2016年的51.7亿元增长108%，至2017年的107.4亿元。业绩突飞猛进的主要原因是汽车销量的大幅增加以及产品组合的持续改善。

根据吉利2008~2017年原始年报数据进行具体财务指标分析。由图9可以看出，自 2014 年以来，吉利营业收入总额可以说是突飞猛进。其中，2016年、2017 年两年的营业收入增长率分别达到 78.25%、72.67%。另外，自2014 年起，吉利汽车的销售净利率呈稳步上升趋势，毛利率稳中有升（如图10、图 11 所示），主要系公司成本费用率自 2014 年持续下降，其中 2016 年、2017 年下降率分别为 3.32%、3.27%（如图 12 所示）。从一系列财务指标分析来看，吉利汽车责任利润中心管理模式从本质上而言，是企业组织以经营活动为核心的一种价值管理行为，无论从经营业绩还是管理成效都取得了出色的成绩。

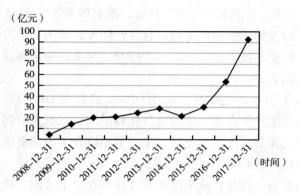

图 9　吉利汽车近十年营业收入

资料来源：2008~2017 年吉利汽车原始报表。

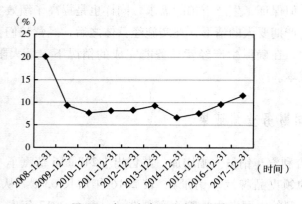

图 10　吉利汽车近十年利润率

注：销售净利率 = 净利润/营业收入总额 ×100%。

资料来源：2008~2017 年吉利汽车原始报表。

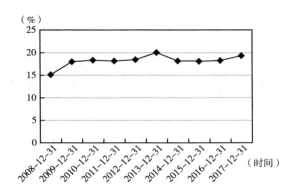

图 11　吉利汽车近十年毛利率

注：毛利率＝毛利/营业收入总额×100%。

资料来源：2008～2017 年吉利汽车原始报表。

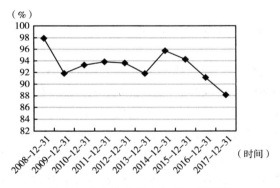

图 12　吉利汽车近十年成本费用率

注：成本费用率＝（营业成本＋期间费用）/营业收入总额×100%。

资料来源：2008～2017 年吉利汽车原始报表。

套期保值：零成本领式合约

郑德渊　黄娴雅

一、案例背景

（一）人民币汇率制度演进背景

中华人民共和国成立初期，我国采取单一浮动汇率制。1953 年，我国开始实行单一固定汇率制度。1974 年，布雷顿森林体系瓦解后，我国实行一篮子货币计算的单一浮动汇率制。1979 年，我国成立国家外汇管理局，实行人民币兑美元统一汇价。改革开放后，人民币汇率制度演变主要经历了以下三个阶段：

第一阶段：1981～1993 年，我国实行双重汇率制。其中 1981～1984 年，我国实行的是内部结算价与官方牌价并存的双轨制度；1985 开始我国实行外汇调剂价与官方牌价并存的双重汇率制度。外汇调剂价以外汇供求为基础，且之后外汇调剂市场的力量不断增强。

第二阶段：1994～2005 年，我国实行以市场供求为基础的、单一盯住美元的、有管理的浮动汇率，正式取消双重汇率制度。在这个阶段，政府对人民币汇率的干预度显著下降，人民币汇率被允许在规定的小范围内波动，汇改发生了质的飞跃。

第三阶段：2005 年至今，我国实行以市场供求为基础的、参考一篮子货币进行调节、有管理的浮动汇率制。人民币汇率不再单一盯住美元，而是参考多种主要交易货币所共同组成的一篮子货币的汇率指数进行调节。2005 年汇改以来，我国不断采取措施推动人民币国际化和汇率市场化，表 1 梳理了汇改以后发生的人民币汇率发展大事件。

表 1   2005 年以后人民币汇率发展大事件

日期	事件	评价
2005 年 7 月 21 日	宣布实行以市场供求为基础、参考一篮子货币调节、有管理的浮动汇率制度	汇率机制更具弹性
2006 年 1 月 4 日	询价交易方式、做市商制度被引入	汇率中间价形成机制改进
2006 年 5 月 15 日	美元兑人民币汇率中间价突破 8	表明人民币加速升值
2007 年 5 月 18 日	美元对人民币汇率在银行间即期外汇市场的浮动幅度从 0.3% 扩大到 0.5%	人民币汇率的浮动弹性增强
2008 年 4 月 10 日	美元兑人民币汇率中间价突破 7	表明人民币加速升值
2008 年下半年至 2010 年 6 月	人民币汇率采取紧盯美元的策略，汇率稳定在 6.83 上下	受金融危机的影响暂停升值，利于恢复出口形势
2010 年 6 月 19 日	央行宣布回归汇率形成机制改革	人民币与美元挂钩制度，增强人民币汇率弹性
2010 年 7 月 19 日	扩大人民币在我国香港地区结算范围	人民币国际化
2011 年 1 月 12 日	中行美国分行向美国开放人民币交易	人民币国际化
2011 年 1 月 13 日	启动试点允许公司用人民币境外投资	人民币国际化
2012 年 4 月 16 日	银行间即期外汇市场美元兑人民币交易价浮动幅度由 0.5% 扩大至 1%	增强人民币汇率的浮动弹性
2013 年 11 月	十八届三中全会决定汇率进行深入的市场化改革	推进汇率市场化
2014 年 3 月 17 日	银行间即期外汇市场美元兑人民币交易价浮动幅度由 1% 扩大至 2%	人民币汇率浮动弹性增强
2014 年 7 月 2 日	中央银行宣布取消银行兑客户美元挂牌买卖价差管理	促进外汇市场自主定价，推进外币汇率市场化
2015 年 8 月 11 日	完善人民币汇率中间价报价机制，由做市商在每日银行间外汇市场开盘前，参考上日银行间外汇市场收盘汇率，综合考虑外汇供求状况以及国际主要货币汇率变化向中国外汇交易中心提供中间价报价	提高人民币汇率中间价的基准性和市场化程度
2015 年 12 月 11 日	强调要加大参考一篮子货币的力度，保持人民币对一篮子货币汇率基本稳定	"收盘汇率 + 一篮子货币汇率变化"中间价形成机制初步形成
2015 年 12 月 23 日	央行宣布延长外汇交易时间 7 小时，由北京时间 9：30—16：30 调整至北京时间 9：30—23：30，并将进一步引入合格境外主体	进一步完善人民币汇率价格发现和形成机制

续表

日期	事件	评价
2016 年 5 月 10 日	对"收盘汇率 + 一篮子汇率变化"美元兑人民币汇率中间价形成机制解释	完善汇率市场化形成机制，增强汇率双向浮动弹性
2016 年 8 月 16 日	深港通批准实施，与沪港通均取消总额度限制	推动人民币国际化
2016 年 9 月 4 日	G20 首脑会重申避免竞争性贬值和不以竞争性目的来盯住汇率	避免汇率的过度波动和无序调整
2016 年 9 月 21 日	人民币清算行落地美国，完成清算行全球版图的重要布局	人民币国际化
2016 年 10 月 1 日	人民币正式纳入 SDR 货币篮子	人民币国际地位和作用提升

（二）人民币汇率波动特征

在人民币汇率制度演变的第三个阶段，人民币汇率管制不断放松，人民币汇率波动区间放宽。银行间即期外汇市场中美元兑人民币价格的波动幅度区间由原来的 0.3% 扩大到 0.5%；之后又扩大至 1%；最后调整为 2%。经过三次调整，汇率日波动幅度大大提高。

除了波幅增大，2005 年汇改以来人民币汇率波动趋势经历了从单边升值转向双边波动，再转向预期贬值三个阶段（见图 1）。

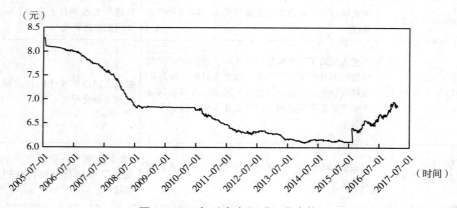

图 1　2005 年以来人民币汇率走势

第一阶段为 2005 年 7 月 21 至 2011 年末，人民币单边升值，累计升值幅度高达 24%。2005 年 7 月汇改之后，美元兑人民币汇率从基本稳定在 8.3 元的水平一路加速下滑，2005～2007 年，人民币每年升值幅度依次为 2.49%、3.24%、6.46%。2008 年上半年，人民币兑美元汇率下跌 6.10%，然后停止升值的趋势，这主要是受金融危机影响，人民币汇率采取软盯住美元策略。2010 年 6 月 19 日，汇率形成机制改革回归，人民币单边升值恢复。2010 年、2011 年，人民币又分别升值 3.01% 和 4.86%，但升值速率较之前有所下降。

第二阶段为 2012 年初至 2015 年 8 月 11 日，人民币兑美元汇率开始在一个相对固定区间双向波动，因汇率市场化波动弹性进一步增强。2012 年人民币升值幅度仅为 0.24%；2013 年人民币升值幅度有所回弹，达 3.07%；之后 2014 年初至 2015 年 8 月 11 日，人民币贬值 2.18%。在整个第二阶段，人民币仅升值 1.12%，其间美元兑人民币中间价涨跌次数基本持平。

第三阶段为 2015 年 8 月 11 日至今，人民币预期贬值。至 2017 年初，人民币累计贬值 13.42%。2015 年 8 月 11 日，人民币当日贬值 1.81%，连续 3 日累计贬值 2.75%。同日，央行宣布进一步完善人民币汇率中间价报价机制。至 2016 年初，已逐步形成"收盘汇率 + 一篮子货币汇率变化"的中间价报价机制，人民币汇率弹性增强。2016 年以来，受美联储加息预期和英国公投脱欧的影响，人民币持续贬值，人民币兑美元汇率直逼 7 关口。2017 年初，人民币兑美元中间价又略有下降。这一阶段，人民币汇率短期内波动加强，长期预期贬值。

（三）外汇远期与期权组合的比较

外汇期权组合包括外汇看跌风险逆转期权组合和外汇看涨风险逆转组合，均可将未来结算汇率固定在一个波动区间。企业买入外汇看跌风险逆转期权组合后，便锁定了未来最小的收益水平，与此同时，付出的代价是也锁定了未来最大的收益水平。而外汇看涨风险逆转组合在为企业设立了未来成本上限的同时，也要求企业接受未来的成本下限。

与外汇远期不同的是，外汇期权组合使企业能够在未来以一个相对固定的汇率买进或卖出外汇，而不是以一个固定的汇率进行结算。以外汇看跌风险逆转期权组合为例，假设看跌期权的执行价格为 X_1，看涨期权的执行价格为 X_2，再假设与银行签订的外汇远期合约约定的远期汇率为 S1，其中 X1 < S1 < X2。到期日，当即期汇率 S0 < S1 时，外汇远期能给企业带来更高的收益；当 S0 > S1 时，外汇看跌风险逆转期权组合能给企业带来更好的套期保值效果。外汇远期在锁定未来汇率风险的同时，也失去了享受汇率朝有利于企业方向变动时所带来的收益机会。而外汇期权组合更加灵活，只是锁定了未来的一个收益区间。

二、人民币升值预期中的套保方案比较

（一）外汇远期

A 公司 2011 年 4 月 1 日向一家境外公司卖出一批存货，产生一笔 2012 年 4 月 1 日到期的 1 美元应收账款。2011 年 4 月 1 日美元兑人民币的即期汇率为 6.5527。为避免未来汇率变动的风险，A 公司当日与某银行签订了一份 2012 年 4 月 1 日到期的外汇远期合约，约定到期日按 6.4575 的汇率卖出 1 美元。

取 1 年期上海银行间同业拆放利率 4.6623% 为人民币市场利率，分别计算该外汇远期合约在 2011 年中报日、年报日和到期日的公允价值，计算结果如表 2 所示。其中即期汇率为当日人民币汇率中间价；远期汇率取当日各期限买卖收盘价中值。

表 2　　　　　　　　　　　　外汇远期公允价值计算结果

	发行日	中报日	年报日	到期日
剩余年限	1	0.75	0.25	0
即期汇率	6.5527	6.4716	6.3009	6.3035
远期汇率	6.4575（12M）	6.4145（9M）	6.3053（M）	—
公允价值（元）	0	0.0415	0.1505	0.1540

根据我国《企业会计准则第 24 号——套期保值》的规定，套期保值分公允价值套期、现金流量套期和境外经营净投资套期。其中公允价值套期是指对已确认资产或负债、尚未确认的确定承诺，或该资产或负债、尚未确认的确定承诺中可辨认部分的公允价值变动风险进行的套期。A 公司的应收美元账款是一笔已确认的资产，该套期保值属于公允价值套期，应按公允价值套期相关规定进行会计处理。根据规定，公允价值套期中的套期工具，如为衍生工具的，其公允价值变动形成的损益应直接计入当期损益；被套期项目因套期风险形成损益，同样也要计入当期损益，并调整其账面价值。在该例中，A 公司采用外汇远期合约进行套期保值在各时点应确认的套期损益如表 3 所示。

表3   被套期项目及套期工具的套期损益   单位：元

	被套期项目—应收账款	套期工具—外汇远期	合计
2011 年 6 月 30 日	− 0.0811	0.0415	− 0.0396
2011 年 12 月 31 日	− 0.1707	0.1090	− 0.0617
小计	**− 0.2518**	**0.1505**	**− 0.1013**
2012 年 4 月 1 日	0.0026	0.0035	0.0061
合计	**− 0.2492**	**0.1540**	**− 0.0952**

从表 3 中的数据可以看出，在套期保值期间，被套期项目产生的套期损益为 − 0.2492 元，套期工具产生的套期损益为 0.1540 元，该款外汇远期合约有效套期部分达 61.80%。2011 年中报日，被套期项目和套期工具分别确认套期损益 − 0.0811 和 0.0415，合计对半年报产生 0.0396 的损失影响，有效套期比例达 51.17%。2011 年年报日，被套期项目和套期工具累计产生套期损益分别为 − 0.1707 和 0.1090，合计对年报产生 0.0617 的损失影响，有效套期比例达 63.85%。合约到期日，被套期项目和套期工具分别确认套期损益 0.0026 和 0.0035，合计对 2012 年产生 0.0061 的收益影响。因此，不管是从整个期间还是单个期间的角度评价，此次套期保值效果均不佳，但也都能冲抵一部分风险，对 2014 年半年报和年报以及 2015 年均能产生有利的影响。

（二）零成本领式合约

本例背景与上例相同，不同的是 A 公司使用一款外汇看跌风险逆转期权组合进行套期保值。此次设定原则为买入的看跌期权的执行价格小于外汇远期合约约定的远期汇率；卖出的看涨期权的执行价格大于外汇期权合约约定的远期汇率且小于即期汇率。由于买入看跌期权付出的期权费和卖出看涨期权收到的期权费相等，该产品可以达到零成本套期保值的效果。

采用支付红利的 B − S 模型对该款期权组合进行估值。参照《企业会计准则第 39 号——公允价值计量》应用指南，确定估值模型的主要输入值，如表 4 所示。

表4   估值模型的输入值及其设定依据

即期汇率	当日人民币汇率中间价
执行价格 X_1	设定看跌期权执行价格为 6.2000
执行价格 X_2	设定看涨期权执行价格为 6.5000
期权期限	设定期权期限为 1 年

即期汇率	当日人民币汇率中间价
无风险利率	根据 2011 年 4 月 1 日发行的 1 年期我国国债收益率，连续复利计量的无风险利率为 2.9233%
红利率	根据 2011 年 4 月 1 日发行的 1 年期美国国债收益率，连续复利计量的红利率为 0.2704%
汇率波动率	基于自发行日起过去 5 年内的每日美元兑人民币中间价计算得到的人民币汇率波动率为 46.90%

采用支付红利的 B-S 模型分别计算发行日、中报日和年报日该款零成本期权组合中的期权价值，计算结果如表 5 所示。

表 5 支付红利的 B-S 模型估值结果

	期权类型	剩余期限	S_0	d_1	d_2	$N(d_1)$	$N(d_2)$	价值（元）	价值（元）
发行日	看跌期权	1.00	6.5527	0.4090	−0.0599	0.6587	0.4761	0.9245	−0.3808
	看涨期权			0.3083	−0.1607	0.6211	0.4362	1.3053	
中报日	看跌期权	0.75	6.4716	0.3576	−0.0485	0.6397	0.4807	0.8231	−0.2587
	看涨期权			0.2413	−0.1649	0.5953	0.4345	1.0818	
年报日	看跌期权	0.25	6.3009	0.2144	−0.0201	0.5849	0.4920	0.5129	−0.0073
	看涨期权			0.0129	−0.2216	0.5051	0.4123	0.5202	

到期日，由于即期汇率高于看跌期权的执行价格，低于看涨期权的执行价格，A 公司与银行均不执行期权，因此到期日期权组合的价值为零。以该估值结果为基础，同样按照我国 24 号企业会计准则的规定进行会计处理，此次套期保值在各时点应确认的套期损益如表 6 所示。

表6 被套期项目及套期工具的套期损益 单位：元

	被套期项目——应收账款	套期工具——期权组合	合计
2011 年 4 月 1 日	0.0000	− 0.3808	− 0.3808
2011 年 6 月 30 日	− 0.0811	0.1221	0.0410
小计	− 0.0811	− 0.2587	− 0.3398
2011 年 12 月 31 日	− 0.1707	0.2514	0.0807
小计	− 0.2518	− 0.0073	− 0.2591
2012 年 4 月 1 日	0.0026	0.0073	0.0099
合计	− 0.2492	0	− 0.2492

从表6中可以看出，无论是从各个单个期间还是从整个套期期间的角度来看，该笔套期保值均无效。该期权组合反而会加大汇率变动对半年报和年报产生的不利影响，只对 2012 年带来收益。考虑对执行价格区间进行重新设置，产生的估值结果如表7、表8所示。

表7 中报日公允价值对执行价格的双因素敏感性分析结果

− 0.2587	6.4575	6.4475	6.4375	6.4275	6.4175	6.4075	6.3975	6.3875	6.3775	6.3675
6.4575	− 0.1410	− 0.1465	− 0.1519	− 0.1574	− 0.1628	− 0.1682	− 0.1736	− 0.1790	− 0.1843	− 0.1897
6.4675	− 0.1367	− 0.1422	− 0.1476	− 0.1531	− 0.1585	− 0.1639	− 0.1693	− 0.1747	− 0.1800	− 0.1854
6.4775	− 0.1324	− 0.1379	− 0.1433	− 0.1488	− 0.1542	− 0.1596	− 0.1650	− 0.1704	− 0.1757	− 0.1811
6.4875	− 0.1282	− 0.1336	− 0.1391	− 0.1445	− 0.1499	− 0.1553	− 0.1607	− 0.1661	− 0.1714	− 0.1768
6.4975	− 0.1239	− 0.1294	− 0.1348	− 0.1402	− 0.1457	− 0.1511	− 0.1564	− 0.1618	− 0.1672	− 0.1725
6.5075	− 0.1196	− 0.1251	− 0.1306	− 0.1360	− 0.1414	− 0.1468	− 0.1522	− 0.1576	− 0.1629	− 0.1683
6.5175	− 0.1154	− 0.1209	− 0.1263	− 0.1318	− 0.1372	− 0.1426	− 0.1480	− 0.1533	− 0.1587	− 0.1640
6.5275	− 0.1112	− 0.1167	− 0.1221	− 0.1275	− 0.1330	− 0.1384	− 0.1437	− 0.1491	− 0.1545	− 0.1598
6.5375	− 0.1070	− 0.1125	− 0.1179	− 0.1233	− 0.1288	− 0.1342	− 0.1395	− 0.1449	− 0.1503	− 0.1556
6.5475	− 0.1028	− 0.1083	− 0.1137	− 0.1191	− 0.1246	− 0.1300	− 0.1354	− 0.1407	− 0.1461	− 0.1514
6.5575	− 0.0986	− 0.1041	− 0.1095	− 0.1150	− 0.1204	− 0.1258	− 0.1312	− 0.1366	− 0.1419	− 0.1473
6.5675	− 0.0945	− 0.0999	− 0.1054	− 0.1108	− 0.1162	− 0.1216	− 0.1270	− 0.1324	− 0.1378	− 0.1431
6.5775	− 0.0903	− 0.0958	− 0.1012	− 0.1067	− 0.1121	− 0.1175	− 0.1229	− 0.1282	− 0.1336	− 0.1389
6.5875	− 0.0862	− 0.0917	− 0.0971	− 0.1025	− 0.1080	− 0.1134	− 0.1187	− 0.1241	− 0.1295	− 0.1348
6.5975	− 0.0821	− 0.0875	− 0.0930	− 0.0984	− 0.1038	− 0.1092	− 0.1146	− 0.1200	− 0.1254	− 0.1307
6.6075	− 0.0780	− 0.0834	− 0.0889	− 0.0943	− 0.0997	− 0.1051	− 0.1105	− 0.1159	− 0.1213	− 0.1266

表8　　　　　　　年报日公允价值对执行价格的双因素敏感性分析结果

-0.0073	6.4575	6.4475	6.4375	6.4275	6.4175	6.4075	6.3975	6.3875	6.3775	6.3675
6.4575	0.1138	0.1081	0.1024	0.0968	0.0911	0.0855	0.0799	0.0744	0.0689	0.0634
6.4675	0.1180	0.1123	0.1066	0.1010	0.0953	0.0897	0.0841	0.0786	0.0730	0.0675
6.4775	0.1222	0.1165	0.1108	0.1051	0.0995	0.0939	0.0883	0.0827	0.0772	0.0717
6.4875	0.1263	0.1206	0.1149	0.1093	0.1036	0.0980	0.0924	0.0869	0.0813	0.0758
6.4975	0.1304	0.1247	0.1190	0.1134	0.1077	0.1021	0.0965	0.0910	0.0855	0.0800
6.5075	0.1345	0.1288	0.1231	0.1175	0.1118	0.1062	0.1006	0.0951	0.0895	0.0840
6.5175	0.1386	0.1329	0.1272	0.1215	0.1159	0.1103	0.1047	0.0991	0.0936	0.0881
6.5275	0.1426	0.1369	0.1312	0.1256	0.1199	0.1143	0.1087	0.1032	0.0976	0.0921
6.5375	0.1466	0.1409	0.1352	0.1296	0.1239	0.1183	0.1127	0.1072	0.1017	0.0961
6.5475	0.1506	0.1449	0.1392	0.1336	0.1279	0.1223	0.1167	0.1112	0.1056	0.1001
6.5575	0.1546	0.1489	0.1432	0.1375	0.1319	0.1263	0.1207	0.1151	0.1096	0.1041
6.5675	0.1585	0.1528	0.1471	0.1415	0.1358	0.1302	0.1246	0.1191	0.1135	0.1080
6.5775	0.1624	0.1567	0.1510	0.1454	0.1397	0.1341	0.1285	0.1230	0.1174	0.1119
6.5875	0.1663	0.1606	0.1549	0.1493	0.1436	0.1380	0.1324	0.1269	0.1213	0.1158
6.5975	0.1702	0.1645	0.1588	0.1531	0.1475	0.1419	0.1363	0.1307	0.1252	0.1197
6.6075	0.1740	0.1683	0.1626	0.1570	0.1513	0.1457	0.1401	0.1346	0.1290	0.1235

　　表7和表8中第一行均为看跌期权执行价格变动区间，第一列均为看涨期权执行价格变动区间。从表中可以看出，执行价格越高，期权组合的价值越大，且当两个执行价格的中值一定时，等额调高看涨期权的执行价格和调低看跌期权的执行价格，期权组合的价值递减。在表7设置的执行价格区间内的套期保值全部完全无效，同样会加大汇率变动带来的损失；表8中加粗的部分全部为套期保值部分有效，只能抵消一部分汇率变动风险，并能满足2015年套期损益仍为正数。在人民币单边升值的环境下，零成本期权组合的套期保值效果与外汇远期相比并不存在明显优势。

三、汇率双向波动中的套保方案比较

（一）外汇远期

　　A公司2014年4月1日向一家境外公司卖出一批存货，产生一笔2015年4

月 1 日到期的 1 美元应收账款。2014 年 4 月 1 日美元兑人民币的即期汇率为 6.1503。为避免未来汇率变动的风险，A 公司当日与某银行签订了一份 2015 年 4 月 1 日到期的外汇远期合约，约定到期日按 6.2375 的汇率卖出 1 美元。

取 1 年期上海银行间同业拆放利率 5% 为人民币市场利率，分别计算该外汇远期合约在 2014 年中报日、年报日和到期日的公允价值，计算结果如表 9 所示。即期汇率与远期汇率的取值规则与上文相同。

表 9   外汇远期公允价值计算结果

	发行日	中报日	年报日	到期日
剩余年限	1	0.75	0.25	0
即期汇率	6.1503	6.1528	6.119	6.1434
远期汇率	6.2375（12M）	6.3115（9M）	6.2686（3M）	—
公允价值（元）	0	−0.0712	0.0307	0.0941

同样，根据我国《企业会计准则——套期保值》（第 24 号）的规定对该笔套期保值业务进行会计处理，在各时点应确认的套期损益如表 10 所示。

表 10   被套期项目及套期工具的套期损益   单位：元

	被套期项目——应收账款	套期工具——外汇远期	合计
2014 年 6 月 30 日	0.0025	−0.0712	−0.0687
2014 年 12 月 31 日	−0.0338	0.0406	0.0068
小计	**−0.0313**	**−0.0306**	**−0.0619**
2015 年 4 月 1 日	0.0244	0.0873	0.1117
合计	**−0.0069**	**0.0567**	**0.0498**

从表 10 中可以看出，从交易日到应收账款到期日，被套期项目产生的套期损益为 −0.0069 元，套期工具产生的套期损益为 0.0567 元，该款外汇远期合约达到了很好的套期保值效果。但是，在 2014 年半年报日，被套期项目产生的收益为 0.0025 元，套期工具却产生 0.0712 元的损失，整个套期保值产生 −0.0687 元的套期损失，对半年报产生不利的影响。而在 2014 年的资产负债表日，被套期项目再次确认 −0.0338 元的套期损失，套期工具确认 0.0406 元的套期收益，合计确认 0.0068 元的套期收益，套期保值情况有所好转。但对于 2014 年利润表而言，此次套期保值仍然带来 0.0619 元的损失，其中因被套期项目产生的损失

为 0.0313 元，套期工具产生的损失为 0.0306 元，套期工具没有起到风险对冲的作用，反而加大 A 公司的损失，对 A 公司的年报也产生了不利影响。因此，虽然从整个期间来看，该款外汇远期合约达到了完全有效的套期保值效果，但它的不足之处在于单个期间内套期保值无效，对 A 公司 2014 年的半年报和年报都产生了不利的财务影响。

（二）零成本领式合约

本例背景仍与上例相同，不同的仍是 A 公司使用一款外汇看跌风险逆转期权组合进行套期保值。设定一款零成本期权组合，此次的设定原则为买入的看跌期权的执行价格小于外汇远期合约约定的远期汇率，且大于交易日的即期汇率；卖出的看涨期权的执行价格大于外汇期权合约约定的远期汇率。此次设定的仍为零成本期权。

采用支付红利的 B-S 模型对该款零成本期权组合进行估值。参照《〈企业会计准则第 39 号——公允价值计量〉应用指南》，确定估值模型的主要输入值，如表 11 所示。

表 11   估值模型的输入值及其设定依据

即期汇率	当日人民币汇率中间价
执行价格 X_1	设定看跌期权执行价格为 6.2000
执行价格 X_2	设定看涨期权执行价格为 6.5000
期权期限	设定期权期限为 1 年
无风险利率	根据 2014 年 4 月 1 日发行的 1 年期我国国债收益率，连续复利计量的无风险利率为 3.1416%
红利率	根据 2014 年 4 月 1 日发行的 1 年期美国国债收益率，连续复利计量的红利率为 0.1301%
汇率波动率	基于自发行日起过去 5 年内的每日美元兑人民币中间价计算得到的人民币汇率波动率为 25.94%

采用支付红利的 B-S 模型分别计算发行日、中报日和年报日该款零成本期权组合中的期权价值，计算结果如表 12 所示。

表 12   **支付红利的 B-S 模型估值结果**

	期权类型	剩余期限	S_0	d_1	d_2	$N(d_1)$	$N(d_2)$	价值（元）	价值（元）
发行日	看跌期权	1.00	6.1503	0.2148	−0.0446	0.5850	0.4822	0.5621	−0.0044
	看涨期权			0.1124	−0.2510	0.5448	0.4009	0.5665	
中报日	看跌期权	0.75	6.1528	0.1788	−0.0458	0.5710	0.4817	0.5012	0.0377
	看涨期权			−0.0315	−0.2561	0.4874	0.3989	0.4635	
年报日	看跌期权	0.25	6.1190	0.0215	−0.1082	0.5086	0.4569	0.3347	0.1493
	看涨期权			−0.3429	−0.4726	0.3658	0.3183	0.1854	

到期日，由于即期汇率低于看跌期权的执行价格，A 公司执行看跌期权，而银行放弃执行看涨期权，到期日的价值为 0.0522 元。在估值结果的基础上，按照我国《企业会计准则第 24 号——套期保值》的规定进行会计处理，此次套期保值在各时点应确认的套期损益如表 13 所示。

表 13   **被套期项目及套期工具的套期损益**   单位：元

	被套期项目——应收账款	套期工具——期权组合	合计
2014 年 4 月 1 日	0.0000	−0.0044	−0.0044
2014 年 6 月 30 日	0.0025	0.0421	0.0446
小计	**0.0025**	**0.0377**	**0.0402**
2014 年 12 月 31 日	−0.0338	0.1116	0.0778
小计	**−0.0313**	**0.1493**	**0.1180**
2015 年 4 月 1 日	0.0244	−0.0971	−0.0727
合计	**−0.0069**	**0.0522**	**0.0453**

由于到期日即期汇率低于外汇远期合约约定的远期汇率，该款期权组合产生的收益小于外汇远期合约。但零成本期权组合产生的 0.0522 元的收益已足以冲抵被套期项目产生的 0.0069 元的损失，同样也达到了很好的套期保值效果。不

同的是，截至 2014 年 6 月 30 日，套期工具产生 0.0377 元的套期收益，套期保值合计收益 0.0402 元，对半年报产生有利影响。在 2014 年 12 月 31 日，套期工具再次确认 0.1116 元的套期收益，全年产生的收益合计 0.1493 元，与被套期项目产生的 0.0313 元的损失形成了风险对冲。零成本期权组合对 2014 年半年报和年报都产生有利影响，能够弥补外汇远期合约在汇率双向波动下的不足。但就本款产品而言，套期工具对 2015 年仍会产生 -0.0971 元的套期损失，套期保值合计损失 0.0727 元。通过改变对看涨期权和看跌期权的执行价格的设置，可以寻找解决此问题的办法。表 14、表 15 分别展现了在不同的执行价格设置下中报日和年报日该款期权组合的公允价值。

表 14　　　　　　　　　中报日公允价值对执行价格的双因素敏感性分析结果

0.0377	6.2375	6.2275	6.2175	6.2075	6.1975	6.1875	6.1775	6.1675	6.1575
6.2375	-0.0546	-0.0597	-0.0648	-0.0699	-0.0750	-0.0800	-0.0850	-0.0900	-0.0950
6.2475	-0.0500	-0.0551	-0.0602	-0.0653	-0.0704	-0.0754	-0.0805	-0.0854	-0.0904
6.2575	-0.0454	-0.0506	-0.0557	-0.0608	-0.0658	-0.0709	-0.0759	-0.0809	-0.0858
6.2675	-0.0409	-0.0460	-0.0512	-0.0562	-0.0613	-0.0664	-0.0714	-0.0764	-0.0813
6.2775	-0.0364	-0.0415	-0.0466	-0.0517	-0.0568	-0.0619	-0.0669	-0.0719	-0.0768
6.2875	-0.0319	-0.0370	-0.0422	-0.0473	-0.0523	-0.0574	-0.0624	-0.0674	-0.0723
6.2975	-0.0274	-0.0326	-0.0377	-0.0428	-0.0479	-0.0529	-0.0579	-0.0629	-0.0679
6.3075	-0.0230	-0.0282	-0.0333	-0.0384	-0.0435	-0.0485	-0.0535	-0.0585	-0.0635
6.3175	-0.0186	-0.0238	-0.0289	-0.0340	-0.0391	-0.0441	-0.0491	-0.0541	-0.0591
6.3275	-0.0143	-0.0194	-0.0245	-0.0296	-0.0347	-0.0397	-0.0448	-0.0497	-0.0547
6.3375	-0.0099	-0.0151	-0.0202	-0.0253	-0.0304	-0.0354	-0.0404	-0.0454	-0.0504
6.3475	-0.0056	-0.0108	-0.0159	-0.0210	-0.0260	-0.0311	-0.0361	-0.0411	-0.0460
6.3575	-0.0013	-0.0065	-0.0116	-0.0167	-0.0218	-0.0268	-0.0318	-0.0368	-0.0418
6.3675	0.0029	-0.0022	-0.0073	-0.0124	-0.0175	-0.0225	-0.0276	-0.0325	-0.0375
6.3775	0.0072	0.0020	-0.0031	-0.0082	-0.0133	-0.0183	-0.0233	-0.0283	-0.0333
6.3875	0.0114	0.0062	0.0011	-0.0040	-0.0091	-0.0141	-0.0191	-0.0241	-0.0291
6.3975	0.0156	0.0104	0.0053	0.0002	-0.0049	-0.0099	-0.0149	-0.0199	-0.0249
6.4075	0.0197	0.0146	0.0094	0.0043	-0.0007	-0.0058	-0.0108	-0.0158	-0.0207
6.4175	0.0238	0.0187	0.0136	0.0085	0.0034	-0.0017	-0.0067	-0.0116	-0.0166
6.4275	0.0279	0.0228	0.0177	0.0126	0.0075	0.0024	-0.0026	-0.0076	-0.0125

表 15　　　　　　　　年报日公允价值对执行价格的双因素敏感性分析结果

0.1493	**6.2375**	**6.2275**	**6.2175**	**6.2075**	**6.1975**	**6.1875**	**6.1775**	**6.1675**	**6.1575**
6.2375	**0.0717**	**0.0661**	**0.0606**	**0.0552**	**0.0498**	**0.0444**	**0.0391**	**0.0339**	0.0287
6.2475	**0.0760**	**0.0705**	**0.0650**	**0.0595**	**0.0541**	**0.0488**	**0.0435**	**0.0382**	**0.0330**
6.2575	**0.0803**	**0.0748**	**0.0693**	**0.0638**	**0.0584**	**0.0531**	**0.0477**	**0.0425**	0.0373
6.2675	**0.0845**	**0.0790**	**0.0735**	**0.0680**	**0.0626**	**0.0573**	**0.0520**	**0.0467**	0.0415
6.2775	**0.0887**	**0.0832**	**0.0777**	**0.0722**	**0.0668**	**0.0615**	**0.0562**	0.0509	0.0457
6.2875	**0.0928**	**0.0873**	**0.0818**	**0.0764**	**0.0710**	**0.0656**	0.0603	0.0550	0.0498
6.2975	**0.0969**	**0.0914**	**0.0859**	**0.0804**	**0.0750**	0.0697	0.0644	0.0591	0.0539
6.3075	**0.1010**	**0.0954**	**0.0899**	**0.0845**	0.0791	0.0737	0.0684	0.0632	0.0580
6.3175	**0.1050**	**0.0994**	**0.0939**	**0.0885**	0.0831	0.0777	0.0724	0.0672	0.0620
6.3275	**0.1089**	**0.1034**	**0.0979**	0.0924	0.0870	0.0817	0.0764	0.0711	0.0659
6.3375	**0.1128**	**0.1073**	0.1018	0.0963	0.0909	0.0856	0.0803	0.0750	0.0698
6.3475	**0.1167**	0.1111	0.1056	0.1002	0.0948	0.0894	0.0841	0.0789	0.0737
6.3575	0.1205	0.1149	0.1094	0.1040	0.0986	0.0932	0.0879	0.0827	0.0775
6.3675	0.1242	0.1187	0.1132	0.1077	0.1023	0.0970	0.0917	0.0864	0.0812
6.3775	0.1280	0.1224	0.1169	0.1115	0.1061	0.1007	0.0954	0.0902	0.0849
6.3875	0.1316	0.1261	0.1206	0.1151	0.1097	0.1044	0.0991	0.0938	0.0886
6.3975	0.1353	0.1297	0.1242	0.1188	0.1134	0.1080	0.1027	0.0975	0.0922
6.4075	0.1388	0.1333	0.1278	0.1223	0.1169	0.1116	0.1063	0.1010	0.0958
6.4175	0.1424	0.1368	0.1313	0.1259	0.1205	0.1151	0.1098	0.1046	0.0994
6.4275	0.1459	0.1403	0.1348	0.1294	0.1240	0.1186	0.1133	0.1081	0.1029

　　表 14 中加粗部分的数据为中报日套期损益为正数时执行价格的区间；表 15 中加粗的部分为能同时满足 2014 年、2015 年套期损益均为正数时执行价格的区间。虽然从表中并不能找到对中报和年报都有利的区间，但相比外汇远期合约，外汇看跌风险逆转期权组合已可以很好地解决汇率双向波动环境下的汇率风险。

四、人民币贬值预期中的套保方案比较

（一）外汇远期

A 公司 2015 年 9 月 30 日向一家境外公司卖出一批存货，产生一笔 2016 年 9 月 30 日到期的 1 美元应收账款。2015 年 9 月 30 日美元兑人民币的即期汇率为 6.3613。为避免未来汇率变动的风险，A 公司于当日与某银行签订了一份于 2016 年 9 月 30 日到期的外汇远期合约，约定到期日按 6.4773 的汇率卖出 1 美元。

取 1 年期上海银行间同业拆放利率 3.4130% 为人民币市场利率，分别计算该外汇远期合约在 2015 年年报日、2016 年中报日和到期日的公允价值，计算结果如表 16 所示。按相同的规则对即期汇率与远期汇率进行取值。

表 16 　　　　　　　　　　　　外汇远期公允价值计算结果

	发行日	2015 年年报日	2016 年中报日	到期日
剩余年限	1	0.75	0.25	0
即期汇率	6.3613	6.4936	6.6312	6.6778
远期汇率	6.4773（12M）	6.5855（9M）	6.6700（3M）	—
公允价值（元）	0	− 0.1055	− 0.1910	− 0.2005

同样，根据我国《企业会计准则第 24 号——套期保值》的规定对该笔套期保值业务进行会计处理，在各时点应确认的套期损益如表 17 所示。

表 17 　　　　　　　　　被套期项目及套期工具的套期损益 　　　　　　　　　单位：元

	被套期项目——应收账款	套期工具——外汇远期	合计
2015 年 12 月 31 日	0.1323	− 0.1055	0.0268
2016 年 6 月 30 日	0.1376	− 0.0855	0.0521
2016 年 9 月 30 日	0.0466	− 0.0095	0.0371
小计	**0.1842**	**− 0.0950**	**0.0892**
合计	**0.3165**	**− 0.2005**	**0.1160**

从表 17 中的数据可以看出，在整个套期保值期间，被套期项目产生的套期收益为 0.3165 元，套期工具产生的套期损失为 −0.2005 元，该款外汇远期合约有效套期部分达 63.35%。2015 年年报日，被套期项目和套期工具分别确认套期损益 0.1323 和 −0.1055，合计对年报产生 0.0268 的收益影响，有效套期比例达 79.74%。2016 年中报日，被套期项目和套期工具分别确认套期损益 0.1376 和 −0.0855，合计对半年报产生 0.0521 的收益影响，有效套期比例达 62.14%。合约到期日，被套期项目和套期工具分别确认套期损益 0.0466 和 −0.0095，合计对 2016 年产生 0.0371 的收益影响，有效套期比例达 20.39%。虽然此次套期保值从整个合约期间来看，没有达到完全有效，但是无论是从单个期间角度还是从整个期间角度，该套期保值都能冲抵一部分风险。

（二）零成本领式合约

本次零成本期权组合的设定原则为买入的看跌期权的执行价格小于外汇远期合约约定的远期汇率且高于即期汇率；卖出的看涨期权的执行价格大于外汇期权合约约定的远期汇率。

采用支付红利的 B-S 模型对该款零成本期权组合进行估值。参照《〈企业会计准则第 39 号——公允价值计量〉应用指南》，确定估值模型的主要输入值，如表 18 所示。

表 18　　　　　　　　　　**估值模型的输入值及其设定依据**

即期汇率	当日人民币汇率中间价
执行价格 X_1	设定看跌期权执行价格为 6.4000
执行价格 X_2	设定看涨期权执行价格为 6.6000
期权期限	设定期权期限为 1 年
无风险利率	根据 2015 年 9 月 30 日发行的 1 年期我国国债收益率，连续复利计量的无风险利率为 2.4191%
红利率	根据 2015 年 9 月 30 日发行的 1 年期美国国债收益率，连续复利计量的红利率为 0.3305%
汇率波动率	基于自发行日起过去 5 年内的每日美元兑人民币中间价计算得到的人民币汇率波动率为 15.81%

采用支付红利的 B-S 模型分别计算发行日、中报日和年报日该款零成本期权组合中的期权价值，计算结果如表 19 所示。

表 19   **支付红利的 B-S 模型估值结果**

	期权类型	剩余期限	S_0	d_1	d_2	$N(d_1)$	$N(d_2)$	价值（元）	价值（元）
发行日	看跌期权	1.00	6.3613	0.1728	0.0147	0.5686	0.5059	0.3516	−0.0021
	看涨期权			−0.0218	−0.1799	0.4913	0.4286	0.3538	
年报日	看跌期权	0.75	6.4936	0.2889	0.1520	0.6137	0.5604	0.2604	−0.0913
	看涨期权			0.0642	−0.0728	0.5256	0.4710	0.3517	
中报日	看跌期权	0.25	6.6312	0.5545	0.4755	0.7104	0.6828	0.0991	−0.1431
	看涨期权			0.1652	0.0862	0.5656	0.5343	0.2423	

到期日，由于即期汇率高于看涨期权的执行价格，银行执行期权，A 公司放弃权利，到期日期权组合的价值为 −0.0778。以估值结果为基础，同样按照我国《企业会计准则 24 号——套期保值》的规定进行会计处理，计算出在各时点应确认的套期损益如表 20 所示。

表 20   **被套期项目及套期工具的套期损益**   单位：元

	被套期项目—应收账款	套期工具—期权组合	合计
2015 年 9 月 30 日	0.0000	−0.0021	−0.0021
2015 年 12 月 31 日	0.1323	−0.0892	0.0431
小计	**0.1323**	**−0.0913**	**0.0410**
2016 年 6 月 30 日	0.1376	−0.0518	0.0858
2016 年 9 月 30 日	0.0466	0.0653	0.1119
小计	**0.1842**	**0.0950**	**0.0892**
合计	**0.3165**	**0.0778**	**0.23870**

从表 20 中可以看出，无论是从各个单个期间还是从整个套期期间的角度来看，该笔套期保值均部分有效。对执行价格区间进行重新设置后产生的估值结果如表 21、表 22 所示。

表 21　　　年报日公允价值对执行价格的双因素敏感性分析结果

−0.0913	6.4773	6.4673	6.4573	6.4473	6.4373	6.4273	6.4173	6.4073	6.3973	6.3873
6.4773	−0.1167	−0.1214	−0.1260	−0.1305	−0.1350	−0.1395	−0.1439	−0.1483	−0.1526	−0.1569
6.4873	−0.1116	−0.1162	−0.1208	−0.1254	−0.1299	−0.1343	−0.1387	−0.1431	−0.1474	−0.1517
6.4973	−0.1065	−0.1111	−0.1157	−0.1203	−0.1248	−0.1292	−0.1336	−0.1380	−0.1423	−0.1466
6.5073	−0.1014	−0.1061	−0.1107	−0.1152	−0.1197	−0.1242	−0.1286	−0.1330	−0.1373	−0.1416
6.5173	−0.0964	−0.1011	−0.1057	−0.1102	−0.1147	−0.1192	−0.1236	−0.1280	−0.1323	−0.1366
6.5273	−0.0915	−0.0961	−0.1007	−0.1052	−0.1097	−0.1142	−0.1186	−0.1230	−0.1273	−0.1316
6.5373	−0.0865	−0.0912	−0.0958	−0.1003	−0.1048	−0.1093	−0.1137	−0.1181	−0.1224	−0.1267
6.5473	−0.0817	−0.0863	−0.0909	−0.0954	−0.1000	−0.1044	−0.1088	−0.1132	−0.1175	−0.1218
6.5573	−0.0768	−0.0815	−0.0861	−0.0906	−0.0951	−0.0996	−0.1040	−0.1084	−0.1127	−0.1170
6.5673	−0.0721	−0.0767	−0.0813	−0.0858	−0.0903	−0.0948	−0.0992	−0.1036	−0.1079	−0.1122
6.5773	−0.0673	−0.0719	−0.0765	−0.0811	−0.0856	−0.0900	−0.0945	−0.0988	−0.1032	−0.1074
6.5873	−0.0626	−0.0672	−0.0718	−0.0764	−0.0809	−0.0853	−0.0898	−0.0941	−0.0985	−0.1027
6.5973	−0.0579	−0.0626	−0.0672	−0.0717	−0.0762	−0.0807	−0.0851	−0.0895	−0.0938	−0.0981
6.6073	−0.0533	−0.0580	−0.0626	−0.0671	−0.0716	−0.0761	−0.0805	−0.0849	−0.0892	−0.0935
6.6173	−0.0488	−0.0534	−0.0580	−0.0625	−0.0670	−0.0715	−0.0759	−0.0803	−0.0846	−0.0889
6.6273	−0.0442	−0.0489	−0.0535	−0.0580	−0.0625	−0.0670	−0.0714	−0.0758	−0.0801	−0.0844
6.6373	−0.0397	−0.0444	−0.0490	−0.0535	−0.0580	−0.0625	−0.0669	−0.0713	−0.0756	−0.0799
6.6473	−0.0353	−0.0399	−0.0445	−0.0491	−0.0536	−0.0580	−0.0625	−0.0668	−0.0711	−0.0754
6.6573	−0.0309	−0.0355	−0.0401	−0.0447	−0.0492	−0.0536	−0.0581	−0.0624	−0.0667	−0.0710
6.6673	−0.0265	−0.0312	−0.0358	−0.0403	−0.0448	−0.0493	−0.0537	−0.0581	−0.0624	−0.0667
6.6773	−0.0222	−0.0269	−0.0314	−0.0360	−0.0405	−0.0450	−0.0494	−0.0537	−0.0581	−0.0624

表 22　　　中报日公允价值对执行价格的双因素敏感性分析结果

−0.1431	6.4773	6.4673	6.4573	6.4473	6.4373	6.4273	6.4173	6.4073	6.3973	6.3873
6.4773	−0.1875	−0.1912	−0.1948	−0.1983	−0.2018	−0.2052	−0.2085	−0.2117	−0.2149	−0.2180
6.4873	−0.1813	−0.1850	−0.1886	−0.1921	−0.1956	−0.1990	−0.2023	−0.2055	−0.2087	−0.2118
6.4973	−0.1752	−0.1789	−0.1825	−0.1860	−0.1895	−0.1928	−0.1962	−0.1994	−0.2026	−0.2057
6.5073	−0.1692	−0.1728	−0.1764	−0.1800	−0.1834	−0.1868	−0.1901	−0.1933	−0.1965	−0.1996

续表

6.5173	-0.1632	-0.1669	-0.1705	-0.1740	-0.1774	-0.1808	-0.1841	-0.1874	-0.1905	-0.1936
6.5273	-0.1573	-0.1610	-0.1646	-0.1681	-0.1715	-0.1749	-0.1782	-0.1815	-0.1846	-0.1877
6.5373	-0.1515	-0.1551	-0.1587	-0.1623	-0.1657	-0.1691	-0.1724	-0.1757	-0.1788	-0.1819
6.5473	-0.1457	-0.1494	-0.1530	-0.1565	-0.1600	-0.1634	-0.1667	-0.1699	-0.1731	-0.1762
6.5573	-0.1401	-0.1437	-0.1473	-0.1508	-0.1543	-0.1577	-0.1610	-0.1642	-0.1674	-0.1705
6.5673	**-0.1345**	-0.1381	-0.1417	-0.1453	-0.1487	-0.1521	-0.1554	-0.1586	-0.1618	-0.1649
6.5773	**-0.1289**	**-0.1326**	**-0.1362**	-0.1397	-0.1432	-0.1466	-0.1499	-0.1531	-0.1563	-0.1594
6.5873	**-0.1235**	**-0.1272**	**-0.1308**	**-0.1343**	-0.1377	-0.1411	-0.1444	-0.1477	-0.1508	-0.1539
6.5973	**-0.1181**	**-0.1218**	**-0.1254**	**-0.1289**	**-0.1324**	-0.1358	-0.1391	-0.1423	-0.1455	-0.1486
6.6073	**-0.1128**	**-0.1165**	**-0.1201**	**-0.1236**	**-0.1271**	**-0.1305**	**-0.1338**	**-0.1370**	-0.1402	-0.1433
6.6173	**-0.1076**	**-0.1113**	**-0.1149**	**-0.1184**	**-0.1219**	**-0.1252**	**-0.1285**	**-0.1318**	-0.1350	-0.1381
6.6273	**-0.1025**	**-0.1061**	**-0.1097**	**-0.1133**	**-0.1167**	**-0.1201**	**-0.1234**	**-0.1266**	**-0.1298**	-0.1329
6.6373	**-0.0974**	**-0.1011**	**-0.1047**	**-0.1082**	**-0.1116**	**-0.1150**	**-0.1183**	**-0.1216**	**-0.1247**	-0.1278
6.6473	**-0.0924**	**-0.0961**	**-0.0997**	**-0.1032**	**-0.1067**	**-0.1100**	**-0.1133**	**-0.1166**	**-0.1198**	-0.1229
6.6573	**-0.0875**	**-0.0912**	**-0.0948**	**-0.0983**	**-0.1017**	**-0.1051**	**-0.1084**	**-0.1117**	**-0.1148**	-0.1179
6.6673	**-0.0826**	**-0.0863**	**-0.0899**	**-0.0934**	**-0.0969**	**-0.1003**	**-0.1036**	**-0.1068**	**-0.1100**	-0.1131
6.6773	**-0.0779**	**-0.0816**	**-0.0852**	**-0.0887**	**-0.0921**	**-0.0955**	**-0.0988**	**-0.1021**	**-0.1052**	-0.1083

同样，表21、表22中第一行均为看跌期权执行价格变动区间；第一列为看涨期权执行价格变动区间。表21中粗体部分的套期保值能使2015年、2016年的套期损益均为正数，不对各年年报产生不利影响；表22中加粗部分的套期保值能使2016年上半年套期损益为正，避免对中报产生影响。在汇率预期贬值的阶段，期权组合也能有效进行套期保值。

（三）零成本领式合约公允价值风险因素分析

影响期权组合价值的因素包括即期汇率、波动率、执行价格、无风险利率、红利率和权利剩余期限。由于执行价格在后续中固定不变，本文只对其他五个因素进行敏感性分析。由于在汇率双向波动环境下零成本期权组合相较外汇远期有明显的优势，本文以上文中汇率双向波动环境下零成本期权组合在年报日的公允价值为基础，分析这五个因素的变动对期权组合价值的影响。

1. 即期汇率变动对期权组合价值的影响。年报日，期权组合的Delta值为-0.85699，说明随着汇率的上升期权价值将呈反方向变动，且价值对汇率变动较为敏感。如图 2 所示，随着汇率的上升，期权的 Delta 值均为负数，且先递增随后递减，这说明随着汇率上升，期权组合的价值对汇率变动的敏感度先增大后减小，但变动方向始终不变。通过定期调整保值头寸，企业可将期权组合的 Delta 值与标的资产的 Delta 值进行抵消，保持 Delta 中性，以此避免汇率变动对企业价值的影响。

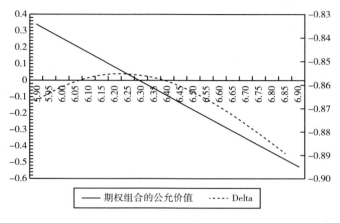

图 2　即期汇率的敏感性分析结果

2. 波动率变动对期权组合价值的影响。年报日，期权组合的 Vega 值为 0.00069，价值对波动率的变动较不敏感。如图 3 所示，随着汇率波动率的增大，Vega 值不断减小，当汇率波动率大于 50% 后，Vega 值转为负数。当汇率波动率小于 20% 时，Vega 随着波动率的增大迅速递减至较低水平，之后减速转缓。随着波动率的增大，期权组合的价值首先迅速增大，当波动率达到 20% 之后，价

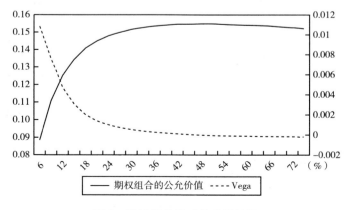

图 3　波动率的敏感性分析结果

值呈缓慢增长趋势；当波动率大于 50% 之后，价值随着波动率的增大而递减。在汇率双向波动阶段，汇率波动率取值在 20%～30% 区间，此时波动率的变动对价值的影响并不大。

3. 无风险利率变动对期权组合价值的影响。年报日，期权组合的 Rho1 值为 −0.01348，说明期权组合的价值与无风险利率呈反向变动。如图 4 所示，随着无风险利率的增大，期权组合的价值递减，且价值对无风险利率的敏感度随着无风险利率的增大而增大。

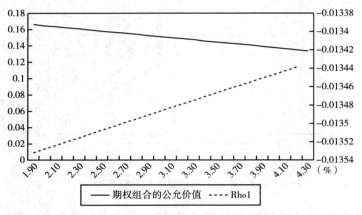

图 4　对无风险利率的敏感性分析结果

4. 红利率变动对期权组合价值的影响。年报日，期权组合的 Rho2 值为 0.01311，说明期权组合的价值与红利率呈正向变动，且价值对红利率变动的敏感度与对无风险利率变动的敏感度相近。如图 5 所示，随着红利率的增大，期权组合的价值递增，而价值对红利率变动的敏感度随着红利率的增大而递减。

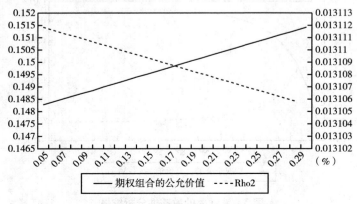

图 5　对红利率的敏感性分析结果

5. 权利剩余期限变动对期权组合价值的影响。年报日，期权组合的 Theta 值为 0.00035，对期权组合价值的影响最小。如图 6，横坐标表示时刻 t，随着权利剩余期限的缩短，期权组合的价值匀速递增，在临近到期日时，价值又有下降的趋势。而期权组合价值对权利剩余期限变动的敏感度首先缓速下降，等到临近到期日时，迅速下降直到为负值，价值与权利剩余期限呈正向变动。

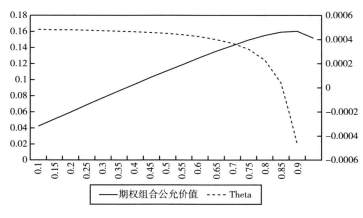

图 6　对权利剩余期限的敏感性分析

五、主要结论

2005 年汇改以来，我国人民币汇率波动经历了三个不同的阶段：人民币单边升值、汇率双向波动及人民币预期贬值。随着人民币国际化和人民币汇率市场化的不断推进，我国已经形成了更具弹性的汇率制度，汇率波动弹性增强。对于涉外企业而言，选择合适的汇率风险管理方案控制汇率变动风险至关重要。而不同的汇率风险管理工具适用于不同的汇率变动环境，在相同的汇率变动环境下使用不同的汇率风险管理工具将产生完全不同的财务影响。本文在三个不同的汇率波动环境下，分别设定一款外汇看跌风险逆转零成本期权组合和外汇远期合约，比较两者的套期保值效果和对企业不同期间的财务影响，以寻找适合不同汇率波动环境下的汇率风险管理工具。

通过三个不同汇率波动阶段下的比较分析，本文发现，在人民币单边升值和预期贬值阶段，无论是从单个期间还是从整个套期保值期间的角度，外汇远期都能起到一定的套期保值效果，对不同的会计期间都能产生一定的有利影响，抵消部分汇率波动风险。而在汇率双向波动阶段，虽然外汇远期有可能做到套期保值完全有效，但从单个期间来看，会存在套期完全无效的情况，加大汇率波动给企业造成的损失。而本文研究的零成本期权组合通过锁定一个汇率波动期间，在汇率波动阶段可以起到很好的管理汇率风险的作用。通过设置恰当的看跌期权和看涨期权的执行价格，可以设置出一款零成本期权组合，使之在不同的会计期间都能很好地抵消汇率风险，使整个套期保值产生正的套期损益，对企业带来有利的财务影响。而在人民币单边升值和预期贬值阶段，虽然零成本期权组合也能做到套期保值有效，但相比于外汇远期而言，并没有发现其具有明显的优势。

　　本文在最后对期权组合价值影响因素进行了敏感性分析，识别出期权组合的风险因素。其中，即期汇率的变动对期权组合价值的影响最大，期权组合价值与即期汇率反向变动，且对即期汇率变动的敏感度随着汇率的增大先递增后递减；汇率波动率的变动对期权组合价值的影响较小，随着波动率的增大，价值变动分为迅速上升、缓慢上升和缓慢下降三个阶段；无风险利率和红利率对期权组合价值的影响程度相近，但影响方向相反。期权组合价值随着无风险利率的增大而递减，价值对无风险利率变动的敏感度随无风险利率的增大而增大。而红利率正好相反；权利剩余期限对期权组合价值的影响程度最小，随着权利剩余期限的缩短，期权组合的价值匀速递增，在临近到期日时，价值又有下降的趋势。而期权组合价值对权利剩余期限变动的敏感度首先缓速下降，临近到期日时，迅速下降直至为负值。

CAPM 在证券虚假陈述案中的应用

——以大智慧案为例

叶小杰　王惟立

一、引　　言

近年来，随着我国证券监管力度的不断加强，被查处的上市公司虚假陈述案件越来越多。根据证监会公布的数据，2018 年前 3 季度，沪深两市有 63 家公司因虚假陈述受到证监会相关处罚，其中 10 家公司为 ST 股。由于上市公司虚假陈述损害了投资者尤其是中小投资者的利益，因此投资者也往往以证监会的行政处罚作为证据，对上市公司提起民事诉讼。然而在司法实践中，围绕上市公司是否应该赔偿，赔偿金额如何确定等问题，还存在诸多争议。对此，本文以市场广泛关注的大智慧投资者索赔案（以下简称大智慧案）作为案例，对证券虚假陈述案中的系统风险认定、赔偿金额确定等展开探讨，从而引导学员深入思考 CAPM 在现实资本市场中的适用性，并启发学员进一步思考证券虚假陈述案中关于系统性风险的认定及其难点，拓宽金融与法律领域的交叉研究思路。

二、证券虚假陈述民事责任相关理论

（一）证券虚假陈述行为概述和相关制度

上市公司虚假陈述是指上市公司、证券中介机构、券商等信息披露主体违反我国现行相关法律法规规定，在证券发行或者在证券交易过程中，对法律法规规定的相关重大事件未及时发布公告或者作出违背事实真相的虚假记载、误导性陈述的行为。根据我国《证券法》第六十三、第六十九条之相关规定，法律对当事人违反法律进行虚假陈述后必须承担赔偿责任作出了明确的规定。但究其本质，证券虚假陈述民事赔偿案件属于投资者和相关信息披露责任主体之间的民事纠纷，并且在程序、实体上并无具体规定和成例可以参考。针对这样的情况，我国最高人民法院2002年1月15日出台《关于受理证券市场因虚假陈述引发的民事侵权纠纷案件有关问题的通知》、2003年1月9日出台《关于审理证券市场因虚假陈述引发的民事赔偿案件的若干规定》（以下简称《若干规定》）等相应司法解释，对司法部门如何受理、审判相关案件进行了具体明确的规定。

根据《证券法》第六十三条和《若干规定》第十七条的规定，违反上市公司信息披露义务对重大事件的认定，是一个比较复杂的定性过程，法官对此享有一定的自由裁量权，但其自由裁量必须以《证券法》及中国证监会、证券交易所等有关法律、法规、规章及上市规则为准绳。

《若干规定》第十八条对投资者所受损失与虚假陈述及损害结果之间存在的因果关系作出了相关规定：如果投资人在虚假陈述揭露日或者更正日后卖出相关证券而发生亏损，或者因继续持有该证券而产生账面亏损，人民法院应当认定投资亏损与证券虚假陈述存在因果关系。

《若干规定》第二十条对虚假陈述实施日、揭露日、更正日等日期都作了相应定义。其中虚假陈述实施日是指相关的证券市场主体作出虚假陈述的具体日期；虚假陈述揭露日指相关主体的虚假陈述被全国范围内发行的媒体首次公开揭露的日期，包括但不限于电视、报纸和互联网媒体；虚假陈述更正日是指虚假陈述主体在中国证监会指定披露媒体上公告更正虚假陈述的日期。《若干规定》第二十九条规定虚假陈述主体因其本人的虚假陈述行为而导致投资人损失的应当赔偿损失。

《若干规定》第三十条规定了虚假陈述行为人承担民事赔偿责任的范围。赔偿金额不应当超出投资者实际发生的损失金额，损失金额的计算应当包含：投资差额损失、投资差额损失部分的佣金和印花税。《若干规定》第三十二条规定了投资损失的计算方法为：在虚假陈述揭露日或者更正日起至基准日期间，以基准日期间的平均价格与买入证券平均价格之差为单价，乘以投资人在此期间所买入的相关证券数量来计算。

（二） 相关赔偿金额的计量方法

在证券市场中，因违反上市公司信息披露义务给投资者造成的损失肯定是财产损失，但该财产损失金额如何确定却是一个比较复杂的问题，国际实践中通常采用实际损失计算法、差额计算法和实际诱因计算法。

按照最高人民法院的相关规定，因证券虚假陈述而导致的直接损失包括以下两个部分：（1）价差及损失部分的印花税；（2）价差损失部分的佣金。王丹（2009）、王景（2011）分别提出对现行计算方法的细化改进措施，但仍没有厘清市场风险和行业风险在市场价格变动中的关系，也没有作进一步的量化分析。

《若干规定》中也规定我国法院采用"差额计算法"来计算证券虚假陈述案件中民事赔偿的金额。损失赔偿的金额系股票交易时的价格与违法行为被揭露后一段合理时间内股票价格的差额，该差额损失包括三类：一是买入价和卖出价的直接差额损失；二是相应损失部分产生的佣金和印花税；三是上述资金产生的利息。利息损失自买入证券日至卖出证券日或基准日按银行同期活期存款利率计算。对此种计算方法可分为以下几种情况分析（以违规行为被揭露后股票价格下跌为例）：

投资人在违规行为被揭露前购买股票，以及投资人在基准日前卖出股票的，其投资差额损失的计算应该以买入证券时的平均价格与实际卖出证券时的平均价格之差为单价，乘以投资人所持证券数量来计算直接损失，在直接损失上加佣金、印花税、利息等计算相关投资总损失。

（三）现行计算方法的局限性

在计算投资者损失的过程中，我们不难看出证券市场的整体走势也会对单只股票的收益产生影响，但是每只股票由于其行业和公司的地位及实际情况往往对大盘走势的反应不尽相同。系统性风险是对市场整体都有影响的一种风险，这种风险的不确定性对于企业和个人的生产、经营、投融资都有着巨大的影响，因此不能被忽视。《若干规定》中明确提出因市场系统性风险所导致的损失不应被包含在赔偿金额的计算范围之内。这可以看出我国现行法律对系统性风险所导致的损失应如何处理是十分明确的。但是一直以来，对于具体如何定量地分析计算系统性风险对证券投资所造成的损失大小，我国各级司法系统一直没有一个统一的计量方法。

学术界对证券虚假陈述案件中投资者民事赔偿的计量意见颇多，其中李博超（2015）认为《若干规定》存在一系列认定瑕疵，尤其是在相关损失金额的计算方法中：在虚假陈述揭露日或者更正日起至基准日期间，以基准日期间的平均价格与买入证券平均价格之差为单价，乘以投资人在此期间所买入的相关证券数量来计算，这种方法虽然简单易算，但存在相关问题。这些问题主要在于《若干规定》制定之时未考虑尚有其他因素可能会影响证券价格比如市场波动或者行业波动等因素。此外，高健（2013）也指出我国目前对虚假陈述诉讼民事赔偿的计算方法中，计算买卖证券平均价格的方法不完全合理。上述法规在计算损失时，对证券平均价格的计算方法是算术平均法，并不能真实衡量投资者的实际购买成本，与实际成本相冲突。

三、CAPM 理论基础及应用

（一）CAPM 概述

1952 年 3 月，美国经济学家马科维茨（Markowitz）发表了跨时代的论文《证券组合选择》。这篇论文的发表可谓是现代投资组合管理理论的开端。马科维茨（Markowitz）对证券市场上所有资产的风险和收益进行了量化考量，建立的是均值方差模型，提出有限前沿理论并结合无风险资产和投资者效用理论给出确定最佳资产组合的基本模型，并因此获得 1990 年的诺贝尔经济学奖。这是学界第一次量化风险和收益之间的关系。

夏普（Sharpe，1964）在投资组合理论的基础上引入无风险资产，在一系列简化假设条件下推导出资本资产定价（CAPM）模型，进一步把无风险资产引入该理论中。在六大假设条件下，推导出资本市场线 SML。夏普（Sharpe）指出：在完美市场假设下，证券市场达到均衡状态时，单个证券的期望收益与证券市场的系统风险存在线性关系，并且系统风险为解释期望报酬的唯一因子。资本资产定价模型可用公式表示：

$$R_i = R_f + \beta \times (R_m - R_f)$$

式中，R_i 代表证券 i 的预期回报率；R_f 代表无风险收益率；R_m 代表全市场组合的一般回报率；β 代表的是证券 i 的系统性风险系数，即 β 系数，其统计定义如式所示：

$$\beta = \mathrm{Cov}(Ri, Rm) / \mathrm{Var}(Rm)$$

然而该模型基于很多严格的假设，其中一些诸如完全流动性、证券市场无摩擦、交易费用为零的假设都与现实世界的情况不相符合，因此广泛受到理论界的质疑和实践的挑战。尤其是其中假设市场上所有的投资者都可以固定的无风险利率 Rf 无限地借入或贷出资金，这在目前的资本市场上显然是不存在的。费希尔（Fisher，1972）对这一假设进行了修正，指出在市场上投资者可以利用现有市场投资品种创造与市场投资组合不相关且相关系数为零的组合，这样可以解决资本资产定价模型中关于无风险利率的相关假设。

资本资产定价模型将单个股票的预期收益率与无风险利率、市场预期收益率和市场相关系数 β 有机结合在一起，以简单明了的公式计算出风险资产的价格，具有非常强的实用性。这种方法已经被金融市场上的投资者广为采纳、使用，来解决投资决策中的一般性问题。

（二）β 系数

实际操作中通常可以采用计算 β 系数来计算、量化得出单只股票价格变动的趋势与大盘指数变动之间的相关性。β 系数也称为贝塔系数（β-coefficient），是一种实务界常常用来评估资产面临市场系统性风险的计量因子，市场上往往用此变量计量某种证券或某个投资证券组合相对于总体市场的波动性，常用于金融投资行业中。β 系数在统计意义上在于反映出某一投资资产相对于市场整体的表现情况，其绝对值越大，显示其收益变动的幅度随着大盘的整体变化幅度越大；绝对值越小，显示其变动幅度随着大盘整体变化幅度越小。通常将 β 为 0.5 的资产视为保守型资产；β 为 1 的资产视为市场平价资产；而 β 为 2 的资产视为激进型资产。在我国沪深主板市场上绝大多数股票的 β 值介于 0.6 ~ 1.8。

在实际操作中，要做到科学公允的判断就需要计算作出虚假陈述的上市公司的 β 系数。该 β 系数具体计算时，应以监管部门对该上市公司作出行政处罚或司法机关作出认定之日前至少 1 年的日均收益率以及相应的深市或沪市成分指数的日均收益率数据计算得出，β 系数的计算可以参考 Wind 资讯等专业机构提供的计算程序。在得出 β 系数后，再通过资本资产定价模型的相关公式计算出结合当时市场风险带来的预期收益率，从而可以剔除市场波动对证券价格的影响。

（三）事件研究法

在资本市场和公司财务的研究中，经常采用事件研究法以探讨诸如公司合并、收购等事项发生前后相关公司股票价格的反应。在应用事件研究法的过程中，往往使用 CAR（cumulative abnormal return，累计异常收益率）和 BHAR（buy and hold abnormal return，购买—持有异常收益率）来衡量异常收益。*BHAR*

计算的是购买样本公司股票并一直持有至观察期结束时，公司的股票收益率超过预期收益率的部分。其计算公式如下：

$$BHAR = \prod_{t=1}^{t} [1 + R_{it}] - \prod_{t=1}^{t} [1 + E(R_{it})] \tag{1}$$

式中，R_{it} 表示时间 t 样本公司的股票收益率；$E(R_{it})$ 表示时间 t 样本公司的股票期望收益率。

对于期望收益率的计算，学术界有三种模型：均值收益模型、市场模型和市场调整模型。以下简述各种模型的优缺点：

1. 均值收益模型。该模型假定事件窗内的期望收益为一个常数，该常数等于估计窗内收益的平均值。克莱因和罗森菲尔德（Klein and Rosenfeld，1987）发现，如果事件日多发生在牛市或者熊市，则使用该模型估计的异常收益率将会有高估或低估的偏误。在本案例中，由于涉及多个事件日，且大多发生在牛市或熊市中，因此不使用该模型。

2. 市场模型。该模型假设事件窗内证券的预期收益率与同期的市场收益率存在线性关系。即：

$$E(R_{it}) = \alpha_i + \beta_i R_{mt} \tag{2}$$

市场模型是对均值收益模型的一种改进，它去除了与市场组合收益变化相关的收益部分，减少了异常收益的方差，从而可能提高对事件效应的检测能力。在实际应用中，市场收益率通常使用广义的股票指数来替代，比如基于美国资本市场的研究中经常使用 S&P500 指数、CSRP 行权指数等。基于中国证券市场的研究中经常使用上证综合指数。在本文中，将综合采用上证综合指数、Wind 零售业指数和申万的商业贸易指数作为市场收益率的替代指标。

事件研究法即是通过该股票与市场的历史数据，比如 1 年或者 2 年的收益率指标，利用市场模型估计出该公司股价的 α_i 以及 β 系数，进而计算窗口期该公司正常的回报率 $E(R_{it})$。

然后通过 $E(R_{it})$ 计算窗口期内的异常收益率 AR_{it}：

$$AR_{it} = R_{it} - E(R_{it}) \tag{3}$$

式中，R_i 是该公司股票在窗口期内的实际收益率，由此 AR_{it} 即刻画了公司非系统风险所带来的股票二级市场收益的影响。

3. 市场调整模型。该模型假设事件窗内证券的预期收益率等于同期的某个市场收益指标。即：

$$E(R_{it}) = R_{mt} \qquad (4)$$

市场调整模型可视为一种简化的市场模型，即假定证券的系统风险就是市场风险本身。当使用市场调整模型时，$BHAR$ 的计算方法可简化如下：

$$BHAR = \frac{P_{it}}{P_{i0}} = \frac{P_{mt}}{P_{m0}} \qquad (5)$$

式中，P_{i0} 指观察期开始时的样本公司股价，P_{it} 指观察期结束时的样本公司股价；P_{m0} 指观察期开始时的市场指数，P_{mt} 指观察期结束时的市场指数。

由于市场调整模型的形式较为直观，因此也被广泛用于大致的比较。

四、案例概况

（一）大智慧的前世今生

上海大智慧股份有限公司（原名"上海大智慧投资咨询有限公司""上海大智慧网络技术有限公司"，证券代码：601519，以下简称大智慧或公司）于 2000 年 12 月 14 日成立，原注册资本 100 万元，由张长虹、上海奈心科技发展有限公司共同组建。公司主营业务为以互联网为核心平台，基于移动互联网领域、大数据和人工智能技术，提供金融数据和数据分析，向互联网用户提供基于互联网平台应用的产品和服务。

2009 年 12 月 9 日公司整体变更为股份有限公司，公司名称变更为"上海大智慧股份有限公司"。2011 年根据公司 2010 年第 3 次临时股东大会决议，并经中国证监会证监许可〔2010〕1900 号文核准，公司向社会公开发行人民币普通股（A 股）增加注册资本人民币 1.1 亿元并在上海证券交易所主板挂牌上市，股票代码：601519，时任董事长和实际控制人均为张长虹。

根据大智慧历年年报披露的信息，大智慧是中国领先的互联网金融信息服务提供商之一，公司的主要业务为以互联网为核心平台，基于自身在移动互联网领域取得的长期积累，充分发挥大平台和大数据优势，向投资者提供及时、专业的金融数据和数据分析，向广大互联网用户提供基于互联网平台应用的产品和服务。公司在互联网金融信息服务业拥有完整的产业链，客户包括券商、机构投资者和普通投资者等金融市场的各层次参与主体。公司积极打造以用户需求为导向，以财富管理为中心，集资讯、服务、交易为一体的一站式互联网金融服务平台。同时，进一步延伸和完善服务链条，拓展服务范围，进一步提升用户体验。公司在计算机和互联网科技不断发展的背景下，立足快速发展的中国金融市场，通过持续的产品创新和技术创新，全面提升公司的服务水平。在保持中国互联网金融信息行业领先地位的同时，积极拓展国际市场，以期成为在世界范围内具有影响力的金融信息综合服务提供商。

大智慧的经营范围包括计算机软件服务，电信业务，互联网证券期货信息类视听节目，计算机系统服务，数据处理，计算机、软件及辅助设备的零售，网络测试、网络运行维护，房地产咨询（不得从事经纪），自有房地产经营活动，会议服务、创意服务、动漫设计；设计、制作各类广告，利用自有媒体发布广告，网络科技（不得从事科技中介），投资咨询，企业策划设计，电视节目制作、发行，游戏产品的运营；网络游戏虚拟货币发行。

（二）大智慧虚假陈述案始末

2015 年 4 月 30 日大智慧发布《关于收到中国证券监督管理委员会调查通知的公告》，公告称公司收到中国证监会《调查通知书》（调查字 151646 号），公司信息披露涉嫌违反证券法律规定，根据《证券法》的有关规定，中国证监会决定对公司进行立案调查。

2016 年 7 月 26 日大智慧发布《关于收到中国证监会〈行政处罚决定书〉的公告》，公告称公司收到中国证监会《行政处罚决定书》（〔2016〕88 号，见附件 1）。依据《证券法》的有关规定，中国证监会对公司违反证券法律法规行为进行了立案调查、审理，并应当事人的要求举行听证，听取了当事人及其代理人的陈述和申辩。公司的主要违法事实为：

2014 年 2 月 26 日，公司第 2 届董事会审议通过了 2013 年年度报告。2014 年 2 月 28 日，公司披露的 2013 年年度报告显示，公司当年实现营业收入 894 262 281.52 元，利润总额 42 921 174.52 元。经查，公司通过承诺"可全额退款"的销售方式提前确认收入，以"打新股"等为名进行营销、延后确认年终奖少计当期成本费用等方式，共计虚增 2013 年年度利润 120 666 086.37 元。

1. 2013 年公司提前确认收入 87 446 901.48 元，虚增利润 68 269 813.05 元。
2. 2013 年公司虚增销售收入 2 872 486.68 元，虚增利润 2 780 279.86 元。
3. 公司利用框架协议虚增 2013 年收入和利润 943 396.23 元。
4. 公司减少 2013 年应计成本费用，虚增利润 24 954 316.65 元。
5. 2013 年公司相关项目未履行完成，虚增收入 15 677 377.40 元，虚增利润

15 468 181.70 元。

6. 大智慧信息科技提前确认购买日，虚增 2013 年合并财务报表利润总额 8 250 098.88 元，虚增商誉 4 331 301.91 元。

公司的上述行为违反了《证券法》第六十三条的规定，构成《证券法》第一百九十三条第一款所述"发行人、上市公司或者其他信息披露义务人未按照规定披露信息，或者所披露的信息有虚假记载、误导性陈述或者重大遗漏"的违法行为。

中国证监会对大智慧处以责令改正、给予警告、罚款 60 万元的处罚，并对 14 名责任人员警告、处以 3 万~30 万元不等的罚款。

（三） 相关民事诉讼情况

2018 年 3 月 10 日大智慧发布《关于收到〈应诉通知书〉的公告（六十五）》，公告称截至本公告日，公司收到一中院发来的民事诉讼《应诉通知书》及相关法律文书合计 2 028 例，一中院已受理的原告诉公司证券虚假陈述责任纠纷案所涉诉讼请求金额合计为 41 884.55 万元；公司收到上海市高级人民法院发来的《民事申请再审案件应诉通知书》及相关法律文书 1 例，诉讼请求金额为 135 942.51 元。

其中，2017 年 9 月投资者陈康磊、唐绍环向上海市第一中级人民法院提起诉讼，请求判令大智慧赔偿其投资差额损失、佣金、印花税、利息损失合计 224 508.52 元。

上海市一中院经公开审理，认定大智慧 2014 年 2 月 28 日公布 2013 年年报，其中以各种违法行为虚增收入，构成虚假陈述。其涉案虚假陈述行为的实施日为公司发布 2013 年年度报告之日，即 2014 年 2 月 28 日；揭露日为其发布关于收到中国证监会《行政处罚及市场禁入事先告知书》的公告之日，即 2015 年 11 月 7 日；基准日为大智慧股票自揭露日后换手率达到 100% 之日，即 2016 年 1 月 12 日；基准价为揭露日至基准日每个交易日大智慧股票收盘价的平均价格，即 13.37 元/股。

大智慧提出的申辩意见称：在揭露日至基准日期间受国内和国际经济环境影响，投资者对 A 股市场信心不断减弱，导致大盘指数大幅下跌，因此投资者的损失与大智慧公司的信息披露行为不存在因果关系，其披露年报行为与原告交易损失之间没有因果关系，不应承担民事赔偿责任。上海市一中院认定：2016 年 1 月 4 日至基准日，上证综合指数和软件服务板块指数均发生异常的大幅下跌，该期间大智慧股价的涨跌幅部分系受到证券市场风险的影响，故投资者相应的损失与大智慧的虚假陈述行为缺乏关联，该部分损失不应属于大智慧的赔偿范围。至于该种市场风险所致投资者权益减少部分在投资者投资差额损失中所占的比例，法院酌情认定为30%。

关于具体损失赔偿金额，上海市一中院认为应当依据《若干规定》第三十一、第三十二条作为计算原告投资差额损失的基本依据。

在具体操作时，投资损失应以买入平均价和投资者买入大智慧股票价格最高价的较低值来计算。买入平均价的计算方法为投资者自实施日至揭露日期间买入大智慧股票的总金额减去卖出大智慧股票的总金额，除以净买入股数。此外，如果投资者在2016年1月4日后卖出或持有大智慧股票的，则投资差额损失的70%作为大智慧公司应赔偿的部分。

根据以上确定的计算方式，上海市一中院对投资者具体损失金额依法计算如下：原告陈康磊所持大智慧股票的买入平均价为净买入总成本除以净买入股数，即26.83元/股，其投资差额损失为：（买入均价－卖出均价）×卖出股数＋（买入均价－基准价）×持有股数，即：（26.83元/股－14.19元/股）×700股＋（26.83元/股－13.37元/股）×7 000股＝103 068元，大智慧应当赔偿的投资差额损失应为：103 068元×70%＝72 147.6元。佣金损失为21.64元。

原告唐绍环所持大智慧股票的买入平均价为净买入总成本除以净买入股数，即21.64元/股，其投资差额损失为：（买入均价－基准价）×持有股数，即：（21.64元/股－13.37元/股）×27 100股＝224 117元，大智慧公司应当赔偿的投资差额损失应为：224 117元×70%＝156 881.9元。佣金损失为47.06元。

2018年10月8日，大智慧案迎来二审结果。此案的一个焦点问题，在于系统风险应该如何界定。上海高级人民法院在判决中称，根据当时市场具体情况，遵循保护投资者利益的原则，酌情认定本案扣除的证券市场系统风险因素所占比例为30%或者15%，对于部分一审判决结果作出微调。也即，在2016年初熔断机制实施之前已经卖出股票的，二审法院认为存在15%的系统风险，而此前一审阶段并未扣除系统风险；截至2016年1月12日基准日仍持有股票的投资者，二审法院认为总计存在30%的系统风险。

（四）小结

《若干规定》仅仅提及在计算投资者损失时应剔除由于系统风险造成的投资者损失，但没有具体规定系统风险的计量标准和计算依据。系统风险是否存在，决定了上市公司的虚假陈述行为是否与投资者损失之间存在因果关系。因此在实践中，法院并不考虑系统风险对股价产生的影响。

如本案上海市一中院对案件的一审判决并没有量化考虑市场整体变动、行业波动所生产的系统风险。法院认为，虽然被告提交证据证明上证指数以及大智慧所在的软件服务行业在投资者持有期间存在异常波动，但是难以具体考量市场及行业的波动对股价的影响程度，最终法院认可市场及行业的波动会对股价产生影响，并判定投资差额损失的 30% 为市场及行业波动造成的损失，投资差额损失的 70% 作为大智慧应赔偿的部分。在二审判决中，上海高级人民法院对部分一审判决做出微调，酌情认定本案扣除的证券市场系统风险因素所占比例为 30% 或者 15%。

从司法实践来看，法院普遍认可系统风险的影响，并且在判例中也考虑了这一因素并对赔偿金额进行了调整。然而，就现阶段的相关案件来看，法院对于系统风险的影响究竟有多大，到底应该扣减多少比例并没有明确的计量依据。这既是司法实践中的难点问题，同时也为 CAPM 的应用提供了契机。

五、案例分析

（一）虚假陈述与原告交易损失之间的因果关系

大智慧提出的申辩意见称，在揭露日至基准日期间受国内和国际经济环境影响，投资者对 A 股市场信心不断减弱，导致大盘指数大幅下跌，因此投资者的损失与大智慧的信息披露行为不存在因果关系，其披露年报行为与原告交易损失之间没有因果关系，不应承担民事赔偿责任。该说法是不成立的。

首先，《若干规定》第十八条规定，投资人具有以下情形的，法院应当认定虚假陈述与损害结果之间存在因果关系：（1）投资人所投资的是与虚假陈述直接关联的证券；（2）投资人在虚假陈述实施日及以后，至揭露日或者更正日之前买入该证券；（3）投资人在虚假陈述揭露日或者更正日及以后，因卖出该证券发生亏损，或者因持续持有该证券而产生亏损。在该案例中，已有证据证明各原告均于涉案虚假陈述行为的实施日至揭露日之间买入大智慧股票，并于揭露日后卖出或持续持有至基准日后，因此根据上述规定，其投资损失与被告虚假陈述行为存在因果关系。

其次，大智慧方面认为，各原告买入大智慧股票系由于证券市场大幅暴涨，并未受到被告虚假陈述行为的诱导，该主张并不成立。理由如下：《若干规定》第十八条规定系对因果关系的推定，旨在减轻普通投资者在虚假陈述赔偿案件中的举证责任，这种推定建立在以下逻辑基础之上：在一个公开有效的证券市场中，公司股票价格是由与该公司有关的所有可获知的重大信息决定的。虚假陈述作为一种公开信息必然会在相关的股票价格中得到反映。投资者信赖市场价格的趋势进行投资，而其所信赖的市场价格反映了虚假陈述的信息。所以，投资者即使不是直接信赖虚假陈述而作出投资决策，也是受反映了虚假陈述的价格的影响而作出投资决策。换言之，投资者系基于对股票市场价格的信赖而作出投资决定，而非基于对特定信息的充分了解和分析，即使投资者不知晓虚假信息的存在，只要该虚假信息对股票的市场价格产生了影响，使其发生扭曲，即可认定相应的虚假陈述行为与投资者损失间具有因果关系。

（二）系统风险的影响

上海市一中院在一审判决中认定：2016 年 1 月 4 日至基准日，上证综合指数和软件服务板块指数均发生异常的大幅下跌，该期间大智慧股票股价的涨跌幅部分系受到证券市场系统风险的影响。系统风险影响的证据如下：

依照《若干规定》第十九条的规定，存在虚假陈述行为时，投资者的全部或部分损失亦有可能与虚假陈述行为间没有因果关系。换言之，在前述逻辑推理过程中，有一项重要的假设前提，即证券市场价格的变化会受到虚假陈述的影响。如果事实证明证券市场价格的某种波动系因虚假陈述以外的其他原因所引起，则上述推定的合理信赖和推定的因果关系都将无法成立，该种价格波动所引起的投资者损失也将不属于虚假陈述主体的赔偿范围。上海市一中院在一审判决中认定，2016 年 1 月 4 日至基准日，上证综合指数和软件服务板块指数均发生异常的大幅下跌，该期间大智慧股价的涨跌幅部分系受到证券市场系统风险的影响，故投资者相应的损失与大智慧的虚假陈述行为缺乏关联，该部分损失不应属于大智慧的赔偿范围。具体证据如下：

2016 年 1 月 4～12 日，上证综合指数发生大幅度波动，其中：2016 年 1 月 4 日，沪深 300 指数 13 时 12 分较前一交易日首次下跌达到或超过 5%，上海证券交易所公告暂停交易 15 分钟。恢复交易之后，沪深 300 指数继续下跌，13 时 33 分较前一交易日收盘首次下跌达到或超过 7%。上海证券交易所暂停交易至收市，当日上证综合指数跌幅为 6.86%，大智慧股价跌幅为 9.98%；2016 年 1 月 5 日，上证综合指数跌幅为 0.26%，大智慧股价跌幅为 4.68%；2016 年 1 月 6

日，上证综合指数涨幅为 2.25%，大智慧股价涨幅为 3.36%；2016 年 1 月 7 日，沪深 300 指数 9 时 42 分较前一交易日首次下跌达到或超过 5%，上海证券交易所暂停交易 15 分钟。恢复交易之后，沪深 300 指数继续下跌，9 时 58 分较前一交易日首次下跌达到或超过 7%。上海证券交易所暂停交易至收市，当日上证综合指数跌幅为 7.04%，大智慧股价跌幅为 10.03%；2016 年 1 月 8 日，上证综合指数涨幅为 1.97%，大智慧股价涨幅为 1.96%；2016 年 1 月 11 日，上证综合指数跌幅为 5.33%，大智慧股价跌幅为 3.93%；2016 年 1 月 12 日，上证综合指数涨幅为 0.20%，大智慧股价涨幅为 2.59%。

2015 年 12 月 10 日至 2016 年 1 月 12 日，大智慧股价的涨跌幅度与其所属软件服务板块指数涨跌幅度大致相当。该期间内该板块指数仅有 3 天发生大幅度波动，分别为：2016 年 1 月 4 日，软件服务板块指数跌幅为 8.35%，大智慧股价跌幅为 9.98%；2016 年 1 月 7 日，软件服务板块指数跌幅为 8.5%，大智慧股价跌幅为 10.03%；2016 年 1 月 11 日，软件服务板块指数跌幅为 7.52%，大智慧股价跌幅为 3.93%。

（三）系统风险的测量

1. 相关时间节点的确定。根据本案所涉及的情况，确定了实施日、公告重大资产重组日、股指最高日、揭露日和基准日等时间节点，各节点的定义及具体日期如图 1 所示。

实施日	公告重大资产重组日	最高日	跌破 4 000 点	跌破 3 000 点	揭露日	基准日
2014年2月28日	2015年1月24日	2015年6月12日	2015年7月2日	2015年8月25日	2015年11月9日	2016年1月12日

图 1 案例涉及的时间节点

（1）实施日（2014 年 2 月 28 日）：为大智慧在《中国证券报》《上海证券报》《证券时报》《证券日报》及上海证券交易所网站（www. sse. com. cn）披露 2013 年年度报告之日。

（2）公告重大资产重组日（2015 年 1 月 24 日）：大智慧发布《大智慧发行股份及支付现金购买资产并募集配套资金暨关联交易报告书（草案）》公告，称将以发行股份及支付现金方式收购湘财证券 100% 股份后的第 1 个交易日。

（3）股指最高日（2015 年 6 月 12 日）：事件期间内上证综合指数出现最高

的日期。2015 年 6 月 12 日，上证综合指数盘中最高攀升至 5 178.19 点，收盘报 5 166.35 点，这是大智慧所涉案件时间段内上证综合指数最高的日期。

（4）跌破 4 000 点（2015 年 7 月 2 日）：上证综合指数到达 5 000 点后首次跌破 4 000 点。2015 年 7 月 2 日，上证综合指数收盘报 3 912.77 点，这是自到达 5 000 点首次跌破 4 000 点。

（5）跌破 3 000 点（2015 年 8 月 25 日）：上证综合指数到达 5 000 点后首次跌破 3 000 点。2015 年 8 月 25 日，上证综合指数收盘报 2 964.97 点，这是自到达 5 000 点首次跌破 3 000 点。

（6）揭露日（2015 年 11 月 9 日）：为大智慧受到证监会调查的日期。2015 年 11 月 7 日大智慧发布了《关于收到中国证券监督管理委员会〈行政处罚决定书〉》的公告，由于当天是周六（非交易日），因此以第 2 日（2015 年 11 月 9 日）作为披露日。

（7）基准日（2016 年 1 月 12 日）：根据《若干规定》，基准日为自揭露日至某股票换手率达到 100% 之时，2016 年 1 月 12 日大智慧股票自揭露日后换手率达到 100% 之日。

2. 运用 CAPM 测算系统风险。

（1）市场调整模型的计算。当使用市场调整模型时，*BHAR* 的计算可简化为：观察期结束时样本公司股价与开始时样本公司股价之比——观察期结束时市场指数与开始时市场指数之比。

在具体计算时，大智慧股价数据采用 CSMAR 数据库的"考虑现金红利再投资的收盘价的可比价格"。这是由于经过股本变动，交易所公布的收盘价也经过调整。因此，交易所公布的收盘价就不具有可比性。为了让相应的数据具有可比性，本文使用 CSMAR 数据库提供的日收盘价的可比价格。日收盘价以上市首日的收盘价为基准，从上市首日的收盘价进行股本调整得出。市场数据采用上证综合指数。行业数据采用 Wind 软件与服务业指数。Wind 行业分类具有符合 GICS 国际行业分类标准与适用于中国证券研究两大特点，是 Wind 资讯与中国各行业资深研究员共同推出的行业分类，得到市场的广泛使用，具有很强的代表性。

利用市场调整法简化公式计算的结果如表 1 所示。

①实施日至基准日大智慧的收益率为 53.64%，以上证指数衡量市场收益率，大智慧均有正的异常收益率；以 Wind 软件与服务行业指数衡量市场收益率，大智慧有负的市场收益率。

②如果投资者是在大智慧重组日之后购买公司股份，并持有至基准日，实际收益率为 41.99%。无论以哪个指标衡量市场收益率，大智慧均有正的异常收益

率，在考虑系统风险之后投资者并无亏损。换言之，如果投资者是在重组日买入并一直持有至基准日，在考虑系统风险之后并无亏损，反而是有正的异常收益率。

表 1 　　　　　　大智慧相对于市场和行业的变动（市场调整法）

基准日	大智慧（%）	上证综指（%）	Wind 软件与服务行业指数（%）	BHAR1（相对上证）（%）	BHAR2（Wind 软件与服务行业指数）（%）
实施日	53.64	45.66	87.84	7.98	−34.20
重组日	41.99	−10.65	20.58	52.64	21.41
最高日	−63.07	−41.49	−50.55	−21.59	−12.53
跌破 4 000	−32.19	−22.74	−21.83	−9.45	−10.36
跌破 3 000	1.08	1.95	8.23	−0.87	−7.15
揭露日	−33.33	−17.11	−23.12	−16.22	−10.22

③如果投资者自 2015 年股市最高点买入大智慧并持有至基准日，实际收益率为 −63.07%，其相对市场和行业指数都是负的收益率，异常收益率介于 −21.59% ~ −12.53%，考虑系统风险之后投资者存在投资损失。

④如果投资者自上证指数跌破 4 000 点时买入大智慧，并持有至基准日，实际收益率为 −32.19%，其相对市场和行业指数都是负的收益率，异常收益率介于 −10.36% ~ −9.45%，考虑系统风险之后投资者存在投资损失。

⑤如果投资者自上证指数跌破 3 000 点时买入大智慧，并持有至基准日，实际收益率为 1.08%，其相对市场和行业指数都是负的收益率，异常收益率介于 −7.15% ~ −0.87%，考虑系统风险之后投资者存在投资损失。

⑥如果投资者是在大智慧虚假陈述被中国证监会揭露日买入并持有至基准日，实际收益率为 −33.33%，其相对市场和行业指数都是负的收益率，异常收益率介于 −16.22% ~ −10.22%，考虑系统风险之后投资者存在投资损失。

（2）市场模型的计算。利用市场模型计算 $BHAR$ 和 AR 时，需要遵循如下步骤：首先，确定事件的估计窗口；其次，对估计窗口内的样本公司收益率和市场收益率进行回归分析，得到样本公司的 α 和 β；最后，利用市场模型得出事件窗口内的预期收益率，并与实际收益率对比，得出异常收益率。

首先，确定估计窗口。估计窗口通常是从事件日期倒推 1 ~ 2 年。从日期排序来看，涉及的第 1 个日期为实施日（2014 年 2 月 28 日），考虑到结果的稳健性，本文也以倒推 2 年作为估计窗口，即估计时间窗口为 2012 年 3 月 1 日至

2014 年 2 月 28 日。

其次，计算样本公司的 α 和 β。需要以样本公司收益率为因变量，市场收益率为自变量进行回归，回归所得到的截距即为 α，斜率即为 β。在计算收益率时，股利分配是需要考虑的重要因素，如果样本公司有分红行为，无疑会对股价造成重大影响进而导致收益率计算得不准确，因此需要将股利分配的因素考虑进来。

再次，计算样本公司的异常收益率。在计算 BHAR 时，需要选择合适的公式。从理论上说，根据 BHAR 的定义，应该使用式（3）进行计算，而且在使用市场模型衡量系统风险时，式（3）无法简化为式（5）。因此在后文的计算中，使用式（3）计算 BHAR。在计算 AR 时，根据前述步骤计算得出的 α 和 β，计算相应时间段内的实际收益率和预期收益率之差，即为 AR。

综上所述，采用 CSMAR 数据库提供的"考虑现金红利再投资的日个股回报率"作为大智慧收益率的衡量指标。采用上证综合指数的日收益率作为市场回报率的衡量指标。采用 Wind 软件与服务行业指数的日收益率作为行业回报率的衡量指标。利用市场模型法计算的 α 和 β 结果如表 2 所示。

表 2　　　　　　　大智慧相对于市场和行业的 α 和 β

估计窗口	前推两年	前推一年
α 上证	0.00	0.00
β 上证	1.55	1.67
α 软件与服务行业指数	− 0.00	0.00
β 软件与服务行业指数	1.012	1.02

当时间窗口倒推两年，即估计窗口为 [2012. 3. 1 ~ 2014. 2. 28] 时，大智慧相对于市场（上证综合指数）的 α 为 0.00，β 为 1.55；相对于 Wind 软件和服务业的 α 为 − 0.00，β 为 1.012。根据上述结果，分别计算实施日、揭露日至基准日等 2 个期间的异常收益率。其结果如表 3、表 4 所示。表 3 列示了各个期间的购买—持有异常收益率（BHAR）：

①实施日至基准日大智慧的收益率为 53.64%，无论以哪个指标衡量市场收益率，大智慧均有正的异常收益率。换言之，如果投资者是在实施日买入并一直持有至基准日，在考虑系统风险之后并无亏损，反而是有正的异常收益。

②如果投资者是在大智慧重组日之后购买公司股份，并持有至基准日，实际收益率为 41.99%，无论以哪个指标衡量市场收益率，大智慧均有正的异常收益率，在考虑系统风险之后投资者并无亏损。

表3 　　　　　　　大智慧相对于市场和行业的 BHAR（市场模型法）

基准日	大智慧 （%）	上证综指 （%）	Wind 软件与 服务行业指数 （%）	BHAR1 （相对上证） （%）	BHAR2 （Wind 软件与 服务行业指数） （%）
实施日	53.64	14.80	-6.94	38.84	60.58
重组日	41.99	-5.26	-0.94	47.25	42.93
最高日	-63.07	-51.02	-55.99	-12.06	-7.08
跌破 4 000	-32.19	-25.79	-29.84	-6.40	-2.35
跌破 3 000	1.08	8.59	-1.58	-7.51	2.66
揭露日	-33.33	-19.38	-24.13	-13.95	-9.21

③如果投资者自 2015 年股市最高点买入大智慧并持有至基准日，实际收益率为 -63.07%，其相对市场和行业指数都是负的收益率，异常收益率介于 -12.06% ~ -7.08%。

④如果投资者自上证指数跌破 4 000 点时买入大智慧，并持有至基准日，实际收益率为 -32.19%，其相对市场和行业指数都是负的收益率，异常收益率介于 -6.4% ~ -2.35%。

⑤如果投资者自上证指数跌破 3 000 点时买入大智慧，并持有至基准日，实际收益率为 1.08%，其相对市场指数是负的收益率，异常收益率介于 -7.51% ~2.66%。

⑥如果投资者是在大智慧虚假陈述被中国证监会揭露日买入并持有至基准日，实际收益率为 -33.33%，其相对市场和行业指数都是负的收益率，异常收益率介于 -13.51% ~ -9.21%。

表 4 列示了各期间的购买—持有异常收益率（AR）：

表4 　　　　　　　大智慧相对于市场和行业的异常收益率（AR）

基准日	大智慧 （%）	上证综指 （%）	Wind 软件与 服务行业指数 （%）	BHAR1 （相对上证） （%）	BHAR2 （Wind 软件与 服务行业指数） （%）
实施日	53.64	72.90	88.87	-19.26	-35.22
重组日	41.99	-16.29	20.80	58.28	21.19
最高日	-63.07	-63.99	-51.17	0.92	-11.90
跌破 4 000	-32.19	-35.00	-22.12	2.81	-10.07
跌破 3 000	1.08	3.21	8.30	-2.12	-7.22
揭露日	-33.33	-26.28	-23.42	-7.05	-9.92

①实施日至基准日大智慧的收益率为 53.64%，其相对于上证综指和 Wind 软件与服务行业指数都不存在正的异常收益率。换言之，如果投资者是在实施日买入并一直持有至基准日，在考虑系统风险之后，投资者仍旧是亏损的。

②如果投资者是在大智慧重组日之后购买公司股份，并持有至基准日，实际收益率为 41.99%，无论以哪个指标衡量市场收益率，大智慧均有正的异常收益率，在考虑系统风险之后投资者并无亏损。

③如果投资者自 2015 年股市最高点买入大智慧并持有至基准日，实际收益率为 -63.07%，其相对于市场走势基本持平，仅存在 0.92% 的异常收益率，相对于 Wind 软件与服务行业指数是负的收益率，为 -11.9%。

④如果投资者自上证指数跌破 4 000 点时买入大智慧，并持有至基准日，实际收益率为 -32.19%，其相对于市场走势基本持平，仅存在 2.81% 的异常收益率，相对于 Wind 软件与服务行业指数是负的收益率，为 -10.07%。

⑤如果投资者自上证指数跌破 3 000 点时买入大智慧，并持有至基准日，实际收益率为 1.08%，其相对市场和行业指数都是负的收益率，异常收益率介于 -7.22% ~ 2.12%。

⑥如果投资者是在大智慧虚假陈述被中国证监会揭露日买入并持有至基准日，实际收益率为 -33.33%，其相对市场和行业指数都是负的收益率，异常收益率介于 -9.92% ~ -7.05%。

从上述计算结果可以看出，考虑到大智慧资产重组因素后，在重组日之后的时间点投资者买入大智慧股票并持有至基准日的情况下，均无法获得正的异常收益率，因此股票的价格确实受到了虚假陈述的影响，所以偏低于正常的收益，投资者受到了相应的损失。

（3）对 β 系数的检测。采用 Wind 数据库的"Beta 计算器"对大智慧的历史 β 值进行了回测计算，此外因为 β 数值采用历史数据计算，考虑到市场环境的变化对历史数据的影响，根据布隆伯格（Bloomberg）法对 β 数据进行调整，具体调整公式为：调整 β 系数 = 基础 β 系数 ×0.67 + 0.33。表 5 给出了各期间大智慧的历史 β 值：

表5   大智慧历史 β 值

代码	601519. SH	601519. SH	601519. SH
简称	*ST 智慧	*ST 智慧	*ST 智慧
计算周期	日	日	日
时间范围	2011. 3. 1 ~ 2012. 2. 28	2012. 3. 1 ~ 2013. 2. 28	2013. 3. 1 ~ 2014. 2. 28

收益率计算方法	对数收益率	对数收益率	对数收益率
原始 Beta	1.486	1.1827	1.2955
调整 Beta	1.3256	1.1224	1.198
Alpha	−0.19	−0.12	0.40
R^2	0.74	0.63	0.48
误差值标准偏差	1.78	1.80	3.28
Beta 标准偏差	0.09	0.09	0.16
观察值点数	241	238	240

可以看出公司的 Beta 值相对较稳定，始终在 1.3 左右波动。此外，可以看到各年的 R 平方值在 0.5～0.75 波动，相对较高，使用 CAPM 模型度量系统性风险对大智慧股价的影响在本案中有较高的解释度。

（4）对本案赔偿金额的调整。在本案中投资者陈康磊自涉案虚假陈述行为实施日（2014 年 2 月 28 日）至揭露日期间（2014 年 2 月 28 日），净买入大智慧股票 7 700 股，净买入成本为 206 559 元，买入的最高单价为 28.18 元/股；揭露日至基准日卖出大智慧股票 700 股，卖出总金额为 9 933 元，卖出平均价为 14.19 元/股；其余 7 000 股持续持有至基准日（2016 年 1 月 12 日）之后。在揭露日至基准日期间市场经历了大幅波动，2014 年 2 月 28 日上证综指收盘为 2 056.3；2016 年 1 月 12 日上证综指收盘为 3 022.86。其中 2015 年 6 月 12 日上证综指最高达 5 178.19 点，其后指数一路下滑，最低滑落至 2 850.71 点。根据 Wind 资讯提供的相关数据，大智慧的 β 系数（以 2011.3.1～2014.2.28 日数据计算）为 1.4055（详见图2），以金融机构存款基准利率 2016 年活期存款年利率为 0.36% 来计，应用资本资产定价模型后调整计算如下：

$R_m = 3\ 022.86/2\ 056.3 - 1 = 47\%$

$R_i = R_f + \beta \times (R_m - R_f) = 0.0036 + 1.41 \times (0.47 - 0.0036) = 65.91\%$

因此对投资者陈康磊的赔偿金额应调整的大盘因素金额为（206 559/7 700）× 7 000 × 65.91% = 123 766.40（元）。

同理，唐绍环自涉案虚假陈述行为实施日至揭露日期间，净买入大智慧股票 27 100 股，净买入成本为 586 392 元，买入的最高单价为 29.46 元/股，上述股票持续持有至基准日之后。对投资者唐绍环的赔偿金额应调整的大盘因素金额为：

$R_i = R_f + \beta \times (R_m - R_f) = (586\ 392/27\ 100) \times 27\ 100 \times 65.91\% = 386\ 490.97$（元）。

六、案例结论与建议

（一）案例结论

资本资产定价模型是现代金融学理论的重要基础。随着我国证券市场的不断推进和发展，与之相关的证券虚假陈述也不断增长。在上述证券虚假陈述的民事赔偿案件中，资本资产定价模型对赔偿数额去市场风险调整的作用也不断凸显。本文通过统计分析方法发现近年来上市公司证券虚假陈述案件被提起诉讼的数量在不断增加，该类案件也受到社会公众和学术界的广泛关注。本文通过探讨资本资产定价模型的概念及特征并且对证券虚假陈述民事责任进行概述，为证券虚假陈述民事赔偿案件的应用提供了理论依据；其次，分析该类案件中资本资产定价模型具有为案件当事人进行损失计算和进行市场因素调整等方面的作用，以此总结资本资产定价模型在证券市场虚假陈述民事赔偿方面的服务，并分析了利用资本资产定价模型进行市场因素调整的一般工作程序。最后，通过大智慧案件分析投资者的损失与大智慧的虚假陈述是否存在因果关联、计算其因此造成的损失，并使用资本资产定价模型对市场整体波动和行业波动的因素进行计量、分析。同时也希望在具体实践过程中继续探索和发现资本资产定价模型等计量模型在损失金额方面的应用，以此进一步探究相关学科的完善。

经过前文的整理和计算分析，我们可以得到以下结论：

第一，在证券市场中股票的价格受多方面因素的影响，上市公司本身的财务和经营基本状况是影响公司股价的重要因素，但是整体市场和公司所在行业的价格波动也会对公司股价产生影响。

第二，我国现行的证券虚假陈述民事赔偿案件的司法判决中对市场风险和行业风险等系统性因素的影响的计量仅仅局限在定性的角度，基层司法机关往往以简单的类比法来确定系统性风险在股价变动中的情况。

第三，现有案例中的判决结果和理论计算分析的结果存在差异的主要原因是：缺乏对市场波动和行业波动等系统性风险的量化模型考量，可以用资本资产定价模型的基本模型和相关衍生模型对此进行建模和分析。

第四，我们通过投资者起诉大智慧的案例可以看出，市场风险和行业因素等系统性因素对股价的影响可以近似通过资本资产定价模型来予以量化、衡量，但是该模型仍然存在一定的局限性。

（二）政策建议

第一，完善投资者追偿机制。为促进我国证券市场的健康稳定发展，完善相应的投资者保护机制。按照我国现行的《若干规定》要求，投资者必须满足相关的前置程序条件才能向司法机关提起虚假陈述行为人的民事赔偿诉讼。该前置程序条件一般需要有关机关的行政处罚决定或者人民法院的刑事裁判文书。这样的前置程序规定在减轻原告举证责任、防止恶意诉讼上收到了一定的成效，但是也有弊端。从实践角度来看，中国证监会由于诸多客观条件限制，未必能全部覆盖发行、上市过程中的方方面面，且在行政处罚过程中必须经历初查、立案、处罚、申辩和听证、复议等诸多行政程序，极为耗费时间，在一定程度上增加了投资人的时间成本。法院应当主动履行相应职责，积极维护投资者权益，不必过分依赖于行政部门的处罚决定而应做出独立判断。

第二，细化计量确认规则。如前所述，损失计量是此类案件争议的焦点，主要原因是我国法律对系统风险、买入证券平均价格没有一个明确的规定。因此有必要通过立法的形式，对损失计量的计算进一步完善。目前《若干规定》中对投资者损失计算使用条文适用法，笔者认为，由于不同虚假陈述行为的危害程度不同，因此可以根据虚假陈述行为的类型来确定损失计量的方法。目前我国法院对于系统性风险的认定较为主观，没有统一的评判标准，因此亟须明确股价与各种系统风险之间的逻辑关系，从而制定出由系统性风险造成投资者损失的计算公式。笔者认为可以通过结合典型案例，集合各权威专家的建议，选择资本资产定价模型这种最直接明了的计量模型对市场风险因素进行调整，在此之后可以逐步细化各项假设，引入更多更复杂、更精细的分析模型作为计算损失金额的标准。

第三，加大惩处力度。只有提高违法成本才能真正遏制虚假陈述的舞弊行为，在《若干规定》中，只规定了投资者的直接损失而没有上市公司的惩罚性条款。笔者建议可以增加一定程度的间接损失，并追究相关责任人的责任。对于上市公司没有按期赔偿投资者损失的，应该按不同期限进行惩罚。由于投资者众多，而且随着投资者维权意识的增强，上市公司可能难以在规定时间内支付数额巨大的赔偿，为此可以建立证券市场赔偿基金，为投资者维权提供物质的保证和基础。

参考文献

[1] 彭军善. 现代金融理论在内幕交易民事赔偿计算中的运用及司法建议[D]. 西南财经大学硕士学位论文，2012.

[2] 汤欣，杨祥．虚假陈述损害赔偿的最新实践及法理检视——以万福生科与海联讯补偿方案为例 [J]．证券市场导报，2015（3）：64-72，77-78．

[3] 岳雷．我国证券虚假陈述民事赔偿制度研究 [D]．上海师范大学硕士学位论文，2017．

[4] 李启帅．对我国证券市场中虚假陈述民事赔偿制度若干问题的思考 [D]．华东政法大学硕士学位论文，2009．

[5] 周珺．法务会计在证券虚假陈述民事赔偿案件中的应用研究 [D]．云南财经大学硕士学位论文，2016．

[6] 高健．浅析证券虚假陈述民事赔偿的计算方法 [D]．中国社会科学院研究生院硕士学位论文，2013．

[7] 郭锋．虚假陈述侵权的认定及赔偿 [J]．中国法学，2003（2）：93-97．

[8] 郭锋．证券市场虚假陈述及其民事赔偿责任——兼评最高法院关于虚假陈述民事赔偿的司法解释 [J]．法学家，2003（2）：37-46．

[9] 郭锋．从大庆联谊股东诉讼案谈中国证券民事赔偿制度的构建 [J]．法学杂志，2006（1）：153-156．

[10] 黄辉．中国证券虚假陈述民事赔偿制度：实证分析与政策建议 [J]．证券法苑，2013，9（2）：967-995．

[11] 李博超．对李叶刚诉华闻传媒虚假陈述民事赔偿案件的评析 [D]．湖南大学硕士学位论文，2015．

[12] 陈柳钦，吕红．CAPM 理论在我国证券市场中的应用分析 [J]．学术交流，2003（11）：61-65．

[13] 董大宇．资本资产定价模型在中国股票市场的实证检验和选择 [D]．暨南大学硕士学位论文，2014．

[14] 徐庆川，严棋．CAPM 模型与三因素模型的实证分析——基于上海证券市场的检验 [J]．金融经济，2012（18）：153-155．

[15] 张矢的，高明宇，吴斌．未充分分散投资下的资本资产定价模型：基于中国 A 股市场的实证检验 [J]．管理评论，2014，26（10）：24-37．

[16] 赵清，乌东峰．CAPM 资产定价机制及中国适用性研究 [J]．东南学术，2015（6）：12-18，274．

[17] 林舟，王树辉．CAPM 模型的推导的分析与改进 [J]．才智，2011（32）：21．

[18] 李冰清，田存志．CAPM 在巨灾保险产品定价中的应用 [J]．南开经济研究，2002（4）：41-42，61．

[19] 廖理，沈超．利用 CAPM 计算中国房地产行业资本成本 [J]．中国管理科学，2004（4）：38 – 43.

[20] 王军武，戴兵．资产定价模型（CAPM）在住房抵押贷款证券化（MBS）定价中的应用 [J]．基建优化，2007（5）：111 – 113.

[21] 张静萱．CAPM 模型在电力能源市场的应用 [J]．中国新技术新产品，2017（24）：140 – 141.

[22] 王景．论证券市场虚假陈述损害赔偿的计算方法 [J]．现代营销（学苑版），2011（5）：106.

[23] 王丹．证券市场虚假陈述的损害赔偿范围及计算方法研究 [J]．山西煤炭管理干部学院学报，2009，22（3）：169 – 170.

[24] 陈燕．美国证券欺诈民事赔偿计算方法研究与借鉴 [D]．华东政法大学硕士学位论文，2014.

[25] 林琳，马彪．资本资产定价模型的理论评价及其在我国证券市场的应用 [J]．职业圈．现代软科学，2006（2）：42 – 43.

[26] 张春梅．浅析资本资产定价模型在我国证券市场中应用的限制因素 [J]．北方经济，2007（10）：95 – 96.

[27] Capital Asset Prices：A Theory of Market Equilibrium under Conditions of Risk. William F. Sharpe The Journal of Finance，Vol. 19，No. 3（Sep. ，1964），pp. 425 – 442.

[28] Thomas C. Mira，"The Measure of Disgorgement in SEC Enforcement Actions against Inside Trade under Rule10b – 5"，Catholic University Law Review，Vol. 34（Washington：Catholic University of America Press，1985）.

[29] Jared Tobin Finkelstein，"Rule 10b – 5 Damage Computation：Application of Financial Theory to Determine Net Economic Loss"，Fordham Law Review，Vol. 51，Fordham University School of Law，1983.

[30] Ronald B. Lee，"The Measure of Damages under Section 10（b）and Rule 10b – 5"，Maryland Law Review，Vol. 46，University of Maryland School of Law，1987.

房地产投资信托基金在我国
长租公寓融资中的应用研究

——以碧桂园房地产投资信托为例

吉 瑞

一、引 言

近年来，我国的城镇化率不断提高，从 1995 年的 29% 提升至 2018 年的 59.58%，城镇人口不断增加[①]。房产需求的上升推动了城市房价快速上涨。近年来，各地密集出台楼市调控政策，鼓励住房租赁市场的发展。2017 年党的十九大报告提出"加快建立多主体供给、多渠道保障、租购并举的住房制度"；2018 年国务院提出"支持居民自主购房需求，培育住房租赁市场，发展共有产权房"，提倡"房住不炒"，逐渐建立"两多一并"的住房制度，这些措施都有助于住房租赁市场良性发展，形成长期健康的房地产市场。根据《2018 年中国住房租赁市场白皮书》的统计[②]，目前住房租赁人口约为 1.68 亿元。

（一）我国长租公寓的发展状况

目前，我国住房租赁市场的供给方可分为个人住房供给、保障性住房供给和机构租赁供给。机构租赁住房凭借其良好的服务品质，规范化的管理，稳定的租赁关系越来越受到市场欢迎。其中，长租公寓模式通过开发、持有或租入大量的存量房源，对其加以标准化装修，规模化运营，提供优质的物业管理和售后服

---

① 国家统计局。
② 贝壳研究院。

务，能够更加满足市场租房需求，从而不断拓展，占住房租赁市场的比例越来越大。目前长租公寓按照房源分布状况、产品线类别、运营商种类可分为多种类型，见图1。

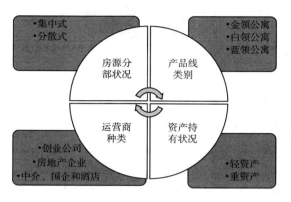

图1　长租公寓种类

按照房源集中程度，长租公寓可以划分为集中式与分散式。集中式长租公寓通过自行开发、租赁或购入等方式获取物理上较为集中的房产，对其加以标准化装修改造，提供统一管理。分散式长租公寓房源常常分布在不同地区，能够提供较为丰富的房屋类型。按照产品线类别，针对长租公寓服务的目标客户，可以将长租公寓划分为金领、白领和蓝领公寓。按照长租公寓运营商的背景可以划分为创业公司、房地产企业、酒店、房产中介和国有企业。按照运营商对物业资产的持有状况可分为重资产和轻资产运营方式。其中重资产指运营商本身拥有物业资产所有权，它通过购入、自行开发建设等方式获取房源，对房源加以装修后对外出租。轻资产的运营商一般本身不拥有物业资产，它通过与业主合作签订租赁协议获取房源，也有两种类型：包租模式和轻托管模式。最大的区别在于空置房源期间的损失在包租模式下由运营商承担；在轻托管模式下由业主承担。

（二）我国长租公寓的主要融资方式

与传统的房地产开发模式不同，长租公寓因运营周期长，资金回笼速度慢，且项目初期收益不明显等原因融资较为困难。传统融资方式存在融资困难、成本较高及融资期限不匹配等问题，需要拓展更为合适的融资渠道，为其运营发展提供保障。目前，我国长租公寓企业采取的融资方式，主要包括风险资本股权融资、传统债权融资、发行资产证券化产品等。

1. 风险资本融资一般由具备成长性的高新技术企业或风险企业向机构投资者获取，具备以下特点：首先，融资企业大多是具备高新技术或从事相关技术开发的企业，所在市场不确定性程度高；其次，融资前需接受投资机构一系列的调查与审核；最后，融资发生在企业初创及增长时期，单次金额较大，期限长，多采用股权形式。早期长租公寓企业融资多采用此方式，但因各类主体不断进入市场，多种品牌建立，原有品牌发展，新兴企业依靠此类方式获取融资愈加困难，且融资多适用于企业创业早期，无法为企业后续运营提供保障。

2. 债权融资是指企业向银行或其他金融机构获取资金，支付利息并偿还本金。长租公寓行业的债权融资包括普通经营性贷款、集体土地租赁房贷款和住房租赁专项公司债券等。

（1）普通经营性贷款多为各大银行与企业签订战略协议，为其经营业务提供授信协议。但是，银行提供经营性贷款对企业要求较为严格，多要求企业具备一定的流水，能够提供资产或法人担保。这种方式较适用于大型开发商和企业，其原有财务信息完整，具备资产或法人担保。但对于中小型企业，长租公寓营利模式尚未完全建立，企业流水难以符合银行要求，且持有资产较少，较难获取银行贷款。此外，银行与企业的合作中，提供贷款期限在 3～5 年，对于发展长租公寓业务而言期限较短，且贷款利率较高，企业在短期内不仅需偿还利息也需到期后偿还本金，依然面临资金紧张的风险。

（2）集体土地租赁房贷款。2017 年 4 月，住建部、国土资源部提出在租赁住房供需矛盾突出的超大和特大城市，开展集体建设用地上建设租赁住房试点。2018 年，北京率先开辟集体土地建设租赁房融资绿色通道，国家开发银行、建设银行、农业银行和华夏银行等 4 大银行的北京分行都针对集体土地租赁房提供贷款方案，贷款期限长达 25 年，贷款利率一般不高于商业银行利率，还款方式多设置为在运营期内按照出租率灵活还本付息，宽限期内只偿还利息。这种方式对于长租业务发展较为有利，但是目前只限于符合银行评级条件的农村经济组织或与国企合作的联营公司、国企等主体，且要求主体在担保方面提供项目土地使用权抵押、在建工程抵押、房屋出租预期收益质押等方式，对于融资主体的要求限制了此种融资方式的应用。

（3）住房租赁专项公司债券。国家发改委 2017 年 8 月 15 日发布《关于在企业债券领域进一步防范风险加强监管和服务实体经济有关工作的通知》，明确表明相关部门可以积极组织符合条件的企业发行债券专门用于发展住房租赁业务。发行住房租赁专项公司债券，可以较低成本为公司筹得资金，同时改善资本结构。但这种融资方式期限多为 3～5 年，主体仅限于上市公司，且监管层对募集资金用途、是否存在重复融资、租赁住房性质等方面较为关注。住房租赁专项公司债券这种融资方式虽然可以在一定程度上为长租公寓行业的上市公司筹集资金，但也存在期限与长租业务不匹配、发行条件受到限制、中小型企业融资尚未解决的问题。

3. 资产证券化（ABS），是指通过将缺乏流动性、但具有可预期收入的资产在资本市场上以发行证券的方式出售来获取融资。长租公寓行业资产证券化主要以房地产及相关资产为基础资产，以盘活存量资产，提高融资效率，目前主要形式包括租金收益权 ABS、商业房地产抵押贷款支持证券（CMBS）、资产支持票据（ABN）等。

（1）租金收益权 ABS 实际是基于租金收益权抵押贷款的 ABS。《证券公司及基金管理公司子公司资产证券化业务管理规定》中要求，发行 ABS 设置的底层资产应当为符合法律法规规定、权属明确、可特定化且可产生独立可预测现金流的权利或财产。但很多长租公寓运营商与租客签订的合同期限较短，欲发行的 ABS 期限较长，此时租金收益权产生的现金流不符合可预测的要求，不能够以租金收益权为底层资产。为解决这一问题，可设立资金信托，作为原始权益人，取得信托收益权，以信托收益权为基础资产，再向长租公寓运营商发放信托贷款，并以其租金应收债权为清偿信托贷款的底层资产。例如，魔方公寓 ABS 采用"信托收益权＋专项计划"的双 SPV 架构。

（2）商业房地产抵押贷款支持证券（CMBS），是指以商业地产公司的债权人，以原有商业抵押贷款为资产，依靠抵押物未来产生的净现金流提供偿付本息支持而发行的资产支持证券产品，本质上是一种债券转让行为。国内 CMBS 大多是将持有物业抵押给专项计划的信托贷款，该信托再以专项计划进行交易所上市发行，交易结构类似于租金收益权 ABS。这种融资方式相比于经营性抵押贷款，可贷款比例更大，一般可达到资产评估值的 60% ~ 70%；通过设计结构化产品、债券分级，在每个等级极致定价，优化了加权平均成本；不要求产权拆分或转移，保留了融资人（资产持有方）对资产所有权的完整性，融资人能够充分享有未来资产培育成熟后带来的增值收益。然而 CMBS 仍然有缺点：其对应每一笔物业资产所发行的贷款额度非常大，即每支 CMBS 规模较大，分散性差，筹措资金依赖于大额机构投资者交易为主，流动性较弱。

（3）资产支持票据（ABN），是指非金融企业为实现融资目的，采用结构化方式，通过发行载体发行的，由基础资产所产生的现金流为收益支持的，按约定以还本付息等方式支付收益的证券化融资工具 。传统信用融资方式获得融资需评价融资主体本身资信水平，而这种融资方式主要依靠基础资产未来获取现金流的能力获取融资。对于规模较小、刚刚建立的资信不完善的企业而言，其将基础资产本身的偿付能力与本身资信水平剥离开来，能够更容易获得融资。国内ABN尚处于初步发展阶段，市场较小。

4. 各种融资方式总结。对以上各种融资方式对比见表1。

表1　　　　　　　　　　　各种融资方式的对比分析

	风险资本股权融资	债务融资	资产证券化产品
期限	较长	一般较短，3～5年	较长
融资要求	高速成长企业，具备高新技术，创业早期	符合相关政策要求，企业具备良好流水，拥有一定规模的资产担保或抵押	部分产品要求现金流稳定可预测，能够覆盖利息
不足之处	股权融资易稀释股权，资本退出困难	融资期限较短，符合融资条件的多为大型房企、国营企业，主体受限	融资规模有限，产品流动性较差，市场规模较小

综合看来，在融资期限方面风险资本股权融资及资产证券化产品的融资期限较长，能够符合长租公寓业务的特性。但是前者会稀释股权且退出困难，后者不仅规模有限流动性也较差，而债务融资很多企业难以达到要求且期限太短，这些融资方式都不能很好地匹配长租公寓的特性。这种情况下，学者开始探索其他融资方式，借鉴国外长租公寓的融资模式——房地产投资信托基金（REITs）。国外的REITs可以通过上市筹措资金投资于长租公寓行业，不影响企业本身的资产结构，且融资期限较长，一般接近于永续制，在优惠的税收政策下融资成本也相对较低，可上市交易也使得投资人流通及退出方便，促进投资者的购买，这些特征都使得REITs非常适合应用于长租公寓的融资中。

二、长租公寓 REITs 的发展及其特点

房地产投资信托基金即REITs，是房地产行业一种新型的融资方式。就其本质来看是资产证券化中的一种，先将投资者的资金集合起来，由专门的机构进行管理和运作，然后把这些资金的大部分投资于房地产项目，最终将由投资房地产而取得的收益分配给投资者。

REITs与房地产信托之间本质的区别：第一，REITs是信托投资行为，投资者通过购买REITs份额间接持有房地产资产，属于权益买卖。而房地产信托，投

资者并不拥有房地产，属于债券融资行为。第二，REITs 流动性较强，可以自由转让，但信托流动性差，规定了信托期限。第三，REITs 在发行后，房地产企业拥有的商业地产实现了出表，由专门的管理机构进行管理，但是信托在成立之后仍然是由企业自身进行管理和运作。第四，从收益角度来看，RIETs 具有股票的性质，具有房地产行业整合与资源配置的功能。而信托仅提供融资功能，并不具备资源配置的能力。

REITs 最初起源于美国，早在 1960 年就出台了《房地产投资信托法》，这标志着 REITs 的正式诞生。目前，一些国家包括美国、澳大利亚已经广泛运用这种融资方式，其中，美国运用 REITs 的规模占到了全球总规模的一半以上。直到20 世纪末期，REITs 在亚洲才有所突破，率先推出第一只 REITs 的亚洲国家是新加坡；接着日本和我国香港地区也逐渐开始发行 REITs 产品。

REITs 的主要特点有 3 个：其一，融资者用于分发给投资者的收益来源于从企业中剥离出的基础资产的租金收入以及资产的增值收益；其二，获得的租金收入大部分都用于分发给投资者，该比例达到 90%；其三，投资收益率较高，而且由于 REITs 是将筹集到的资金投资于房地产行业，很少受到股票市场和债券市场波动的影响。

REITs 的投资范围非常广，几乎涵盖了整个房地产领域，包括住宅、购物中心、酒店、写字楼等商业地产。由于商业地产通常是出租给租户，每年能够产生比较稳定且可以合理预估的现金流，有利于 REITs 产品的估值和未来期间的存续。

（一）REITs 的分类

REITs 根据不同的标准可以有不同的分类，主要有三种分类方式，分别是从资金投向、组织结构以及资金是否可以赎回等三个角度进行分类（见表2）。

表2　　　　　　　　　　　　　　REITs 的分类

分类		特　点
资金投向	权益型	投资者持有基础资产的权益，收益来源于资产的租金收益以及资产的增值收益
	抵押型	投资者的资金筹集后用于向融资企业发放贷款，收益来源于资产的租金收益以及资产的增值收益，一小部分来源于向融资企业收取的手续费和利息
	混合型	兼具权益型和抵押型 REITs 的特点

分类		特　　点
组织结构	契约型	投资者作为委托人，以契约为依托，由专门的管理机构进行资金在房地产领域的投资
	公司型	以独立法人形式存在，成立专门的公司，进行资金的投资管理
资金是否可赎回	开放型	REITs 的发行规模可以灵活变动
	封闭型	REITs 的发行规模不可发生变动

从资金投向角度进行分类，可以分为三类：权益型、抵押型和混合型。权益型 REITs 是指投资者可以拥有相关房地产的产权，并且在投资期间取得由于房地产运营所获得的租金以及房地产价值增值而产生的收益。购买这类 REITs 份额能使投资者实际控制这项资产，成为该地产的所有人之一。同时，影响现金流量的主要因素是地产租金的高低，而较少受到利率变化的影响。抵押型 REITs 是指将从投资者筹集到的资金用于向房地产企业发放贷款，抑或是将资金投向抵押贷款市场。这种 REITs 可以吸引资产规模比较小的投资者参与，其收益主要来源是地产的租金收入以及日后的地产增值，还有一小部分是向房地产企业收取的手续费以及利息。这种方式与普通的房地产贷款比较相似，收益对市场的变化比较敏感。但是，在实际运行过程中，专门的管理机构会将这些筹集到的资金投向不同的项目，以达到分散风险的目的。同时投资者可以随时转让所持有的 REITs 份额，也可降低市场变化带来的风险。混合型 REITs 兼具上述两种方式的特点，既可以取得房地产的所有权，同时又是房地产企业资金的提供者。因此，收益来源更加丰富。

从组织结构角度进行分类，可以分为两大类：契约型和公司型。契约型 REITs 是指以契约为依托，投资者不仅作为受益人，同时作为委托人，专门的管理机构按照契约上的约定将筹集到的资金投向房地产项目。这种方式类似于委托代理。公司型 REITs 则是以一个独立的法人主体存在，按照《公司法》的规定设立一家公司，由专门的管理机构运作，最终将收益分配给投资者。

从资金是否可以赎回角度进行分类，可以分为两大类：开放型和封闭型。开放型 REITs 的资金数额可以灵活变动，根据市场供求状况，对发行规模做出调整。封闭型 REITs 是一经发行，总规模不会再发生变动，如果投资者想要持有 REITs 份额，只能在市场上进行交易。

（二）组织运营

美国 REITs 多数会在公开市场上发行，通过上市交易为长租公寓企业筹措资金，且长租公寓企业在运营期间除分红以外无需偿还本金，适合长租公寓业务特性。这种融资方式的进入门槛较低，但政府后期管理较为严格。发起设立阶段，由发起人起草有限合伙协议，确立所有权、股份和管理责任等，并确定投资形式（多以公司制为主），再向公司所在州秘书处备案，发行招股说明书，向投资者披露投资策略、历史投资业绩等信息，开始募集资金，待投资人数超过 100 人后可正式转为 REITS。整体而言，设立阶段流程较为简单，费用低廉。

多数企业或机构设立 REITS 是希望获得税收优惠，需填写美国国税局（IRS）发布的 1120 - REITS 表格，在结构运营层面需要满足多重条件。（1）所有权方面，该 REITS 需有超过 100 名的持有人，且其中 5 个或者更少的人不能拥有 REITS 超过 50% 的份额，不能存在关联持有。另外，养老基金通常被视为单独个体从而其在单个 REITS 中的投资额度也会受到限制。（2）REITS 的收入方面，其 75% 的收入需直接与房地产相关，例如房产租金和抵押利息。95% 的收入需为房地产直接相关收入和其他被动收入，例如股息及利息等；其他不符合条件的收入，例如服务费等占比不能超过 5%。（3）REITS 的资产方面，其 75% 的资产需为房地产资产，例如房产或房产相关贷款，且 REITS 除了对其他 REITS、应纳税 REITS 子公司或合格 REITS 子公司，不能拥有超过 10% 的任何其他公司的拥有投票权的股票，也不能拥有一家股票价值超过 REITS 资产 5% 以上公司的股票，另外一家 REITS 的所有应纳税子公司的股票价值不能包含超过该 REITS 资产价值 20% 的资产。（4）REITS 的红利分配方面，其必须分配至少 90% 的应纳税收入。只有达到以上要求，该主体才能通过填写 1120 - REITS 表格申请到税收优惠。

早期的 REITS 结构较为简单（见图 2），投资人向 REITS 主体购买份额获取分红，REITS 主体直接持有物业资产，并与房地产管理公司签订委托管理协议，由该房产管理公司运营。这种方式下房地产有限合伙人需将他们的房产转移到 REITS，但是这种转移属于应征税行为，会产生税收负担。

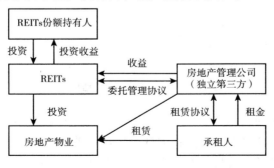

图 2　传统 REITs 交易结构

为了避免这些不足，1992 年伞形合伙的 REITs（UPREITs）出现，结构如图3。为了延迟纳税获取税收优惠，房地产拥有者或者房地产合伙企业的合伙人在成立 REITs 的同时成立另外的经营型有限合伙企业（UPREITs），将自身拥有的物业资产转让给 UPREITs，换取经营型合伙单位（Operating Partnership Unit），简称 OP 单位，拥有 OP 单位的合伙人成为有限合伙人。相比于直接转让物业资产需缴纳相应税金，这种转让资产换取权益凭证的行为在此时不需纳税，只有当 OP 单位转换为现金或 RETIs 时才需缴税，从而达到了纳税延迟的效果。通常 OP 单位持有者在 1 年以后可将 OP 单位转换为现金或 REITS，这一行为也提高了 RETIs 的流动性。而美国 REITs 上市一般有规模要求，这种伞形结构可以通过增加 OP 单位持有者的方式来增加有限合伙人数量达到要求。但是有限合伙人数目增加以后，在以后制定各项负债和物业管理决策时需多方考虑合伙人权益。为方便管理及组织结构创新，伞形多重合伙房地产投资信托（DOWNREITs）出现。DOWNREITs 与 UPREITs 的区别在于，其 REITs 可直接投资于初始房地产物业，其他物业持有者加入时通过转让物业资产换取 OP 单位并成立多个经营型有限合伙企业。这种模式下的 REITs 是多个经营型有限合伙企业的普通合伙人，既方便管理也可提高灵活性，便于更多物业持有人加入，其结构见图4。

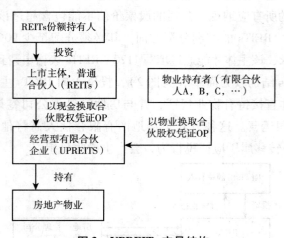

图3 UPREITs 交易结构

美国通过宽松的发起规定和严格的后期管理来规范 REITs 的组织运营，并发展了 UPREITs 和 DOWNREITs 来扩大规模和延迟纳税。与美国相比，我国 REITs 目前无法在公开市场上交易，发行年限受到限制，发行期结束后企业仍需偿还本金。交易结构方面相对单一，虽然依据是否持有标的物业分为权益型 REITs 和抵

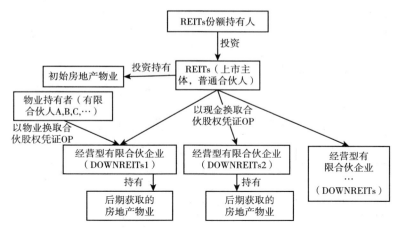

图 4 DOWNREITs 交易结构

押型 REITs，但是两种交易结构并无明显区别，如图 5、图 6 所示。交易架构中，利益相关者为投资者、原始权益人、证券公司、资产管理支持计划（SPV1）、私募基金（SPV2）、项目公司（物业持有人）、担保/增信机构和优先收购权人（原始权益人关联企业）。交易过程中，由证券公司成立 SPV1，原始权益人成立 SPV2；原始权益人将 SPV1 转让予 SPV2，SPV2 支付对价；SPV2 向投资者募集资金，进行注资，并向优先收购权人（项目公司原持有人）发放委托贷款，优先收购权人以项目公司股权偿债，股债相抵；SPV2 向项目公司发放委托贷款，置换项目公司全部负债，实现对项目公司股债结合控制。

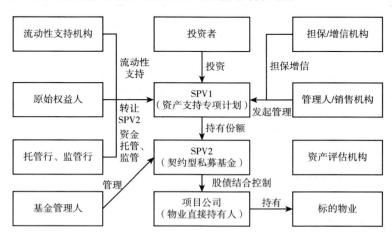

图 5 权益型 REITs 交易结构

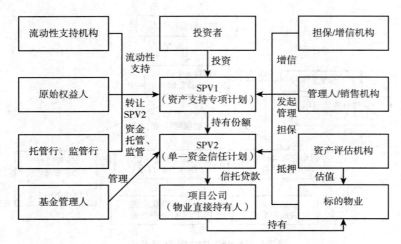

图6　抵押型 REITs 交易结构

虽然目前国内的交易结构设置了多层结构，但是这种设置相比于国外，并不能够实现税收方面的优惠，反而按照国内税收政策存在多重征税的现象。除此以外，虽然目前国家出台了众多政策来推动 REITs 发展，但并未针对 REITs 制定具体法律制度，我国目前与其相关的法律可总结见表3。表3 中的各项法律适用于基金、证券、信托公司，目前我国的 REITs 交易结构中涉及部分此类公司，但就具体 REITs 的运营，国家并未加以规范。

表3　　　　　　　　　我国目前相关法律与适应主体

基金公司	证券公司及基金子公司	信托公司
中华人民共和国证券投资基金法	证券法、证券投资基金法	信托法
公开募集证券投资基金运作管理办法	私募投资基金监督管理暂行办法、证券公司及基金管理公司子公司资产证券化业务管理规定	信托公司集合资金信托计划管理办法
证券投资基金销售管理办法	信息披露指引、尽职调查工作指引、风险控制指引、基础资产负面清单指引	
证券投资基金信息披露管理办法	认购协议与风险揭示书	

（三）财务处理

财务处理方面，为了方便核算及披露 REITs 的财务情况，美国的全国不动产投资信誉协会（NAREIT）1991 年首次引入营运现金流（FFO）的概念，1998 年，FFO 已作为一种非通用会计准则财务披露方式（Non-GAAP Financial Measures）在行业内形成标准。2003 年美国证券交易委员会（SEC）在萨班斯法案（Sarbanes-Oxley Act）的指导下通过 FR–65，创立了 G 条款（Regulation G），规定了使用非通用会计准则财务披露方式的限制条件。该非通用会计准则财务披露方式，主要从经营状况和流动性方面，通过调整通用会计准则下的相关指标，使投资者能够更清晰地了解企业的经营状况和流动性，并与以前年度进行对比。

2018 年 11 月 7 日，NAREIT 发布了《营运现金流白皮书——2018 重述版》（Nareit Funds From Operations White Paper—2018 Restatement），对 2012 版及之后的规定和问题进行整理阐述。NAREIT 定义的 FFO 以一般公认会计原则（GAAP）净利润（计算过程如表 3 所示）为计算起点，但并不能代替 GAAP 现金流量表对流动性体现作用，也不能代表该 REITs 主体的可持续派息能力。按照 NAREIT 的规定 FFO 与调整的 FFO，由包括损益和非常项目的一般会计准则净收入调整而成，重要的调整项目如下。

1. 折旧与摊销。原始的 FFO 的定义里提出要在 GAAP 的净利润基础上加回折旧与摊销，但是并没有说明需要包括哪些项目。在这种情况下，不同 REITs 主体在计算 FFO 时的调整项目不尽相同。NAREIT 建议在对 GAAP 的净利润调整时，加回持有土地租赁协议的处于经营状态下的资产的折旧与摊销，例如，房地产的折旧、延迟租赁成本分期偿还、租赁整修和租赁补贴分期偿还，以及因并购和资产收购而产生的与房地产相关的无形资产的摊销等。其他的摊销则应当包括在 FFO 的计算中，例如，高于或低于市场租金的摊销（计入收入或费用）、递延财务成本的摊销、债务豁免以及非不动产（如办公室装修费）的折旧摊销。

2. 承租人 ROU 资产的摊销。2016 年 2 月，美国会计准则委员会（FASB）发布了新租赁准则，规定承租人应当确认一项与租赁合同有关的负债和 ROU 资产（Right of Use Asset）。NAREIT 认为计算 FFO 时有关此 ROU 资产的摊销应当包括在 FFO 中。

3. 出售资产确认的损益。一般出售与主营业务相关的可折旧的不动产和土地的损益不在 FFO 的计算范围内。但某些 REITs 的主要业务是收购、持有、运营、开发和重新开发不动产及租赁不动产，相对于其主营业务，偶尔也会出售资产。这些资产包括但不限于土地外围设备、经营资产、投资性房地产和证券。对于出售这些资产的损益，REITs 主体可以选择是否在计算 FFO 时包括在内。同样的，对于权益性证券因市场价值波动产生的损益，REITs 主体也可自行选择是否在计算 FFO 时包括在内。在披露中，REITs 主体应当说明如何处理出售上述资产产生的损益，选择计算 FFO 时包括在内的，需在每个报告期内披露其金额；选择计算 FFO 时不包括在内的，将净利润调整为 FFO 时进行处理。

4. 减值的处理。一般与主营业务相关的可折旧的不动产和土地等的减值不在 FFO 的计算范围内。其他相对于主营业务偶然发生的不动产、土地及其他资产的减值，REITs 主体也可自行选择是否在计算 FFO 时将其包括在内，但要注意与其出售损益的处理方式保持一致。

5. 非经常项目的处理。1999 年，NAREIT 阐明了 FFO 的定义包含非经常项目，同时重申不包括 GAAP 定义的由于会计方法变更的累积影响。2002 年，NAREIT 建议 FFO 包括中止经营情况下的报告销售损益。

6. 因控制权变更产生的损益。美国会计准则委员会（FASB）在其他收入相关的准则中要求，卖方在出售某资产的部分权益而丧失控制权时应确认全部所得，并对剩余的权益以公允价值计量。NAREIT 建议当转移控制权的资产是可折旧的房地产或基于可折旧房地产的权益时，因此产生的损益应当在计算 FFO 时从净利润中扣除。类似的，基于可折旧房地产股权变更的损益也应在计算 FFO 时从净利润中扣除。

7. 每股营运现金流。1999 年 7 月，NAREIT 发布了以每股现金流量披露的指导文件，文件表明每股现金流量通过使用会计准则 260 号每股收益的计算方法可与 GAAP 保持一致。2016 年 SEC 的 C&DI 文件表明其接受 FFO 的定义且不反对以每股营运现金流的形式披露。但是对于调整的 FFO（AFFO）、可分配资金（Funds Available for Distribution，FAD）、可分配现金（Cash Available for Distribution，CAD），使用每股营运现金流披露时可能会发生违规。

对以上项目进行调整后，REITs 利用 FFO 进行披露，总结上述调整如表 4 和表 5 所示。

表 4　　　　　　　　　　一般会计准则净收入的计算过程

起始	基本租金
增加：	百分比租金开支
	偿还及其他租赁收入（停车）
	房地产营运所得收入
	非房地产收入

等于	总收入
减少：	房产营运开支
	公司开支（日常和行政开支）
等于	税息折旧及摊销前利润
减少：	折旧和摊销
等于	营运收入
调整：	利息收入或支出
	少数股东权益和不合并子公司的收入
等于	包括损益和非常项目的一般会计准则净收入

表 5	FFO 的计算过程
起始	包括损益和非常项目的一般会计准则净收入
调整：	房地产资产的折旧
	租赁整修和租赁补贴分期偿还
	延迟租赁成本分期偿还
	可折旧房地产销售损益
	中止经营情况下的报告销售损益
增加：	中止经营情况下的报告销售损益
	非常项目
	会计方法变更累积影响
	和可折旧房产相关的减值亏损
调整：	少数股东利益－合并子公司
	非合并子公司
等于	营运现金流量 FFO

与美国 NAREITs 及 SEC 承认 FFO 计量 REITs 相比，国内在 REITs 的相关会计处理上并无特别规定。国内设立 REITs 后，相关存量资产带来的现金流入可以作为其他业务收入计入企业报表，同时结转其他业务成本，但在报表披露及其他会计处理方面国内尚无特别规定。

（四）税收政策

REITs 自 1960 年初在美国兴起，1992 年开始蓬勃发展，其主要驱动力在于税收优惠。美国 1960 年通过《国内税收法典》，1986 年颁布《税收改革法案》，通过在股权结构、资产、收入、分配等方面加以限制，给予符合条件的 REITs 优惠政策。在基金设立时，发生物业资产的转让或股权交易，买卖双方缴纳 0.5% ~ 1% 的转让税，利得扣除分红的部分缴纳所得税，投资者收到资产转让的利得缴纳所得税；基金持有时，REITs 缴纳 1% ~ 3% 的房产税，扣除分红部分缴纳所得税，个人和机构投资者收到分红缴纳所得税；基金退出时，对投资者出售基金份额的资本利得征收资本利得税，如表6。

表6	美国 REITs 税收政策		
	物业交易	物业持有	REITs 交易
REITs	买卖双方 0.5% ~ 1% 的转让税；出售物业利得缴纳所得税，用于分红的部分免税	1% ~ 3% 的房产税；公司缴纳所得税，分红部分可免税；未达到 REITs 的规定有惩罚性税收	—
投资者	出售物业的额利用于分红，缴纳所得税	分红所得，个人和投资机构按不同税率缴纳所得税	出售 REITs 份额的资本利得征收资本利得税

与美国相比，我国的 REITs 依然面临沉重的税负。基金设立环节，依据其对不动产进行资产重组的方式可分为资产交易和股权收购。其中资产交易时，由基金设立的项目公司向基金发起人购买拥有的底层物业资产，双方均需缴纳较多税费。买方取得土地使用权、房屋所有权需缴纳契税，适用幅度比例税率，优惠至 1.5% ~ 2%；另外因在交易中领受应税凭证，需缴纳房产转移文件所载金额的 0.05%。卖方转移不动产缴纳增值税，适用房地产行业税率 11%，并且对 2016 年 4 月 30 日前取得或开工的项目可采用简易计税方式，征收率 5%，增值税附加包括城建税、教育费附加、地方教育费附加、防洪费等，合计约为增值税的 12%；转让不动产取得收入还需按 4 级超率累进税率缴纳土地增值税，税率 30% ~ 60%；企业所得税按转让收入扣除不征税收入、免税收入、各项扣除及以前年度亏损后的 25% 缴纳；印花税按房产转移文件的 0.05% 缴纳。股权收购方式中，卖方就股权转让净所得额缴纳 25% 的企业所得税和房产转移文件所载金额 0.05% 的印花税；买方缴纳 0.05% 的印花税。

基金持有环节，按照投资者、公募基金、专项计划和项目公司 4 个主体，纳税情况分别如下：投资者，其从资产支持专项计划取得分红涉及增值税和所得税，但根据《财政部国家税务总局关于企业所得税若干优惠政策的通知》《关于全面推开营业税改征增值税试点的通知》《关于明确金融、房地产开发、教育辅助服务等增值税政策的通知》《关于资管产品增值税有关问题的通知》等文件规定，分红不属于保本收益，不征收增值税，也暂不征收所得税。公募基金的收入依据上述文件不适用增值税，股息、分红收入和证券买卖差价收入也可暂不征收企业所得税。专项计划取得的非保本收益无需缴纳增值税，若为保本收益，则需按 3% 缴纳，由管理人代扣代缴。项目公司缴纳增值税适用房产行业和建筑业税率 11%，简易征收则为 5%，增值税附加为增值税的 12%；房产税，从价征收按房产原值一次减除 10%～30% 后的余值征收 1.2%。从租征收，按租金收入征收 12%；企业所得税按应纳税所得额的 25% 缴纳；印花税按房屋租赁协议金额的 1‰ 缴纳。

基金退出环节，投资者在转让基金时资本利得需缴纳所得税，个人投资者可免征，但项目公司或专项计划在转移股权或资产时类似设立环节需缴纳相应税款。通过上述对比可以看出，虽然 REITs 在国外应用于长租公寓融资方面，因为可上市交易，长租公寓企业无需偿还本金。虽然发起约束较少但后期运营方面国家制定了严格的标准，且在财务处理、税收政策方面出台了具体合适的规定。与此相比，我国 REITs 融资时，长租公寓企业仍需偿还本金，国家对于发起运营及财务处理和税收也未出台具体政策，REITs 应用于长租公寓融资方面仍存在诸多问题。

三、碧桂园 REITs 项目介绍

（一）碧桂园简介

碧桂园 2007 年在香港联交所上市，是国内领先的住宅物业开发商，主要开发大型住宅项目及销售各类型的单体住宅、连体住宅、洋房、车位及商铺。收入构成中，房地产开发业务收入占当期收入总额的比例在 95% 以上。除此以外，其也从事建筑、安装、装修及装饰以及物业管理服务，通过对项目内商业及酒店物业的开发管理等提升项目的整体价值。碧桂园建立以来，不断完善其以社区为中心的全生命产业链，采用动态成本控制措施降低成本，实行项目合伙人制度提高管理效率，在土地获取能力、住宅开发销售能力、规划设计能力、工程管理能力、全生命周期管控能力及产品复制能力等方面具备相对优势，根据中国房地产测评中心及中国房产信息集团资料，2018 年合同销售金额与销售面积全国排名前3。

2017 年碧桂园开始逐渐涉足长租公寓，12 月 20 日正式对外发布了长租公寓品牌"BIG＋碧家国际社区"。碧桂园的长租公寓采取"轻重并举"的模式，早期主要依靠轻资产盘活存量资产，并逐步开发重资产。长租行业租金回报率较低，项目周转速度对于利润创造非常重要。碧桂园长租物业体系具备标准化的产品体系和标准工期制作流程，与装修团队密切配合，能够保证前期的改造和装修按标准完成，节省项目从获取到入市的时间，提高效率，降低成本，提高回报率。除此以外，碧桂园将各业务板块及社会优质服务投入长租公寓，创造了独特的跨区域、跨业态的多元"寓乐圈"，连接约 20 个行业，500 个供应商，具备国内前列的资源整合能力。

（二）融资动因分析

1. 内部动因。近年来，碧桂园销售、资产规模在不断增长。其 2017 年实现合同销售金额约 5 508 亿元，同比 2016 年增长 78.3%，2013～2017 年合同销售额年复合增长率为 51.0%。高速的销售增长伴随着总体规模的迅速扩大，其 2017 年总资产达 10 497 亿元，同比 2016 年增长 77.5%。为了保持企业规模的增长和房地产的开发销售规模，碧桂园不断竞拍土地，增加土地储备，2017 年末土地储备达 2.82 亿平方米，仅次于恒大地产（3.12 亿平方米）。房地产企业项目开发周期长，包括前期拿地、土地开发、房屋建设以及物业服务等后期业务 4 个阶段，为了保持企业未来发展，有必要提前布局，竞争拿地，但是较长的开发出售周期会占压企业大部分资金，投入土地储备的资金往往周转速度较慢，企业需要依靠融资获取土地，也要不断融资偿还前期融资的利息或本金。

碧桂园的总资产变化如表 7 所示；总资产及资产负债率变动见图 7。碧桂园总资产自 2013 年以来一直保持快速增长模式，同时企业资产负债率也在不断提高，由 2013 年的 77.69% 增至 2017 年的 88.89%。2017 年其他房地产企业的资产负债率如图 8 所示，除融创中国资产负债率达 90.27% 外，碧桂园资产负债率均高于其他房地产企业。虽然房地产企业因运营模式特性，行业内整体负债水平较高，但根据申万行业一级分类，2017 年底房地产行业平均资产负债率在 80%

左右，碧桂园已经远远超过行业平均水平，高杠杆的财务资金结构会给企业带来较大的偿债压力。同时，在碧桂园不断增加的负债中，流动负债的比例越来越大，如图 9 所示，流动负债占总负债的比例自 2015 年以来由 73.95% 增至 82.47%，增加的流动负债比例对企业短期偿债能力要求不断提高。而如表 8、图 10 与图 11 所示，碧桂园的流动比率自 2015 年以来持续下降，由 1.35 减至 1.13，货币资金/流动负债、经营活动产生的现金流量净额/流动负债在 2017 年度都有不同程度的降低。整理企业在 2017 年的债务结构如表 9，可以看出，在总体债务中未来 1 年内需要偿付的债务比例较大，为 69.71%；未来 1~5 年内需偿还的比例达 27.74%，未来企业资金会较为紧张，流动性风险较高。

表 7　　　　　　　　　　2013~2017 年碧桂园资产与负债变化　　　　　　　　单位：万元

项目	2013 年	2014 年	2015 年	2016 年	2017 年
总资产	20 623 943	26 803 221	36 195 633	59 157 160	104 966 926
流动负债	11 490 428	15 662 302	20 159 493	40 531 401	76 953 681
非流动负债	4 532 398	4 896 676	7 102 099	10 464 242	16 352 052
总负债	16 022 826	20 558 978	27 261 592	50 995 643	93 305 733
资产负债率（%）	77.69	76.70	75.32	86.20	88.89

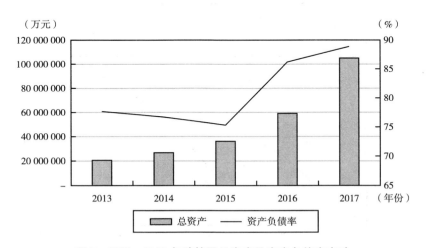

图 7　2013~2017 年碧桂园总资产及资产负债率变动

175

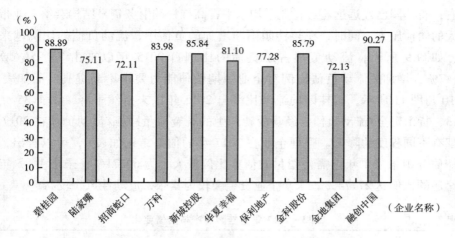

图8　2017年各大房地产企业资产负债率比较

表8　　　　　　　　　　　**2013～2017年碧桂园短期偿债能力变动**

项目	2013年	2014年	2015年	2016年	2017年
流动比率	1.27	1.23	1.35	1.2	1.13
货币资金/流动负债	0.16	0.12	0.18	0.21	0.18
经营活动产生的现金流量净额/流动负债	−0.05	−0.03	−0.09	0.1	0.03

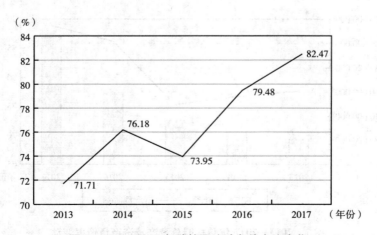

图9　2013～2017年碧桂园流动负债占比变化

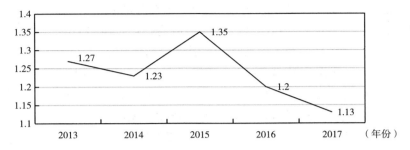

图 10   2013～2017 年碧桂园流动比率变化

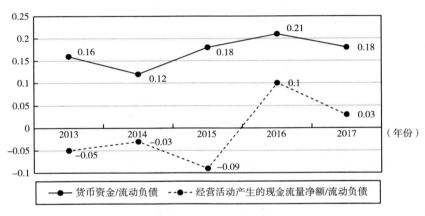

图 11   2013～2017 年碧桂园货币资产/流动负债等比率变化

表9		2017 年碧桂园债务结构			单位：万元
项目	少于 1 年	1 年至 2 年	2 年至 5 年	5 年以上	合计
优先票据	55 500. 34	36 163. 45	200 167. 14	130 953. 22	422 784. 15
银行及其他借款	540 050. 14	409 266. 64	521 813. 36	7 729. 73	1 478 859. 8
公司债券	186 567. 50	188 577. 95	147 732. 90	—	522 878. 35
证券化安排的收款	18 803. 78	—	—	—	18 803. 78
贸易及其他应付款（不包括其他应付税项和应付职工薪酬）	2 985 581. 6	—	—	—	2 985 581. 6
衍生金融工具	2 120. 13	545. 10	3 013. 66	—	5 678. 89
合计	3 788 623. 5	634 553. 14	872 727. 06	138 682. 95	
占比（%）	69. 71	11. 68	16. 06	2. 55	

分析企业目前的融资方式：碧桂园 2007 年在香港联交所上市时发行 160 亿股，后不断进行证券回购、以股代息、配售股份，但很少进行定向增发来融资。除了日常经营活动中依靠贸易及其他应付款类经营性负债，其他融资主要包括银行借款、发行企业债和优先票据。银行借款 2017 年平均实际年利率约为 5.67%，但此种方式要求企业提供物业、土地使用权及设备作抵押，且借款大多在 5 年内，企业为了偿还贷款常常需要循环贷款，无法较好地解决流动性问题。对于优先票据和企业债，虽然其年限可较银行借款更长，但最长不超过 10 年，大部分在 4~7 年，且利率更高，在 5%~8%，每年需偿还较高利息。

综上可以看出，碧桂园目前资产结构中负债比例较大，财务风险很高，且债务结构中未来一年需偿还比例较大。而目前的融资方式下，银行借款、优先票据和企业债期限较短，需要通过不断地进行融资以偿还旧债及满足营运资金要求。而碧桂园作为房地产企业，其从获取土地、开发建设至销售、收回款项需耗费较长时间。自 2017 年以来碧桂园不仅着力于开发房地产，也在政策号召下开始发展长租公寓业务。公司正式成立长租事业部，12 月 20 日对外发布长租公寓品牌"BIG + 碧家国际社区"，在全国范围内主要着力于一线、二线城市，目前在建及已经获取的房间总数超过 1 万间，并持续推行计划，保障各个城市的房屋供应。国家对住房租赁市场的关注逐渐增大并不断推行政策加以支持，碧桂园逐步发展长租业务，长租业务相比于传统的房地产开发建设销售，其项目所需资金大，但周期更长，一般超过 10 年，回款慢。目前的融资方式与其期限结构不甚匹配。为了促进其长租业务及缓解传统房地产业务模式下债务流动性风险较大的问题，企业需要尝试新的融资方式，2018 年碧桂园发行了 REITs 产品。

2. 外部动因。外部动因方面，长租公寓行业不断发展，房地产企业纷纷进入，急需大量资金拓展业务。2017 年我国房地产销售面积达 16.94 亿平方米，销售额达 13.37 万亿元，房地产行业给长租公寓行业提供了有力的支撑。但随着房价持续上涨，刚需购买力受到抑制，首套置业的购房者年龄被推后，越来越多的人选择租赁，居民的租房意愿不断增长。根据前瞻研究院统计，2015 年中国租赁市场成交总额已经超过 1 万亿元，租房人口接近 1.6 亿；2017 年我国全国流动人口达到 2.44 亿人，流动人口租房比例约为 72%，租房刚性需求人口达 1.7 亿人；预计到 2020 年租金成交总额将达到 2 万亿元，租房刚性需求人口将上升至 2 亿人。租赁市场的不断扩大刺激房地产企业进入。

然而国家不断加强对房地产企业信贷市场的调控，房企获取资金渠道逐渐收紧。中央政治局 2016 年 7 月强调抑制资产泡沫，10 月强调防风险；2016 年 12 月中央经济工作会议首次提出"房子是用来住的，不是用来炒的"，强调住房的居住属性，房地产调控开始从刺激转向收紧。2016 年 10 月开始，公司进行债券、贷款、私募基金资产管理计划、信托等融资方式更加困难，成本增加。例如，在 2015 年 9 月至 2016 年 9 月，房地产公司每季度可发行 1 500 亿元公司债，但 2016 年 10 月以后，每季度公司发行债券量下降到了 500 亿元甚至更少，发行成本也由 5.5% 提升至 7%。2017 年全年房地产公司发行的债权总量仅达到 605 亿元，相比以往下降九成。与此相关的政策总结如表 10 所示。2016 年第四季度的调控新政，标志着房地产行业进入新一轮调控期。本轮调控方式不断创新、调控区域持续扩围、调控深度进一步升级，随着政策的持续深入，房地产行业带来的下行压力逐渐加大，房地产行业去杠杆信号不断加强，银行信贷、信托、资管通道、债券融资等融资方式均受到不同程度的限制，行业将面临一定的流动性风险。在这种情形下，碧桂园发展长租公寓，拓宽业务融资需采取其他创新方式。

表 10 房企融资全面收紧相关政策

时间	渠道	机构	政策措施	政策重点
2016 年 10 月	公司债	上交所、深交所	《关于试行房地产、产能过剩行业公司债分类监管的函》	1. 对房地产公司债券发行审核试行分类监管（发债门槛明显提高）；2. 房企发行公司债券募集资金不得用于购置土地
2016 年 11 月	企业债	发改委	《关于企业债券审核落实房地产调控政策的建议》	严格限制房地产企业发行企业债用于商业房地产项目
2017 年 12 月	银行贷款	银监会	《关于进一步深化整治银行业市场乱象的通知》	将违反房地产行业政策贷款列为整治要点
2017 年 12 月	信托	银监会	《关于规范银行类业务的通知》	不得将信托资金投向房地产等限制或禁止领域
2017 年 12 月	委托贷款	银监会	《商业银行委托贷款管理办法》	将委托贷款纳入严监管
2018 年 1 月	银行贷款	部分商业银行	恒丰银行等商业银行下发通知	已暂停受理房地产行业新增授信业务，或暂停开发贷业务
2018 年 1 月	银行贷款	上海银监局	《关于规范开展并购贷款业务的通知》	严控房地产行业并购贷款

（三）碧桂园 RIETs 产品介绍

碧桂园的 RETIs——"中联前海开源—碧桂园租赁住房一号"资产支持专项

计划于 2018 年 2 月 2 日获批，2018 年 5 月 24 日在深圳证券交易所正式挂牌流通。总规模 100 亿元，采取储架、发行分期机制，第一期发行规模为 24.18 亿元，优先级占比 90% 为 21.762 亿元，评级 AAAsf，预期 18（3 + 3 + 3 + 3 + 3 + 3）年，每年支付利息；次级 2.418 亿元，不设预期收益并按年支付剩余收益，到期一次还本。产品基金管理人为中联前源不动产基金管理有限公司，计划管理人为前海开源资产管理有限公司，产品要素如表 11 所示，产品从交易结构、现金流分配、开放退出安排等方面均类似于其他国内 REITs，具体融资发行过程如下。

表 11　　　　　　　　　　碧桂园 REITs 产品要素

原始权益人/资产服务机构	碧桂园地产集团有限公司	
产品总规模	拟向深交所申请储架额度【100】亿元，其中第一期产品发行规模为【24.18】亿元	
基金管理人	中联前源不动产基金管理有限公司	
计划管理人	前海开源资产管理有限公司	
挂牌场所	深圳证券交易所	
产品底层物业资产	位于北京、上海和厦门三地的租赁住房物业	
产品分层（产品规模）	优先级资产支持证券，占比 90%（21.762 亿元）	次级资产支持证券，占比 10%（2.418 亿元）
信用等级	【AAAsf】	未予评级
产品期限	预期 18【3 + 3 + 3 + 3 + 3 + 3】年（可提前结束）	预期【3 + 3 + 3 + 3 + 3 + 3】年（可提前结束）
利率类型/付息频率	固定利率/按年付息	不设预期收益/按年支付剩余收益
还本方式	期末一次性还本	

私募基金募集时，基金管理人中联前源不动产基金管理有限公司设立"中联前源—碧桂园租赁住房一号第一期私募投资基金"，原始权益人实缴基金出资人民币 100 万元（1 元人民币的基金出资对应 1 份基金份额）取得全部基金份额。计划管理人前海开源设立"中联前海开源—碧桂园租赁住房一号第一期资产支持专项计划"，专项计划向原始权益人认购所持有的基金份额并缴齐剩余款项合计人民币 241 200 万元。完成私募基金募集后，由该基金出资设立特殊目的主体公司（SPV）——中联前源碧盛（天津）物业管理有限公司，并向股东发放借款，从而私募基金持有 SPV100% 的股权和 100% 的债权。SPV 将向厦门丰创投资有限公司、厦门市盛碧房地产开发有限公司、上海碧浦置业发展有限公司、北京温榆河九华会议中心有限公司和北京鑫九华物业管理有限公司原股东收购

100%的股权并签订《股权转让协议》，同时发放借款，各项目公司原股东借款数额如表12所示。至此，该项目完成初步设立，交易结构见图12。

表12　　　　　　　　　各项目公司原股东借款　　　　　　　　单位：万元

公司名称	借款金额
厦门丰创投资有限公司	10 701.08
厦门市盛碧房地产开发有限公司	46 704.78
上海碧浦置业发展有限公司	31 397.58
北京温榆河九华会议中心有限公司	26 010.00
北京鑫九华物业管理有限公司	40 021.00

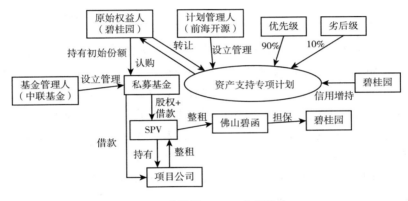

图12　碧桂园 REITs 交易结构

（四）物业资产设置

此次融资中涉及的物业资产包括4处：

1. 厦门云屿里项目。位于厦门市思明区厦门曾厝垵社区曾厝垵北路158号，原为厦门曾厝垵滨海酒店项目，由厦门丰创投资有限公司持有，项目建筑面积为16 106.19平方米。项目周围环绕滨海湾花园、浅水湾畔、珍珠湾花园、鹭悦豪庭、大洋山庄等众多住宅小区。除此以外还有各种商务写字楼及其他商业圈，如财富中心、世茂海峡大厦、建行大厦国际银行大厦等，商务办公氛围浓厚。

2. 厦门国际海岸项目。由厦门市盛碧房地产开发有限公司持有，位于厦门市湖里区06－02航空工业与物流园区滨海路南侧"2012P14地块"，项目总建筑面积39 373.25平方米。项目周围商业广场较多，如赣商大厦、舜弘国际中心、航空自贸广场、海天大厦、兆翔海天韵等，具备浓厚的商务氛围，且附近正在建设中国（福建）自由贸易试验区厦门片区，商务商业发展潜力较大。根据中国房价行情网数据，目前厦门市各区县租金单价如表13所示。

表13　　　　　　　　　　厦门各区县平均租金

序号	区县市名称	平均单价（元/月/平方米）
1	思明区	51.10
2	湖里区	46.65
3	集美区	30.06
4	海沧区	28.32
5	同安区	25.47
6	翔安区	24.07

3. 上海南翔玉宏项目。由上海碧浦置业发展有限公司持有，位于棉伯滨以南、云安南路以西，嘉定区棉翔路与云安南路交界处，建筑面积26 706.78平方米。该物业处于嘉定南翔核心位置，周边有众多住宅及公寓项目，如威廉公馆清猗园三期、三湘森林海尚、新城公馆、宏立瑞园、卢尔公寓、栎庭、金地格林世界圣琼斯湾、金地格林春晓等，人口密集度较高。根据中国房价行情网数据，上海平均租金约76.97元/月/每平方米，区域内类似长租公寓的出租房源，根据各大租房行情网数据，其从户型及其他方面类似长租公寓的房源租金水平如表14所示，平均租金约为93.97元/月/每平方米。

表14　　　　　　　　　　项目周边小区类似公寓租金水平

序号	小区名称	租金水平（元/月/每平方米）
1	宝华栎庭	108.33
2	宝华栎庭	110.00
3	宝华栎庭	111.25
4	宝华栎庭	84.00
5	新城公馆	101.58
6	新城公馆	77.78
7	新城公馆	105.83
8	新城公馆	65.45
9	新城公馆	63.33
10	新城公馆	96.25

序号	小区名称	租金水平（元/月/每平方米）
11	新城公馆	107.14
12	宏立瑞园	80.00
13	宏立瑞园	110.67

4. 北京九华山庄集团股份有限公司（包括北京温榆河九华会议中心有限公司和北京鑫九华物业管理有限公司）持有的北京市昌平区小汤山镇葫芦河村北51号楼中对应九华山庄10区部分（不含51号楼中对应九华山庄11区、12区部分），北京市昌平区小汤山镇葫芦河村北49号楼（对应九华山庄15区），以及前述房产占用范围内的土地使用权（以下简称"九华山庄10区养老公寓项目和九华山庄15区养老公寓项目"），项目坐落于九华山庄园区内，九华山庄紧邻北京六环，位于北京中轴线与北六环交叉处，与京吕、京承高速公路毗邻，是离市中心最近的度假村之一。项目中国15区养老公馆共有精装修适老公寓478套；10区养老公馆共有精装修适老公寓306套。该项目经营养老酒店式公寓，主要客户为超过60岁的人群，集中在70岁的高知识、高收入的老年人。该公寓目前采取"租金＋押金"的运营模式，租金较低，每年每间约为10万元，每次签约5年，但需交押金60万元，5年之后若不再续租则退还押金。未来租金方面戴德梁行结合本项目所在区域和档次等因素，预计年租金增长率在2%～4%。目前15区所有房间已全部租出，10区尚余100套左右，2019年可全部租出。

（五）现金流分配设置

专项计划存续期间，现金流入主要来源于物业资产产生的净营运收入、优先收购权人应付权利维持费、各层面闲置资金的合格投资收益，扣除支付项目公司和基金等层面税费后，依次支付专项计划应承担的税费、执行费用；登记托管机构的资产支持证券上市、登记、资金划付等相关费用；其他专项计划费用（包括但不限于专项计划管理费、托管费、承销费用等）；再按照优先级预期收益和次级预期收益进行分配。

专项计划退出时，将来源于物业资产产生的净营运收入、优先收购权人应付权利维持费、各层面闲置资金的合格投资收益，扣除支付项目公司和基金等层面税费后，依次支付专项计划因处置而应承担但尚未支付的税收（如有）、执行费用（如有）；因处置而发生但尚未支付的资产支持证券上市、登记、资金划付等费用；其他专项计划费用（包括但不限于专项计划管理费、托管费、承销费用等）；再按照优先级预期收益、本金及次级本金和剩余收益进行分配。

四、碧桂园 REITs 项目分析

根据以上的 RIETs 信息，本案例对碧桂园的项目作进一步分析。

（一）项目现金流估算

实际项目运营期间，其现金流入主要包括 3 个方面，一是物业资产租金收入（包括押金等）；二是优先级投资人所需支付的优先收购权权利维持费；三是私募基金借款给项目公司原股东后所取得的利息。（1）根据项目物业资产租金水平可估算此部分现金流入：厦门云厝里项目位于思明区，租金水平约为 51.1 元/月/每平方米。结合其近年租金变化情况及周边环境，中国房价行情网预估其未来 5 年内租金增长率约为 4%；厦门国际海岸项目位于湖里区，目前租金水平约为 46.65 元/月/每平方米。该区相比于思明区租金水平较低，未来增长空间较大，预估未来 5 年内租金增长率约为 5%；上海南翔玉宏项目位于上海嘉定区，嘉定区平均租金水平为 54.3 元/月/每平方米。但根据项目周边小区类似房源租金水平，估算项目租金约为 93.97 元/月/每平方米。针对未来租金变化，上海房产预测未来租金 10 年复核增速约为 5%。九华山庄 10 区养老公寓项目和九华山庄 15 区养老公寓项目，运营模式较其他项目不同，目前每年租金 10 万元。戴德梁行预测未来租金增长 2%~4%，以下测算中取 3%。10 区项目目前尚未租满，预计 2019 年后可全部租满。养老公寓特殊的运营模式下，只要该房屋处于客户承租状态，押金即属于项目，计算现金流时作为初始 1 次性流入，而 15 区养老公寓在计划成立前已经全部租出，计算押金收入时不将其包括在内；10 区则为 2018 年末施工完成，押金收入计入项目存续期间现金流入。此外，上述各物业资产更长年度的租金增长按 3% 计算，未来期间各物业资产租金收入见表 15。（2）优先级投资人所需支付的优先收购权利维持费，投资人只需在前 8 年支付此费用，如表 16 所示。（3）物业资产原项目公司股东借款利息，根据项目说明书其未来 18 年内利率及计算利息如表 17 所示。

表 15　　　　　　　　　　　　物业资产租金收入测算　　　　　　　　　单位：万元

年份	厦门云厝里	厦门国际海岸	上海碧浦	北京九华	押金收入	合计
第 1 年	987. 63	2 204. 11	3 011. 56	6 840. 00	12 360. 00	25 403. 31
第 2 年	1 027. 14	2 314. 32	3 162. 14	6 840. 00	6 000. 00	19 343. 60
第 3 年	1 068. 22	2 430. 04	3 320. 25	6 840. 00	—	13 658. 51
第 4 年	1 110. 95	2 551. 54	3 486. 26	6 840. 00	—	13 988. 75
第 5 年	1 155. 39	2 679. 11	3 660. 57	6 840. 00	—	14 335. 08
第 6 年	1 190. 05	2 759. 49	3 843. 60	7 045. 20	—	14 838. 34
第 7 年	1 225. 75	2 842. 27	4 035. 78	7 045. 20	—	15 149. 01
第 8 年	1 262. 53	2 927. 54	4 237. 57	7 045. 20	—	15 472. 84
第 9 年	1 300. 40	3 015. 37	4 449. 45	7 045. 20	—	15 810. 42
第 10 年	1 339. 41	3 105. 83	4 671. 92	7 045. 20	—	16 162. 36
第 11 年	1 379. 60	3 199. 00	4 812. 08	7 256. 56	—	16 647. 24
第 12 年	1 420. 98	3 294. 97	4 956. 44	7 256. 56	—	16 928. 96
第 13 年	1 463. 61	3 393. 82	5 105. 14	7 256. 56	—	17 219. 13
第 14 年	1 507. 52	3 495. 64	5 258. 29	7 256. 56	—	17 518. 01
第 15 年	1 552. 75	3 600. 51	5 416. 04	7 256. 56	—	17 825. 85
第 16 年	1 599. 33	3 708. 52	5 578. 52	7 474. 25	—	18 360. 62
第 17 年	1 647. 31	3 819. 78	5 745. 88	7 474. 25	—	18 687. 22
第 18 年	1 696. 73	3 934. 37	5 918. 25	7 474. 25	—	19 023. 60

表 16　　　　　　　　　　　**优先收购权权利维持费收入**　　　　　　　单位：万元

年份	优先收购权权利维持费收入
第 1 年	3 300. 00
第 2 年	2 900. 00
第 3 年	2 500. 00
第 4 年	2 100. 00
第 5 年	1 600. 00
第 6 年	1 200. 00
第 7 年	800. 00
第 8 年	400. 00

表 17 　　　　　　　　　　　项目公司原股东借款及利息计算 　　　　　　　　　　单位：万元

	北京温榆河九华	北京鑫九华	上海碧浦	厦门盛碧	厦门丰创	利息收入合计
借款额	26 010.00	40 021.00	31 397.58	46 704.78	10 701.08	
第 1 年	6.29	6.30	4.42	3.47	4.70	7 668.73
第 2 年	6.48	6.49	4.60	3.65	4.93	7 959.39
第 3 年	6.67	6.68	4.78	3.83	5.18	8 252.18
第 4 年	6.87	6.88	4.97	4.02	5.44	8 560.46
第 5 年	7.08	7.09	5.17	4.18	5.66	8 860.19
第 6 年	7.29	7.30	5.38	4.35	5.89	9 168.80
第 7 年	7.51	7.52	5.54	4.53	6.12	9 472.99
第 8 年	7.73	7.74	5.71	4.66	6.31	9 752.68
第 9 年	7.97	7.98	5.88	4.80	6.50	10 050.25
第 10 年	8.21	8.22	6.06	4.95	6.69	10 355.63
第 11 年	8.37	8.38	5.99	5.05	6.83	10 500.99
第 12 年	8.54	8.55	5.51	5.15	6.96	10 523.15
第 13 年	8.71	8.72	5.62	5.25	7.10	10 731.62
第 14 年	8.88	8.89	5.74	5.36	7.25	10 948.96
第 15 年	9.06	9.07	5.85	5.46	7.39	11 164.06
第 16 年	9.24	9.25	5.97	5.57	7.54	11 388.02
第 17 年	9.43	9.44	6.09	5.68	7.69	11 618.58
第 18 年	9.61	9.63	6.21	5.80	7.85	11 852.28

注：表中第 2～6 列、第 1～18 年数据为年利率。

现金流出方面，主要包括各年支付的利息、税负及基金托管费和监管费等。项目存续期间按照优先级约定票面年利率 5.75% 每年支付固定利息，约为 12 513.15 万元；次级利息为扣除各种费用成本的剩余收益，且计划的次级证券全部由碧桂园本身购买，作为信用增级手段，在计算现金流时不考虑次级利息支出。项目涉及税负方面，运营期间房产税约定从租计征，为预计租金收入（不含增值税）乘以 12%；增值税及附加税费 =［预计租金收入/（1 + 11%）× 11% – 可抵扣进项税金额］×（1 + 附加税税率）。厦门国际海岸及厦门云厝里项目适用简易征收，增值税及附加税费 =［预计租金收入/（1 + 5%）× 5% – 可抵扣进项税金额］×（1 + 附加税税率），此式中附加税税率 12%，企业所得税 25%。其他费用方面，基金管理费等于优先级证券总规模（假定为人民币 2 176 20 万元）乘以对应费率（假定为 0.20%），约为 435.24 万元；基金托管费及监管费合计等于基金规模（假定为人民币 2 413 00 万元）乘以对应费率（假定为 0.005%），约为 12.065 万元。上述现金流出测算见表 18。

表 18 　　　　　　　　　　　现金流出测算　　　　　　　　　　单位：万元

年份	房产税	增值税	优先级利息支出	基金管理费等	支出合计
第 1 年	1 429.80	1 263.66	12 513.15	447.31	15 653.92
第 2 年	1 463.19	1 288.36	12 513.15	447.31	15 712.01
第 3 年	1 498.21	1 314.27	12 513.15	447.31	15 772.93
第 4 年	1 534.92	1 341.45	12 513.15	447.31	15 836.83
第 5 年	1 573.43	1 369.98	12 513.15	447.31	15 903.86
第 6 年	1 628.54	1 419.20	12 513.15	447.31	16 008.20
第 7 年	1 662.86	1 446.85	12 513.15	447.31	16 070.17
第 8 年	1 698.62	1 475.76	12 513.15	447.31	16 134.84
第 9 年	1 735.90	1 505.98	12 513.15	447.31	16 202.33
第 10 年	1 774.74	1 537.57	12 513.15	447.31	16 272.77
第 11 年	1 827.99	1 583.70	12 513.15	447.31	16 372.14
第 12 年	1 859.29	1 607.05	12 513.15	447.31	16 426.80
第 13 年	1 891.53	1 631.10	12 513.15	447.31	16 483.09
第 14 年	1 924.75	1 655.87	12 513.15	447.31	16 541.07
第 15 年	1 958.95	1 681.38	12 513.15	447.31	16 600.79
第 16 年	2 017.72	1 731.83	12 513.15	447.31	16 710.00
第 17 年	2 054.01	1 758.89	12 513.15	447.31	16 773.36
第 18 年	2 091.39	1 786.77	12 513.15	447.31	16 838.62

综合上文的现金流入及流出，测算该计划未来现金流状况见表 19。

表 19 　　　　　　　　　　　项目未来现金流测算　　　　　　　　　　单位：万元

年份	租金收入（包括押金）	利息收入	优先收购权权利维持费	收入合计	支出合计
第 1 年	25 403.31	7 668.73	3 300.00	36 372.04	15 653.92
第 2 年	19 343.60	7 959.39	2 900.00	30 202.99	15 712.01
第 3 年	13 658.51	8 252.18	2 500.00	24 410.69	15 772.93
第 4 年	13 988.75	8 560.46	2 100.00	24 649.21	15 836.83
第 5 年	14 335.08	8 860.19	1 600.00	24 795.27	15 903.86

续表

年份	租金收入 （包括押金）	利息收入	优先收购权 权利维持费	收入合计	支出合计
第 6 年	14 838.34	9 168.80	1 200.00	25 207.14	16 008.20
第 7 年	15 149.01	9 472.99	800.00	25 422.00	16 070.17
第 8 年	15 472.84	9 752.68	400.00	25 625.52	16 134.84
第 9 年	15 810.42	10 050.25		25 860.67	16 202.33
第 10 年	16 162.36	10 355.63		26 517.99	16 272.77
第 11 年	16 647.24	10 500.99		27 148.22	16 372.14
第 12 年	16 928.96	10 523.15		27 452.10	16 426.80
第 13 年	17 219.13	10 731.62		27 950.75	16 483.09
第 14 年	17 518.01	10 948.98		28 466.98	16 541.07
第 15 年	17 825.85	11 164.06		28 989.91	16 600.79
第 16 年	18 360.62	11 388.02		29 748.64	16 710.00
第 17 年	18 687.22	11 618.58		30 305.80	16 773.36
第 18 年	19 023.60	11 852.28		30 875.89	16 838.62

（二）REITs 融资期限分析

碧桂园此次发行的 REITs 产品，如果不提前结束可达 18 年。长租公寓行业中，如果企业自身兴建相关物业资产，进行装修管理，再宣传并运营，除了前期需投入大量资金获取土地进行建设，并雇佣物业管理，后期在正式运营中回款也较为缓慢。以租金回报率指标来看，如图 13、图 14 所示，目前我国一线城市租金回报率不足 2%；新一线城市租金回报率最高达 3.24%，但大多在 2% 左右。租金回报率较低，不仅反映房产价格较高，也反映出目前依靠租金收回长租公寓投资所需时间较长。碧桂园发展长租业务，需要投入大量资金，而投入的资金在长租业务中回收较慢则会对其资金周转带来压力，尤其在其目前流动资金占比较大，银行借款、优先票据及企业债融资方式期限最长不超过 10 年的情况下，长租业务的发展需要一种可以提供较长期限的融资方式。此次 REITs 产品总期限达 18 年，在 18 年内碧桂园只需保证每年能够支付固定利息即可，这样企业可避免短期内需偿还本金从而要不断融资，而通过长期的长租业务的运营也能够缓慢收回资金，相比于企业目前的其他融资方式，REITs 更加匹配长租业务。

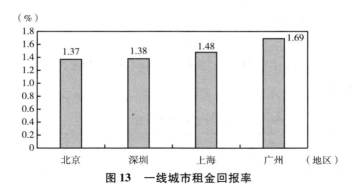

图 13　一线城市租金回报率

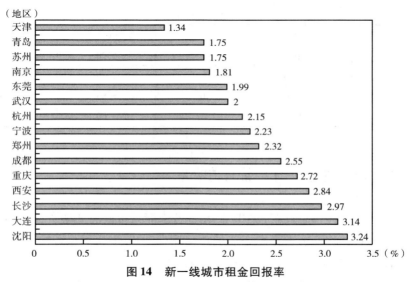

图 14　新一线城市租金回报率

（三）REITs 的融资成本相对较低

融资成本方面，此次融资中优先级票面利率为 5.75%。根据估算的项目现金流测算的融资成本约为 7.4%，不考虑税负时为 5.96%。目前市场上不同期限国债利率及相同评级下企业债利率见表 20、表 21，碧桂园 REITs 的票面利率 5.75%，相比于其他企业债较低。另外与企业此前采取的融资方式相比，其发行的公司债最长融资 7 年，大部分在 3~5 年；优先票据最长 10 年，多为 5~7 年，融资成本 6%~8%，且不同程度地要求担保。至于银行借款方式，虽然成本相对较低，在 3%~5%，但期限也大多不长，且在目前国家收紧房地产行业贷款的政策调控下，2017 年的房地产贷款总额及在贷款增量的占比相比于往年均有所下降，房地产企业获取银行贷款变得更加困难。相比之下，该 REITs 产品 7% 的融资成本相对较低。根据现金流测算，通过选择合适的物业资产，设计交易结构，该项目能够偿还每年利息。总体来看，REITs 产品融资既能改善资产结构，成本也相对较低。

表20 不同期限国债利率

年限（年）	5	7	10	15	20
国债利率（%）	3.2414	3.37	3.3736	3.6458	3.6813

表21 不同期限企业债利率

债券代码	债券名称	债券年限	年利率（%）	债券评级
124361	13 京科城	6	6.28	AAA
122645	12 苏园建	7	5.79	AAA
124953	09 宁城建	10	5.85	AAA
120486	04 国电（2）	15	5.60	AAA

（四）REITs 对企业资产结构的影响

该项目中，碧桂园总计获批 100 亿元，若未能采取此方式融资，公司依靠贷款或债券等方式，将会大大提高企业的负债率。2017 年公司总资产 104 966 926 万元，负债 93 305 733 万元，资产负债率 88.89%，已经高于大部分同行业其他企业。若采取贷款或债券，则资产增加 100 亿元，负债也会增加 100 亿元，资产负债率会增加至 89%，过高的资产负债率会损害公司偿债能力，不利于财务稳定。与此相比，发行类 REITs 产品，在增加资产的同时增加其他业务收入，不增加企业负债，从而降低了资产负债率。而且，此种方式下企业能够盘活存量房地产，存量地产转化为流动资金，实现资产证券化，提高了资产周转率，可改善企业资产结构，表 22 为公司 2017 年年报数据及不同融资方式资产结构的变化。

表22 不同融资方式的资产结构 单位：万元

项目	2017 年报数	贷款或债券	REITs
流动资产	86 791 545	1 000 000	1 000 000
非流动资产	18 175 381		
总资产	104 966 926		

续表

项目	2017 年报数	贷款或债券	REITs
流动负债	76 953 681		
非流动负债	16 352 052	1 000 000	
总负债	93 305 733		
资产负债率（％）	88.89	89.00	88.05

（五） 项目的不足之处

目前，受我国 REITs 发展的制约，碧桂园 REITs 从交易结构上与国外成熟市场的 REITs 有很大差距，且我国目前尚未针对 REITs 进行专门的立法及政策制定，RETIs 在税收方面无法享受优惠，税收负担较重。

1. 产品债券属性较强，流动性不足。我国发行的类 REITs 多采取 "私募基金 + 专项计划" 的结构，由碧桂园委托建立私募基金及专项计划，向机构投资者募集资金，发行的优先级证券也主要在有限的市场上被购买或进行转让。据深交所的公告，持有深圳 A 股证券账户和基金账户的合格投资者可自 2018 年 5 月 24 日起在综合协议交易平台转让该碧桂园 REITs 产品，单笔转让最低数量为 1 万份。相比之下，国外 REITs 多为公募基金，其通过在公开市场上市发行，允许个人及机构投资者投资和转让。我国 REITs 产品的资金募集及后期转让处于有限市场，主要投资者为机构，这不仅不利于资金募集，也降低了流动性。另外，国外 REITs 的法律要求依据每年运营状况将收益的 90% 以上以分红的形式发放给投资者，本项目只依据票面利率每年支付固定利息，与 REITs 相比更加类似于债券产品。最后，国外 REITs 上市发行在公开市场，在项目未终止退市前可持续运营，原始权益人无需向投资者偿还本金，而本项目产品在 18 年之后依然需要偿还本金，虽然在融资期限内相比企业原有融资方式解决了流动性问题，但大额的本金偿付依然存在较高的信用风险。整体看来，产品与国外标准 REITs 相比，更类似于债券产品，需按时还本付息，转让方面流动性不足。

2. 产品税负较高，增加了成本。国外如美国、日本和新加坡等，都出台了相对优惠的税收政策以促进 REITs 发展。例如美国，在物业交易环节，REITs 层面买卖双方仅需缴纳 0.5% ~ 1% 的转让税，出售物业利得缴纳所得税，但用于分红的部分可免税。投资者层面，出售物业的利得用于分红，缴纳所得税；物业持有环节，REITs 层面，按 1.1% ~ 3% 缴纳房产税，所得部分用于分红的可免税，剩余缴纳所得税，投资者分红所得按不同税率缴纳所得税；REITs 交易环节，对于投资者出售 REITs 份额的资本利得征收资本利得税。相比之下，由于我国目前未对 REITs 产品推行优惠政策，项目在设立、运营及退出的各个环节，各主体均需缴纳不同程度的税负。表 23 列示了本项目的税负支出及占比，各种税收约占支出的 20%。计算融资成本时，不考虑税负的情况下成本可降至 5.96%；考虑税负则为 7.4%，成本提高了约 24%。国内的税收政策大大增加了项目融资成本。

表 23		产品税负支出及占比情况			单位：万元
年份	税负合计	优先级利息	基金管理费等	支出合计	税负占比（%）
第 1 年	2 693.47	12 513.15	447.31	15 653.92	17.21
第 2 年	2 751.55	12 513.15	447.31	15 712.01	17.51
第 3 年	2 812.48	12 513.15	447.31	15 772.93	17.83
第 4 年	2 876.38	12 513.15	447.31	15 836.83	18.16
第 5 年	2 943.40	12 513.15	447.31	15 903.86	18.51
第 6 年	3 047.74	12 513.15	447.31	16 008.20	19.04
第 7 年	3 109.71	12 513.15	447.31	16 070.17	19.35
第 8 年	3 174.38	12 513.15	447.31	16 134.84	19.67
第 9 年	3 241.87	12 513.15	447.31	16 202.33	20.01
第 10 年	3 312.32	12 513.15	447.31	16 272.77	20.35
第 11 年	3 411.69	12 513.15	447.31	16 372.14	20.84
第 12 年	3 466.34	12 513.15	447.31	16 426.80	21.10
第 13 年	3 522.63	12 513.15	447.31	16 483.09	21.37
第 14 年	3 580.62	12 513.15	447.31	16 541.07	21.65
第 15 年	3 640.34	12 513.15	447.31	16 600.79	21.93
第 16 年	3 749.55	12 513.15	447.31	16 710.00	22.44
第 17 年	3 812.91	12 513.15	447.31	16 773.36	22.73
第 18 年	3 878.17	12 513.15	447.31	16 838.62	23.03

五、结论与建议

本文介绍了我国长租公寓行业目前的发展及融资状况，认为房地产投资信托（REITs）符合长期公寓的融资要求，应当大力发展。国内 REITs 产品自 2017 年开始大量出现，本文对 2018 年碧桂园发行的 REITs 进行分析，并对国外的 RE-ITs 发展经验进行总结和比较，得出以下结论与建议。

（一）REITs 产品适合长租公寓行业融资

我国长租公寓行业前期需投入大量资金进行建设、租入和装修房源，安排物业管理，并进行宣传推广，但是国内租金回报率一线城市低于 2%，新一线城市在 3% 左右，项目收益较低，收回投资所需时间较长，大部分长租公寓企业在寻求股权、债权融资时往往因为自身规模较小、资信尚未完善等因素难以获取或者获取融资成本较高。相比之下，REITs 产品对发行人要求较低，通过设计双层交易结构和信用增级机制，只要租金收入满足固定利率回报即可发行。在融资期限方面，与其他融资方式相比，较长的融资期限能够匹配长租公寓行业特性；融资成本方面，现在的票面利率多在 5% 左右，成本相对较低，且可以改善企业的资产结构，在融得资金的同时无需大幅增加负债；项目运营期间通过合理安排物业资产设计交易结构，能够支付利息，解决企业流动性支付问题；最后，将存量资产盘活获取资金，也在响应国家"去库存"的政策号召，鼓励企业由传统的房地产开发建设销售模式向长租公寓开发运营的模式转变。

（二）国内发展 REITs 需优化税制，降低税负

碧桂园的 REITs 融资中税负支出占每年现金流支出 20%，使得融资成本提高了 24%，国内其他 REITs 产品也是如此。目前 REITs 中涉及房产税、土地增值税、增值税及附加、所得税等，但是某些情况下税收实际可以予以减免，例如在发起房地产投资信托基金时，发起人出于优化资产配置的目的对某些资产进行重组，包括使得项目公司直接 100% 持股底层物业资产，然而国内目前除国有资产之间的并购可被视为资产划拨从而减免税负外，其他的并购皆需缴纳各种税负，如增值税、土地增值税、所得税以及契税等。在这种交易中，发起人完成资产重组后，依然在基金中占股较大。从商业实质出发，原底层物业资产的实际拥有及控制权并未在这一重组过程中发生实际转移，相当于某企业在公司内进行资产划拨，因此而产生的税负只是加重了企业的税收负担，政府可以考虑给予此种交易对应的税率优惠或递延处理。项目运营期间的税负，包括增值税、房产税等，政府可考虑出台相关一揽子优惠政策，规定 REITs 运营条件。对于符合要求的企业提供较低的综合性税收政策，减少重复征税。要发展国内 REITs，我国可

借鉴国外经验，使其向标准化 REITs 前进，通过优化 REITs 相关的税收政策，减少企业负担，推动 REITs 在企业融资中的应用，从而促进长租行业的发展。

（三）加快公募 REITs 试点，提高权益性

目前国内发行的 REITs 大部分交易结构仍然采用"私募基金＋专项计划"的模式，并且交易中设置固定利率每年向优先级支付利息，且在项目结束后仍需偿还本金。这种倾向于债券的模式限制了资金的投入与循环，虽然与其他融资相比扩大了融资期限但长远来看企业仍需偿还本金，存在信用风险，不利于长租公寓行业应用 REITs 融资的发展。而国外公募型 REITs 在这些方面更为优良完善，我国应当促进国内私募型 REITs 向公募型 REITs 转变，提高权益性。2019 年 1 月 1 日，上交所在新年致辞中提出需进一步发挥债券市场直接融资功能，深化债券产品创新，推动公募 REITs 试点，加快发展住房租赁 REITs；"两会"上人大代表王填也建议为了促进我国 REITs 产品在功能和特性上与国际标准化 REITs 进一步靠拢，更好地以 REITs 工具服务国家战略和实体经济，建议加快推动我国公募 REITs 试点落地。公募 REITs 可将存量不动产相关投资以标准化产品的形式提供给大众投资，且具备良好的流通效果，方便投资者在较长的周期内进行买卖，从而可以成为资产配置组合中较低风险的部分，实现吸收社会闲置资金、取得收益、再投资的良性循环。

商誉的后续计量研究

——以益佰制药为例

宋　航　曾　嶒

一、案例介绍

（一）益佰制药案例选择

1. 案例背景。益佰制药成立于 1995 年，是一家专注于药品研制和销售的高新技术企业，主要业务有医药制造和医疗服务。其中，医药制造以现代中药为主，还包含化学药和生物药；医疗服务方面，依托其在肿瘤治疗领域的独特优势，益佰制药主要布局肿瘤医疗服务领域。2004 年益佰制药登陆上交所，成为贵州省首家上市的民营企业。上市之后，除 2006 年、2015 年业绩出现短暂下滑外，基本上都保持较稳定的增长。在业绩保持增长的同时，益佰制药多次进行多元化和转型尝试。从 2013 年起，益佰制药开启一系列并购活动。与此同时，益佰制药确认的商誉账面金额从 2012 年的 0.53 亿元增长至 2017 年的 21.73 亿元。截至 2018 年第三季度，商誉账面金额高达 23 亿元。

2. 案例选择原因。选择益佰制药进行案例分析主要基于以下两方面的考虑。首先，益佰制药所处的医疗生物行业积累了巨额商誉，透过益佰制药的商誉分析能够一窥医疗生物行业形成高商誉的原因及背后的减值风险。图 1 显示，截至 2018 年第三季度末，按照申万一级行业分类，传媒、医药生物和计算机 3 大行业确认的商誉金额皆超过 1 000 亿元。其中，医药生物行业的商誉规模达到 1 581 亿元，排名第 2 位。具体到益佰制药所属的二级行业医疗制造业，如表 1 所示，截至 2017 年末，该行业有 216 家上市公司，益佰制药确认的商誉净额为 21.68 亿元，排在第 14 位，属于行业内商誉积累较多的公司。同时 2013～2016

年 4 年里，益佰制药没有计提任何商誉减值损失，仅在 2017 年计提了 0.04 亿元的商誉减值，属于行业内商誉减值计提较少的公司。因此，可将益佰制药作为行业内确认了巨额商誉但鲜少计提商誉减值的代表性企业进行分析，探讨背后的原因。

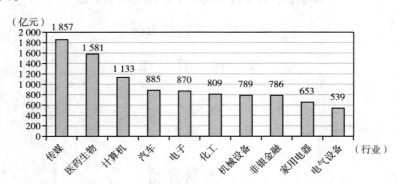

图 1　截至 2018 年第三季度商誉确认金额排名前 10 的行业

表 1　　　　　2017 年医疗制造业商誉净额排名前 15 企业的商誉情况　　单位：亿元

证券名称	2017 年末商誉净额	2013 年计提商誉减值金额	2014 年计提商誉减值金额	2015 年计提商誉减值金额	2016 年计提商誉减值金额	2017 年计提商誉减值金额	2013～2017 年商誉减值累计金额
复星医药	84.64	—	—	—	—	—	—
人福医药	64.75	—	—	—	—	0.52	0.52
上海莱士	57.05	—	—	—	—	—	—
步长制药	50.10	—	0.04	—	—	—	0.04
誉衡药业	36.41	—	—	0.16	0.16	0.44	0.76
华润三九	35.50	—	—	—	—	—	—
恒康医疗	35.29	—	0.03	0.16	0.03	—	0.22
ST 冠福	26.12	0.09	0.10	—	0.01	—	0.20
振东制药	25.00	—	—	0	—	0.07	0.07
亿帆医药	24.13	—	—	—	—	0.08	0.08
信邦制药	23.19	—	—	—	—	—	—
海普瑞	22.06	—	—	—	—	—	—
益佰制药	21.68	—	—	—	—	0.04	0.04
延安必康	20.17	—	—	—	0.01	—	—

其次，益佰制药商誉后续计量方面存在一定问题。2013～2016年，在并购标的被收购后的业绩远不及溢价收购时预期数的情况下，益佰制药坚持认为商誉不存在减值迹象，4年内皆未计提商誉减值，引来上交所的质询。在益佰制药的回函中，其运用收益评估法说明被收购标的当前并未出现减值迹象。然而评估中所预测的参数与实际情况偏差较大，其合理性值得怀疑。2017年年报显示，益佰制药计提了446.57万元的商誉减值损失。2019年1月31日，益佰制药发布2018年度业绩预亏公告，称由于对商誉计提了9亿～10.8亿元的减值损失导致本年度净利润出现重大亏损。以上一系列事项显示，益佰制药的商誉减值行为可能存在不合理之处，值得对其商誉减值行为做进一步研究。

（二）益佰制药案例介绍

1. 并购动因。上市之初，益佰制药主要依靠处方药和OTC两条销售线获利。2006年，国家加强对医疗卫生行业的管理整顿，以及对药品市场的秩序规范，采取了药品降价等一系列调控政策，再加上OTC市场迟迟未能有新产品问世、子公司盈利表现不佳等多重打击，益佰制药的业绩受挫，出现亏损。内源增长不利，益佰制药企图通过多元化发展拉动外延增长，其一度脱离医药主业，将并购领域延伸到煤炭、卫生巾等产业。然而，盲目多元化并没有带来业绩的增长，战略布局不清晰反倒进一步拖累主业，使得益佰制药业绩停滞不前。2009年，创始人叶湘武离开，另一位创始人窦啟玲全面介入公司管理，进行了大刀阔斧的改革，一方面剥离非相关业务，压缩OTC的广告支出，将经营重点聚焦在处方药的销售上，形成了以肿瘤和心脑血管为核心的产品线；另一方面通过并购的方式获取其他药物品种，扩展公司的产品线，同时整合公司已有的销售资源，扩展药品市场占有率。

2. 商誉确认过程。2013年起，益佰制药开启了一系列并购活动。与此同时，益佰制药确认的商誉账面金额从2012年的0.53亿元增长至2017年的21.73亿元。2017年年报显示，在形成商誉的11家子公司里，主要有四家子公司商誉账面价值较高，分别为天津中盛海天制药有限公司（以下简称中盛海天）、贵州益佰女子大药厂有限责任公司（以下简称女子大药厂）、海南长安国际制药有限公司（以下简称海南长安）、淮南朝阳医院管理公司（以下简称淮南朝阳医院），分别形成商誉6.05亿元、4.82亿元、4.73亿元、3.63亿元，累计占益佰制药总商誉的89%。具体商誉确认过程如下。

2013年6月，益佰制药通过全资子公司贵州苗医药实业有限公司收购贵州百祥制药有限责任公司100%的股权，被收购标的后改名贵州益佰女子大药厂有限责任公司。女子大药厂的主要产品为肿瘤类、妇科类、男科类及乳腺疾病类的药物。益佰制药收购方案称，此次收购的目的在于增加公司销售的药品种类，拓展产品线，同时结合本公司积累的基层市场营销网络，提升公司在基药市场的占有率。经评估，女子大药厂在评估基准日的权益市场价值为50 757.75万元，相较权益账面价值888.49万元，增值额49 869.26万元，增值率为5 612.81%。益佰制药以5亿元收购，形成4.82亿元商誉。

2014年7月，益佰制药全资收购了天津中盛海天制药有限公司。中盛海天主要产品是妇科类、清热解毒类药物。收购方案称，中盛海天的产品与本公司现有产品契合度较高，此次收购有望进一步提升本公司在妇科、儿科领域的市场地位。益佰制药以7.95亿元收购，形成6.05亿元商誉。

2014年10月，益佰制药收购海南长安国际制药有限公司100%的股权。海南长安拥有的核心产品注射用洛铂是第三代铂类制剂，《国家医保目录》的独家品种。收购公告称，海南长安的核心产品能够助推本公司在肿瘤领域的进一步发展，提升市场竞争力。益佰制药以4.84亿元收购，形成4.73亿元商誉。

2016年1月，益佰制药收购淮南朝阳医院管理有限公司32.5%的股权并增资扩股至53%的股权，实现控制。淮南朝阳医院是由我国著名的"伽马刀之父"宋士鹏先生最早于1989年创办，宋先生是中国第一个建立连锁式"肿瘤诊断治疗中心"及拥有最多知识产权的放疗研究中心的人。他创立的淮南朝阳医院列全国百强民营医院第37位，是中国民营医院协会常任副理事单位，安徽省十佳民营医院等。收购公告称，此次收购将极大助力益佰制药在肿瘤放疗领域的发展，完善公司"聚焦大肿瘤"的商业版图。益佰制药以6.1亿元收购，形成3.63亿元商誉。被收购标的情况如表2所示。

表2 被收购标的情况 单位：亿元

收购标的	收购价	评估基准日净资产公允价值	评估基准日净资产账面价值	增值率（%）	商誉
女子大药厂	5	5.08	0.088849	5 612.81	4.82
中盛海天	7.95	—	1.22	—	6.05
海南长安	4.84	1.66	0.221722	648.69	4.73
朝阳医院	6.1	11.52	4.15	177.59	3.63

3. 商誉减值测试过程。上述4项并购完成后，在这4家子公司的业绩表现不及预期的同时，益佰制药仅在2017年对女子大药厂计提447万元的减值

损失，引来上交所对商誉减值计提合理性的质询。在形成商誉的子公司中，女子大药厂形成的商誉较高，且在预测期内业绩完成情况最差，同时女子大药厂的减值测试过程也是益佰制药回复上交所质询函时重点解释的部分，因此本文以女子大药厂为例，分析其商誉减值过程，并在后文阐述益佰制药商誉减值存在的问题。

2013 年，益佰制药收购女子大药厂时以 2012 年 12 月 31 日为评估基准日，采用营业净现金流折现法评估女子大药厂 2013 ~ 2017 年的盈利情况。测算出可收回金额为 50 994.43 万元，高于账面价值 50 757.75 万元，无需计提减值。

表3　　　　　　　　中威正信评报字［2013］第 1020 号评估报告　　　　　单位：万元

前提假设	预测期			永续期		
	2013 年	2014 年	2015 年	2016 年	2017 年	2018 年
收入指标	24 653.48	33 031.62	43 237.51	54 533.24	70 772.24	70 772.24
收入增长率（%）	36.15	33.98	30.9	26.12	29.78	0
营业成本	4 001.65	5 257.28	6 844.14	8 618.87	10 880.51	10 882.63
毛利率（%）	83.77	84.08	84.17	84.2	84.63	84.62
营业利润	3 989.78	5 269.82	7 025.47	9 080.23	12 694.32	12 791.10
净利润	3 391.31	4 479.34	5 269.10	6 810.18	9 520.74	9 593.32
净利率（%）	13.76	13.56	12.19	12.49	13.45	13.56
营业净现金流量	− 1 965.18	− 1 963.34	2 822.52	4 173.51	5 873.66	9 640.07
折现率（%）	12.39	12.39	11.88	11.88	11.88	11.88
营业净现金流量现值合计	50 994.43					
股东全部权益价值	50 757.75					

由于女子大药厂经营表现不及预期，2015 年益佰制药再次公布了减值测试过程。益佰制药聘请湖北中联资产评估有限公司以 2014 年 12 月 31 日为评估基准日，对女子大药厂形成的商誉进行减值测试，出具评估报告（见表4），相较 2013 年的评估情况，这份报告下调了女子大药厂未来的盈利预期，2015 年的预期净利润从 5 269.10 万元下调至 3 858.14 万元；2016 年的预期净利润从 6 810.18 万元下调至 4 541.37 万元，2017 年的预期净利润从 9 520.74 万元下调至 5 327.91 万元。评估结论认为女子大药厂的可回收价值为 5.57 亿元，高于账面价值，无需计提商誉减值。

表4　　　　　　　　评估报告（鄂中联评报字［2015］第15号）　　　　　单位：万元

前提假设	预测期			永续期		
	2015 年	2016 年	2017 年	2018 年	2019 年	2020 年
预测营业收入	22 608.35	25 892.88	29 664.74	33 996.79	38 972.77	38 972.77
收入增长率（%）	43.05	14.53	14.57	14.6	14.64	—
营业成本	3 081.07	3 542.46	4 074.55	4.688.29	5.396.30	5 396.3
毛利率（%）	86.37	86.32	86.26	86.21	86.15	86.15
营业利润	4 538.99	5 342.79	6 268.13	7 337.96	8 626.82	8 579.71
净利润	3 858.14	4 541.37	5 327.91	6 237.16	7 332.79	7 292.75
净利率（%）	17.07	17.54	17.96	18.35	18.82	18.71
营业净现金流量	4 632.94	4 403.22	3 423.09	5 732.29	6 970.64	8 726.77
折现率（%）	11.76	11.76	11.76	11.76	11.76	11.76
营业净现金流量现值合计	60 351.84					
股东全部权益价值	55 687.69					

　　2015 年，女子大药厂的盈利水平再次不及预期，益佰制药在 2016 年公布了以 2015 年 12 月 31 日为基准日的评估报告见表5。相较前 2 份评估报告，该份报告再次下调了未来 5 年的盈利预期，同时评估方法改为自由现金流折现法，评估结果认为可收回金额为 61 254.92 万元，超过账面价值，无需计提减值。

表5　　　　　　　　评估报告（同致信德评报字［2016］第 076 号）　　　　单位：万元

前提假设	预测期			永续期		
	2016 年	2017 年	2018 年	2019 年	2020 年	2021 年
收入指标	14 541.24	18 409.51	21 715.90	23 855.99	25 371.25	25 371.25
收入增长率（%）	12.81	26.60	17.96	9.85	6.35	—
营业成本	2 797.63	3 708.52	4.403.49	4.841.17	5 127.99	5 127.99
毛利率（%）	80.76	79.86	79.72	79.71	79.79	79.79
营业利润	3 577.45	5 179.88	6 746.49	7.480.39	7.984.74	7 984.74
净利润	3 040.83	4 402.90	5 734.52	6 358.33	6 787.03	6 787.03
净利率（%）	20.91	23.92	26.41	26.65	26.75	26.75
企业自由现金流量	3 190.23	4 127.93	5 863.11	6 885.24	7 570.30	8 024.46
折现率（%）	11.25	11.25	11.25	11.25	11.25	11.25
企业自由现金流量现值合计	61 254.92					
股东全部权益价值	57 172.16					

二、理论基础与理论分析

（一） 利益集团理论

管制的利益集团理论认为社会中存在各种利益集团，这些利益集团存在不同的利益诉求，它们通过游说政府来保护或获得自身的利益。利益集团可能为了抵制管制或要求管制进行游说。管制的结果取决于利益集团竞争的结果，也就是哪个利益集团能够更有效地对管制者施加压力。

由于会计信息市场存在市场失灵现象，即市场力量无法生产出对整个社会而言最优数量和质量的会计信息，因而为了限制市场失灵现象，作为会计管制中最普遍的措施会计准则自然而然出现了。利益集团理论认为会计准则是一种存在供需双方的商品。准则制定机构是供给方，它们通过制定为市场所应用的会计准则从而获取选票以保留制定会计准则的权利。各个利益集团是需求方，由于会计准则具有经济后果，它们必然密切关注并通过游说来左右会计准则的制定，以达到自身的目的。因而，最终的会计准则必然更有利于游说力量最强的利益集团。这种情况下，会计准则的制定过程成为各利益集团及准则制定机构之间相互博弈的过程。长此以往，会计准则的制定不仅受到经济因素的影响，同时也受到政治因素的干预。例如，FASB 遭遇的石油和天然气公司勘探油井成本处理（SFAS19）、金融工具的公允价值处理（SFAS115），IASB 对金融工具准则（IAS39）的制定过程都是这方面的典型例子。正如此前一位 FASB 委员提出的，准则制定是一个政治化过程，其中存在着讨价还价和相互让步，事实上是一种权力游戏。

商誉后续处理的会计准则同样也是各利益相关方相互博弈后的产物。最初，FASB 发布 APB16，规定在处理合并业务时可以根据业务类型选择购买法或权益结合法。在购买法下，企业按照公允价值合并被收购企业的资产和负债，确认商誉的同时还需要每年进行商誉摊销，持续影响损益表。在权益结合法下，企业只需简单按照账面价值合并被收购企业的资产和负债，不确认商誉，也就无需进行后续的摊销处理。因而权益结合法备受企业青睐，企业常常构造交易以满足权益结合法的适用条件。这就导致 2 项并无重大区别的交易按照 2 种不同的方式处理（FASB，1999）。在 19 世纪后期，美国的并购活动日益增多的背景下，SEC 总会计师特纳（Turner，1999）指出，常常有实质上不满足权益结合法的交易按照权益结合法进行处理。

鉴于监管方对 APB16 的诸多不满，FASB 1999 年 9 月发布了关于企业合并和无形资产的讨论稿 ED201。这份讨论稿提出废除权益结合法，企业合并统一按照购买法处理，合并取得的商誉按照最长年限不超过 20 年的时间摊销。ED201 公布后，遭到企业界的强烈抗议，于是他们开始寻求国会干预。在参议院和众议院举行的两次听证会上，大多数国会议员都敦促 FASB 要么重新决议权益结合法的处理，要么提出商誉和无形资产的其他处理方法。面对企业界和国会的施压，FASB 2001 年 2 月发布修订版的 ED201 - R，提出在商誉的后续计量中用单一减值法取代摊销法，且仍然提出废除权益结合法。此举被看作是 FASB 为废除权益结合法而向企业界的妥协（丁友刚，2004）。FASB 在商誉后续计量方面的屈服使得 IASB 承受了更大压力。2004 年，IASB 也颁布了修订后的企业合并准则，取消了商誉摊销的规定，与美国准则规定基本一致。我国在 2006 年与国际会计准则全面趋同后，也接受了商誉减值的会计规定。

由此可见，商誉的后续处理，淋漓尽致地体现了利益集团之间的博弈。对企业而言，废除权益结合法，外购商誉统一要求摊销，会给企业的业绩带来较大冲击，尤其是对于存在较多并购活动的企业。企业为了自身利益考虑自然会强烈抵制新准则的发布。对于政治机构而言，它们不仅要关心滥用权益结合法对会计信息质量造成的影响，还要关心取消权益结合法、采取商誉强制摊销的做法是否会对本国经济及本国企业的市场竞争力造成负面影响。当这种负面影响大到足以抵消会计信息质量提升带来的正面影响时，政治机构很可能会动用自身力量向准则制定机构施压。对于准则制定机构而言，虽然形式上，准则制定机构相对独立，负责会计准则的制定工作。然而当存在政治力量干预时，这种独立性就显得不堪一击。并且，当一项新的会计准则遭到大部分企业的强烈反对时，准则制定机构为了保住自身的准则制定权也很可能会进行一定程度的妥协。利益集团理论说明现行单一减值法并非是准则制定机构经过评估分析后确定的最佳商誉后续计量方法，而是被动向实务界妥协的产物。因而有必要进一步探讨适合当前现实环境的商誉后续计量方法。

（二）准则弹性理论

准则弹性是指在生成和披露会计信息时，会计准则给予财务报告主体一定程度的主观判断或自由选择空间。准则弹性实际上源于会计准则从规则导向向原则导向的转变。规则导向的会计准则致力于制定清晰的规则界限，提供详尽的操作指引，准则更为具体。原则导向的会计准则强调经济交易的实质而非形式，提供原则性的判断标准，允许财务报告主体根据对交易实质的判断提供相应的会计信息。

准则弹性增加是一把双刃剑。一方面，准则弹性增加有其合理之处。首先，有限理性的准则制定者难以穷尽所有的经济交易情况，做出相应的会计规定。随着经济社会的快速发展，企业的组织架构、业务类型、交易方式等方面也不断创新。准则制定者难以像市场参与者那样快速地对环境变化做出反应，同时准则制定需要经过一定的分析调查和征求意见后才能最终出台，因而准则的制定往往滞后于实务的创新。准则弹性增加使得准则适用的范围更广，能够更及时有效地适应变化频繁的金融与经济环境。其次，详尽的准则规定可能使得管理层过于关注经济事项的表面形式，利用规则存在的漏洞打擦边球，设计对其有利的交易。例如，安然事件中，管理层就是利用会计规则对特殊目的实体的规定进行交易安排，从而隐瞒其真实的财务状况。准则弹性增加能够更清晰地反映经济交易的实质，一定程度上减轻明线规定下的投机取巧。最后，准则弹性增加有利于内部人传递私有信息，使得会计信息相关性增加。信息不对称是会计准则产生的主要原因。两权分离制度下，内部人通常比外部人更具有信息优势。准则弹性增加提高了管理层自由裁量的空间，鼓励管理层更多披露私有信息。

另一方面，准则弹性增加也存在一些不足之处。首先，准则弹性增加使得管理层基于自身的判断或专业水平等原因对相同或相似的经济交易可能采取不同的处理方式，这在一定程度上损害了会计信息的可比性；其次，也是最重要的一点，准则弹性增加可能导致管理层基于自利动机滥用自由裁量权，从而背离准则原本的意图。准则弹性的两面性说明不同弹性的准则各有利弊。对于商誉的后续计量而言，摊销法和减值法准则弹性不同，相应地，二者也会存在不同的优劣之处。

（三）商誉减值与摊销的优缺点及我国资本市场环境下的应用分析

1. 商誉减值的优缺点。商誉减值方法要求管理层在每一年度末重新评估商誉资产的价值，以反映其变化程度。这种方法的优点主要在于，第一，减值法更能反映商誉的经济实质。由于并购后商誉资产的价值存在较大的不确定性，可能随着时间的推移而损耗，也可能由于企业优秀的协调整合能力而维持或增加，因而定期对商誉资产的价值进行重估有利于反映这种不确定的变化，能够更真实地反映商誉资产的价值。第二，减值法有利于投资者评估企业并购交易的经济性。商誉源于并购对价与被收购企业净资产的价差，体现的是其为企业创造超额收益的能力。商誉是否发生减值、何时发生减值以及减值金额大小可以帮助投资者评估并购溢价是否合理、并购效果是否达到。第三，减值法有利于向投资者传递具有价值相关性的信息。减值测试过程要求管理层在每年末评估包含商誉在内的资产组的未来盈利能力，进而作出商誉是否发生减值的判断。管理层对可回收金额的预测向投资者传递了其对企业未来盈利水平的预期，提供了价值相关的信息。

商誉减值方法在给予管理层较大的评估自主性的同时，也存在一定的缺陷。首先，商誉减值测试的主观性、复杂性和难以核实性给管理层提供了较大的操纵空间，管理层对商誉减值确认时点和确认金额有很大的自由裁量权。商誉减值往往意味着过去并购交易的失败，为了掩盖这一坏消息，避免对业绩的不利影响，管理层可能会千方百计地延迟确认减值损失，抑或当坏消息难以掩盖时，管理层索性一次性计提大额减值损失，为以后的盈利增长创造空间。这时，商誉减值的确认除了经济动机外，难以避免还会受到其他动机的驱使，导致其成为管理层进行盈余操纵的手段。其次，减值测试的成本和复杂性较高。减值测试要求将商誉分摊到相应的资产组中，并合理预测未来现金流情况、折现率等相关参数，过程复杂且难度较大，企业需要耗费的成本较高。

2. 商誉摊销的优缺点。商誉摊销方法要求管理层根据外购商誉的特点，合理估计适用的摊销期，将商誉逐步摊销进损益。这种方法的优点在于，第一，商誉摊销符合配比原则。配比原则要求企业取得一项收益应当与所付出的成本相匹配。商誉创造的超额盈利能力在为企业带来经济利益流入的同时，应当逐渐摊销，反映所付出的成本，体现成本与收益的配比。第二，相较商誉减值法，摊销法大大压缩了管理层的盈余操纵空间，能够在较大程度上解决管理层基于盈余操纵动机少提或晚提商誉减值准备的不合理做法。第三，随着时间的推移，外购商誉很可能会逐渐被内创商誉所替代，因而对商誉进行摊销能够反映外购商誉的消耗，同时避免在报表中确认内创商誉，这种做法也符合现行商誉会计准则不确认内创商誉的规定；第四，商誉摊销法简便易行，仅需在并购时根据相关资产的特点选择相应的摊销期，后续即可按照确定的数额摊销，大大降低了企业的执行成本。

然而，摊销法也存在一些不足之处。首先，商誉摊销暗含的假设是商誉资产的价值是随时间的推移而逐渐消耗的，当商誉资产的价值得以维持或增加时，摊销不符合商誉的经济实质。其次，商誉摊销年限的确定存在较大的主观性，也同样可能受到管理层盈余管理动机的影响。例如，管理层可能单纯为了避免商誉摊销对每期业绩的冲击而选择尽量长的摊销期。最后，商誉摊销信息在各年度相对固定，较少包含管理层对企业未来经营情况的判断，对投资者而言缺乏价值相关性。

3. 我国资本市场环境下的应用分析。由上述分析可知，不论是减值法还是摊销法都各有利弊，并不存在绝对完美的商誉后续计量方法，只能将其置于具体的执行环境中考虑。我国商誉的后续计量方法选择自然应当结合我国资本市场环境具体分析。实际上，在我国现行单一减值法存在的主要问题是减值测试的人为操纵和可回收金额的估计难度。

首先，我国资本市场股权融资和监管环境特殊、对商誉减值违规行为的监管力度及惩戒机制不到位使得企业有较大动机利用减值测试进行盈余管理。从股权融资和监管环境的角度来看，我国上市公司的诸多资本市场行为有明确的财务指标规定。例如，证监会对企业股权融资和退市条件的规定。就股权融资而言，我国企业发行新股、增发等融资决策能否实现很大程度上取决于企业的盈利状况。例如，发行新股要求企业最近 3 个会计年度连续盈利且净利润累计超过 3 000 万元，增发要求企业最近 3 个会计年度加权平均净资产报酬率不低于 6%。当净利润水平直接影响到企业能否通过证监会的融资条件审查时，企业有较强的盈余管理动机操纵减值测试，向上管理盈余以避免融资限制。就退市条件而言，我国证监会规定上市公司连续 2 年亏损即被标记为 ST，连续 3 年亏损则进行退市处理。因而，面临 ST 和退市的企业很可能会通过操纵减值测试来摆脱困境。我国学者提供了大量经验证据证明亏损企业通过操纵资产减值计提的时点和金额来调整各年利润，从而达到规避相关政策监管的目的（戴德明等，2005；冯昀、郭洪涛，2008）。

从资本市场监管力度和惩戒机制的角度来看，我国资本市场对商誉后续计量的监管力度不够，对减值违规行为的惩戒机制不完善。根据作者对 CSMAR 数据库中上市公司违规信息的统计，结果显示，2007～2018 年，我国证券监督管理机构对上市公司商誉减值不规范行为的处分仅有 37 起，处罚方式以整改、批评为主，罚款的仅有 4 起，处罚理由主要是商誉减值计提金额不准确、时间滞后、未披露减值测试相关的参数信息等。一方面，处分案件如此之少说明我国监管机构对商誉减值违规行为的监督力度显然是不够的。以商誉减值信息披露规范性为例，如表 6 所示，本文统计了 2017 年商誉减值金额排名前 10 位和后 10 位企业的商誉减值信息披露情况，不论计提商誉减值金额多还是少，企业普遍没有披露减值依据的重要参数信息。资产减值会计准则规定，对于重大资产减值，应当在附注中披露资产可回收金额的确定依据及相关参数。此处统计的 10 家发生重大资产减值的公司，就有 8 家未披露可回收金额的相关参数信息，违反了准则规定。可见监督机构并未对商誉的后续计量给予充分监管。另一方面，大部分处分措施仅仅要求违规企业进行整改，对其进行通报批评，只有极少部分被处以罚款，说明商誉减值违规行为的惩戒措施较弱。监管力度不足且惩戒措施不完善使得企业滥用减值法的违规成本较低，企业自然有动机利用减值测试从事对自身有益的盈余管理行为。

表6　　　　　　　　　　　　2017年A股上市公司商誉减值信息披露情况

证券代码	商誉减值金额（万元）	减值原因	说明可回收金额计算方法	披露折现率等重要参数指标	是否提供评级机构报告
商誉减值金额前10位					
000010	71 079.88	子公司未实现承诺业绩	成本法	否	否
601857	370 900.00	未说明	现值法	否	否
000793	68 883.50	子公司业绩下降	现值法	仅披露折现率	是
002188	153 789.19	未说明	现值法	否	否
300063	50 261.84	子公司业绩下降	否	否	否
300116	461 463.13	子公司业绩下降	收益法和市场法	否	是
300269	55 820.07	未说明	否	否	否
600074	79 272.99	子公司经营情况不佳	现值法	否	否
600198	63 640.54	子公司经营情况不及预期	否	否	否
600721	62 270.52	子公司盈利下降	收益法	披露折现率及重要参数确定依据	是
商誉减值金额后10位					
000811	9.74	评估减值	现值法	披露折现率、毛利率及销售增长率	否
002159	5.86	评估减值	否	否	否
002246	9.59	评估减值	否	否	否
002524	10.25	评估减值	现值法	披露未来现金流量及折现率	否
002554	1.83	未说明	否	否	否
002683	12.22	子公司注销	否	否	否
300022	7.61	评估减值	现值法	否	否
300732	1.50	子公司未来盈利能力存在不确定性	否	否	否
600468	12.86	评估减值	否	否	否
603603	12.75	评估减值	否	否	否

其次，目前我国公允价值估值技术尚未成熟使得资产组可回收金额的估计难度较大。按照现行准则规定，减值测试要求企业判断包含商誉的资产组的可回收金额。可回收金额取决于资产组公允价值与处置费用的差额及未来现金流折现值的较大者。前者要求存在资产组或同类资产的活跃市场；后者要求对企业盈利能力进行准确预测。由于资产组的活跃市场报价较难取得，实务中通常采用收益法进行评估。高榴和袁诗淼（2017）统计发现，2014～2016年，我国上市公司采用收益法评估资产的比例最高，基本上维持在70%。收益法的估值过程需要对多个参数进行估计，估值难度较大，其估值结果常常与实际情况存在较大差距。王军辉和徐伟建（2017）通过统计分析2012～2017年证监会公布的资产评估监管公告发现，资产评定估算不合理的问题在每一年度的监管公告中都有出现，其中收益法存在的主要问题是计算公式错误、盈利预测分析不全面、对未来经营情况的评估不够审慎等。

综合上述分析，本文认为我国股权融资和监管环境的特殊性、对商誉减值违规行为的监管力度及惩戒机制不到位使得商誉减值法不可避免地沦为上市公司进行盈余操纵的手段，同时不成熟的公允价值估值技术使得企业估计资产组可回收金额的难度较大。在这种环境下，采用单一减值法会导致商誉资产的账面价值愈加偏离其真实价值。

本文认为重新引入摊销法，将商誉减值与摊销结合是现阶段更为合理的商誉后续计量方法。具体而言，企业取得外购商誉时需要对其估计一个合理的摊销期间，随后每年按照固定的金额摊销进损益。当商誉出现明显的减值迹象时，且预计减值金额将超过当年度的摊销金额时，企业应当确认减值损失。减值后按照新的账面价值和剩余年限再次回归摊销。

一方面，引入摊销法有助于解决现阶段减值法面临的困境。第一，摊销法压缩了企业自由裁量的空间，有助于减少企业的盈余操纵行为。相较商誉减值计提的主观性和不确定性，商誉摊销具有金额固定、发生时间确定的特点，大大减少了企业的自由裁量权。减值结合摊销能够抑制企业的向上盈余管理行为，只要企业确认了外购商誉，就需要对其进行摊销，减少了企业推迟计提时间、减少计提金额的现象。减值结合摊销也有助于减少企业的向下盈余管理行为。这是因为，当减值与摊销并存的情况下，减值信息的信号作用更强，当企业选择计提减值时，更容易引起利益相关者的关注和审查，一定程度上促使企业减少向下盈余管理行为。

第二，摊销法有助于降低监管部门的监管压力，一定程度上解决减值法下监管不足的缺陷。由于减值测试技术性强，监管部门在甄别上市公司商誉减值计提合理性时存在较大难度，单一减值法下存在监管不足的缺陷。摊销法的引入提高了商誉后续计量的可比性，降低了监管部门的监管压力。例如，监管部门在评价企业选取的商誉摊销年限合理性时，可以将并购标的的摊销年限与同行业企业进行对比。同时，减值和摊销相结合的情况下，由于商誉账面金额将随着摊销逐渐减少，计提商誉减值的企业将会减少，监管部门能够集中监管资源，重点关注计提商誉减值的企业。

第三，摊销法能够在一定程度上降低商誉后续计量的技术难度。当企业确认外购商誉时，就已经开始同步评估商誉的预期消耗年限，后续商誉摊销操作较为明了。同时，随着商誉体量降低，一方面商誉的组成部分逐渐减少，企业进行减值测试时将商誉账面价值分摊到各资产组的步骤简化；另一方面商誉各组成部分的账面价值减少，企业后续进行减值测试的复杂性也逐渐下降。

另一方面，重新引入摊销法并不意味着就要彻底摒弃减值法。减值法存在的问题并不是因为商誉减值原理本身不合理造成的，而是在实际运用中，由于人为操作有意或无意造成的偏差，导致仅仅依靠减值法难以保障商誉后续计量合理、充分地进行。引入商誉摊销法能够一定程度上规制这种人为偏差，但是完全采用单一摊销法也存在较大弊端。当外界环境或企业自身的经营状况出现较大变化导致商誉价值大幅下降时，机械固化的摊销难以反映这种变化。将商誉减值和摊销结合既可以在一定程度上规制单一减值法下的人为偏差，又可以保留减值测试反映商誉资产真实价值的优势，调和商誉摊销机械固化的劣势。

三、我国上市公司商誉减值情况分析

2007 年，我国实行新企业会计准则，上市公司开始执行商誉减值测试。此后商誉确认金额及减值损失金额的规模不断扩大。对我国新准则执行后 2007 ~ 2017 年 A 股市场商誉确认及减值概况进行统计分析，总结商誉减值测试的执行情况，发现商誉减值存在的普遍问题。

（一）我国上市公司商誉确认概况

1. 商誉确认总体概况统计。表 7 统计了我国 A 股上市公司年末存在商誉净额的公司数量。2007 年有 449 家上市公司确认了商誉，此后确认商誉的公司数量稳步增长。2013 年，确认商誉的公司数突破千家，达到 1 093 家。2015 年确认商誉的公司数高达 1 487 家，占比 53%，占比首次突破 50%。截至 2017 年，有 1 912 家上市公司确认了商誉，占比 55%。这说明我国资本市场上的并购活动越来越频繁，由此产生的商誉逐渐增多。

表 7   2007～2017 年确认商誉的公司数量及占比

年份	确认商誉的公司数	公司总数	确认商誉的公司占比（%）
2007	449	1 549	29
2008	502	1 603	31
2009	560	1 752	32
2010	679	2 107	32
2011	821	2 341	35
2012	968	2 456	39
2013	1 093	2 515	43
2014	1 249	2 632	47
2015	1 487	2 823	53
2016	1 715	3 118	55
2017	1 912	3 495	55

图 2 刻画了 2007～2017 年全部 A 股上市公司商誉规模及增速趋势。从时间段来看，2007～2013 年，商誉规模呈现稳步上升趋势。2007 年起，借助新企业会计准则实施的东风，A 股市场上掀起一轮并购浪潮，催生大量外购商誉。随着境内并购交易（见图 3）由 2007 年的 1 748 起，5 487 亿元并购金额，到 2013 年的 23 23 起，9 731 亿元并购金额；商誉规模从 2007 年的 360 亿元，到 2011 年突破千亿元大关，达到 1 379 亿元，而后逐步增长至 2013 年的 2 111 亿元。商誉增速从 2008 年达到 91% 的小高潮逐渐回落至 2013 年的 28%。

2014～2016 年，商誉规模呈现跨越式增长，商誉增速基本保持在 50% 以上。这阶段商誉的高速增长主要源于大量并购交易。资本市场的繁荣、支持并购政策的出台等方面都助推了企业活跃的外延式并购。2014 年我国境内并购交易金额首次超万亿元，高达 18 796 亿元，同比增长 93%。2015 年我国境内并购交易更是达到近年来的顶峰，有 6 427 起，超过 26 525 亿元，同比增长 41%。商誉产生于合并价差，活跃的并购交易，尤其是我国 A 股市场上常见的高估值、高商誉、高溢价的"三高"并购使得巨额商誉迅速积累。2014 年商誉增速 57%，将商誉规模提升至 3 306 亿元。2015 年更是以 95% 的商誉增速进一步将商誉规模扩大。2016 年，全 A 股市场商誉规模突破万亿元大关，高达 10 495 亿元。截至

2017 年末，全 A 股商誉规模达到空前的 13 005 亿元。总体来看，商誉在 10 多年期间迅速膨胀，从 300 多亿元增长至 13 000 多亿元，其背后的减值风险是悬在我国资本市场上的达摩克利斯之剑，足以引起各相关方的足够重视。

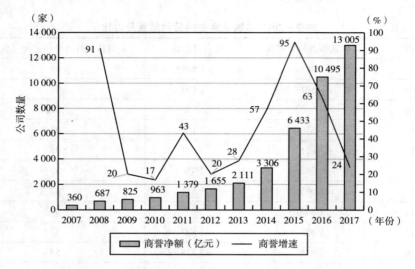

图 2　2007～2017 年全部 A 股商誉净额及增速

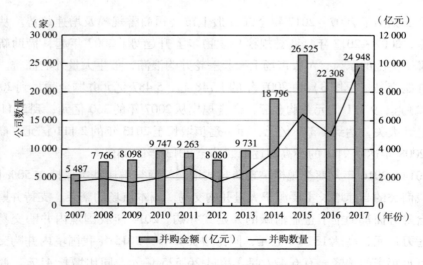

图 3　2007～2017 年境内并购交易统计

图 4 展示了 2007～2017 年全部 A 股商誉净额占净利润比重。2007～2013 年，商誉占净利润的比重始终维持在 10% 以下波动，2007 年商誉占净利润比重为 4%，随后波动上升至 2013 年的 9%。2014～2017 年，商誉占净利润的比重突

飞猛进，增长至 2017 年的 36%。商誉占净利润的比重较高，说明当商誉存在减值风险时企业的当期业绩可能会受到较大影响。图 5 以 2017 年为例，展示了商誉占净利润比重的分布情况。尽管半数以上的公司商誉/净利润维持在 50% 以下，但仍有 929 家公司商誉/净利润超过了 50%，占到该年度上市公司总数的 27%。甚至有 639 家公司商誉达到净利润的 1～10 倍，125 家公司商誉达到净利润的 10～100 倍，4 家公司商誉超过净利润的 100 倍。

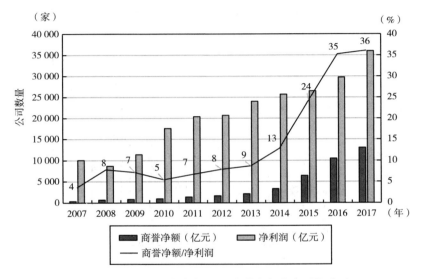

图 4　2007～2017 年全部 A 股商誉净额占净利润比重

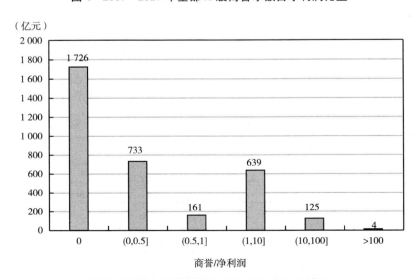

图 5　2017 年商誉净额占净利润比重分布情况

2. 商誉确认分板块统计。从各板块来看，我国 A 股市场分为沪深主板、中小板和创业板。不同板块的商誉规模及增速如图 6、图 7 所示。商誉规模最大的板块为主板，占 A 股商誉总规模的 50% 以上，从 2007 年的 354 亿元增加至 2017 年的 7 212 亿元，增幅 19.37 倍。中小板和创业板的商誉增速远超过主板，基本上保持了超过 50% 的高速增长态势。中小板商誉规模从 2007 年的 6 亿元增加至 2017 年的 3 317 亿元，增幅 551.83 倍。如图 8 所示，创业板商誉规模从 2009 年的 1 亿元增加至 2017 年的 2 477 亿元，增幅 2 476 倍，增幅位列 3 大板块之首。

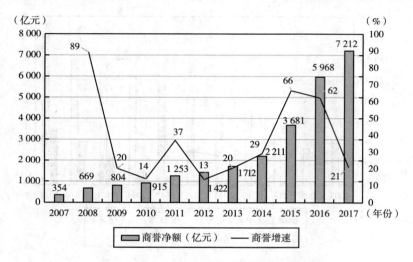

图 6　2007～2017 年主板商誉净额及增速

图 7　2007～2017 年中小板商誉净额及增速

这主要是因为中小板和创业板的公司大都规模较小，较依赖外延式并购交易来整合资源，迅速扩展公司规模，因而商誉增长速度较快。总体来看，2014年以前，主板商誉独大，占A股总商誉的80%以上。随后中小板和创业板的并购交易日益活跃，商誉规模在3大板块间的分布趋于相对均匀，且中小板和创业板强劲的商誉增速很可能使得板块间的商誉规模差别进一步缩小。同时创业板的商誉增长速度如此之快，我们不得不更加警惕创业板的商誉减值风险。

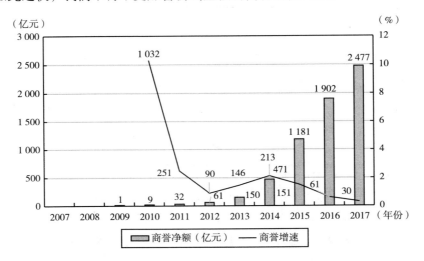

图8　2007～2017年创业板商誉净额及增速

图9和图10展示了2007～2017年全部A股、主板、中小板、创业板商誉净额占总资产的比重和商誉净额占净资产的比重。从总资产商誉率来看，A股的总资产商誉率呈现稳步上升趋势，其中创业板的总资产商誉率高于中小板，中小板的高于主板，并且从2014年起3大板块之间的差距逐渐凸显。2007年A的总资产商誉率为0.09%，其中中小板的总资产商誉率为0.17%，高于主板的0.09%。随后，从2010年起，创业板的总资产商誉率超过了中小板和主板，且增长趋势明显，2015年超过10%，达到10.21%。截至2017年，全部A股的总资产商誉率为0.59%，其中主板为0.34%；中小板为4.37%；创业板为11.09%。

从净资产商誉率来看，A股的净资产商誉率不断上升，且增速快于总资产商誉率，其中创业板的净资产商誉率高于中小板，中小板的高于主板，同样也是从2014年起3大板块之间的净资产商誉率差距逐渐拉大。2007年A股的净资产商誉率为0.53%，其中主板的净资产商誉率为0.53%，高于中小板的0.39%。随后，主板的净资产商誉率保持领先，直到2011年，创业板的净资产商誉率超过了中小板和主板，且增长势头强劲。2015年时，创业板的净资产商誉率达到

15.94%。截至2017年，全部A股的净资产商誉率为3.65%，其中主板为2.32%；中小板为10.36%；创业板为18.71%。总体来看，主板的总资产商誉率和净资产商誉率较为稳定，这主要是因为主板公司的体量较大，因而虽然商誉增速快，但占总资产比重相对较低；而创业板公司的商誉占总资产及净资产的比重过高，资产存在泡沫风险。

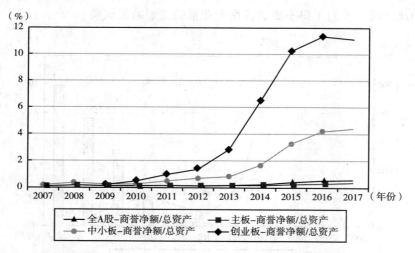

图9　2007~2017年全部A股、主板、中小板、创业板商誉净额占总资产比重

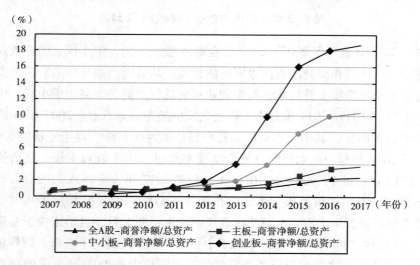

图10　2007~2017年全部A股、主板、中小板、创业板商誉净额占净资产比重

3. 商誉确认分行业统计。从各行业分布来看，选取2007年、2017年2期截面数据进行分析，以申万行业为分类标准，选取商誉净额排名前15的公司进行分析。表 8 列示了 2007 年各行业商誉净额及确认商誉公司数。2007 年化工业有 54 家确认商誉的公司，以 163.48 亿元的商誉净额排名各行业第 1，行业占比 39%。紧随其后的是非银金融，共 25 家公司，确认了 32.46 亿元商誉，行业占比 8%。在 2017 年度，商誉净额最高的企业为化工业，属于重工业行业。

表 8 　　　　2007 年各行业商誉净额及确认商誉公司数（前 15 名）

行业	2007 年商誉净额 （亿元）	商誉净额行业占比 （%）	2007 年公司数 （家）
化工	163.48	39	54
非银金融	32.46	8	25
有色金属	29.40	7	21
银行	29.05	7	2
建筑装饰	24.92	6	14
医药生物	15.83	4	52
汽车	13.23	3	24
机械设备	12.81	3	28
房地产	12.30	3	39
家用电器	11.84	3	9
交通运输	11.46	3	15
公用事业	8.87	2	32
传媒	7.98	2	21
商业贸易	6.91	2	28
计算机	6.54	2	28

　　2017 年，商誉净额的行业排名出现较大变化，如表 9 所示。其一，商誉净额行业第一易位，传媒业以 118 家公司，确认 1 717.36 亿元商誉，商誉净额相较 2007 年同比增长 214.08 倍。接着是医药生物和计算机服务业，分别有 195 家和 134 家公司，分别确认 1 311.28 亿元和 1 013.89 亿元商誉，同比增长 81.84 倍和 154.03 倍。其二，从行业分布来看，轻资产行业商誉净额有显著增长。2007 年，商誉净额排名前 3 的行业有两个都是重工业。而 2017 年，商誉净额排名前 3 的行业都是轻资产行业，并且也是仅有的 3 个商誉净额超过 1 000 亿元的行业。总体来看，近年来商誉规模较大及商誉增速较快的行业大都属于有形资产比重小、无形资产比重高的行业，对这些行业进行并购估值时存在较大主观性，

人为操纵的空间较大，容易出现估值过高现象，因而对这些行业的商誉监管应当更加谨慎。

表9　　　　　　2017年各行业商誉净额及确认商誉公司数（前15名）

行业	2017年商誉净额（亿元）	商誉净额行业占比（%）	2017年公司数（家）
传媒	1 717.36	13	118
医药生物	1 311.28	10	195
计算机	1 013.89	8	134
汽车	815.61	6	75
电子	788.03	6	121
非银金融	769.07	6	51
化工	714.25	5	150
机械设备	707.65	5	173
家用电器	620.62	5	30
采掘	518.15	4	24
电气设备	492.04	4	114
公用事业	417.85	3	92
通信	376.92	3	60
银行	337.78	3	9
房地产	297.19	2	65

（二）我国上市公司商誉减值统计分析

1. 商誉减值总体概况统计。表10统计了2007～2017年计提商誉减值的公司数量及占比。从当年度计提商誉减值的公司数来看，2007～2011年，计提商誉减值的公司数波动上升。2007年，仅有55家公司计提商誉减值损失；到2011年，有76家公司计提商誉减值损失。其间，除2008年以外，计提商誉减值的公司数增速保持在10%以下，甚至在2009年、2010年出现了负增长，计提商誉减值的公司数下降为74家和67家，增速分别为－20%和－9%。2012～2017年，计提商誉减值的公司数呈现较快增长。2012年，有108家公司计提商誉减值损失；到2017年，有484家公司计提商誉减值损失。其间，除2014年以外，计提商誉减值的公司数增速保持在30%以上，甚至在2015年，计提商誉减值的公司数上升至266家，增速达到55%。从计提商誉减值公司数占上一年末确认商誉公司数的比重来看，虽然计提商誉减值的公司数在不断增加，但计提商誉减值的公司数增速明显低于确认商誉的公司数增速。从 2008～2014 年，计提商誉减值公司数占上一年末确认商誉公司数的比重不断下降，2011 年降至这一期间的最低位 11%。随后这一比重虽然有所增加，至 2017 年上升为 28%，但仅比 2008 年的 21% 增加 7%。总体来看，计提商誉减值的公司数较少，且增长速度远低于确认商誉的公司数增速，说明商誉减值可能存在少计、晚计现象。

表 10　　　　　　　　2007～2017 年计提商誉减值的公司数量及占比

年份	确认商誉的公司数	计提商誉减值的公司数	计提商誉减值的公司数增速（%）	计提商誉减值公司数／上一年末确认商誉公司数（%）
2007	449	55		
2008	502	93	69	21
2009	560	74	−20	15
2010	679	67	−9	12
2011	821	76	13	11
2012	968	108	42	13
2013	1 093	156	44	16
2014	1 249	172	10	16
2015	1 487	266	55	21
2016	1 715	361	36	24
2017	1 912	484	34	28

如表 11 所示，2007～2011 年商誉减值金额波动较大，从 2007 年的 5.55 亿元上升至 2008 年的 39.79 亿元后，跌至 2009 年的 7.53 亿元。2010 年商誉减值达到 76.29 亿元，这主要是因为中国石化在该年度计提了 62 亿元的商誉减值损失。2011 年，商誉减值又回落至 13.84 亿元。2012～2017 年，商誉减值金额基本保持较快的增长速度，从 2012 年的 13.02 亿元，上升至 2017 年的 368.15 亿元，增长了 28 倍。然而，从商誉减值占上一年末商誉净额比重来看，从 2007～2017 年，基本保持在 5% 以下，占比过低，更加说明商誉减值可能存在少计、晚计现象。此外，各年度的最大值与最小值之间差距很大，例如 2010 年商誉减值金额最大值为中国石化计提的 62.66 亿元，最小值为华工科技计提的 18.26 万元；2017 年商誉减值金额最大值为坚瑞沃能计提的 46.15 亿元，最小值为设研院计提的 1.5 万元。商誉减值准备计提金额的偏度大于 0，属于右偏，说明大部分上市公司商誉减值准备的计提都低于平均水平，上市公司计提商誉减值的意愿不强。

表 11 　　　　　　　　　　　2007～2017 年商誉减值金额及占比　　　　　　　　单位：亿元

年份	商誉减值	商誉减值增速（%）	商誉减值/上一年末商誉净额（%）	最大值	最小值	平均值	偏度
2007	5.55			2.39	5.523E－04	0.10	6.483
2008	39.79	617	11	13.91	1.111E－07	0.43	6.018
2009	7.53	－81	1	1.75	6.000E－05	0.10	5.686
2010	76.29	913	9	62.66	1.826E－03	1.14	7.961
2011	13.84	－82	1	2.92	3.297E－05	0.18	4.212
2012	13.02	－6	1	1.66	8.733E－04	0.12	4.103
2013	29.77	129	2	9.80	3.599E－04	0.19	11.08
2014	28.84	－3	1	2.50	1.000E－07	0.17	4.401
2015	83.64	190	3	6.16	3.236E－04	0.31	4.671
2016	117.44	40	2	8.88	8.880E－06	0.33	6.395
2017	368.15	213	4	46.15	1.504E－04	0.76	11.88

　　商誉源于并购交易，随着并购活动增加，商誉也会随之积累。表 12 展示了 2007～2017 年商誉减值及商誉确认金额占并购金额的比重。可以看出，商誉确认金额占比不断增加。2007～2011 年，商誉确认金额占比基本处于 15% 以下，从 2012 年起，商誉确认金额占比有明显增长，至 2017 年，这一比例高达 52.13%。也就是说，在并购交易中，有一半的对价用于支付被收购企业的商誉。反观商誉减值金额，商誉减值金额占并购金额比重微乎其微，除 2017 年这一比例超过 1% 以外，其余年份全都低于 1%。这也从另一个侧面反映了我国商誉减值计提之少。

表 12 　　　　　　　　2007～2017 年商誉减值及商誉确认金额占并购金额比重　　　　　单位：亿元

年份	商誉减值金额	商誉确认金额	并购金额	商誉减值金额/并购金额（%）	商誉确认金额/并购金额（%）
2007	5.55	359.76	5 487	0.10	6.56
2008	39.79	686.99	7 766	0.51	8.85
2009	7.53	824.61	8 098	0.09	10.18
2010	76.29	962.79	9 747	0.78	9.88
2011	13.84	1 379.28	9 263	0.15	14.89
2012	13.02	1 654.80	8 080	0.16	20.48

年份	商誉减值金额	商誉确认金额	并购金额	商誉减值金额/并购金额（%）	商誉确认金额/并购金额（%）
2013	29.77	2 110.87	9 731	0.31	21.69
2014	28.84	3 305.71	18 796	0.15	17.59
2015	83.64	6 433.05	26 525	0.32	24.25
2016	117.44	10 494.82	22 308	0.53	47.05
2017	368.15	13 005.28	24 948	1.48	52.13

商誉减值的计提会直接影响当期业绩。表13展示了2007~2017年商誉减值金额占净利润比重的分布。可以看出，大部分公司商誉减值金额占净利润的比重小于25%；商誉减值金额占净利润比重在25%~50%的公司数从2007年的1家上升至2017年的29家；50%~100%的公司数从2007年的0家上升至2017年的38家；100%~1 000%的公司数从2007年的2家上升至2017年的46家，超过10倍的公司数无较大变化。其中，自2014年起，商誉减值金额占净利润比重超过25%的公司数增长较快，说明近年来商誉减值对净利润造成较大影响的案例越来越常见，商誉减值可以说是引爆上市公司业绩的不定时"炸弹"。

表13　　　　　2007~2017年商誉减值金额占净利润比重分布

年份	商誉减值/净利润比重分布区间				
	[0, 0.25)	[0.25, 0.5)	[0.5, 1)	[1, 10)	10以上
2007	51	1	0	2	1
2008	83	6	3	1	0
2009	65	5	2	2	0
2010	62	4	1	0	0
2011	72	3	1	0	0
2012	96	6	1	5	0
2013	137	11	4	4	0
2014	145	11	11	4	1
2015	203	29	15	18	1
2016	291	31	19	19	1
2017	369	29	38	46	2
合计	1 574	136	95	101	6

2. 商誉减值分板块概况。从各板块计提商誉减值的公司数量及占比来看，如表 14 所示，主板、中小板及创业板计提商誉减值的公司数都呈现稳步增长趋势。主板计提减值的公司数从 2007 年的 48 家，上升至 2017 年的 182 家；中小板计提减值的公司数从 2007 年的 6 家，上升至 2017 年的 168 家；创业板计提减值的公司数从 2007 年的 1 家，上升至 2017 年的 134 家。主板的商誉减值公司数占比不断下降，从 2007 年的 87%，下降至 2017 年的 38%；中小板和创业板商誉减值公司数占比不断上升，分别从 2007 年的 11%、2%，上升至 2017 年的 35%、28%。创业板的增幅最大，达到 26%；而主板额降幅达到 49%。总体来看，虽然中小板及创业板的公司数远不及主板公司数，但中小板及创业板计提商誉减值的公司数量占比却基本与主板持平，说明中小板及创业板是商誉减值的"重灾区"。

表 14　　2007～2017 年主板、中小板及创业板计提商誉减值的公司数量及占比

年份	全 A 股	主板	主板占比（%）	中小板	中小板占比（%）	创业板	创业板占比（%）
2007	55	48	87	6	11	1	2
2008	93	74	80	16	17	3	3
2009	74	56	76	13	18	5	7
2010	67	50	75	13	19	4	6
2011	76	51	67	21	28	4	5
2012	108	56	52	32	30	20	19
2013	156	73	47	53	34	30	19
2014	172	91	53	52	30	29	17
2015	266	136	51	63	24	67	25
2016	361	155	43	120	33	86	24
2017	484	182	38	168	35	134	28
合计	1 912	972	51	557	29	383	20

从各板块计提商誉减值的金额来看，如表 15 所示，主板的商誉减值金额呈现较大波动，而中小板和创业板的商誉减值金额不断增长。主板计提商誉减值金额从 2007 年的 5.44 亿元，上升至 2017 年的 137.94 亿元；中小板计提商誉减值金额从 2007 年的 0.08 亿元，上升至 2017 年的 104.77 亿元；创业板计提商誉减值金额从 2007 年的 0.03 亿元，上升至 2017 年的 125.44 亿元。从各板块计提商誉减值的金额占比来看，主板占比从 2007 年的 98%，下降至 2017 年的 37%，尤其是 2012～2017 年，下降速度较快。中小板和创业板计提商誉减值金额占比不断上升，分别从 2007 年的 1%、1%，上升至 2017 年的 28%、34%，其中创

业板占比增幅最大。总体来看，中小板和创业板合计的商誉减值金额远高于主板，更加说明中小板及创业板是商誉减值的"重灾区"。

表 15　　　　2007～2017 年主板、中小板及创业板计提商誉减值的金额及占比　单位：亿元

年份	全 A 股	主板	主板占比（％）	中小板	中小板占比（％）	创业板	创业板占比（％）
2007	5.55	5.44	98	0.08	1	0.03	1
2008	39.79	39.38	99	0.39	1	0.03	0
2009	7.53	7.02	93	0.40	5	0.12	2
2010	76.29	75.05	98	1.08	1	0.16	0
2011	13.84	12.51	90	1.29	9	0.04	0
2012	13.02	7.90	61	3.15	24	1.98	15
2013	29.77	19.96	67	7.78	26	2.03	7
2014	28.84	16.87	59	9.52	33	2.44	8
2015	83.64	41.46	50	20.84	25	21.35	26
2016	117.44	50.30	43	46.66	40	20.48	17
2017	368.15	137.94	37	104.77	28	125.44	34

商誉减值金额占净利润的比重在 3 大板块中有较大区别。如表 16 所示，主板比重最低，均维持在 10% 以下，2008 年达到最高的 8%，2011 年达到最低的 1%。而在中小创板中，这一比例较高。2007～2011 年，中小板商誉减值金额占净利润比重保持在 6% 以下，2012 年起，占比不断升高，2015 年达到最高的 27%。创业板的商誉减值金额占净利润比重最高，2012 年达到最高的 -77%，2017 年也达到了 71%。可见中小创板是商誉减值的"重灾区"。

表 16　　　　2007～2017 年各板块商誉减值金额占净利润比重　　单位：亿元

年份	全 A 股商誉减值金额	全 A 股净利润	占比（％）	主板商誉减值金额	主板净利润	占比（％）
2007	5.55	119.60	5	5.44	116.23	5
2008	39.79	486.47	8	39.38	475.87	8
2009	7.53	239.26	3	7.02	229.93	3
2010	76.29	1 215.54	6	75.05	1 195.68	6
2011	13.84	1 581.50	1	12.51	1 543.11	1
2012	13.02	360.47	4	7.90	333.83	2

年份	全A股商誉减值金额	全A股净利润	占比（％）	主板商誉减值金额	主板净利润	占比（％）
2013	29.77	962.39	3	19.96	904.82	2
2014	28.84	794.92	4	16.87	730.04	2
2015	83.64	1 419.40	6	41.46	1 256.31	3
2016	117.44	2 953.17	4	50.30	2 539.80	2
2017	368.15	3 300.75	11	137.94	2 533.63	5

年份	中小板商誉减值金额	中小板净利润	占比（％）	创业板商誉减值金额	创业板利润	占比（％）
2007	0.08	3.03	3	0.03	0.35	10
2008	0.39	9.80	4	0.03	0.81	4
2009	0.40	6.88	6	0.12	2.45	5
2010	1.08	17.35	6	0.16	2.51	6
2011	1.29	34.59	4	0.04	3.81	1
2012	3.15	29.21	11	1.98	−2.57	−77
2013	7.78	30.76	25	2.03	26.81	8
2014	9.52	51.28	19	2.44	13.60	18
2015	20.84	77.65	27	21.35	85.44	25
2016	46.66	270.18	17	20.48	143.19	14
2017	104.77	589.47	18	125.44	177.64	71

3. 商誉减值分行业概况。从各行业确认商誉减值的公司数及计提商誉减值的金额来看，如表17所示，2007年计提商誉减值金额最高的行业是传媒业，其仅有的两家公司计提2.42亿元，计提减值比例57％。随后是房地产业与食品饮料业，分别计提0.71亿元和0.42亿元。

表17　　　　　　　　2007年各行业确认商誉减值的公司数及

计提商誉减值的金额（排名前15）

行业	计提商誉减值金额（亿元）	计提商誉减值比例（％）	确认商誉减值的公司数
传媒	2.42	57	2
房地产	0.71	23	10
食品饮料	0.42	28	2
医药生物	0.40	6	4

行业	计提商誉减值金额（亿元）	计提商誉减值比例（%）	确认商誉减值的公司数
公用事业	0.26	78	2
综合	0.23	18	4
非银金融	0.23	70	1
商业贸易	0.22	19	3
农林牧渔	0.09	3	4
电气设备	0.07	11	3
电子	0.06	21	4
休闲服务	0.06	100	1
机械设备	0.06	100	1
交通运输	0.05	3	1
建筑材料	0.04	6	2

如表 18 所示，2017 年计提商誉减值金额最高的是传媒业，为 69.34 亿元，商誉减值比例 9%。同年，传媒业也是商誉净额最高的行业，这说明传媒行业仍旧积累了大额商誉，商誉减值风险高悬。位列第 2 的是电气设备行业，金额为 55.15 亿元，减值比例 22%。紧随其后的是采掘业，金额为 40.63 亿元，减值比例 8%。

表 18 2017 年各行业确认商誉减值的公司数及计提商誉减值的金额（排名前 15）

行业	计提商誉减值金额（亿元）	计提商誉减值比例（%）	确认商誉减值的公司数
传媒	69.34	9	41
电气设备	55.15	22	32
采掘	40.63	8	7
计算机	28.62	5	42
医药生物	25.90	5	50
电子	25.57	14	31
机械设备	17.89	8	44
建筑装饰	16.70	22	18
化工	10.65	4	37
通信	9.84	8	13
非银金融	8.28	12	8

续表

行业	计提商誉减值金额（亿元）	计提商誉减值比例（%）	确认商誉减值的公司数
汽车	8.23	3	17
轻工制造	6.75	17	13
食品饮料	6.31	15	14
房地产	6.23	13	13

（三）我国上市公司计提商誉减值动因分析

我国会计准则规定，上市公司应当在每年末对商誉执行减值测试，以反映商誉价值的变动情况。本文认为影响上市公司商誉减值计提的因素主要有经济因素和盈余管理因素。一方面，当经济环境的景气度下降以及企业自身盈利能力变弱导致企业获取超额盈利能力下降时，管理层可能出于经济动因计提商誉减值；另一方面，在实际执行减值测试时，减值测试的主观性和复杂性为管理层留下了较大的盈余操纵空间，管理层也可能出于盈余操纵动因计提商誉减值。本节探讨我国上市公司计提商誉减值的主要驱动因素。

1. 经济因素。影响商誉减值计提的经济因素主要是指由于行业以及自身所处经营环境发生不利变化而导致企业未来盈利能力下降。例如，经营所处国家或地区宏观经济形势不景气，行业市场竞争程度加剧，相关产业政策不明朗，企业核心技术优势丧失等方面。当管理层预测企业未来的经济绩效变差时，会计提相应的商誉减值损失。本文选取第 $t+1$ 年计提商誉减值前的净利润增长率作为衡量企业第 t 年评估的未来盈利能力指标，比较计提商誉减值的企业与包含商誉但未计提商誉减值的企业在后续盈利表现上的差别。如表19所示，总体上看，计提商誉减值组的净利润增长率基本上高于未计提商誉减值组，尤其是2012年以后。

表19　2007~2017年计提商誉减值前净利润增长率对比　　单位:%

年份	计提减值组	未计提减值组
2007	-49	-115
2008	-1	-6
2009	-56	31
2010	48	136

年份	计提减值组	未计提减值组
2011	− 24	− 15
2012	− 25	− 71
2013	54	− 149
2014	23	− 35
2015	382	− 6
2016	10	29
2017	——	——

　　鉴于净利润指标容易受到企业盈余管理行为的影响，相比之下现金流情况较难操纵，本文采用经营净现金流指标再次进行组别间的对比。经营活动产生的现金流体现了企业主要业务的获利能力，因此该指标较好地代表了企业未来的盈利能力。表 20 展示了第 t + 1 年经营净现金流增长率在计提减值组和包含商誉但未计提减值值组间的对比。可以看出，计提商誉减值组的经营净现金流增长率基本上高于未计提商誉减值组。

表 20　　　　　　　　　2007～2017 年经营净现金流增长率对比　　　　单位:%

年份	计提减值组	未计提减值组
2007	16	− 28
2008	153	− 161
2009	30	− 172
2010	24	65
2011	3	− 118
2012	13	− 173
2013	38	21
2014	56	− 115
2015	108	211
2016	15	− 164
2017	——	——

　　上述两个指标的比较结果反映了计提商誉减值组的净利润增长率和经营净现金流增长率基本上高于未计提减值组，这一现象与计提商誉减值反映企业未来盈利能力下降的观点相悖，说明企业计提商誉减值的决策并不一定是由经济因素驱动的。

2. 盈余操纵因素。管理层在商誉减值测试中拥有较大的自由裁量权，因而商誉减值可能会沦为企业盈余操纵的工具。影响商誉减值计提的盈余操纵因素主要包括盈余清洗和止亏动机。现有研究表明亏损企业有更强的盈余操纵动机，更容易利用减值损失进行盈余操纵。因此，本文将2007～2017年的样本企业按照计提商誉减值前后的净利润是否为正划分为盈利组和亏损组，比较两个组别企业的商誉减值计提比例。其中商誉减值计提比例＝商誉减值金额/（商誉净额＋商誉减值金额）。如表21所示，不论是按计提减值前还是计提减值后的净利润进行分组，亏损企业计提商誉减值的比例都超过了盈利企业。各年度盈利企业计提比例都不超过3%，而亏损企业计提减值比例差异较大，例如2008年时，亏损企业计提减值比例仅2.83%；2011年时，亏损企业计提减值比例达到48.34%。数据表明，亏损企业更倾向于计提商誉减值。

表21　　　　　　**2007～2017年盈利和亏损企业商誉减值计提比例对比**　　　　单位:%

年份	按计提商誉减值后的净利润分组		按计提商誉减值前的净利润分组	
	盈利企业计提比例	亏损企业计提比例	盈利企业计提比例	亏损企业计提比例
2007	1.08	16.13	1.08	16.13
2008	2.68	2.83	2.68	2.83
2009	0.66	5.01	0.75	3.22
2010	1.20	6.47	1.20	6.47
2011	0.63	48.34	0.63	48.34
2012	0.43	5.07	0.48	4.07
2013	0.66	9.04	0.67	8.25
2014	0.57	9.20	0.57	9.20
2015	0.62	14.82	0.76	12.16
2016	0.69	9.58	0.86	6.85
2017	1.45	32.19	2.19	21.68

盈余清洗和止亏动机主要体现在：（1）当年度经营业绩不好的情况下，企业可能会一次性计提较大减值损失为来年经营好转做准备；（2）当企业上一年度亏损时，为防止连续2年亏损被标记为特别处理组（ST），企业可能会尽力避免本年度再次亏损；（3）当企业本年度是微盈状态时，企业可能会少计提甚至

不计提减值来避免本年度亏损。根据现有文献，本文采用如下方法衡量企业的盈余清洗动机、扭亏动机和微利防亏动机（戴德明等，2005；纪金莲等，2012）。当本年度主营业务利润低于上年度主营业务利润时，认为企业存在盈余清洗动机；当企业上一年度亏损，本年度盈利时，认为企业存在扭亏动机；当企业本年度的权益净利率在 0~1% 之间时，认为企业存在微利防亏动机。

如表 22 所示，存在盈余清洗动机的企业计提商誉减值比例最高，自 2014 年后，这一比例甚至超过了商誉减值计提总和的一半。这与存在盈余清洗动机的企业倾向于一次性计提大额商誉减值的预期一致。扭亏组和微利组计提商誉减值的比例基本上处于较低水平，这与存在扭亏动机和微利防亏动机的企业倾向于避免计提商誉减值的预期一致。上述结论说明，企业计提商誉减值的决策很可能是由盈余操纵因素驱动的。

表 22　　　　　2007~2017 年存在盈余清洗动机、扭亏动机和微利防亏
动机的企业商誉减值计提比例

年份	商誉减值计提总和（亿元）	盈余清洗组商誉减值计提总和（亿元）	占比（%）	扭亏组商誉减值计提总和（亿元）	占比（%）	微利组商誉减值计提总和（亿元）	占比（%）
2007	5.55	1.23	22.16	2.90	52.18	0.09	1.62
2008	39.79	15.45	38.82	0.10	0.24	0.10	0.24
2009	7.53	2.15	28.50	0.59	7.88	0.28	3.66
2010	76.29	2.75	3.60	0.09	0.12	——	0.00
2011	13.84	10.43	75.37	0.04	0.32	0.09	0.62
2012	13.02	6.79	52.15	0.05	0.38	0.52	4.03
2013	29.77	6.38	21.44	0.58	1.96	0.10	0.33
2014	28.84	14.07	48.79	0.89	3.10	0.83	2.90
2015	83.64	64.88	77.57	1.13	1.35	3.32	3.97
2016	117.44	74.84	63.73	3.98	3.39	1.62	1.38
2017	368.15	251.47	68.31	1.28	0.35	11.14	3.02

为了进一步说明商誉减值的驱动因素，本文以 2007~2017 年确认商誉的 A 股上市公司为样本，分别选取衡量经济因素和盈余管理因素的指标进行回归分析。变量定义如表 23 所示。

表23 变量定义

变量类型		变量名称	变量含义	变量公式
因变量		*impct*	商誉减值准备计提比例	t 年计提商誉减值准备/t 年年初商誉余额
自变量	盈余管理因素	*ks*	是否亏损	虚拟变量，企业当年业绩亏损为1，否则为0
		bath	大洗澡动机	虚拟变量，t 年主营利润低于 $t-1$ 年取1，否则取0
		ph	盈余平滑动机	若（t 年净利润 + t 年计提商誉减值准备 $-t-1$ 年净利润）/总资产为正则取此变量，否则取0
	经济因素	*bm*	账面市值比	权益账面价值/权益市场价值
		droa	ROA 变化额	t 年与 $t-1$ 年 ROA 变化额
		roa	总资产收益率	净利润/总资产
		roe	净资产收益率	净利润/净资产
		dearning	利润变动率	t 年与 $t-1$ 年净利润变动额/$t-1$ 年净利润的绝对值
	控制变量	*size*	总资产规模	总资产规模对数
		dr	资产负债率	总负债/总资产
		year	年份变量	时间年份
		industry	行业变量	证监会行业分类

剔除具有多重共线性的变量后，进行相关性检验，见表24。

表24 相关性检验

变量名称	*impct*	*bath*	*ph*	*nk*	*wl*	*bm*	*droa*	*roa*	*size*	*dr*
impct	1									
bath	0.096 ***	1								
ph	0.038 ***	−0.203 ***	1							
nk	−0.015 *	−0.00700	0	1						
wl	−0.019 **	−0.00800	0	0.103 ***	1					
bm	0.0110	0.160 ***	−0.160 ***	0.016 *	−0.00800	1				
droa	−0.00600	0.00900	−0.0130	0.310 ***	−0.00600	0.0140	1			
roa	−0.195 ***	−0.354 ***	0.194 ***	−0.00700	0.00900	−0.207 ***	−0.021 **	1		
size	−0.072 ***	−0.065 ***	−0.082 ***	0.017 *	−0.0150	0.468 ***	0.0120	−0.037 ***	1	
dr	0.0140	0.033 ***	0.00300	0.019 **	−0.015 *	0.163 ***	0.020 ***	−0.381 ***	0.527 ***	1

注：$*p<0.1$，$**p<0.05$，$***p<0.01$。

回归结果如表 25 所示，盈余管理动机方面，商誉减值与大洗澡动机和盈余平滑动机显著正相关；与扭亏动机不相关；与微利防亏动机显著负相关。这说明，当企业存在大洗澡动机和盈余平滑动机时会大额计提商誉减值，当企业盈利状况越接近于零时，越少计提商誉减值。经济动机方面，商誉减值与权益账面市值比、ROA 的变动额都不相关，与 ROA 显著负相关，说明企业 ROA 越大，计提的商誉减值越少。上述结果表明，一方面，盈余管理动机是影响我国上市公司商誉减值计提行为的重要因素，企业存在利用商誉减值测试调节利润的行为；另一方面，虽然商誉减值行为与企业的会计指标 ROA 显著相关，但与反映净利润增长的指标，反映企业成长性的权益市账比都不相关。同时，先前的统计数据显示计提商誉减值的公司相较于未计提商誉减值的公司，其未计提减值前的净利润增长率和经营净现金流增长率基本上都较高，这也在一定程度上说明商誉减值的经济因素影响可能较弱。

表 25 回归结果

变量名称	(1) $impct$
$bath$	0.0131 *** (3.14)
ph	0.275 *** (2.61)
nk	-0.00978 (-1.52)
wl	-0.0157 ** (-2.44)
bm	0.0110 (0.89)
$droa$	-0.0125 (-0.60)
roa	-0.587 *** (-9.66)
$size$	-0.00631 *** (-3.59)
dr	-0.0337 ** (-2.40)
$\_cons$	0.220 *** (5.82)
N	11 604
$r2\_a$	0.054

注：t statistics in parentheses；** $p < 0.05$， *** $p < 0.01$。

（四）我国上市公司商誉减值存在的问题

通过对我国上市公司商誉确认、减值及减值信息披露情况和减值动机进行统计分析，本文总结我国上市公司商誉减值存在的问题：（1）从整体市场情况来看，近10年来在新准则刚开始施行时期及2015年掀起的新一轮并购浪潮时期催生了大量商誉。然而，相较于商誉确认的金额，商誉减值的金额占比非常小。并且，商誉减值计提两极分化严重，大部分公司不计提或者少计提商誉减值；少数公司存在长期不计提商誉减值而后一次性计提高额或全额商誉减值损失的情况。这说明，管理层存在掩盖商誉减值风险，少提、晚提商誉减值，或利用商誉减值"洗大澡"的嫌疑。（2）从市场板块来看，中小创是商誉减值的"重灾区"。虽然主板的商誉确认金额占比最高，但中小创，尤其是创业板的商誉增速、计提商誉减值的增速、商誉总资产率、商誉净资产率都是最大的，商誉减值对净利润的拖累也与日俱增。创业板公司规模较小，且大都属于高科技、轻资产运营的企业。通过外延式并购寻求资源的整合协调，扩充公司体量以快速提升整体实力是创业板公司的常用方式。在频繁的并购交易中，创业板公司迅速积累高额商誉，一旦被收购企业的盈利状况不及预期，将引发巨额商誉减值，对收购方业绩造成较大冲击。（3）从各行业来看，近年来有形资产比重较低、无形资产比重较高的轻资产行业确认了较多商誉。传媒、医疗生物和计算机是并购溢价最严重的3个行业。对这些行业进行并购估值和盈利预测时存在较大主观性，可操纵的空间较大，因而对这些行业的商誉风险应当更加受到关注。（4）从减值信息披露情况来看，大部分企业对商誉减值信息披露规定执行不到位，仅披露商誉减值结果，而未披露商誉减值测试过程涉及的重要参数，这不利于投资者判断企业商誉减值的合理性。（5）企业商誉减值行为有很强的盈余管理动机驱动，同时商誉减值也受到经济因素的影响，但这种影响相对较小。

四、益佰制药案例分析

（一）商誉减值测试存在的问题

1. 可收回金额的估计不合理。在2013年的评估报告中，女子大药厂的预测营业收入从2013年的24 653.48万元，增长到2017年的70 772.24万元，平均30%

的营业收入增长率。然而实际上，女子大药厂 2013 年的营业收入为 21 956.26 万元，仅完成预期的 89%。随后在 2014 年、2015 年，营业收入分别下滑至 15 804.61 万元和 12 888.74 万元，仅完成预期的 48% 和 30%。尽管 2016 年营业收入回升至 16 903.24 万元，但也仅完成预期的 31%。净利润方面，2013 年女子大药厂以 3 566.28 万元的净利润，略微超过预期净利润。然而，随后几年的净利润完成情况十分惨淡。2014 年，实际净利润 2 980.56 万元，仅完成预期净利润的 67%。至 2015 年，女子大药厂的盈利情况进一步恶化，净利润仅为 1 417.32 万元，完成预期的 27%。2016 年、2017 年，女子大药厂的盈利状况也并未好转，仅完成预期的 46% 和 33%（见表 26）。

表 26 　　　　　女子大药厂实际盈利情况与 2013 年出具的评估情况对比　　　　单位：万元

项目	2013 年	2014 年	2015 年	2016 年	2017 年
预测营业收入	24 653.48	33 031.62	43 237.51	54 533.24	70 772.24
预测营业收入增长率（%）		34	31	26	30
预测营业成本	4 001.65	5 257.28	6 844.14	8 618.87	10 880.51
实际营业收入	21 956.26	15 804.61	12 888.74	16 903.24	—
实际营业收入增长率（%）		− 28	− 18	31	
营业收入完成率（%）	89	48	30	31	
预测净利润	3 391.31	4 479.34	5 269.1	6 810.18	9 520.74
实际净利润	3 566.28	2 980.56	1 417.32	3 112	3 162.40
净利润完成率（%）	105	67	27	46	33

需要说明的是，2017 年益佰制药的年报里并未披露女子大药厂的净利润，仅披露了其母公司贵州苗医药实业有限公司（以下简称苗医药）实现净利润 3 162.40 万元。女子大药厂是苗医药 100% 的控股子公司，这里以苗医药实现净利润代替女子大药厂的净利润，实际上女子大药厂的净利润应低于 3 162.40 万元。通过女子大药厂实际盈利情况与 2013 年评估情况对比可以发现，其实际盈利情况远低于益佰制药收购时做出的业绩预期。被收购标的实际盈利不及预期是触发商誉减值的重要因素，然而益佰制药却评估认为商誉不存在减值迹象。

在 2015 年的评估报告中，尽管益佰制药大幅下调了女子大药厂的预期营业收入，但同时也对预测营业成本有较大程度的下调，因而实际上净利润相较于 2013 年的预测净利润，回调幅度不大。与实际净利润对比可发现，益佰制药仍然明显存在净利润预期过高的现象。2015 ~ 2017 年，女子大药厂分别完成预期净利润的 37%、69% 和 59%（见表 27）。

表27　　　　女子大药厂实际盈利情况与2015年出具的评估情况对比　　　单位：万元

项目	2015年	2016年	2017年	2018年	2019年
预测营业收入	22 608.35	25 892.88	29 664.74	33 996.79	38 972.77
预测营业收入增长率（%）	43.05	14.53	14.57	14.60	14.64
预测营业成本	3 081.07	3 542.46	4 074.55	4.688.29	5.396.30
实际营业收入	12 888.74	16 903.24	—	—	—
实际营业收入增长率（%）	– 18	31			
营业收入完成率（%）	57	65			
预测净利润	3 858.14	4 541.37	5 327.91	6 237.26	7 332.79
实际净利润	1 417.32	3 112	3 162.40	—	
净利润完成率（%）	37	69	59	—	

在2016年的评估报告中，益佰制药同样大幅下调了预测营业收入。与此同时，对营业成本的预测也略微下降，预测净利润同样回调有限。2016年，女子大药厂净利润完成率为102%，而2017年，这一比例下降至72%（见表28），这说明女子大药厂的净利润完成情况依旧不理想。

表28　　　　女子大药厂实际盈利情况与2016年出具的评估情况对比　　　单位：万元

项目	2016年	2017年	2018年	2019年	2020年
预测营业收入	14 541.24	18 409.51	21 715.90	23 855.99	25 371.25
预测营业收入增长率（%）	12.81	26.60	17.96	9.85	6.35
预测营业成本	2 797.63	3 708.52	4.403.49	4 841.17	5 127.99
实际营业收入	16 903.24	—	—	—	—
实际营业收入增长率（%）	31				
营业收入完成率（%）	116				
预测净利润	3 040.83	4 402.90	5 734.52	6 358.33	6 787.03
实际净利润	3 112.00	3 162.4			
净利润完成率（%）	102	72			

为了进一步说明女子大药厂早已出现商誉减值迹象，本文对可收回金额等于股权账面价值的无差别净利润增长率进行测算。表29展示了2013年测算的无差别净利润增长率，即在后续期间至少超过这一平均净利润增速，达到无差别增长

率测算的年度净利润水平，可收回金额才会大于股权账面价值，商誉不会发生减值。如表 29 所示，2013 年度测算数据对标益佰制药提供的评估报告，其中 2013 年的无差别增长率下的净利润为实际净利润，折现率选自评估报告。测算结果表明，在评估报告给定的折现率及取得各测算年度第一年实际净利润情况下，女子大药厂的净利润增速应当至少保持在 27% 以上才能免于计提商誉减值，而实际平均净利润增速仅为 13%。

表 29 　　　　　　　　　**2013 年度测算的无差别净利润增速**　　　　　　单位：万元

2013 年测算	预测期			永续期		
	2013 年	2014 年	2015 年	2016 年	2017 年	2018 年
评估报告预测净利润	3 391.31	4 479.34	5 269.10	6 810.18	9 520.74	9 593.32
评估报告预测净利润增速（%）		32	18	29	40	
无差别增长率测算的净利润	3 566.28	4 539.97	5 779.51	7 357.48	9 366.27	9 366.27
差额	(174.97)	(60.63)	(510.41)	(547.30)	154.47	227.05
评估报告自由现金流	(1 965.18)	(1 963.34)	2 822.52	4 173.51	5 873.66	9 640.07
调整后的自由现金流	(1 790.21)	(1 902.71)	3 332.93	4 720.81	5 719.19	9 413.02
折现率（%）	12.39	12.39	11.88	11.88	11.88	11.88
永续年金终值						79 234.21
1 + 折现率（%）	112.39	112.39	111.88	111.88	111.88	111.88
折现额	(1 592.86)	(1 506.32)	2 379.96	3 013.05	3 262.67	45 201.25
营业净现金流量现值合计						50 757.75
股东全部权益价值						50 757.75
可收回金额 = 股东全部股权价值						0
无差别净利润增长率（%）						27
实际净利润增长率（%）		−16	−52	120	2	

　　评估报告测算得出，女子大药厂的净利润增速应当至少保持在 59% 以上才能免于计提商誉减值。益佰制药在 2015 年净利润增速为 −52%，虽然 2016 年净

利润增速上升到120%，但2017年又下滑至2%，并且在2018年发生巨额商誉减值，说明2018年的净利润水平同样不容乐观，能否保持在59%以上的净利润增速值得怀疑（见表30）。

表30　　　　　　　　　　**2015年度测算的无差别净利润增速**　　　　单位：万元

2015年测算	预测期			永续期		
	2015年	2016年	2017年	2018年	2019年	2020年
评估报告预测净利润	3 858.14	4 541.37	5 327.91	6 237.26	7 332.79	7 292.75
评估报告预测净利润增速（%）		18	17	17	18	
无差别增长率测算的净利润	1 417.32	2 252.98	3 581.36	5 692.95	9 049.55	9 049.55
差额	2 440.82	2 288.39	1 746.55	544.31	(1 716.76)	(1 756.80)
评估报告自由现金流	(1 965.18)	(1 963.34)	2 822.52	4 173.51	5 873.66	9 640.07
调整后的自由现金流	(4 406.00)	(4 251.73)	1 075.97	3 629.20	7 590.42	11 396.87
折现率（%）	11.76	11.76	11.76	11.76	11.76	11.76
永续年金终值						96 912.15
1+折现率	111.76	111.76	111.76	111.76	111.76	111.76
折现额	(3 942.38)	(3 404.02)	770.80	2 326.30	4 353.45	55 583.55
营业净现金流量现值合计						55 687.69
股东全部权益价值						55 687.69
可收回金额=股东全部股权价值						0
净利润应达到的增长率（%）						59
实际净利润增长率（%）	-52	120	2			

基于2016年的评估报告，测算的无差别增长率为20%，即女子大药厂的净利润增速应当至少保持在20%以上才能免于计提商誉减值。然而，益佰制药2017年净利润增速为2%，计提了448万元的商誉减值，随后就在2018年计提了9亿~10.8亿元的巨额商誉减值。仅1年过后，女子大药厂的盈利不仅没有达到评估预测的增长水平，反而出现大幅下跌，这充分说明益佰制药在2016年盈利预测过于乐观（见表31）。

表 31　　　　　　　　　　2016 年度测算的无差别净利润增速　　　　　　　　单位：万元

2016 年测算	预测期			永续期		
	2016 年	2017 年	2018 年	2019 年	2020 年	2021 年
评估报告预测净利润	3 040.83	4 402.90	5 734.52	6 358.33	6 787.03	6 787.03
评估报告预测净利润增速（%）	45	30	11	7	45	
无差别增长率下的净利润	3 112.00	3 731.80	4 475.05	5 366.33	6 435.11	6 435.11
差额	(71.17)	671.10	1 259.47	992.00	351.92	351.92
评估报告自由现金流	3 190.23	4 127.93	5 863.11	6 885.24	7 570.30	8 024.46
调整后的自由现金流	3 261.40	3 456.83	4 603.64	5 893.24	7 218.38	7 672.54
折现率（%）	11.25	11.25	11.25	11.25	11.25	11.25
永续年金终值						68 200.39
1 + 折现率（%）	111.25	111.25	111.25	111.25	111.25	111.25
折现额	2 931.60	2 793.05	3 343.50	3 847.28	4 235.84	40 020.89
营业净现金流量现值合计						57 172.16
股东全部权益价值						57 172.16
可收回金额 = 股东全部股权价值						0
无差别净利润增长率（%）						20
实际净利润增长率（%）	120	2				

　　益佰制药对女子大药厂的盈利情况进行了 3 次评估。然而，在每一次的评估中，尽管盈利预期有所回调，但依然远高于实际盈利情况，实际净利润相较于预期净利润的完成率较低。这不免令人怀疑，益佰制药有调高未来盈利预期以实现高估可收回金额的目的。

　　同时，在折现率方面，益佰制药 2013 年、2015 年和 2016 年做盈利预测时，折现率分别选择 12.39%、11.76% 和 11.25%，呈逐年下降态势。益佰制药在回复上交所质询函时解释，3 次评估的折现率不同的原因在于：（1）评估机构不同选取的可比公司不同，折现率依据主要参数口径不同；（2）企业特有风险调整值随着企业经营年限增加、经营趋于稳定，在经营、财务和融资管理方面能力增强，故风险减少，对应下调特有风险调整值；（3）受人民银行公布的 5 年以上中长期基准贷款利率影响融资成本逐渐下降，税前债务成本随之下降。然而，女子大药厂被收购后 2014 年业绩第 1 次不及预期时，益佰制药给出的解释是由于基药政策执行速度较慢，大部分地区尚未开始执行，同时在医保控费、各省市药品招投标降价政策相继出台的大背景下，新进基药在产品市场竞争中处于劣势，导致市场份额增长缓慢。2015年业绩第2次不及预期时益佰制药给出的解释同样是基药政策执行不及预期，女子大药厂在新进基药的产品市场竞争中处于劣势，市场份额增长缓慢。在进入基药市场接连受挫的背景下，女子大药厂经营是否趋于稳定，在经营、财务和融资管理方面能力是否增强，其特有风险调整值是否应当下调值得怀疑，益佰制药存在调低折现率以高估可收回金额的嫌疑。

综上所述，本文认为在2013年、2015年及2016年的评估时点上，女子大药厂的商誉已经出现减值迹象，但益佰制药利用高估未来盈利预测，逐渐调低折现率水平的技术手段高估商誉的可收回金额，隐藏商誉减值风险，几乎不计提任何商誉减值。最终这一风险在2018年集中爆发，益佰制药一次性计提商誉减值9亿~10.8亿元。

2. 减值信息披露不规范。我国资产减值会计准则规定，上市公司应当在财务报表附注中披露商誉分摊至资产组的过程、可收回金额的确定方法，若按照公允价值与处置费用的差值确认，需要披露确定该净额所采用的关键假设及其依据；若按照未来现金流的贴现值确认，需要披露预计未来现金流的关键假设及所采用的折现率。

通过查看益佰制药2013~2017年年报，本文将商誉减值信息披露情况总结如下：2013年，益佰制药仅披露商誉减值测试方法为收益法；2014年、2015年，未披露相关信息，仅说明金额较大的商誉委托中介机构进行价值评估，未在证监会指定信息披露网站披露中介机构的评估报告；2016年，披露折现率、毛利率、营收增长率、减值测试方法；2017年，仅披露商誉减值金额和所采取的减值测试方法，未披露具体参数。直到2017年10月，益佰制药收到上交所关于商誉减值情况的问询函，才详细披露在2013~2015年的商誉减值测试过程，并补充披露了中介机构的评估报告。由此可见，益佰制药的商誉减值信息披露不合规范。商誉减值附注信息的披露是为了帮助投资者更好地理解企业执行商誉减值的过程，计提商誉减值损失的原因，以便投资者判断企业商誉计提是否公允可靠。益佰制药商誉减值信息披露缺失反映出其商誉减值过程不够透明，可能存在一定的投机空间。

3. 存在盈余操纵动机。图11反映出益佰制药自上市以来业绩一路攀升，2014年达到历史高点。此后，受制于医疗行业整体增速放缓以及企业内源增长动力不足的不利影响，益佰制药业绩增长疲软，开始呈现下滑的态势。尤其是2017年取得40 778万元净利润的情况下，2018年第三季度净利润仅有21 108万元，仅略微超过上一年度全年净利润的一半。2019 年 1 月 31 日发布业绩预亏公告，预计 2018 年归属于上市公司股东的净利润亏损 75 000 万 ~ 90 000 万元，其中商誉减值损失高达 90 000 万 ~ 108 000 万元。可以推算出，计提商誉减值前归属于上市公司股东的净利润为 15 000 万 ~ 18 000 万元。而上年同期归属于上市公司股东的净利润为 38 753 万元。可见，在计提商誉减值前，益佰制药的盈利情况已经大幅下降。因此，本文认为益佰制药可能存在盈余清洗动机，即当期的业绩情况已远不如上期，索性一次性计提大量亏损，换取来年轻装上阵。同时，近期 A 股商誉暴雷案例不在少数，益佰制药很可能趁着这股"商誉大清洗"的风气为早已出现减值迹象的商誉减负。

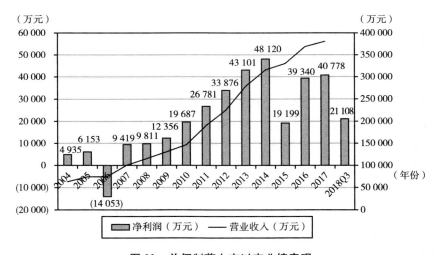

图 11 益佰制药上市以来业绩表现

（二）商誉摊销模拟及减值结合摊销模拟

下文模拟测算了摊销法和减值结合摊销法下的商誉净额，并与减值法下的商誉净额进行对比。摊销法是指企业在获得外购商誉时，对其估计一个合理的使用年限，按照一定的方法将未来经济资源的消耗分摊进每年的损益。由于确切了解商誉的消耗方式存在较大难度，因而采用系统摊销法是最符合成本效益的做法。根据我国原商誉会计准则的规定，商誉摊销的最长时间不超过 10 年。为简便起见，本文按照最高年限 10 年进行商誉摊销，采用系统摊销法对益佰制药商誉重新进行后续计量。

减值结合摊销法是指同样在企业获得外购商誉时，对其估计一个合理的使用年限，将未来经济资源的消耗分摊进每年的损益。当外界环境巨变或企业自身的经营情况发生较大改变导致商誉出现大幅减值，且预计减值金额将超过当年度的摊销金额时，企业应当在确认当年度摊销费用的同时，补提二者的差额确认为减值损失，计提相应的减值准备。后续再按照新的账面价值和剩余年限回归摊销。

益佰制药从 2008 年开始出现溢价投资形成的商誉，因为公司历史存在多次高额溢价收购，截至 2017 年公司商誉账面净值达 21.68 亿元。本文从 2008 年起对益佰制药溢价投资产生的商誉进行摊销，并对商誉处置做相应转出摊销处理。根据益佰制药 2019 年 1 月 31 日发布的 2018 年度业绩预亏公告，商誉减值预计将计提 90 000 万 ~ 108 000 万元，本文分别按照这 2 种情况予以测算。

3 种后续计量方法下益佰制药的商誉净额如表 32 所示。截至 2017 年，按照商誉减值法下的商誉净值为 216 815.07 万元，按照系统摊销法下的商誉净值为 135 029.26 万元，二者相差 81 785.81 万元。由于益佰制药在 2008 ~ 2016 年都没有计提商誉减值，因而减值结合摊销法与系统摊销法的商誉净额相等。2017 年，益佰制药计提了 446.57 万元的商誉减值，由于该金额远小于 2017 年的摊销金额，故减值结合摊销法与系统摊销法的商誉净额仍然相等。2018 年，益佰制药计提了 90 000 万 ~ 108 000 万元的巨额商誉减值，计提后在减值测试法下的商誉净额为 108 815.07 ~ 126 815.7 万元。系统摊销法下的商誉净额约为 113 500.04 万元。减值加摊销法下，应当将可回收金额与当年商誉账面金额进行比较。当 2018 年减值法下计提的商誉减值为 90 000 万元时，可回收金额为 126 815.07 万元，商誉账面价值为 113 500.04 万元，减值结合摊销法下无需计提商誉减值。当 2018 年减值法下计提的商誉减值为 108 000 万元时，可回收金额为 108 815.07 万元，计算得到应计提的减值准备为 4 684.97 万元，此时商誉净额为 108 815.07。由此可见，一方面，在商誉未发生大幅减值时期，减值加摊销法通过摊销商誉将经济资源的损耗平稳计入每个时期；另一方面，在商誉发生大幅减值时期，减值加摊销法也能通过调整后减值金额，体现商誉价值的真实变动。

表32　　　　　　　　3 种后续计量方法下益佰制药商誉净额　　　　　　单位：万元

年份	减值测试法	系统摊销法	减值加摊销法
2008	1 969.52	1 772.57	1 772.57
2009	2 574.98	2 120.54	2 120.54
2010	5 346.85	4 357.71	4 357.71
2011	5 346.85	3 823.02	3 823.02

年份	减值测试法	系统摊销法	减值加摊销法
2012	5 346.85	3 288.33	3 288.33
2013	54 023.64	46 562.76	46 562.76
2014	161 817.47	138 174.82	138 174.82
2015	161 817.47	121 993.08	121 993.08
2016	206 818.16	146 311.95	146 311.95
2017	216 815.07	135 029.26	135 029.26
2018（计提减值90 000万元）	126 815.07	113 500.04	113 500.04
2018（计提减值108 000万元）	108 815.07	113 500.04	108 815.07

对于资产负债表而言，3 种计量方式区别主要在于确认的商誉净额不同，进而影响到总资产和所有者权益，如表 33 所示。2008～2017 年，系统摊销法与减值加摊销法的商誉净额相同，故二者的总资产和所有者权益也相同。相比于减值测试法，系统摊销法和减值加摊销法的总资产和所有者权益都较小，这是因为在此期间商誉没有计提减值，但仍然进行系统性摊销。2017 年减值测试法下的总资产为 71.94 亿元，所有者权益为 46.89 亿元，系统摊销和减值加摊销法下的总资产为 63.77 亿元，所有者权益为 38.71 亿元，二者相差 25.06（63.77 － 38.71）亿元，可见系统摊销和减值加摊销法大大缩小了资产负债表的体量。

表 33   3 种计量方式下资产负债表科目对比   单位：亿元

计量方式	2008 年	2009 年	2010 年	2011 年	2012 年	2013 年	2014 年	2015 年	2016 年	2017 年
	总资产									
减值测试	12.19	12.82	15.65	18.04	22.77	32.01	54.96	55.88	65.89	71.94
系统摊销	12.17	12.78	15.55	17.88	22.56	31.26	52.59	51.89	59.84	63.77
减值加摊销	12.17	12.78	15.55	17.88	22.56	31.26	52.59	51.89	59.84	63.77
	所有者权益									
减值测试	5.98	7.11	8.76	11.38	15.46	19.32	34.42	35.86	42.40	46.89
系统摊销	5.96	7.06	8.66	11.23	15.25	18.58	32.05	31.87	36.35	38.71
减值加摊销	5.96	7.06	8.66	11.23	15.25	18.58	32.05	31.87	36.35	38.71

（三）对利润表的影响

对于利润表而言，在减值测试法下，计提的减值金额计入资产减值损失。在系统摊销法下，确认的摊销费用计入管理费用。在减值加摊销法下，当计提的减值不超过当期摊销费用时，确认摊销费用并将其计入管理费用；当计提的减值超过当期摊销费用时，确认摊销费用的同时，将二者的差额计入资产减值损失。

企业账面积累了较多商誉时，减值法下和摊销法下的净利润差别较大。对于益佰制药而言，自 2013 年起，商誉开始快速积累（见表 34）。在不同后续计量方法下，净利润的差别逐渐显现并且逐渐扩大。2018 年，益佰制药计提 9 亿～10.8 亿元的巨额商誉减值，导致减值法下的净利润为 –7.5 亿～9 亿元。以此数据推测未计提减值前净利润为 1.5 亿～1.8 亿元。测算得出 2018 年在商誉摊销情况下的净利润为 –0.65 亿～–0.35 亿元。由于减值金额超过当期摊销费用，故减值加摊销法下不仅要考虑当期摊销的影响还要考虑减值的影响。测算得到 2018 年在减值加摊销法下净利润为 –0.82 亿～–0.65 亿元。采用减值加摊销法下的净利润介于减值法和系统摊销法之间，这反映了减值加摊销法不仅能够平滑净利润，避免净利润的巨幅波动，还能够根据商誉真实的价值变动进一步调整净利润金额。

表 34　　　　　　　　　　　3 种计量方式下利润表科目对比　　　　　　　　　单位：万元

计量方式	2008 年	2009 年	2010 年	2011 年	2012 年	2013 年	2014 年	2015 年	2016 年	2017 年
管理费用										
减值测试	10 496	11 910	12 692	12 675	15 311	17 128	23 038	31 238	38 764	43 006
系统摊销	10 693	12 167	13 227	13 209	15 846	22 531	39 220	47 420	59 446	64 732
减值加摊销	10 693	12 167	13 227	13 209	15 846	22 531	39 220	47 420	59 446	64 732
资产减值损失										
减值测试	(55)	1 107	5 126	296	434	2 263	1 807	758	553	1 177
系统摊销	(55)	1 107	5 126	296	434	2 263	1 807	758	553	1 623
减值加摊销	(55)	1 107	5 126	296	434	2 263	1 807	758	553	1 623
净利润										
减值测试	9 811	12 356	19 687	26 781	33 876	43 101	48 120	19 199	39 340	41 671
系统摊销	9 644	12 137	19 233	26 326	33 421	38 509	34 366	5 445	21 760	23 204
减值加摊销	9 644	12 137	19 233	26 326	33 421	38 509	34 366	5 445	21 760	23 204

（四）对财务比率的影响

对于财务比率，本节从营运能力指标、偿债能力指标和盈利能力指标3个方面予以分析。其中营运能力选取总资产周转率指标，偿债能力选取资产负债率指标，盈利能力选取净资产收益率指标；分别按照减值法、系统摊销法和减值加摊销法3种后续计量方式进行测算。

如表35所示，益佰制药的总资产周转率呈现逐年下降的趋势，说明其营运能力在逐年恶化。对比总资产周转率，由于系统摊销法和减值加摊销法下，商誉逐年固定摊销，降低了总资产体量，故总资产周转率会略大于减值法下的结果。总体而言，3种方法测算下的总资产周转率差别不大，这主要是因为相较于商誉，总资产的体量太大，因而商誉在不同计量方式下的金额变化对其影响不是太大。

表35　　　　　　　　　　3种计量方法下总资产周转率对比

计量方式	2008年	2009年	2010年	2011年	2012年	2013年	2014年	2015年	2016年	2017年
减值测试法	0.947	1.020	0.938	1.055	0.989	0.870	0.574	0.591	0.560	0.529
系统摊销法	0.948	1.023	0.944	1.064	0.998	0.891	0.600	0.636	0.616	0.597
减值加摊销法	0.948	1.023	0.944	1.064	0.998	0.891	0.600	0.636	0.616	0.597

如表36所示，益佰制药的资产负债率呈现稳中有降的特点。对比资产负债率，同样由于总资产的体量下降，系统摊销法和减值加摊销法下的总资产负债率会略大于减值法下的结果。对于企业而言，它们自然更乐于接受减值法，因为减值法下的资产负债率较小，显示其具有较强的偿债能力。对于债权人而言，他们则更倾向于系统摊销法和减值加摊销法，因为减值法下企业的总资产很可能是虚增的，暗含一定的商誉减值风险，且难以预测这种风险会何时爆发，而系统摊销法和减值加摊销法压缩了资产体量，释放了一定的减值风险，因而更加稳健。

如表37所示，对比净资产报酬率，系统摊销法和减值加摊销法下的净资产报酬率低于减值法下的结果。这主要是两方面作用的结果，一方面，商誉逐年摊销使得系统摊销法和减值加摊销法下所有者权益较小；另一方面，由于每年计入1笔固定的摊销费用，系统摊销法和减值加摊销法下净利润也较小，二者综合的结果说明净利润下降的幅度高于所有者权益下降的幅度。

表36　　　　　　　　　　3 种计量方法下资产负债率对比

计量方式	2008 年	2009 年	2010 年	2011 年	2012 年	2013 年	2014 年	2015 年	2016 年	2017 年
减值测试法	0.509	0.446	0.440	0.369	0.321	0.396	0.374	0.358	0.356	0.348
系统摊销法	0.510	0.447	0.443	0.372	0.324	0.406	0.391	0.386	0.393	0.393
减值加摊销法	0.510	0.447	0.443	0.372	0.324	0.406	0.391	0.386	0.393	0.393

表37　　　　　　　　　　3 种计量方法下净资产报酬率对比

计量方式	2008 年	2009 年	2010 年	2011 年	2012 年	2013 年	2014 年	2015 年	2016 年	2017 年
减值测试法	0.164	0.174	0.225	0.235	0.219	0.223	0.140	0.054	0.093	0.089
系统摊销法	0.162	0.172	0.222	0.234	0.219	0.207	0.107	0.017	0.060	0.060
减值加摊销法	0.162	0.172	0.222	0.234	0.219	0.207	0.107	0.060	0.060	0.060

五、结论与建议

（一）结论

在我国并购浪潮兴起，巨额商誉不断积累，商誉减值风险突出的背景下，本文探讨商誉减值现存的问题及在我国资本市场环境下，商誉后续计量是否应该重新引入摊销，得出以下两个结论。

首先，我国股权融资和监管环境的特殊性、对商誉减值违规行为的监管力度及惩戒机制不到位使得商誉减值法不可避免地沦为上市公司进行盈余操纵的手段，同时不成熟的公允价值估值技术使得企业估计资产组可回收金额的难度较大。在这种环境下，采用单一减值法会导致商誉资产的账面价值愈加偏离其真实价值。对益佰制药的案例研究发现，在其进行减值测试时存在盈余清洗行为，且对可回收金额的估计不合理。盈余清洗表现为益佰制药在当年度业绩远不及前期的情况下计提了巨额商誉减值准备，导致当年业绩出现大额亏损。可回收金额估计的不合理性体现在益佰制药发布的 3 次减值测试过程中都存在预测盈利水平与实际差距较大、调低折现率的现象，可能存在隐藏商誉减值风险的嫌疑。

其次，在我国当前资本市场环境下，重新引入摊销法，将商誉减值与摊销结合是现阶段更为合理的商誉后续计量方法。商誉摊销能够减少企业的盈余操纵行为，降低监管部门的监管压力，降低商誉后续计量的技术难度，保留商誉减值能够及时反馈商誉价值的变动。对益佰制药的研究发现，长期来看，摊销与减值对商誉价值变动的反映情况几乎相同。同时，摊销还能一定程度上避免企业商誉减值计提不及时的行为，将商誉经济价值的耗损平滑到各期。从资产负债表角度看，减值加摊销法能够缩减资产体量，逐步释放商誉减值风险；从利润表角度看，减值加摊销法能够减小净利润的波动；从财务比率的角度看，由于减值加摊销法降低了资产体量，因而营运能力及偿债能力指标会随之下降，而盈利指标的变化主要取决于减值加摊销法下净利润与所有者权益的变化幅度。

（二）建 议

1. 改进商誉后续计量。在我国资本市场环境下，由于股权融资和监管环境的特殊性、对商誉减值违规行为的监管力度及惩戒机制不到位使得商誉减值法不可避免地沦为上市公司进行盈余操纵的手段，同时不成熟的公允价值估值技术使得企业估计资产组可回收金额的难度较大。在这种环境下，采用单一减值法会导致商誉资产的账面价值愈加偏离其真实价值。本文认为重新引入摊销法，将商誉减值与摊销结合是现阶段更为合理的商誉后续计量方法。这一做法有助于减少企业的盈余操纵行为、降低监管部门的监管压力、降低商誉后续计量的技术难度，同时保留减值法对商誉价值变动的真实反馈。除此之外，减值结合摊销法将商誉对净利润的影响分摊到未来，有助于增强管理层受托经管责任的履行，迫使其在制定并购决策时审慎考虑并购对价，防止他们出于机会主义动机或盲目追逐商业帝国的构建而从事对股东价值最大化不利的并购交易。

2. 加强商誉后续计量信息的披露。现行商誉减值政策下，企业减值信息披露不规范的情况屡见不鲜。多数企业仅披露了减值测试的结果，而没有披露减值测试过程的信息，这加剧了企业和投资者之间的信息不对称，投资者难以根据企业提供的减值信息判断企业减值测试过程、减值计提的合理性，不利于投资者做出决策。不论是减值法还是摊销法，都需要企业做出一定的估计。应当要求企业完整地披露减值测试采用的方法、可回收金额所选取的折现率、毛利率等参数信息及选择基础、摊销年限的选择理由等。充分的披露有利于压缩企业机会主义的盈余管理空间，为投资者判断企业的经营情况提供更多信息。

3. 加强对并购重组和商誉后续计量的监管。防范商誉后续计量风险的首要前提是在并购重组环节就对非理性并购行为进行重点监管，尤其是"高议价、高商誉、高业绩承诺"的3高并购，从源头把控商誉泡沫，严防关联方之间通过高溢价并购进行利益输送、跨界程度过大的跟风炒作并购等非理性并购行为。对商誉后续计量进行监管时，应当重点关注业绩承诺期内业绩完成度较低，业绩承诺期一结束就立刻出现业绩变脸的企业。同时，应当完善企业违规的惩戒机制，加大对商誉后续计量不规范企业的处分力度，以加强监管的威慑力。

XBRL 企业内部应用能力
事前评价研究

——以 C 公司为例

吴忠生　程少文

一、引　　言

可扩展商业报告语言（eXtensible Business Reporting Language，XBRL）作为一种信息技术，其具备的可扩展、标准化等优势可以帮助企业提升数据处理效率、统一数据标准、便利数据的归集查询等。经过数十年的发展，XBRL 的应用也呈现出新的态势。一方面，在国际社会包括我国相关监管部门越发重视并积极推进 XBRL 对外财务信息披露的同时，对内部应用 XBRL 的关注度逐渐增高；另一方面，对 XBRL 的相关研究逐渐从符合外部信息披露需求的方面，过渡至企业如何满足自身数据系统搭建的内部应用方面。越来越多的企业开始对如何在内部管理系统运用 XBRL 技术进行不断的探索。

目前国内外已经出现一批内部应用 XBRL 的企业，例如日本的华歌尔公司，我国的中石油、四川长虹、东航等公司。然而更多的企业仍处于内部实施 XBRL 技术的初始引入和筹备阶段，存在对 XBRL 内部实施因素的认知欠缺、对自身实施 XBRL 能力判断不清等问题。基于对上述问题的思考与探究，本案例提炼了 XBRL 技术采纳和扩散的影响因素，并借鉴了技术实施（如 ERP）事前评价体系，据此提出企业 XBRL 内部应用的事前评价模型，旨在帮助企业正确认识自身能力、更好为 XBRL 内部实施项目进行决策规划提供参考和指导。

二、XBRL 内部应用能力事前评价模型

（一）XBRL 内部应用能力事前评价步骤

1. 确定评价模型指标。

（1）指标来源。进行 XBRL 内部应用能力事前评价的第一步，就是需要列举出此评价机制的各项指标。根据 XBRL 内部应用以及类似信息系统项目采纳及事前准备的研究角度，综合以下因素来源筛选评价指标：

首先是 XBRL 技术内部应用采纳和扩散影响因素。企业决定是否引入某项新的技术，必然会受到多种决策因素的影响，这些影响因素有的会对企业技术采纳带来正面影响，有的却会造成负面影响，并且这些因素也会在企业采纳相关技术后带来持续性的影响。如果企业在 XBRL 技术的应用中，具备把握对技术扩散有着积极影响的因素的能力，以及克服具有负面影响因素的能力，则认为企业在该技术初始应用方面具有较高的能力水平。因此，建立 XBRL 内部应用能力的评价指标，需要首先明确影响 XBRL 技术采纳的因素。

其次是相似信息技术事前评价因素模型。信息技术和管理信息系统虽然有很多种，但是在评价企业的应用能力时，它们都具有一定程度上的相似之处，例如在技术方面，都要求企业达到必须的技术能力、配备相应的硬件和软件设施；组织管理方面，需要企业具备项目规划和项目管理能力；人员方面，需要考量领导的决心和管理水平，以及员工对新项目的支持程度和素质能力；财务方面，要求企业做好预算规划和资金管理等。虽具体技术不同，但在需考量企业的能力因素方面十分类似，故相似技术的事前评价因素模型对于 XBRL 应用能力的评价指标具有重要的参考意义。由于企业资源计划（ERP）相关的能力评估模型较为完善，故本案例建立模型时，主要参考了有关 ERP 实施前能力评价模型中的判断因素。

通过对现有文献和研究的阅读和分析，根据上述的因素来源，可以将涉及的评价因素指标进行归集，结果如表 1 所示。

表 1   指标因素整理

一级指标	二级指标
技术	技术层面需求，规范化数据管理，硬件设备支持，软件基础设施，数据转换能力，数据标准的建立，IT 部门的支持
组织	项目规划能力，项目执行和控制能力，应对组织变革，项目管理基础，完善管理制度，知识管理和更新，学习效仿能力，寻求技术或管理咨询
领导	领导的决心，重视和参与程度，准确的目标定位，领导的项目管理水平，组织结构管理
人员	员工支持程度，全员参与的意识，员工知识水平，新技术的学习能力，沟通和反馈，专业人才培养和引进
战略	总体战略与 IT 战略匹配，战略目标清晰度
财务	资金支持能力，项目预算管理

从表 1 可以看出，已有的研究在抛开外界环境对技术采纳的影响，着眼于企业内部角度考虑后，主要是从技术、组织、领导、人员、战略、财务等一级指标切入，对在技术扩散中这些指标的成功关键因素展开研究，并将每个一级指标分为多项具体的二级指标。将这些指标因素结合 XBRL 内部应用能力评价，进行适当的整理和修正，对应项目实施的成功关键因素，可以形成更加适用于 XBRL 应用能力状况的评价指标。

（2）XBRL 内部应用能力事前评价指标。基于要素指标与 XBRL 内部应用事前评价更加契合的目的，案例选择技术、组织、人员和财务 4 个要素作为一级指标，并按照这 4 个方面对二级因素指标进行分类。

技术因素。XBRL 作为一种信息技术，只有在企业具备技术操作能力的基础上，技术才可以被企业接受和利用。企业的信息化建设水平以及数据管理能力与实施 XBRL 息息相关，良好的信息化基础和完善的元数据就成为企业运行 XBRL 的重要基石；企业是否有能力在运行设备、网络环境等计算机硬件设施以及相关的操作软件方面做足准备，也是衡量 XBRL 内部应用的技术层面重要能力；XBRL 的核心就在于建立一致的数据标准，那么企业是否拥有良好的数据标准建立意识，以及标准化的规划和落实能力，也将决定企业是否能够合理发挥 XBRL 真正的技术优势，实现 XBRL 在企业内部的应用。

组织因素。组织因素主要考虑企业在开展 XBRL 筹备工作时组织层面需要应对的问题。XBRL 的应用是一项在企业整体范围内实施的变革，是一种将会给组织带来巨大变动的新项目。首先，领导作为项目核心，应当在自身能力满足要求的基础上树立决心，起到带头引导作用，领导在变革的关键时刻是否能够委以重任，发挥指引带头作用是变革能否成功的关键；其次，应对新技术的应用，组织整体应当具备向类似方面做得较好的标杆企业主动学习的意愿和能力，例如组织参观和访问交流活动等；最后，组织对于落实和监督新项目开展的管理能力，以及对新项目进行的知识管理能力，也是组织层面能力的重要考量因素。

人员因素。人员是企业最重要的资源，也是新项目计划和实施的重要参与者。基于员工角度对 XBRL 实施能力进行衡量，可以反映出企业应对组织变革的能力。其中员工体现出的对新项目开展的态度和接受能力对于项目成功实施至关重要，包括员工的支持程度、技术素养、接纳新知识的水平等；另外，新项目的开展，如果有更专业的员工进行参与和指导，将会进一步提升成功概率，对应到 XBRL 项目中，即可以对企业人力资源管理进行评价，包括 XBRL 专业人员的引进和聘用等。

财务因素。企业实施新的项目都需要财务和资金的支持，XBRL 项目也需要同样遵守这样的原则。切实规划运行 XBRL 项目，需要企业拥有充足的资金进行投入，同时也需要具备良好的财务管理能力。故企业决定实施新项目时，需要充分考量财务因素，做好项目预算的规划，合理进行投资，做好财务支持工作。

综合上述分析，建立的 XBRL 企业内部应用能力事前评价模型的指标及相对应的成功关键因素如表 2 所示。

表2   **XBRL 指标和成功关键因素**

一级指标	二级指标	成功关键因素
技术	企业信息化建设程度	信息化建设程度高
	原始数据完整性、准确性、规范性	原始数据完整准确并符合规范
	信息系统处理数据的效率	数据处理速度快，效率高
	数据标准建设情况	有统一适用的分类标准
	硬件设施配套程度	硬件配套齐全且性能高
	对应软件的采购（或开发）情况	采购或自行开发对口运行软件
组织	领导对新项目的重视程度和决心	领导给予极高重视并下定决心
	领导的项目管理能力	具有较高的管理素养和经验
	向技术先驱企业学习的意向程度	主动向先驱企业学习并或取经验
	获取外部技术支持的意愿	获得外部专业人员机构的指导帮助
	对知识的传播和管理能力	知识传播氛围浓，知识管理水平高
	相关规章制度的建立情况	建立严格、全面的规章制度

一级指标	二级指标	成功关键因素
人员	员工对新项目实施的支持程度	员工士气足，较少有反对抵制
	员工对新技术的适应能力	员工对新技术具备良好的适应性
	员工对新知识的学习情况	员工积极主动地参与学习
	专业人才培养和聘用	注重培养和引进专业人才
财务	新项目资金投入的稳定性	资金投放充足稳定
	新项目预算的执行能力	预算符合实际并按预期执行

2. 确定指标权重。在指标因素确定之后，基于量化评价指标的结果考虑，需要确定各项指标的相对重要程度，划分出评价权重。本案例采用层次分析法（AHP）确定指标的权重。

（1）构建评判矩阵。评判矩阵由各因素之间的相对重要性指标得出。如表3所示，本案例所建立的评价模型采用9分制度量，1~9的标度代表因素 i 与因素 j 之间的相对重要程度。

表3 相对重要性指标

标度	含 义
1	两因素相同重要
3	前者比后者略微重要
5	前者比后者较为重要
7	前者比后者非常重要
9	前者比后者绝对重要
2，4，6，8	相邻两个标度对应中间值
倒数	若前者与后者相比为 v_{ij}，则后者与前者相比为 $v_{ji}=\dfrac{1}{v_{ij}}$

令 i 元素相对 j 元素的重要性为 v_{ij}，则可以建立如下评判矩阵：

$$V_I = (v_{ij})_{n \times n} = \begin{bmatrix} v_{11} & \cdots & v_{1n} \\ \vdots & \ddots & \vdots \\ v_{n1} & \cdots & v_{nn} \end{bmatrix} \tag{1}$$

权重的分配应由相关知识丰富的专家组来评判。通过邀请该领域专家对所罗列的指标因素进行打分，收集到各一级指标中的二级指标两两之间的相对重要程度打分，以及一级指标之间的相对得分。然后通过以下步骤得出最终权重：

计算评判矩阵每一行的元素乘积：

$$M_i = \prod_{j=1}^{n} v_{ij} (i = 1, 2, \cdots, n) \tag{2}$$

计算 M_i 的 n 次方根：

$$\varpi_i = \sqrt[n]{M_i} \tag{3}$$

对判断矩阵各行得出的 ϖ 进行归一化处理，利用公式：

$$\Omega_i = \frac{\varpi_i}{\sum_{j=1}^{n} \varpi_j} \tag{4}$$

求得以 1 为基准的权重系数 Ω_i。

（2）一致性检验。以上计算得出的结果需要进行检验，判断矩阵是否具有良好的一致性。首先将原评判矩阵 $(v_{ij})_{n \times n}$ 与权重系数组成的矩阵 $(\Omega_i)_{n \times 1}$ 相乘，有：

$$\begin{bmatrix} v_{11} & \cdots & v_{1n} \\ \vdots & \ddots & \vdots \\ v_{n1} & \cdots & v_{nn} \end{bmatrix} \times \begin{bmatrix} \Omega_1 \\ \vdots \\ \Omega_n \end{bmatrix} = \begin{bmatrix} \Omega_1' \\ \vdots \\ \Omega_n' \end{bmatrix} \tag{5}$$

对新矩阵的各项分别与之前的权重系数矩阵各项相除，得到的结果求和再算数平均，有：

$$\lambda_{max} = \frac{1}{n} \sum_{i=1}^{n} \frac{\Omega_i'}{\Omega_i} (i = 1, 2, 3, \cdots, n) \tag{6}$$

即得到最大特征根 λ_{max}，可用于计算一致性指标：

$$CI = \frac{\lambda_{max} - n}{n - 1} \tag{7}$$

将其与对应矩阵阶数的一致性指标 RI 相比，可得一致性比率 CR，有：

$$CR = \frac{CI}{RI} \tag{8}$$

其中不同阶数 RI 的值可通过查表获得，如表 4 所示。

表4				各阶数对应 *RI* 取值				
阶数	1	2	3	4	5	6	7	8
RI	0	0	0.58	0.90	1.12	1.24	1.32	1.41

资料来源：金一山．基于模糊层次分析法的软件项目风险管理研究。

求出的 *CR* 用于衡量一致性的满意程度，若计算求得 *CR* < 0.1，则视为达到可接受的水准。

建立评价模型的主要目的在于量化各项评价指标，对企业在各项指标的表现方面得到具体的分数评价。量化得分需要确定评分标准，并依据该标准进行评分。本案例对各项指标的评分标准建立评分标准矩阵：

$$S = \begin{bmatrix} 1 \\ 2 \\ 3 \\ 4 \\ 5 \end{bmatrix}$$

其中对应到各项指标，1分代表企业在该项指标上的能力较弱；3分代表能力一般；5分表示在该指标方面具备较强的能力；2分、4分代表对应的中间值。

在对应 1~5 分衡量的能力情况下计算得出的整体评价得分所代表的能力情况如表5所示。

表5　　　　　　　　　　　　分数及对应能力情况

分数	评价结果
1	企业在 XBRL 内部实施的多个方面存在能力缺陷，实施 XBRL 能力弱
3	企业内部实施 XBRL 能力尚可，但仍存在待完善的能力不足方面
5	企业在开展 XBRL 内部应用工作上具备充分的能力
2，4	相邻得分的对应中间值

（二）　确定 XBRL 内部能力事前评价指标权重

1. 评价指标权重确定。权重分配的数据通过专家访谈并填写调查问卷（详见附录A）收集得到。本案例的专家团队由10人组成，其中5人来自学术界，5人来自实业；按照各专家先自主评分，再经过多轮探讨，给出统一权重划分的流程进行操作。经专家评定的各一级权重下的二级权重相对重要性指标如表6～表9所示。

表6   技术指标（A）权重打分

	A_1	A_2	A_3	A_4	A_5	A_6
A_1	1	3	3	2	5	5
A_2	1/3	1	1	1/2	3	3
A_3	1/3	1	1	1/2	3	3
A_4	1/2	2	2	1	4	4
A_5	1/5	1/3	1/3	1/4	1	1
A_6	1/5	1/3	1/3	1/4	1	1

表7   组织指标（B）权重打分

	B_1	B_2	B_3	B_4	B_5	B_6
B_1	1	2	7	7	5	3
B_2	1/2	1	5	5	4	2
B_3	1/7	1/5	1	1	1/3	1/4
B_4	1/7	1/5	1	1	1/3	1/4
B_5	1/5	1/4	3	3	1	1/2
B_6	1/3	1/2	4	4	2	1

表8   人员指标（C）权重打分

	C_1	C_2	C_3	C_4
C_1	1	1/2	1/3	2
C_2	2	1	1/2	3
C_3	3	2	1	4
C_4	1/2	1/3	1/4	1

表9   财务指标（D）权重打分

	D_1	D_2
D_1	1	1
D_2	1	1

2. 一致性检验。紧接着进行一致性检验。判断矩阵需要通过一致性检验确定是否可用。下面以技术矩阵A为例进行说明。

将技术因素（A）中的各项指标代入式（1），得到评判矩阵：

$$V_A = \begin{bmatrix} 1 & 3 & 3 & 2 & 5 & 5 \\ \dfrac{1}{3} & 1 & 1 & \dfrac{1}{2} & 3 & 3 \\ \dfrac{1}{3} & 1 & 1 & \dfrac{1}{2} & 3 & 3 \\ \dfrac{1}{2} & 2 & 2 & 1 & 4 & 4 \\ \dfrac{1}{5} & \dfrac{1}{3} & \dfrac{1}{3} & \dfrac{1}{4} & 1 & 1 \\ \dfrac{1}{5} & \dfrac{1}{3} & \dfrac{1}{3} & \dfrac{1}{4} & 1 & 1 \end{bmatrix}$$

计算矩阵每行元素的乘积〔见式（2）〕，开 6 次方根〔见式（3）〕，再做归一化处理〔见式（4）〕，得到如表 10 所示的结果。

表 10　　　　　　　　　　　技术指标（A）归一化处理过程

行数 i	乘积 M_i	6 次方根 ϖ_i	归一化权重 Ω_i
1	450	2.7682	0.3676
2	1.5	1.0699	0.1421
3	1.5	1.0699	0.1421
4	32	1.7818	0.2366
5	0.0056	0.4208	0.0559
6	0.0056	0.4208	0.0559

将原评判矩阵与归一化权重矩阵相乘〔见式（5）〕，有：

$$\begin{bmatrix} 1 & 3 & 3 & 2 & 5 & 5 \\ \dfrac{1}{3} & 1 & 1 & \dfrac{1}{2} & 3 & 3 \\ \dfrac{1}{3} & 1 & 1 & \dfrac{1}{2} & 3 & 3 \\ \dfrac{1}{2} & 2 & 2 & 1 & 4 & 4 \\ \dfrac{1}{5} & \dfrac{1}{3} & \dfrac{1}{3} & \dfrac{1}{4} & 1 & 1 \\ \dfrac{1}{5} & \dfrac{1}{3} & \dfrac{1}{3} & \dfrac{1}{4} & 1 & 1 \end{bmatrix} \times \begin{bmatrix} 0.3676 \\ 0.1421 \\ 0.1421 \\ 0.2366 \\ 0.0559 \\ 0.0559 \end{bmatrix} = \begin{bmatrix} 2.2518 \\ 0.8602 \\ 0.8602 \\ 1.4356 \\ 0.3391 \\ 0.3391 \end{bmatrix}$$

将新矩阵各项代入式（6），求得最大特征根$\lambda_{\max}=6.0738$，利用式（7）求得一致性指标$CI=0.0148$，查表可知六阶矩阵$RI=1.24$，代入式（8）得$CR=0.0119<0.1$，具有可接受的一致性，指标可采纳。

因受篇幅所限，不再详细列出其他矩阵计算过程。根据同样的步骤方法，可以求得其他评判矩阵的归一化指标并进行检验。计算的结果如表11～表13所示。

表11　　　　　　　　　　　　组织指标（B）检验结果

i_B	M_i^B	ϖ_i^B	Ω_i^B	$V_B\times(\Omega_i^B)$	$\lambda_{\max}^B$	CI	RI	CR
1	1470	3.3720	0.4034	2.4718				
2	100	2.1544	0.2577	1.5861				
3	0.0024	0.3654	0.0437	0.2672	6.1297	0.0259	1.24	0.0209
4	0.0024	0.3654	0.0437	0.2672				
5	0.2250	0.7799	0.0933	0.5798				
6	5.3333	1.3218	0.1581	0.9578				

表12　　　　　　　　　　　　人员指标（C）检验结果

i_C	M_i^C	ϖ_i^C	Ω_i^C	$V_C\times(\Omega_i^C)$	$\lambda_{\max}^C$	CI	RI	CR
1	0.3333	0.7598	0.1603	0.6453				
2	3	1.3161	0.2776	1.1174	4.0310	0.0103	0.90	0.0115
3	24	2.2134	0.4668	1.8840				
4	0.0417	0.4518	0.0953	0.3847				

表13　　　　　　　　　　　　财务指标（D）检验结果

i_D	M_i^D	ϖ_i^D	Ω_i^D	$V_D\times(\Omega_i^D)$	$\lambda_{\max}^D$	CI	RI	CR
1	1	1	0.5	1	2	0	0	—
2	1	1	0.5	1				

计算和检验结果显示，组织因素、人员因素对应指标的评判矩阵CR均小于0.1，都具有较好的一致性，所以权重分配均可以被接受。

三、XBRL 内部应用案例分析——以 C 公司为例

（一）C 公司 XBRL 应用背景

1. C 公司简介。江苏 C 光电子技术有限公司（以下简称 C 公司）创立于 2000 年，是一家专注于从事光电子产品的研究、开发、生产和销售的高新技术产业，主营业务是光纤放大器、光收发模块、光传输子系统等光纤通讯相关器件的研发销售。公司从成立至今秉承着努力拼搏、开拓创新的精神，目前位居国内光电子行业的前列，拥有多项技术专利，并已通过德国 TUV 元件产品认证机构的 ISO9001 2000 认证。C 公司 2004 年组织承担了国家 863 相关课题；2006 年获评国家重点高新技术企业；2008 年建立博士后工作站；2016 年其产品获得中小企业"专精特新"称号。公司共有员工 500 余人，有研发部、生产部、市场部、认证部、品质部、供应部、财务部等核心组织结构。

公司研发生产的光传输系统由于具有较高的技术含量、优秀的性价比，被评为高新技术产品，得到国家科技部的大力扶持，也受到市场和客户的青睐。公司拥有以博士、硕士为主体的研发团队，致力于推进先进的生产检测设备、严格的质量保证体系、灵活高效的管理机制的建设形成。2016 年，公司开始着手准备上市工作，并于 2017 年后半年逐渐开展 XBRL 引进和应用准备工作。

2. C 公司内部应用 XBRL 的目的。C 公司高层管理人员在参加了有关 XBRL 应用的知识课程后，结合公司自身发展的实际情况，决定将 XBRL 引入公司，在公司内部开展 XBRL 的应用。综合多种因素分析，C 公司在内部应用 XBRL 的目的主要出于以下 3 个方面的考虑。

（1）为迎接上市做准备。C 公司自成立以来，经过近 20 年的发展，取得了良好的业务成绩，销售收入逐年增长，2017 年突破 3.6 亿元人民币。为了进一步扩大业务、吸收投资并参与资本市场，公司 2016 年通过董事会决议，启动上市准备工作。上市固然能够使得企业拓宽融资渠道、提升市场形象，但是这也使得企业面临更严格的监管、更规范的信息披露等挑战。上市成功将意味着 C 公司需要定期按照规定和要求披露企业报表和信息，而且上市过程也需要以前年度的历史数据作为支撑。C 公司管理层认为，如果在上市筹备阶段引入 XBRL，一方面可以利用该技术对以往数据进行更加系统和规范的管理，为上市准备阶段的

资料准备提供更加真实可靠的数据基底，提升数据管理质量，继而增加通过的可能性；另一方面，在上市筹备期同时引入 XBRL 项目，尽早地适应 XBRL 体系环境以及报送路径，那么至成功上市时，企业将建立更加完善的 XBRL 应用体系，届时将在信息报送和披露方面具备较大优势，并易于适应监管机构对报送 XBRL 格式报表的要求。

（2）推进集中化管理，提高管理效率。C 公司目前在本部拥有 4 间生产车间，由于各车间的建成时间和生产对象有所差异，因而使用的数据处理系统也不相同；此外，在成都成立的分公司使用的数据系统也与总部不一致。不同的数据口径给管理上带来诸多不便，相异的数据处理软件之间兼容性差，数据无法自动进行统一归集，更无法实现跨系统调取所需数据，最终导致信息和生成的报告格式不同，可比性低，不利于实现系统化、体系化的管理。利用 XBRL 的标准化、可扩展、跨语言等优势，可以建立起统一的、有效的数据分类标准，即相应业务或财务数据及据其生成的管理报告采用统一的格式，增强整个 C 公司体系数据的一致性和可比性；XBRL 的关系型结构，使得根据不同需求查阅和导出所需数据成为可能，减少管理中的数据冗余，推动管理的效率和精准性。

（3）提升公司信息化布局程度。C 公司管理层认为，企业的信息化建设水平是企业整体实力的重要体现，推动 C 公司信息化建设，使之与该公司逐渐扩大的经营业绩相适应，就显得尤为重要；先进的信息化技术也将作用于企业整体效率，带动公司业务处理水平，使企业能够容纳信息量更多、频次更快的业务。C 公司所属的高新行业，决定了这是一家十分重视对企业有利的新技术的公司，XBRL 自然就成为 C 公司在信息化建设过程中重点关注的技术。全面完善的 XBRL 体系在 C 公司的建立将会大幅提高公司信息化程度，让公司在"现代化、信息化"企业的目标中更上一个台阶。

除此之外，C 公司能够开展 XBRL 项目，体现了该公司具备一定的行业优势和资源优势。首先，C 公司生产的诸如 EDFA 光纤放大器等产品，属于高精度产品。这种类型的商品依据国家规定，需要实施序列号标签管理，即每件产品自产成时就拥有唯一序列号，并跟随商品参与流通，实现从出厂到报废的全程可追溯。这样的产品管控模式与 XBRL 的标签化数据管理的原理十分相似。正是基于这样的考虑，C 公司管理层认为，在企业中推广 XBRL 的理念能够易于被整个组织所接受。其次，由于公司的主营业务之一光电子技术系统，从开发应用的角度来看与信息系统架构类似，因而企业员工尤其是业务部门员工大多有着良好的信息技术和计算机基础，对于 XBRL 的认可度较高，并且可以利用技术和专业基础，更好地着手 XBRL 应用项目，适当地简化初始相关工作。

3. C 公司内部应用 XBRL 的初始规划。综合上述对于 C 公司选择建立 XBRL 项目的动机和优势的论述，可以将 C 公司实施 XBRL 项目的主要目的分为两个方面：一方面是管理需要，是一种需求起源，这种需求最先来源于财务部门，最终将作用于企业包括业务、决策、人力资源等多部门的整体运行；另一方面是披露报送的需要，属于长期性质的目标，最终将在企业 XBRL 体系建立成熟、成功上市并接受相关部门信息披露要求时完整显现。

C 公司内部应用 XBRL 的实施框架如图 1 所示。按照从数据归集，到分类标准建立，最后实现实例文档展示，并全程配合有财务和制度支持的路线，C 公司实施 XBRL 项目的规划总共分为 3 个阶段。第 1 阶段是引入阶段，将 XBRL 的概念、原理和优势在企业进行从管理层到员工、从上到下的宣传和推广，使整个企业了解并接受 XBRL，同时进行一系列事前准备工作，认定 XBRL 是否能在管理效益和经济效益上给企业带来有利之处；第 2 阶段是开发阶段，在确认实施 XBRL 项目后，将逐渐开展一系列的开发和实施工作，包括原始数据的整合归集、建立统一的分类标准、设定制定 XBRL 相关规范制度，同时开发或选购（或二者相结合）适合的 XBRL 应用软件并配套高性能的硬件设备，还需建设 XBRL 知识管理体系，逐渐形成向外学习和企业内部开展学习的良好氛围。第 3 阶段是成熟阶段，各部门的 XBRL 体系基本搭建完善，实现高效率的信息交互，并在企业整体管理中流畅运用，此时将致力于打造 XBRL 报送路径，生成符合监管要求的 XBRL 实例文档性质的报表，全面实现 XBRL 作用下的信息公开。

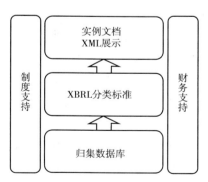

图 1　C 公司内部应用 XBRL 的实施框架

（1）建立归集数据库。目前 C 公司的 XBRL 实施项目处于引入阶段，正在企业中积极推进 XBRL 概念的建设，为全面进入开发运用阶段做准备。如进入开发应用阶段，首要工作就是对企业数据进行整合和归集，建立新格式和新容量的数据库。这个数据库兼容了公司各部门使用的不同种类信息系统的数据接口，各信息系统的数据均可以导入该数据库中，并被该数据库读取识别。C 公司将 XBRL 技术运用到这个归集数据库中，使得所有数据格式均统一为 XBRL 格式。从这样的 XBRL 形式下的数据库中，可以导出公司所需要的各种 XBRL 实例文档，满足对外和对内的相关需要（如图 2 所示）。

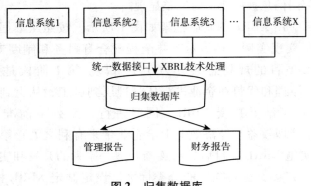

图 2　归集数据库

（2）定义分类标准。建立如上所示的归集数据库，需要定义数据来源以及数据指标。C 公司实施 XBRL 的项目最先由公司财务总监设计提出，项目的起点即为财务部，以财务工作过程和财务报表为基础，筛选初步的财务元数据，从中提取相关的业务指标，并将其拆分至各个事业部和部门，满足不同部门对于指标的不同分类需求。指标确定并获得元数据后，即可以编制 XBRL 分类标准。C 公司使用富士通软件编辑相关分类标准，并通过富士通软件的校验和查阅。目前 C 公司对 XBRL 分类标准的建立和扩展的规划主要是应用到事业部和部门的级别，各部门再向下一层级的拆解过程仍在持续应用中。

（3）编制实例文档及展示。利用定义的 XBRL 分类标准，C 公司可以编制相关 XBRL 实例文档。C 公司实例文档主要有两种形式，第一种是 XBRL 应用软件即富士通软件可以读取和呈现的实例文档格式；第二种是 C 公司自行开发的网页版形式。这个网页属于 C 公司管理信息系统中的一个板块，展现的是经 XBRL 处理的报告和数据。目前 C 公司已经设计对外报表和对内报表的 XML 形式的展示，且正在积极推动子系统相关的应用（如图 3 所示）。

（4）保障措施。基于维护上述 XBRL 内部应用体系保障其良好运行的考虑，C 公司也采取了相应的保障措施。为提高全体员工对于 XBRL 的认知和项目参与程度，公司向全体员工发放 XBRL 宣传手册和资料，邀请信息化专家教授访问指导，并积极开展讲座课程、研讨交流会等，营造较好的学习氛围，同时提升了公司的 XBRL 知识管理水平。系统稳定运行也离不开相关制度规范的管控，C 公司针对 XBRL 应用项目制定了有关规则和制度，包括 XBRL 应用程序写入规定、XBRL 格式数据使用和管理规则等，并推动规定的严格执行。此外，C 公司的 XBRL 实施项目现阶段的资金状况良好，主要是由于人员基础、领导支持、培训成本低、采用的富士通软件运行费用低等优势；随着项目持续深化，较高的相关程序编译费用也即将发生，这就要求 C 公司做好合理预算和控制。

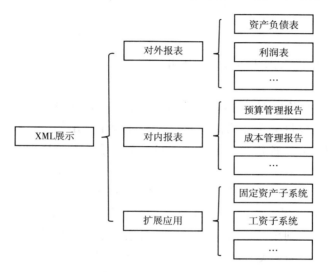

图 3　XML 展示的应用

　　（5）创新设计。C 公司在 XBRL 的应用工作中对基础结构进行规划的同时，也面向 C 公司管理情况的个性化需求，进行新的设计与创新。基于前文描述的 EDFA 序列号管理模式，C 公司希望将该管理方法通过 XBRL 应用到更多产品的订单管理中，并结合条码读取等技术，构造扫码管理系统。先在归集数据库中定义有关的元数据，包含有订单日期、客户方、商品型号、单价、数量等信息，并将其定义和扩展为 XBRL 分类标准。订单形成时，系统会生成含有订单信息的条码；在商品出库送往客户和最终被客户签收时，都通过扫码体系，实时确认每一笔订单的状态，操作流程如图 4 所示。一方面可以落实"见单作业"制度，加强订单交易的真实性、规范性；另一方面利用含有特定信息条码，可以对订单进行实时的管控。独特的创新点还将体现在 XBRL 在 C 公司预算管理、员工考勤等系统中的应用。

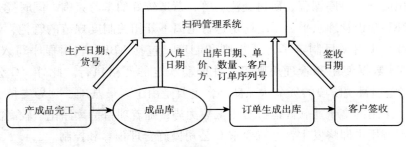

图4 扫码管理系统流程

（二）C公司 XBRL 应用能力事前评价

依照建立的评价模型，现对 C 公司内部应用 XBRL 的初始准备状况进行具体评价。一方面是以目标企业为例，对根据相关理论提出的模型架构进行实际应用与操作；另一方面评价得到的结果也可以为 C 公司 XBRL 项目的持续推进提供参考。

1. 收集调查数据。数据收集 C 公司内部应用 XBRL 启动工作具体指标的打分，是通过访谈和调查问卷的形式进行。案例设计了应用状况评价调查问卷（详见附录 B），并利用对 C 公司进行实地考察的机会，向公司各岗位各层级的员工以及公司邀请的相关领域专家发放纸质版问卷并回收。本次共发放调查问卷 30 份，回收有效答卷 28 份，统计结果如表 14、表 15 所示。

表14　　　　　　　　　　　　调查问卷统计结果

模块	指标因素	评价得分					合计
		1	2	3	4	5	
技术 A	企业信息化建设和应用程度 A_1	1	3	14	9	1	28
	原始数据的完整性、准确性、规范性 A_2	0	3	13	8	4	28
	企业信息系统处理数据的效率 A_3	1	6	15	5	1	28
	企业建设数据标准的意识 A_4	2	9	12	5	0	28
	硬件设施（计算机，网络设备等）配套程度 A_5	3	4	9	12	0	28
	相关软件的采购（或开发）情况 A_6	8	10	7	3	0	28

模块	指标因素	评价得分					合计
		1	2	3	4	5	
组织 B	领导或管理层实施新项目的重视程度和决心 B_1	0	2	5	11	10	28
	领导或管理层的项目管理能力 B_2	0	2	2	17	7	28
	向技术先驱企业学习的意向程度 B_3	0	1	2	13	12	28
	企业获取外部技术支持（专家或机构指导）的意愿 B_4	0	1	6	14	7	28
	企业对于新知识的传播（如开展培训）和管理能力 B_5	1	5	8	11	3	28
	企业相关规章制度的建立意识 B_6	4	9	11	3	1	28
人员 C	企业员工对于新项目实施的支持程度 C_1	0	2	12	10	4	28
	企业员工对新技术的接受能力 C_2	0	0	9	18	1	28
	企业员工对新知识的学习意识 C_3	4	15	6	3	0	28
	XBRL 专业人才的培养和招聘情况 C_4	3	14	7	4	0	28
财务 D	新项目资金投入的稳定性 D_1	0	1	16	10	1	28
	新项目预算的执行能力 D_2	0	1	12	14	1	28

表 15 　　　　　　　　　　　**模糊综合评价矩阵**

指标	得分					合计
	1	2	3	4	5	
A_1	0.0357	0.1071	0.5000	0.3214	0.0357	1
A_2	0.0000	0.1071	0.4643	0.2857	0.1429	1
A_3	0.0357	0.2143	0.5357	0.1786	0.0357	1
A_4	0.0714	0.3214	0.4286	0.1786	0.0000	1
A_5	0.1071	0.1429	0.3214	0.4286	0.0000	1
A_6	0.2857	0.3571	0.2500	0.1071	0.0000	1
B_1	0.0000	0.0714	0.1786	0.3929	0.3571	1
B_2	0.0000	0.0714	0.0714	0.6071	0.2500	1
B_3	0.0000	0.0357	0.0714	0.4643	0.4286	1

续表

指标	得分					合计
	1	2	3	4	5	
B_4	0.0000	0.0357	0.2143	0.5000	0.2500	1
B_5	0.0357	0.1786	0.2857	0.3929	0.1071	1
B_6	0.1429	0.3214	0.3929	0.1071	0.0357	1
C_1	0.0000	0.0714	0.4286	0.3571	0.1429	1
C_2	0.0000	0.0000	0.3214	0.6429	0.0357	1
C_3	0.1429	0.5357	0.2143	0.1071	0.0000	1
C_4	0.1071	0.5000	0.2500	0.1429	0.0000	1
D_1	0.0000	0.0357	0.5714	0.3571	0.0357	1
D_2	0.0000	0.0357	0.4286	0.5000	0.0357	1

2. 模糊综合评价。以技术因素的评判矩阵为例进行说明。得出可接受的权重分配后，利用模糊综合评价方法可以得出一级指标单因素评分，并进一步得出 XBRL 启动工作综合评分。

首先通过之前收集到的评价打分建立 A 指标的单因素综合评价矩阵 W_A，并将归一化权重矩阵 $(\Omega_i^A)^T$ 与其相乘，有：

$$M_A = (\Omega_i^A)^T \times W_A$$

$$= [0.3676 \quad 0.1421 \quad 0.1421 \quad 0.23666 \quad 0.0559 \quad 0.0559]$$

$$\begin{bmatrix} 0.0357 & 0.1071 & 0.5 & 0.3214 & 0.0357 \\ 0 & 0.1071 & 0.4643 & 0.2857 & 0.1429 \\ 0.0357 & 0.2143 & 0.5357 & 0.1786 & 0.0357 \\ 0.0714 & 0.3214 & 0.4286 & 0.1786 & 0 \\ 0.1071 & 0.1429 & 0.3214 & 0.4286 & 0 \\ 0.2857 & 0.3571 & 0.25 & 0.1071 & 0 \end{bmatrix}$$

$$= [0.0571 \quad 0.1890 \quad 0.4592 \quad 0.2563 \quad 0.0385]$$

然后，利用评分标准矩阵：

$$S = \begin{bmatrix} 1 \\ 2 \\ 3 \\ 4 \\ 5 \end{bmatrix}$$

将其与之前求得的矩阵相乘，得出最终得分：

$$F_A = M_A \times S = \begin{bmatrix} 0.0571 & 0.1890 & 0.4592 & 0.2563 & 0.0385 \end{bmatrix} \times \begin{bmatrix} 1 \\ 2 \\ 3 \\ 4 \\ 5 \end{bmatrix} = 3.0304$$

使用同样方法也可以求出其他项最终得分，结果如下：

$$F_B = 3.7484$$
$$F_C = 2.9019$$
$$F_D = 3.4643$$

上述数据结果可用于求解 C 公司 XBRL 项目启动工作的总得分情况。为简化计算，对于 4 项一级指标的权重，采用其包含的二级指标数量进行划分。联立各一级指标的单因素模糊综合矩阵，并将权重矩阵与其相乘，即得最终总体评价分数。有：

$$M = \begin{bmatrix} \dfrac{1}{3} & \dfrac{1}{3} & \dfrac{2}{9} & \dfrac{1}{9} \end{bmatrix} \times \begin{bmatrix} 0.0571 & 0.1890 & 0.4592 & 0.2563 & 0.0385 \\ 0.0259 & 0.1178 & 0.1917 & 0.4107 & 0.2538 \\ 0.0769 & 0.3092 & 0.2818 & 0.2993 & 0.0328 \\ 0 & 0.0357 & 0.5 & 0.4286 & 0.0357 \end{bmatrix}$$

$$= \begin{bmatrix} 0.0447 & 0.1750 & 0.3351 & 0.3365 & 0.1087 \end{bmatrix}$$

$$F = M \times S = \begin{bmatrix} 0.0447 & 0.1750 & 0.3351 & 0.3365 & 0.1087 \end{bmatrix} \times \begin{bmatrix} 1 \\ 2 \\ 3 \\ 4 \\ 5 \end{bmatrix} = 3.2895$$

（三）对 C 公司 XBRL 应用的进一步分析

在对 C 公司内部应用 XBRL 能力进行量化评价后，我们可以得到公司在该模型下的各项评价因素得分情况。其中，得分相对较高的指标意味着 C 公司在这些因素方面具有较好的能力水平，相关工作的开展较为顺利；反之，如果某些指标得分相对较低，即表明 C 公司在该方面有所欠缺，需要在后续工作的开展中予以重视并着手解决。如"人员"指标方面得分不及 3 分，表明 C 公司在 XBRL 员工知识储备、人力资源管理方面还有较多欠缺；"组织"指标得分将近 4 分，可以看出管理层在该项目的实施方面做了较为充分的工作。C 公司总体评分介于 3 ~ 4 分，属于一般偏良好的表现，可以说明 C 公司 XBRL 内部应用项目的初始准备工作状况较为良好，具备尚可的能力，但是仍然存在较多影响项目的短板，如果不及时处理，将会给后续 XBRL 内部应用的实施带来一定程度的风险。从评分的高或低可以分析出 C 公司 XBRL 应用整体进程中的不足和疏漏之处。

1. 事前准备亮点。根据计算结果和评价标准，C 公司总体评分是介于 3 ~ 4 分，属于一般偏良好的表现，说明 C 公司内部实施 XBRL 具备尚可的能力。其中组织和财务因素得分相对较高，表明企业在这些因素方面存在能力较强和可取的方面。结合 C 公司现阶段的规划以及项目状态，可总结出以下亮点：

（1）管理层高度重视。从得分中可以看出，C 公司"组织"指标得分最高。实际上，C 公司管理层对 XBRL 项目的重视程度高，责任心强，在项目的筹划和实施中亲自主持参与，在许多工作上亲力亲为，并且对项目实施的成功充满信心，领导饱满的热情和坚定的斗志也带动着 C 公司全体员工一同出力，形成了良好的组织氛围。

（2）企业整体学习能力较强。C 公司具备较强的整体学习意识和能力，在管理层的带领下，参加实施项目的全体员工都感到向信息化先驱企业以及外界专家学习取经的必要性。企业经常性地组织交流访问和座谈会等活动，并邀请专家学者前往企业进行实地考察和指导，具有较好的知识来源。

（3）财务支持到位。C 公司在对于项目的财务预算相对较宽松，资金投入稳定。C 公司全面利用了自身人力资源的优势，进行自主开发项目，所使用的软件平台和设备成本也比较低，因此初期的项目投资较少；并且企业也具备较好的预算管理能力，可以在项目实施的过程中对于项目整体的财务状况实施跟进和控制。

2. 事前准备不足之处。经过 C 公司领导和全体员工的不懈努力，XBRL 内部应用项目的启动工作稳中求进，并取得了一定的成果。然而，与其他信息系统的建设相似，XBRL 应用项目的复杂程度较高，在建设过程尤其是启动工作中难免有不足之处。C 公司 XBRL 应用项目的初始阶段存在以下待改进之处：

（1）各部门系统较为孤立，系统开发受阻。首先，受制于 C 公司所在行业和组织架构，每个事业部和业务单元都拥有自身的信息系统，因此在管理方面也相对独立，企业中没有形成统一的信息系统管理部门。这就造成了员工虽然具备充分的信息系统知识和实操经验，但是管理结构零散、统筹困难，不利于相关人员共同作用于统一的 XBRL 应用项目，人员优势反而带来了副作用，造成资源浪费。更重要的是，在信息系统孤立不合、技术人员管理松散的不利影响下，无论 C 公司在 XBRL 应用软件方面选择自行开发或者购买，都会面临技术层面上的困难和挑战。

（2）人力资源管理欠缺。C 公司在与 XBRL 相关的人力资源管理方面仍存在一定的欠缺，部分能力没有到位。从评价得分的数据统计中可以看出，尽管公司员工接受新知识能力较好，但是其对于 XBRL 相关知识的掌握水平依然处于较低的水平。即使企业对于 XBRL 知识扩散的意识较高，目前大多数 XBRL 相关培训却仍主要面向中、高层管理人员；普通员工尤其是非财务或系统方面的员工参加培训机会较少，自主学习 XBRL 知识的意识也较弱。同时，公司 XBRL 的实施主要依靠现有员工快速扩充相关知识进行项目兼职，而在 XBRL 专业人才的培养和引进方面显得稍有缺失。

（3）制度的规划和执行力度不够。虽然在前文中已经提及，C 公司针对 XBRL 内部应用，规划和启用了多项制度，但如何将这些制度执行应用的程度不高。从评分中也可以看出，这些制度的建立中体现出 C 公司 XBRL 的应用能力并没有达到合理的预期效果。究其原因，在于规则制度的推进力度较小。调查发现很多员工知道相关制度的建立，但却不清楚具体应用内容，也没有真正地规划好如何落实这些制度，以及如何从中进行控制和反馈。这些现状体现出 C 公司制定的 XBRL 应用规则和制度并没有在整个公司得到很好的计划和推进。

3. 事前准备优化建议。利用前文建立的评价模型得到的具体分数，显示了 C 公司在 XBRL 内部应用建设项目初始工作中的多种要素的能力水平。其中总体得分介于一般和良好之间；具体指标中的组织、财务指标得分相对较高，技术、人员指标的能力表现较弱。对于 4 种一级指标以及 C 公司相应指标的实际状况，现给出如下建议。

（1）技术层面。从技术层面着手，就是针对企业在相应信息系统和信息技术方面的能力进行考量。这就需要企业总体加快信息化建设水平和能力；加快推进企业各信息系统数据整合的进度，提高原始数据的使用质量；为了使得后续工作更加顺利地进行，需要进一步改善目前各事业部或业务部门存在"信息孤岛"

的现状，更加全面地推进标准化的意识，根据实际能力更新硬件设施，并结合能力优势和实际需求，选择适合的软件设施，从而使得 XBRL 内部应用实施进度与公司的信息化建设步伐相适应。

（2）组织层面。组织层面的能力，主要体现在实施新项目的变革管理能力。领导核心在变革中起到中坚作用，因而企业应当坚持由"财务—业务—技术"一体化的 XBRL 实施项目小组主导启动和实施的统筹指导工作；设立面向公司整体以及所有部门的技术部门、信息系统管理部门，结合实际技术，实现一体化的管理模式；面向各层级、各部门和各岗位的员工，提供更多 XBRL 知识传播和学习的机会，开展更多的交流活动，带动基础岗位员工投身参与 XBRL 的积极性；加强推进相关制度的制定、运行和监督。

（3）人员层面。新项目的实施需要坚持遵循"以人为本"的原则，让企业全体职员，尤其是基础岗位的员工投身于其中，尽最大可能地实现新项目的全员支持和全员参与；加大力度培养或引入 XBRL 专项、专业人才进行技术支持及综合管理；着力提高员工对于 XBRL 知识和技术的掌握程度。

（4）财务层面。财务作为企业运作尤其是项目运作的重要评价项目，需要企业合理认清和准确识别实施新项目的财务能力，确保实施过程中拥有足够的财务资金的支持，通过多种方式和渠道维护财务管理的稳定性，严格遵照预算进行。

4. 初步构建 XBRL 内部管理报告体系。为保障 XBRL 内部应用能够稳步推进，案例公司管理层给予高度重视，成立了以公司副总为组长，信息化主管为副组长的项目领导小组，负责统筹规划和项目设计，协调内外部实施环境，定期检验实施成果。项目领导小组主要负责督促项目推进落实，协调各部门共享信息资源，组织项目阶段检验。相关业务专业线负责人按照项目进展需求参与项目小组工作，负责业务范围项目的具体调研实施，包括主数据类型定义、数据维度需求、业务流程规范、报表模型等。

案例公司安排了 8 名技术能力较强的 IT 开发人员参与相应的 XBRL 工作。公司财务部牵头，负责内部管理报告框架的设计、指标标准确定和数据整合归并关系确认、程序结果确认等工作；公司 IT 开发人员负责搭建项目软硬件运行环境、相应程序开发、项目程序测试等工作。案例公司还借助无锡市财政局、学术界专家老师的帮助，对项目设想和架构从理论层面给予提升，以期强化最终实践的效果。

四、总结与展望

信息化进程的加快，带动着 XBRL 这项技术的蓬勃发展，使得越来越多的企业开始应用这项技术，提高数据处理和信息管理能力。企业开展 XBRL 技术在内部的应用项目时，需要考虑多方面的因素，并联系到企业的实际经营、管理、组织和财务等能力情况，评判企业的 XBRL 内部应用能力状况，在得到评价后，总结当前阶段工作成果和问题所在，并为后续项目工作的计划和推进打下基础。正是基于这样的考虑，本案例设计了一套适用于企业 XBRL 内部应用能力的事前评价机制，并应用到目标企业中，收集数据并得出相关评价，在此基础上分析目标企业 XBRL 的实施能力并给出建议。

构建评价模型首先需要选取评分指标。本案例的指标来源于相关的学术研究成果，在综合了 XBRL 采纳和扩散因素指标、ERP 项目实施事前评估机制等相关技术的文献后，从中总结出适用于 XBRL 内部应用能力评价的技术、组织、人员、财务 4 个大方面，结合成功关键因素理论，罗列出各方面成功实施需要具备的因素作为二级指标。量化指标的打分需要确定各指标所占权重，即通过层次分析法，邀请专家评定的形式获取。

模型需要得到实际的运用。文中统计了对案例企业 C 公司调研发放问卷的结果，对结果利用模糊综合评价法完成数据的处理，得出各一级指标的具体得分，再进一步得出综合评分。根据评分，我们发现 C 公司 XBRL 内部应用能力总体处于中游水平，其中组织和财务因素相对于技术和人员因素的分数更为突出。这表明企业在组织管理和财务支持方面的大多数因素表现较好，而在技术应用和人力资源方面显示出较多短板。通过分析 C 公司内部应用 XBRL 工作的能力情况，可以知晓该项目的体系结构、预期达成的目标以及取得的成果等，并发掘得分较低的短板的形成来源。最后综合各项得分以及具体分析给出了建议。

本案例的局限性主要表现在建立的评价模型在文中仅应用于案例企业中，如果希望建立更加通用的评级机制，需要代入多家不同的企业进行验证，并适当修正指标因素和对应权重。XBRL 在企业的应用将会是漫长而复杂的过程。本文结合案例研究了 XBRL 内部应用事前评价，同时也将在后续研究中关注应用后、适用于不同行业的评价指标，构建 XBRL 内部应用更全面、更细致的评价体系。

参考文献

［1］吴忠生，刘勤. 市场竞争、政府行为与 XBRL 技术扩散 ［J］. 会计研究，2015（8）：19 – 23.

［2］李宗祥，王相君. XBRL 扩散的影响因素及对策研究 ［J］. 价值工程，

2014（31）：191－192.

[3] 蔡月鹏，曹晓燕.XBRL 实施中关键因素分析 [J]. 时代金融，2015（5），234.

[4] 狄为，夏晶.企业采纳 XBRL 技术的关键因素研究——基于 TOE 框架 [J]. 财会通讯，2017（31）：38－41.

[5] 刘乐.基于 TOE 框架的可扩展商业报告语言采纳研究 [D]. 吉林大学，2013.

[6] 齐二石，王谦，金卓君，许青松.ERP 实施能力测度模型设计与研究 [J]. 工业工程，2004（7）：1－5，13.

[7] 王海青，彭赓.基于成功要素的中国企业实施 ERP 事前评估模型研究 [J]. 科学与科学技术管理，2007（9）：115－119.

[8] 计春阳，干广昊.ERP 实施前企业能力评估模型及方法研究 [J]. 上海管理科学，2014（8）：58－63.

[9] 昝新明.基于关键因素分析法的财务战略绩效评价体系设计 [J]. 财会通讯（综合版），2008（10）：38－39.

[10] 张爱民.关键成功因素法在决策者信息需求识别中的应用 [J]. 晋图学刊，2009（6）.

[11] 金一山.基于模糊层次分析法的软件项目风险管理研究 [D]. 天津工业大学，2017.

[12] Huey-Yeh Lin, Meihua Koo. Factors Related to Firm's Voluntary Adoption of XBRL Technology [A]. In: International Association for Information and Management Sciences. Proceedings of the Tenth International Conference on Information and Management Sciences [C]. International Association for Information and Management Sciences, 2011: 8.

[13] Malihe Rostami, Mahmoud Dehghan Nayeri. Investigation on XBRL Adoption Based on TOE Model [J]. British Journal of Economics, Management & Trade, 2015, Vol. 7 (4).

[14] Bradley J. , Management based critical success factors in the implementation of enterprise resource planning systems [J]. International Journal of Accounting Information Systems, 2008, 9 (3): 175－200.

附录 A

上海国家会计学院
XBRL 企业内部应用能力评价指标体系调查问卷

尊敬的专家:

您好!

真诚地感谢您参加此次问卷调查。本问卷旨在为 **XBRL** 企业内部应用能力评价体系各项指标获得相对重要性的衡量结果,以完善整体评价机制并用于具体案例数据的处理。请您先阅读以下说明。

本问卷采用层次分析法获得指标间的相对重要性从而划分权重,将因素之间进行两两比较,得到其相对重要性程度。采用的 1 – 9 标度如表 A1 所示。

表 A1   **相对标度**

标度	含义
1	两因素相同重要
3	前者比后者略微重要
5	前者比后者较为重要
7	前者比后者非常重要
9	前者比后者绝对重要
2,4,6,8	相邻两个标度对应中间值
倒数	若前者与后者相比重要性为 v_{ij},则后者与前者相比为 $v_{ji} = \dfrac{1}{v_{ij}}$

问卷给出了 **XBRL** 企业内部应用能力评价的 4 项一级指标,分别为技术、组织、人员、财务指标,并在下方的评判矩阵中给出了每项一级指标下的二级指标因素。请结合您深厚的专业知识和丰富的实践经验,判断矩阵中左边每项指标相对于右边各指标的重要程度,并按照上述标度给出打分(财务指标中的 2 项二级指标因素指标指定为具有相同的权重,无需再次打分)。

本问卷仅作为学术研究之用,绝不用于其他用途,请您谨慎斟酌、耐心填写。

再次感谢您的参与和配合!

附录 B

上海国家会计学院

XBRL 企业内部应用能力评价调查问卷

尊敬的先生/女士：

您好！

真诚感谢您参加此项问卷调查。本问卷旨在通过了解贵公司经营管理上的实际情况，从而对贵公司在内部应用 **XBRL** 技术的能力情况进行评价。为了便于大家更好地了解本问卷的调查目的，请首先耐心阅读以下说明。

自 1998 年美国注册会计师查尔斯·霍夫曼发明可扩展商业报告语言（eXtensible Business Reporting Language，XBRL）以来，由于 XBRL 具有标准化、结构化、可扩展、跨平台、跨语言以及公开免费等技术优势，在近 20 年的发展进程中，XBRL 已在世界各国和多个组织都得到了广泛应用。在中国，XBRL 的研究和应用已在包括财政部、证监会、银监会、上交所、深交所在内的多个权威部门全面展开。

目前绝大多数的 XBRL 应用仅是对外部财务报告进行 XBRL 标准化，而将 XBRL 技术应用到企业内部，在企业内部创建统一的数据标准，将最大化发挥 XBRL 的数据标准化作用。在企业的发展壮大过程中，往往不同格式的数据标准会逐渐增加，就会涉及大量的从不同系统中取数、转换的烦琐工作，这极大限制了工作效率、抑制了数据的运用水平。因此，随着对 XBRL 的认知越来越深刻，更多的企业开始研究如何将 XBRL 技术运用到企业内部。总体而言，在企业内部建立和应用 XBRL 技术，可以通过增加自动化程度、规范语义标准等优势，降低数据采集错误的风险，提高信息检索和交换的效率，解决数据标准不一致、不可比等问题。另外，构建企业内部 XBRL 体系并加以应用实施，也需要企业具备多项能力，并做好一系列初始准备和启动工作。

本调查问卷分为两个部分：第一部分是对您的一些基本背景信息的调查；第二部分列出了关于企业内部应用 XBRL 技术的指标因素，并分为 1~5 等级（1 为最低，3 为一般，5 为最高），请根据贵公司各项因素的实际状况进行打钩（√）。

本问卷仅作为学术研究之用，绝不用于其他用途，同时也期望研究的成果能够为贵公司实施 XBRL 项目提供相关参考。再次感谢您的耐心参与！

性别：男　女　　　　部门：＿＿＿＿＿＿　　　　职位：＿＿＿＿＿＿

学历：□初中及以下　　□高中/中专　　□大专　　　□本科　　　□硕士及以上

工作年限：□5 年及以下　□6～10 年　　□11～15 年　□16～20 年　□20 年以上

您对企业信息化的熟悉程度：□非常熟悉　　□一般　　□不熟悉

表 B1 　　　　　　　　　　　　　　　**问卷调查评分表**

模块	指标因素	1	2	3	4	5
技术因素	企业信息化建设和应用程度					
	原始数据的完整性、准确性、规范性					
	企业信息系统处理数据的效率					
	数据标准在企业的建设情况					
	实施 XBRL 硬件设施（计算机，网络设备等）配套程度					
	XBRL 相关软件的采购（或开发）情况					
组织因素	领导或管理层实施新项目的重视程度和决心					
	领导或管理层的项目管理能力					
	向技术先驱企业学习的意向程度					
	企业获取外部技术支持（专家或机构指导）的意愿					
	企业对于 XBRL 知识的传播（如开展培训）和管理能力					
	企业关于 XBRL 规章制度的建立情况					
人员因素	企业员工对于新项目实施的支持程度					
	企业员工对新技术的接受能力					
	企业员工对 XBRL 知识的掌握情况					
	XBRL 专业人才的培养和招聘情况					
财务因素	新项目资金投入的稳定性					
	新项目预算的执行能力					

DS 公司精益管理案例研究

郭永清

一、精益管理相关理论

（一）精益管理的起源和发展

精益管理起源于精益生产。精益生产是一种针对多品种小批量生产的最优生产组织方式，实施精益生产能够以越来越小的投入获得越来越多的产出，因而被誉为第 2 次生产方式革命。第二次世界大战之后，日本汽车工业开始起步，其面临着激烈的外部竞争：欧美汽车工业非常发达，采用大规模生产方式，以流水线形式生产大批量、少品种的产品，成本较低，产品价格优势明显。同时，日本汽车企业的国内环境也非常糟糕：需求不足、技术落后、资金严重不足，难以形成规模效应。面对如此种种困难，丰田公司考虑到自身的实际情况，同时结合日本独特的文化背景，逐步创立了一种全新的多品种、小批量、高质量和低消耗的生产方式，即丰田生产方式（TPS）。美国麻省理工学院沃麦克教授等通过实地考察、对比分析，认为丰田生产方式是最适用于现代制造企业的生产组织管理方式，并正式提出"精益生产"（lean production，LP）一词。精益生产系统 5 要素包括设计产品、整合供应链、处理客户关系、生产产品（从下单到交货）、管理联合企业。丰田汽车借助精益生产在国际竞争中取得了优异的成绩，引发世界各国争相效仿。

精益思想是精益生产的升华。精益生产注重的是基于全流程—产品开发、生产和销售的具体方法，而不是普遍原则。许多企业管理者在从大批量生产方式转变为精益生产的过程中更希望明确的是指导行动的关键原则，而不仅仅是技术性方法。在推广精益生产的过程中，沃麦克教授意识到应该准确概括出精益思想，为管理者提供行动指南。在与许多专业人士交换过意见后，沃麦克教授总结出和浪费针锋相对的精益思想，并将精益思想概括为 5 个原则，即精确地定义特定产品的价值；识别出每种产品的价值流；使价值不停地流动；让客户从生产者方面拉动价值；永远追求尽善尽美。包括美国、德国、日本等多家企业广泛接受了精益思想的 5 原则，完成了精益转型。

精益管理是精益思想在企业管理中的全面应用。随着精益生产的不断推广和对精益思想的深入理解，许多学者和企业管理者发现只有突破将精益生产作为一种生产组织方式的限制，将精益思想全面应用到企业的各项经营管理活动中，才能准确诠释精益思想的精髓并充分体现其社会价值，于是精益管理作为一种价值理念和管理方式应运而生。精益管理在企业的全部经营管理活动全过程、全方位地体现了精益思想的哲学观和价值观，内容可细分为精益战略管理、精益营销管理、精益设计管理、精益生产管理、精益质量管理、精益财务管理、精益人力资源管理等。精益管理借助工业工程基本理论与方法改造管理行为，将价值流的概念应用于管理行为中，提升管理的价值创造意识，目标是逐步消除管理活动中的浪费，促使企业以最小投入（时间、成本、出错）高质量满足各方需求，实现客户价值和企业价值最大化。

精益管理的下一个飞跃是精益企业，这一概念由沃麦克和琼斯教授在《从精益生产到精益企业》中首次提出，精益企业是一个价值流的渠道，由多个参与企业组成，各参与企业提供价值流之间的链接。精益企业是在共同的精益思想和精益管理价值观下形成的着眼于价值创造最大化的区块链，沿价值流的所有企业构成区块，各成员企业的精益会议构成链。精益会议定期分析确定消费者价值，确定产品从概念到设计、生产、交付、售后整个生命周期的全部行为，消除一切不产生价值的行为进而消除浪费，形成改善行动的决议，分析结果并开始新的评价形成闭环，周而复始。精益企业可以避免各个企业仅仅从对自己有利的角度出发对价值作出不同的评价和采取对自己有利但对所有企业整体上是浪费的行动。精益企业形成了一个命运共同体：共同确定每个产品系列的价值，共同根据消费者的价值期望确定目标成本，共同形成价值流，共同从价值流相关的投资中获取回报，共同确认浪费，共同检查和执行消除浪费的各项活动。目前，许多精益管理方面的专家在关注或创办着精益企业。

（二）精益管理的目的和意义

精益管理的目的是消除浪费，浪费专指消耗了资源而不创造价值的一切人类活动，这些浪费一方面与商品和服务直接相关，如不能满足客户需求的残次品、库存、不达标服务等；另一方面，也是最主要的方面，与提供商品和服务的过程息息相关，包括：人的错误行为、机器未合理充分使用、原材料质量不合格、生产和管理的流程不合理等。这些浪费逐步降低的过程，就是企业以越来越少的投入（人力、物力、时间等），创造出越来越多的客户满意的商品和服务的过程。在这一过程中，企业收获的将是客户满意度、市场份额、核心竞争力和企业价值提升。

精益管理的意义在于：对客户来说，可以多快好省地获得所需要的商品和服务；对企业来说，当期经营业绩可以快速提升和长期保持高质量、可持续发展；对于整个社会来说，供给侧改革可以有力地推进，资源可以得到充分有效的利用。

（三）精益管理的内容和工具

1. 精益管理的内容。精益管理的内容为产品和服务的全价值链以及企业的全部管理活动，可分为：精益战略管理，包括精益总体战略和精益竞争战略；精益营销管理，包括选择恰当的顾客、进行恰当的品牌定位、提供恰当的顾客利益、选择恰当的分销渠道、恰当促销；精益运营计划管理，包括精益运营计划的编制与执行、生产进度控制；精益新产品开发，包括开发出恰当品质的新产品、及时开发新产品、零缺陷设计、选择恰当的新产品开发组织方式；精益生产管理，包括缩短生产周期、混合流水装配、U形柔性流水单元生产、拉动式生产、快速切换、均衡化生产、柔性生产；精益物流管理，包括及时采购、及时销售物流；精益服务管理，包括提供恰当档次的服务套餐、营造恰当的顾客期望、选择恰当的服务运营模式、提供恰当的服务环境、进行恰当的服务接触；精益质量管理，包括5S管理、目视管理、系统自律控制、TPM；精益财务管理，包括精益筹资管理、精益投资管理、精益流动资产管理、精益成本管理；精益人力资源管理，包括选择恰当的组织结构、恰当用人、精益型管理人员培养、精益文化建设。

2. 精益管理工具。精益管理工具是源于实践经验的总结。对于许多人来说，精益管理始于工具。按照应用层面不同，主要有以下四类：班组层面使用的精益管理工具，包括标准作业、动作改善、标准时间、节拍时间、异常停止、安全与环境、合理化建议、多能工等；车间层面使用的精益管理工具，包括流水布局、作业改善、快速换模、平衡管理、安灯系统、5S管理、小组改善、人机作业等；

工厂或部门层面使用的精益管理工具，包括看板拉动、价值流图、单件流、能力平衡、防呆防错、TPM、课题管理、单元生产等；企业层面使用的精益管理工具，包括准时化、合作供应链、混流生产、并行工程、目视管理、方针管理、多品种小批量等。

精益管理工具与精益阶段是进阶演化的过程。随着精益活动的深入，企业精益阶段会延伸进阶，让更大范围和更多人员参与。因此，精益工具也要随着进阶升级，同一类工具在不同层面上同样具有递进关系。即低一个层面的某个工具，到了下一个层面变成了不同工具，但是后者是以前者为基础的，增加了本层面的特征，将更多相关人员和机制参与协作，解决问题的范围变大，深度增加，产生更大范围的改善影响力。

（四）精益管理在我国的应用情况

精益管理源于精益生产，精益管理在我国的应用也是先从精益生产开始。改革开放之初，正是丰田精益生产给日本制造业在全球竞争中带来优异表现的时刻。改革开放促使以前计划经济下我国企业开始思考怎么学习国外先进技术和管理思想以推动企业快速发展。此时在中国实施精益生产的公司大多数都是外资企业，这是它们全球工厂在学习日本公司所采取的标准作业的一部分；或者是国有大型企业以及国际化程度比较高的企业，它们之所以推行精益生产主要源于参与国际竞争的巨大压力。如改革开放早期，很多汽车企业，积极从日本学习引进以看板管理为核心的准时生产方式。这个时期的中国企业对精益管理还仅限于精益生产阶段，对精益生产也存在一知半解、盲目崇拜和生搬硬套的问题。很多改革者在实施前热血沸腾，而步入实施阶段时却发现并没有那么顺利和美好，各种问题频发，各种阻力出现，让很大一部分企业在精益转型中败下阵来。

中国入世后，我国企业面临的内外部环境更加复杂，竞争更加激烈，加之精益转型成功的案例不断在世界各地出现，精益思想、理论在中国进一步传播，中国企业界掀起新一波精益管理学习和实践的热潮。在这个阶段，企业家们停止盲目应用精益工具，强制推行精益生产的做法，开始思考和实践如何根据企业自身管理情况，以精益思想为指导，确定适合自己企业的精益转型线路图。如中国兵器工业集团公司面对日益激烈的市场竞争，从企业自身实际情况出发，积极开展精益管理实践工作。从 2010 年开始，导入精益管理理念，全面推行全价值链体系化精益管理战略，首次将精益管理提升到战略层面。这一阶段，中国涌现出很多国有、民营的企业在精益管理路上越走越开阔，越走越成功。践行精益管理思想，也为这些企业提质增效、转型升级、参与全球竞争提供了可能和机会，为我国由制造大国变为制造强国，由中国制造转变为中国智造奠定了良好的基础。

今后，精益管理还需要在我国更广泛、更深入的应用。更广泛，也就是说目前我国实施精益管理，或者说成功实施精益管理的企业还不是很多。我国的企业基础管理薄弱，管理提升的道路还很长，真正实施精益管理、实施好精益管理还需要更长时间。更深入就是精益管理在企业中不仅仅是精益生产，而是要把精益思想应用到企业管理的方方面面，精益研发、采购、销售、运营、财务、人力、物流等，有管理的地方就有精益。另外，精益管理在植根于自己企业后还不够，还需要带动整个供应链，也就是上下游进行精益转型。

二、DS 公司精益管理的背景

DS 公司专注于新能源材料和智能装备的研发、生产和销售，主要产品包括三元材料、钴酸锂、锰酸锂等锂电正极材料和精密旋转模切机等自动化设备，产品广泛应用于新能源汽车、消费类电子、储能等领域。

2001 年以来锂电行业的蓬勃发展，给 DS 公司带来前所未有的发展机遇。DS 公司充分利用自身的技术优势和市场渠道优势，围绕动力、储能锂电及小型锂电 3 个细分市场，加大市场拓展，推出新产品，实现了业务的快速发展。

然而，从 2010 年以来，在巨大市场潜力的吸引下，越来越多的资本投入新能源汽车产业链。大量资本的涌入带来无序的扩产和白热化的竞争，正极材料行业也面临着中低端产能过剩和产品市场竞争加剧的挑战。由于市场竞争加剧和原材料价格波动较大，DS 公司经营业绩压力下滑较为明显。突出的问题集中在高位囤积的存货减值较大、成本费用上升、毛利率下滑严重、机构臃肿、效率低下。造成这一现象的原因表面上是受行业产业链两端挤压，市场竞争激烈，原材料价格大幅波动等宏观因素造成。但从深层次原因分析，还是公司前期管理粗放，设计成本、制造成本、质量成本和管理成本等过高，导致产品没有竞争优势，在市场发生变化的时候，居高的成本无法给公司带来盈利、创造价值。

2012 年，在内外压力下，公司重整管理团队。2012 年 3 月，公司董事会和管理层立即进行换届改组，公司总经理、生产副总经理等不称职不作为的中高层管理干部被解聘，聘请了新的职业经理人担任总经理，重新组建管理团队。针对组织架构冗长、机构臃肿、效率低下的问题，新的管理团队积极调整组织架构，压缩层级，精简机构部门，提高管理效率，裁汰冗余部门 15 个，管理层级从 4

级压缩到 3 级。针对管理基础差，很多基本流程和制度都缺失的情况，公司从零开始，重新开始企业化重建之路，每个部门都从最基础的业务流程开始，一个流程一个流程地梳理，一个制度一个制度地建立。通过 2012 ~ 2014 年将近 3 年的基础管理夯实，基础制度基本建立，各部门开始正常规范运转，生产经营管理基本步入正轨。

2015 年，公司管理层通过仔细的分析讨论评价，大家一致认为公司未来面对日趋激烈的市场竞争环境和锂电行业发展的契机，应当以为客户提供满意的产品和服务为宗旨，充分利用现有优势，顺应行业发展潮流，抓住机遇实施变革，引进精益管理思想，实施精益管理。公司需要对价值链的每个环节认真分析，消除不增值作业，并且持续改善提高，以最小的资源创造最大的价值。这些环节涉及公司经营管理活动的方方面面，如坚持以客户定义价值的理念，提升客户满意度和市场能力，实施精益营销；运用精益研发管理思想和设计方法，缩短研发周期和提升产品质量，提升产品竞争力；通过精益采购管理，保障原材料的稳定供应和价格的优势，奠定产品盈利的基础；实施精益生产管理，不仅仅是节约成本，而更有利于提高生产的效力和质量，降低库存，提升资金运营效率。这些精益管理的措施必将对培育和提升公司的核心竞争力具有积极的推动作用。

三、DS 公司精益管理的原则、目标及框架

（一）DS 公司精益管理原则

DS 公司实施精益管理遵循以下基本原则：

一是市场和客户导向原则。精益管理的核心和精髓在于以精益思想为指导，创建无间断（库存）的流畅的生产制造过程，有效运用各种管理工具，以拉动生产方式快速响应客户的需求。因此，DS 公司以市场和客户为导向，全面地理解顾客对于产品、价格、可依靠性等方面的需求和期望，从客户角度正确地确定价值并识别价值流，从客户端拉动价值流让价值流动起来，不断从市场和客户角度改善价值流，追求尽善尽美。

二是由上至下顶层设计和由下至上最佳实践推广相结合原则。作为 DS 公司的重要发展规划，精益管理要从公司层面做好顶层设计，内容涵盖价值链的各个方面，切实保障战略规划的实施落地；同时，在实施过程中，要充分发挥全体员工的积极性，鼓励各级员工提出合理化建议，提炼各业务单元的最佳实践并推广

到整个 DS 公司。

三是循序渐进原则。不照搬精益老套路，不迷信精益培训机构，在精益理论的指导下，结合公司的实际情况，循序渐进，逐步实施。先从客户最关切的价格入手，从员工比较容易理解并且接受程度比较高、降低成本成效比较显著的生产环节开始，从客户的角度采用价值链方法消除非增值作业，显著降低生产制造成本；在此基础上，再到影响 DS 公司绩效比较重要的质量管理，然后到采购环节，接着到研发设计管理，最后到营销管理。

四是问题导向原则。借助 5WHY 法、鱼骨图等问题分析工具，全面梳理公司生产经营管理活动中存在的突出问题，针对发现的问题刨根问底，找出问题根源，制定改善目标和对策，明确责任人和完成期限，并按项目提交运营部门跟踪考核。

五是重点突出原则。精益管理紧紧围绕提升公司经营效益水平，不断提高公司创新能力及综合竞争能力，实现公司持续、快速、健康发展的目标，结合公司生产运营管理的实际情况，以重点解决影响公司生产经营效率提升、价值创造等涉及的研发设计、生产制造、采购销售等重点环节存在的突出问题为着力点，制定有针对性的解决方案，然后集中公司优势资源，重点攻关，限期整改和提高。

六是持续改进原则。精益管理不是速决战，而是需要持之以恒开展的管理工作。持续改进是精益管理的重要原则。DS 公司将持续地对产品、过程和体系进行改进作为组织每一名员工的目标，应用精益管理理论进行渐进式的改进和突破性的改进，周期性地按照卓越的准则进行评价，以识别具有改进潜力的区域，持续地改进过程的效率和有效性。

（二）DS 公司精益管理目标

DS 公司精益管理的长期目标就是用精益思想对公司生产经营管理活动进行全面的优化和改善，全面提升公司经营管理水平，追求零浪费、零缺陷、零事故、零差错、零投诉，打造精益文化，构建精益管理体系，提升经营效益水平，不断提高公司创新能力及综合竞争能力，实现公司持续、快速、健康的发展。DS 公司通过实施精益管理力争在 2~3 年以内，努力实现以下目标：

1. 质量明显提高。产品抽检合格率达到 100%，客户满意度提升 5 个百分点。

2. 增长能力明显加快。年销售收入增长率 30% 以上，净利润增长率 50% 以上。

3. 运营效率明显提升。优化和改善流程，消除 20% 以上的无价值流程，持续提升管理效率，总资产周转率、流动资产周转率提升 2% 以上。

4. 库存水平合理。库存周转次数提高 20% 以上，原材料、在线品和产成品保持合理水平。

5. 盈利能力明显增强。毛利率提升 10 个百分点以上，净资产收益率提高 5 个百分点以上。

（三）DS 公司精益管理框架

为实现以上目标，公司树立精益文化理念，要求全员参与精益管理，以持续改进为落脚点和出发点，以各个管理领域和管理环节的标准化为手段，通过精益生产管理、精益质量管理、精益研发管理、精益采购管理、精益营销管理和精益行政管理，保证无间断流畅制造，确保制造质量，实现零缺陷、零浪费的精益管理（见图 1）。

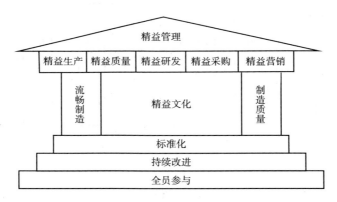

图 1 DS 公司精益管理框架

四、精益生产管理

DS 公司精益生产管理从市场和顾客的角度，运用价值链，不断消除生产过程中的非必要非增值作业。DS 公司的精益生产管理包括：生产现场的 5S 管理开始，优化生产车间布局，改进生产工艺流程等。

（一）生产现场的 5S 管理

5S 是整理（seiri）、整顿（seiton）、清扫（seiso）、清洁（seiketsu）和素养（shitsuke）这 5 个词的缩写。5S 管理是精益生产的基础，DS 公司开展精益生产管理也是从 5S 管理开始，选取一个样板车间，进行 5S 管理提升改善活动。如 GSL 包装车间开展的 5S 管理改善活动，具体内容见图 2。

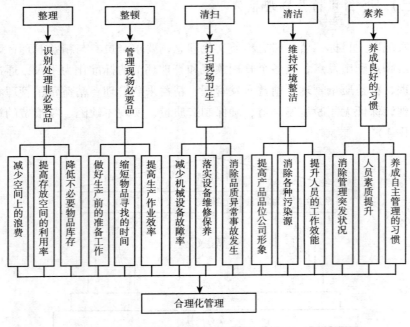

图 2　5S 内容

1S——整理，是指区分要与不要的东西，生产现场除了要用的东西以外，一切都不放置。一个概略的判定原则，是将未来 30 天内，用不着的任何东西都可移出现场。该阶段的关键道具是"红单运动"。1S 的目的是将空间腾出来活用。

2S——整顿，主要是把必要的物品定置定位。通过"三定"、可视化，使现场保持整齐，使用的物料、工器具等能又快又准地找到。既方便员工使用，又有利于管理从而提高生产效率。

3S——清扫，就是对设备和作业场所进行打扫，保持现场洁净，设备状态良好。清扫要全员参与，共同打造清洁环境。小组成员采用头脑风暴法，集思广益，多次实验，最后选用刀片刮除和酒精溶解相结合的方法，最终解决异物清理的难题。

4S——清洁，简单说就是标准化，制定活动的成果巩固措施。小组制定区域卫生清洁责任表，对清洁部位/区域、采用的方法、清扫周期、标准、责任人、管理人等明确规定，作为 5S 管理的标准文件。

5S——素养，就是让 5S 成为我们的习惯，长期保持下去，每个人的素质得到提高。这离不开管理者的检查、评价，发现问题及时纠正。

GSL 包装间 5S 管理改善活动发现问题 52 项，实施改善 52 项，已完成 52 项，取得了良好效果。其中生产物料布局调整降低了员工劳动强度，振筛作业处收尘管改进减少了作业环境粉尘污染，安全隐患问题的及时发现和整改，降低了安全风险。

（二）优化生产车间布局，提高生产效率

精益生产对生产车间布局很讲究，要求在车间布局设计时尽量考虑利用立体空间、最短距离、流水化作业、相关联工序集中布局等原则。DS 公司已有的产线布局，主要是以平面布局为主，不同工序之间存在着物流的断点，断点之间则全部依赖人工的转运及人工操作，生产效率低下。同时，由于操作主要以人工为主，物料与外界环境及人工直接接触，存在着很大的质量风险，粉尘大，作业环境恶劣，工人的劳动安全受到较大的威胁。

公司在 HM 工厂设计中，以精益思想为指导，完全突破了传统产线布局的做法，遵循最短距离、流水化作业、相关联工序集中布局原则，采用 U 形立体布局。物料纵向依靠自身的重力来进行流动；水平则根据不同的实际条件，采用专用的输送设备来运输，完全摒弃了人力的操作，采用自动控制，在各设备之间实现密闭转运。同时，物料 U 形流转（竖向 U 形，水平也 U 形），减少了输送距离，实现了效率提升、作业环境改善等多重效果。

如多元生产车间布局相比传统的平面式的生产工艺布局，整体采用 U 形立体式布局，能够有效地对空间进行利用。将混料、破碎等重量轻、体积小的设备安装在厂房的 2 楼或者 3 楼；将体积大、重量大的设备如窑炉，以及最终的成品混料机等终端设备则放置在厂房的 1 楼；其他辅助的设备则布置在混料与窑炉、破碎与混料机的中间，物料则依靠重力作用来实现在各个设备及处理工序之间的转移。该工艺布局既减少对土地的占用（减少占地面积 500 平方米），也减少物料在不同设备、工序中频繁的物流断点和传输距离，减少生产等待时间和物料输送时间，大大提高了生产效率和降低了成本。

（三）改进生产工艺流程，降本节能，提高生产效率

工艺流程的不断优化，不断地降本节能，提高生产效率是精益生产的一项重要内容。DS公司通过对生产过程中工序流程、节拍进行调整优化，运用工艺程序分析工具进行改善，通过优化技术路线和工艺流程，达到减少部分工序、缩短产品加工周期、提高产品生产效率和降低成本的目的。湿法前驱体的合成工艺，传统上有碳酸盐、氢氧化物等工艺。这些工艺都存在着氨及重金属盐的排放，成本高还污染环境。在精益生产过程中，生产工艺人员运用精益思想，逐个工序、逐个指标地研究，最终对前驱体工艺进行了大幅的优化，用先进的清洁生产工艺替代了传统的生产工艺。

与传统工艺相比，优化后的前驱体合成工艺采用连续法生产，产品稳定性好，流程简单，过滤洗涤一步完成，同时减少两道工序，不需要高温煅烧和强力破碎，同样能够满足技术指标要求，大大降低了能耗和综合生产成本，提高了生产效率。直接取得的经济效益见表1。

表1　　　　　　　　　　　生产工艺改进前后比较

序号	技术路线	节能减排	
		生产1吨前驱体	年产3 600吨前驱体
1	采用无氨工艺	废水无氨氮	废水无氨氮
2	实现钴盐的充分沉淀	废水中无重金属	废水中无重金属
3	洗涤用纯水循环利用	纯水成本降低320元	纯水成本降低115.2万元
4	低温煅烧	煅烧温度降低至300℃～500℃，成本降低500元	煅烧温度降低至300℃～500℃，成本降低180万元
		取消破碎工序，每吨降低1 500元成本	取消破碎工序，降低540万元成本

（四）设备选型精细化、自动化

精益生产中要实现流畅制造，准时化生产，设备的自动化水平很关键。正极材料的生产分为混料、烧结、破碎及混料四个工序，如果设备选型合理合适，每个工序均可以实现独立的自动化运行，物料通过各种输送设备实现密闭的转移，物流效率大大提高，同时避免了粉尘的产生，有效改善了作业环境。在HM工厂

设备选型过程中，公司强调精细管理，要引进符合公司生产工艺、单位投资有优势、自动化程度较高的设备。从生产运行结果来看，正极材料制备段设备总体选型合理，设备运行效率高并且配置自控单元，能够独立地完成设备运转的控制，减少了对操作人员的需求，极大地提高了生产效率，降低能耗，降低对操作人员的依赖，对生产的及时化生产和流畅制造做好坚实的保障。

（五） 提高生产的自动化控制能力

精益生产中的准时化生产另外一个很重要的保障因素就是生产线的自律、自控和停线能力。锂电正极材料的设备配置传统上均是单机控制，现场完全靠操作工人进行操作，现场的操作数据均依赖人员的计量，可靠性及可追溯性大打折扣，产量很大程度上也往往依靠人海战术。

DS 公司遵循技术先进、经济合理、运行可靠、操作方便的原则，根据海门工厂生产规模、流程特点、产品质量、工艺操作要求，并参考国内外类似的自控水平，对主要生产装置实施集中监视和控制；对辅助装置实施岗位集中监视和控制，使生产线的自动控制水平达到国内同类的先进水平。

全厂设置上位管理计算机系统（MES），在信息和生产调度中心对各主要装置的重要参数进行监视。设置全厂中央控制室，采用 PLC、DCS、紧急停车系统（ESD），对全厂的生产装置及与工艺生产装置相配套的公用工程部分进行监控。全厂消防报警系统和联动控制接入 DCS 系统，可实现全厂总控或分区监控。在甲类车间和操作危险区内，按防爆要求和工业卫生规范要求设置可燃气体爆炸浓度下限检测仪，报警接入 DCS 系统，警报按区设置，并采取相应的联锁措施。

（六） 全员参与，积极开展班组建设，加强基层管理力度

以前工厂车间班组的基层管理较弱，管理方法简单、粗放导致生产现场管理不到位，管理标准没有有效落实。因此公司积极采取措施，开展班组建设：对一线管理人员进行培训上岗，确保管理标准在一线的实际落实，提升操作管理水平；对生产管理人员素质较好的下沉车间锻炼，做出业绩的及时提拔使用；开展有效的员工沟通和关怀活动，增强员工的归属感；优化一线管理队伍，在提高效率的同时提升了个人的业绩报酬。通过以上措施，车间班组建设得到加强，车间主任、班长、核心工人的稳定性和积极性得到提高，生产现场管理保持了稳定，管理要求也得到了很好的落实。

（七）产供销计划的精益管理

每月由运营部牵头，销售、采购、生产等部门参与的产供销平衡会根据次月的销售计划，以及工厂的物料情况，围绕自身产能充分利用、及时交货、质量保证、安全生产、库存最小等目标制定生产计划和采购计划，经公司批准后签发执行。计划每周更新，每天产供销的相关负责人会碰头。如果涉及重大订单的调整，根据生产日盘点表及时更新生产计划和采购计划，避免产生库存积压。

（八）精益生产管理的实施效果

生产精细化管理的直接效果就是产品制造费用的连年下降和直接人工效率的提升。

GSL产品单位可变制造费用从2014年的12 144元/吨，下降到2017年的8 879元/吨，下降幅度达到26.89%；多元产品单位可变制造费用从2014年的12 897元/吨，下降到2017年的9 754元/吨，下降幅度达到24.37%；产品单位固定成本从2014年的7 719元/吨，下降到2017年的3 092元/吨，下降幅度达到59.94%；直接人工效率从2014年的1.4吨/月/人，上升到2017年的3.22吨/月/人，提高了1.82吨/月/人。

五、精益质量管理

公司精益质量管理从客户的角度来定义质量并加以改进，具体实施包括产品策划质量管理、了解客户产品需求、产品设计和开发、采购质量控制、生产质量控制、检测等方面进行全过程全流程的质量管理。DS公司精益质量管理的目标是：提供高品质的产品和服务，持续满足客户要求和期望，帮助客户实现价值；依靠标准管理、精益运营、科学研发、精密制造保证最终产品质量一致性；通过持续的培训和体系改进提高全体员工的质量意识和能力，实现全员品质改善。

（一）产品策划的质量管理

公司组织各部门相关人员对产品从研发、生产直至交付服务所需的过程、子过程的顺序和相互关系进行策划，策划的内容包括识别并评价这些过程运行对环境、职业健康安全方面因素的影响和质量符合顾客使用要求的程度。这种策划必须与公司管理体系的其他要求（如管理职责、资源管理、环境与职业健康安全中的要求）相一致，同时更要与国家的法律法规、标准相适应。为实现上述策划的结果，公司编制《目标管理与考核过程控制程序》《营销计划制定程序》和《综合计划与调度控制程序》，确保为满足产品质量要求的过程及相关策略和市场、顾客的产品质量要求保持同步。

（二）与顾客、相关方有关的过程控制

首先公司应确定顾客需求产品的要求，这些要求可能是顾客对产品的一般性要求或特定的要求，由销售部负责收集这些要求的信息，质量部将客户要求整理成《××客户特殊要求》并在公司内传递；其次当与产品有关的要求完全确定后，在向顾客作出提供产品的承诺（合同签订）之前或投标前，由销售部组织产品实现过程涉及部门进行满足要求能力和控制风险能力的评审。对上述要求的评审执行公司编制的《合同评审控制程序》，评审的结果应予以记录；最后与顾客及相关方进行有效的沟通，包括对环境、职业健康安全信息与员工及相关方的交流，才能充分了解顾客、员工和相关方对质量、环境、健康安全满意程度有关的信息，以此作为持续改进的输入。

（三）产品设计和开发的质量管理和控制

公司编制并执行《产品设计实现过程控制程序》《设计更改控制程序》，对产品的设计过程进行控制。控制过程包括：设计和开发的策划、设计输入、设计输出、设计评审、设计验证、设计确认、设计更改的控制。在设计过程中，从始至终关注质量问题，比如，在设计输入中，明确产品要达到的质量要求（信息），包括与顾客签订的产品技术协议中的内容，以前设计的类似产品的质量标准、实施记录和曾经发生的质量事故等；在设计输出中，给出产品实施所需的《产品标准》《生产技术条件》《原材料标准》《包装物技术条件》等，以及产品质量检验方法和接收准则；在设计和开发评审中，明确产品实施、质量控制等要求的能力；在设计验证中，验证产品的设计输出是否满足产品的质量要求；在设计确认中，为确保设计和开发的产品能够满足顾客提出的要求，依据所策划的安排，在样品经过顾客试用后，销售人员采取收集顾客反馈、相关数据的方法，对设计和开发的产品进行满足预期使用功能效果的确认等。

（四）采购产品质量管理

为确保采购产品满足规定的质量、环境和职业健康安全要求，公司制定了《采购控制程序》，程序中对采购供方的选择和评价作出了规定。质量部要求采购部采购原材料要在公司评定的合格供应商库中选择供应商，采购需求部门在提出采购申请时，应明确采购产品的质量要求、重要的环境因素标识、使用过程中的安全需求、验收方式及条件等。采购部门在与供方签订合同时，为确保采购信息的充分和适宜，应将这些要求表述进采购合同或作为合同附件。原材料到货后，质量部依据《原材料标准》中除添加剂以外的主辅材料实施检验，只有经检验合格的产品方可入库。质量部在对除添加剂以外的主辅材料进行进货检验时，还应考虑是否存在第三方检测机构的最新检测报告以及供方的检测报告，依据相应检验项目实施检验，必要时进行抽测或送第三方检验机构。采购入库后的原、辅材料的管理执行《库房管理办法》。工程设备采购和其他采购产品由需求部门实施检验，合格后方可接收使用，添加剂的采购验证由研发部负责。

（五）产品生产过程的质量管理和控制

产品生产过程的质量管理和控制是指对公司依据合同（订单）进行生产的产品实施全过程的规范和控制，包括产品交付及交付后的服务过程。为此，公司编制了《生产过程控制程序》《交付过程控制程序》《应急准备和响应控制程序》等程序文件，对产品生产过程中的质量实施控制。

工艺工程部、综合管理部、生产工厂、质量部、安全环保部负责生产全过程的管理和控制，确保生产和服务过程在受控条件下完成。公司产品实现过程包括：立项过程、项目计划与设计过程、生产过程以及交付过程。过程涉及的各部门，依据产品实现策划的安排，对生产所用原材料、半成品和成品进行监视和测量，以验证产品的质量满足规定的要求。研发中心对设计过程质量满足产品需求负责，并在设计确认后输出公司的《产品标准》；质量部对产品所需的采购材料、生产半成品、成品进行检验，负责交付客户的产品满足客户要求；经过检验并合格的产品才可以进入下道工序或交付顾客。在产品生产、检验、采购材料保管过程中，生产工厂应按《生产过程控制程序》中的相关规定，进行产品标识和产品质量状态标识，确保可追溯要求的实施。公司编制并实施《不合格品控制程序》，对不合格品进行识别和控制，防止不合格品的非预期使用或交付。

（六）精益质量管理的分析与持续改进

DS 公司质量管理体系建立有效的自我监督和自我完善机制，以便能够及时获得有关产品、过程、环境、职业健康安全管理体系的信息，通过分析、评价以明确存在的问题，并加以解决，确保体系持续改进，在保持良好的环境和完善的职业健康安全保障的基础上，持续提供满足需求的产品。通过改进活动不断提高管理体系的有效性。

1. 分析。运营管理部编制《数据分析控制程序》，依据公司目标及目标管理的相关内容和规定，确定、收集和分析适当的数据，以证实公司质量管理体系的适宜性和有效性。并评价在何处可以持续改进管理体系的有效性，这些数据应包括：（1）顾客满意；（2）与产品要求的符合性；（3）过程和产品的特性及趋势，包括采取预防措施的机会；（4）供方。

2. 持续改进。质量部组织各部门，利用来自质量、环境、职业健康安全方针或目标、管理评审、审核结果、数据分析、纠正或预防措施方面中的信息或活动，发现管理体系持续改进的机会。

公司产品实现过程所涉及的部门，针对实施中发生的不合格，要采取纠正措施，以消除不合格的原因，防止不合格的再发生。各部门所采取的纠正措施，要与所发生的不合格的影响程度相适应。采取的纠正措施要具有经济性、可行性、合理性。由质量部负责编制形成《事件调查、不符合与纠正预防措施程序》，各责任部门实施。《程序》规定以下方面的要求：（1）评审不合格（包括顾客抱怨）；（2）确定不合格产生的原因；（3）评价确保不合格不再发生的措施的需求；（4）确定和实施所需的措施；（5）记录所采取措施的结果；（6）评审所采取纠正措施的有效性。

公司产品实现过程所涉及的部门，针对实施中识别出的潜在不合格，要采取预防措施，以消除产生潜在不合格的原因，防止潜在不合格的发生。各部门所采取的预防措施，要与所识别的潜在不合格可能的影响程度相适应。采取的预防措施要具有经济性、可行性、合理性。由质量部负责编制形成文件《程序》，各责任部门实施。《程序》规定了以下方面的要求，确保预防措施的正确实施：（1）评审潜在不合格；（2）确定潜在不合格产生的原因；（3）评价确保潜在不合格不发生的措施的需求；（4）确定和实施所需的措施；（5）记录所采取措施的结果；（6）评审所采取预防措施的有效性。

（七）精益质量管理的效果

1. 产品质量稳定性显著提高。公司产品合格率年度目标为 99.1%，2015 年有 5 个月没有达到；2016 年只有 2 个月；2017 年减少到 1 个月。产品质量的稳定性对于整个公司产品的稳定供应和成本的降低起到了非常重要的作用。

2. 产品质量控制水平得到了提高。正极材料产品生产线控制能力指标无论是从工艺参数还是产品指标来看，都得到了较大的提升。

3. 客户满意度得到了提升。全面质量管理实施以来，客户满意度得到了提升，客户对产品质量稳定性的满意度也逐步提高。具体数据见表2。

表2   2015～2017 年顾客满意度调查情况

满意度	2015 年	2016 年	2017 年
质量稳定性满意度	86.5	92.4	95.8
正极材料产品满意度	85.5	93.7	95.5

六、精益采购管理

采购作为生产经营的起始环节，是公司生产和销售的基础，也是公司经营中成本占比较大的部分。因此，强化供应商管理，与上游原材料行业建立较为紧密的合作关系，加强采购成本控制，对提高公司产品竞争能力是关键的管理环节。

（一）根据精益管理拉动式制造的要求，从生产需求出发，建立较为完善的供应商开发标准、开发流程和综合评价体系

公司从生产需求出发，制定了《供应商管理规定》，对拟开发的供应商，通过对其现场考察、信息收集、产能情况了解，以及产品的小样试验、中批量试验、批量生产试验等流程，从产品质量控制能力、生产能力、技术研发能力、服务能力等方面进行开发评价，并通过公司质量部的现场审核后方可成为公司的合格供应商。合作后，公司也会定期对合格供应商的产品质量、价格、交货及时率、账期等指标持续评价更新，并根据评价结果将供应商分为 A、B、C、D 4 个等级。等级高的供应商，将优先获得公司的采购订单。

（二）与主要供应商建立战略合作机制，长单采购，保障原料的稳定供应

近年来，锂盐和钴盐价格波动很大，对公司成本影响很大。为稳定原材料供应，DS 公司积极向上游行业进行拓展，与国内外主要供应商建立战略性合作机制，签订采购长单，实施战略采购，保障了公司主要原材料稳定供应和减少了材料成本的大幅波动带来的负面影响。同时，及时了解和分析市场行情，积极对后势进行判断，采取 U 形采购法，尽量采购比市场均价低的原材料。

（三）采购计划和采购过程精益管控

采购计划通过产供销协调机制，由运营部门下达生产计划后，生产部门结合库存情况提出采购申请确定采购数量。对采购金额较大的原料，同时开发 3 家以上的供应商，保证稳定供应的同时价格最优。增加财务监督职能，持续监督采购价格是否正常，采购合同必须由运营部门、财务部门进行审核签批后方可生效。对采购过程进行严格控制，确保所有采购物资均符合生产、质量、安全、环境要求，并保证选择合格供应商，确保不采购含有重要客户所规定的禁用物质的原材料。

（四）精益采购管理的效果

采购的精益管理措施，不仅降低了公司原材料的采购成本，而且对公司原材料的长期稳定供应奠定了良好的基础，是公司销售部门在市场上冲锋陷阵的前提，也是公司稳定提升产品盈利能力的关键。从图 3～图 5 可以看出，总体上近 5 年主材采购均低于市场价（市场均价取自中华商务网的报价），2016～2017 年幅度较大，主要是碳酸锂市场从 2015 年第四季度的 4 万～5 万元/吨一路上涨到 2017 年的 14 万～15 万元/吨；LMB 近 2 年急剧上涨的行情，2017 年国际钴年均价平均涨幅达到 120.5%，DS 公司通过加强采购精细化管理，及时分析市场行情，采取 U 形采购法以及大客户采购战略，总体上采购价格大幅低于市场均价。其中 2017 年全年碳酸锂采购均价低于市场均价 16.45%；四氧化三钴低于市场均价 8.39%；前驱体低于市场均价 10.94%。

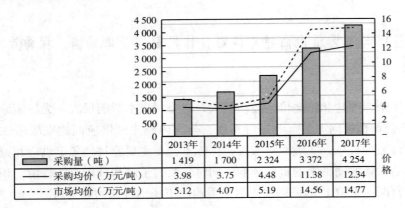

	2013年	2014年	2015年	2016年	2017年
采购量（吨）	1 419	1 700	2 324	3 372	4 254
采购均价（万元/吨）	3.98	3.75	4.48	11.38	12.34
市场均价（万元/吨）	5.12	4.07	5.19	14.56	14.77

图 3　2013～2017 年碳酸锂采购价格与市场价格

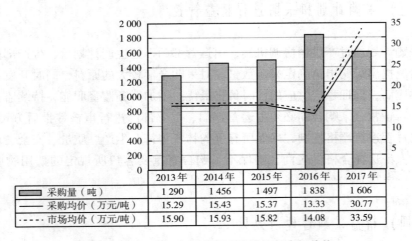

	2013年	2014年	2015年	2016年	2017年
采购量（吨）	1 290	1 456	1 497	1 838	1 606
采购均价（万元/吨）	15.29	15.43	15.37	13.33	30.77
市场均价（万元/吨）	15.90	15.93	15.82	14.08	33.59

图 4　2013～2017 年氧化钴采购价格与市场价格

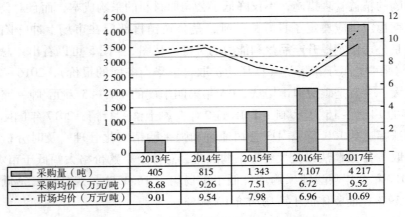

	2013年	2014年	2015年	2016年	2017年
采购量（吨）	405	815	1 343	2 107	4 217
采购均价（万元/吨）	8.68	9.26	7.51	6.72	9.52
市场均价（万元/吨）	9.01	9.54	7.98	6.96	10.69

图 5　2013～2017 年前驱体采购价格与市场价格

七、精益研发管理

2015 年之前，DS 公司产品开发项目完成效率较低，开发项目多、散、乱，导致资源浪费和资源冲突严重。2014 年，公司研发部门立项产品大大小小 40 多项，但进展都很缓慢，导致研发新品推出速度远远不能满足市场客户的需求。项目计划的制定、落实及跟踪弱化，尤其是项目管理的进度管理弱化，大多数项目缺少具体的详细的实施进度计划。产品推广与技术支持工程师岗位缺失，产品开发和市场推广、客户投诉问题解决严重脱节。针对以上问题，公司遵循精益思想理念，运用精益方法，从客户角度根据客户需求拉动产品研发，重新梳理产品开发流程和模式，加强产品研发精益管理，及时将公司技术优势转化为市场优势。

（一）按照市场需求调整产品开发战略和开发方向，整合研发资源，聚焦重点项目

对公司现有产品开发项目进行重新梳理，将产品开发分调整为 3 类：一是集中力量重点开发现有市场急需的产品和技术；二是提前布局加快开发 2 ~ 3 年后市场需要的产品和技术；三是专人负责跟踪研究未来战略性的新材料、新技术。将 40 多个项目，按分类原则和轻重缓急压缩到 15 项，不符合公司战略方向和客户需求的马上停止。对已立项的产品开发项目，研发提出资源要求，公司优先保障。产品开发战略与方向的梳理和聚焦，提高了公司资源配置的效率，推动了公司重点研发项目的开发进程，为公司赢得了客户急需产品市场化的时间。

（二）重组产品技术开发流程，提高产品研发效率

为提高产品研发效率，公司针对一些公司级的重大项目，组建跨部门联合开发小组。项目开发小组由分管研发的副总牵头，研发部统筹管理，项目小组成员有来自研发、营销、采购、工程、生产和质量等相关部门的人员。跨部门产品开发团队能在产品开发过程中充分利用各自的优势，并且信息共享，高效联动并行开展工作。在产品设计初期，开发小组营销部门同事会及时分享来自市场、客户

的信息。根据客户信息，研发同事及时设计出满足客户需求的产品方案；采购部同事根据要求提供原材料保障方案；工艺技术部门提供工艺技术方案；生产、质量部门提供生产保障和质量控制方案。

（三）强化项目管理，重视产品设计方案（含小试，扩试等）评审及试验计划的管理，基本做到了方案有评审、有纪要、有跟踪

加强项目立项以及产品方案、计划评审等项目前期论证工作，重点项目均召开至少 2 次以上跨部门方案及计划评审会议；重视对项目的阶段评估，及时中止不能在计划内完成目标的项目，使检测、实验及生产设备、人员等资源得到有效使用；为推进项目工作，对项目的相关会议进行辅助管理提醒，形成了每周 2/3 跟踪 1 次会议任务的工作模式；与销售人员联动开展新品推广，在与客户产品技术讨论中形成的会议任务及时跟踪推进，形成每周 3/4 跟踪 1 次进展的工作模式，提高客户的反馈速度和服务满意度。

（四）以目标成本约束产品设计成本

为加强研发设计成本的管理，DS 公司在产品立项阶段就对产品设计成本提出目标值，目标成本确定主要依据市场售价、公司希望产品获取的毛利率倒推而成。新产品售价如果是国内外竞争对手已经率先推出的，结合竞争对手的市场价和公司产品自身的特点定价；如果是改进产品，主要是结合上一代产品售价和本代产品提升的性能和市场需求定价。目标成本在项目立项评审会上通过后会写入项目责任书，产品开发过程中，项目经理会对原材料供应方案、工艺流程步骤、是否添加包覆等涉及成本增减的因素进行重点考虑，在满足客户性能的要求下尽量减少不必要的多余的步骤和工艺，避免过度设计，完成目标成本。结题验收时，财务部负责对新产品目标成本是否完成进行考核。

比如，在研发设计模块分析过程中发现，公司很多产品成本与竞争对手相比偏高，主要是设计时装钵量偏低。如果能对其产品进行工艺革新、提高装钵量，会大大提高其产能利用效率，同时降低单位产品的加工费。为此，要求研发部门对主要产品逐一进行梳理，根据目标成本制定出研发设计环节需要解决的产品降本方案。

（五） 精益研发管理的效果

通过精益研发管理，产品试制过程中开发小组营销人员与客户保持密切的配合，根据客户反馈的产品测试结果及时通知小组对产品进行改进和优化。跨部门开发小组系统策划、稳步推进、密切配合保证了产品设计、开发、试制、量产整个流程的顺畅，提高了产品开发的速度，很多项目开发时间从以前的 2～3 年缩短到 1 年左右，有的甚至能在 1 年内完成立项和结题。同时，通过精益研发管理，公司不断提升产品性能，直接降低产品设计成本，并且在研发中考虑改进生产工艺、提升生产线自动化水平，降低人工成本，提高产品一致性，全面提升企业成本竞争优势。

八、精益营销管理

公司采取外部市场引导、技术先行、多层推进的营销模式和内部研产销跨部门协作组织，推进市场开发，引导市场需求，主动营销、精益营销，不断提高客户的满意度，促使销售持续稳定增长。同时，及时了解、分析客户需求和竞争对手动态，内部积极开展降本增效行动，使主要产品成本竞争力保持领先。

（一） 市场引导、技术先行、多层推进的营销模式

针对动力锂电市场，销售改变原来传统的送样测试的被动销售方式，转为"材料—电池—车企"上下游技术互动协同开发，引导客户选用材料，高层、业务、技术多层次同步推进的主动销售方式，实现了由满足市场到引导市场的转变。

（二） 紧盯市场前沿和客户需求，贯彻落实差异化、高端化的产品策略，有效地将技术优势转化成市场竞争优势

针对传统小型市场，实行差异化、高端化的市场策略，充分发挥产品技术优势，重点抓住倍率市场以及高电压市场，倍率产品的市场占有率实现持续增长，

在航模、无人机、启动电源、电子烟等市场树立了领导地位，占据了国内市场60%的份额。国际市场一方面进一步提升在电动工具领域的领先地位，另一方面通过与索尼（Sony）合作开发，拓展在智能家用电器、PSP等新兴领域的应用；通过与三星SDI、LG化学的开发合作，在储能领域率先开发成功储能电池用5ES并批量供应，成功进入美国第一大电力公司AES及特斯拉（POWER WALL）的供应链。

（三）精益营销管理的效果

DS公司通过主动营销、精益营销，客户满意度不断提高，公司年收入从2015年的8.6亿元，飞速增长到2017年的21.58亿元，3年收入增长2.5倍，精益有效管理的效果明显。

九、结束语

DS公司2015~2017年销售毛利率上升趋势明显，该指标反映产、供、销、研协同配合对公司利润造成的影响。一方面研发新品加速推出并快速抢占市场，赢得客户的认可和订单，也带来了价格的优势和市场份额的扩大；另一方面，生产和质量的精益管理，让生产成本持续下降，质量稳定性更好，返工率更低，反过来促使成本进一步下降和客户的满意度不断提升。在原材料成本飞速高涨期间，抓住U形采购机会并通过长单采购，在获得稳定的原材料供应的同时收获了一定的价格优势，使得营业成本增长幅度大大低于收入增长幅度，带动毛利率逐年增长。另外，精益管理让公司所有员工树立起了成本意识，积极参与到各项成本改善活动中，对各项费用特别是可控费用控制起到了很好的效果。DS公司精益管理前后的盈利能力指标见表3。

表3　　　　　　　DS公司精益管理前后盈利能力指标比较　　　　　单位：%

项目	2010年	2011年	2012年	2013年	2014年	2015年	2016年	2017年
净资产收益率	5.69	-0.09	1.78	1.15	-3.08	1.33	7.69	17.11
总资产报酬率	6.83	0.17	1.88	1.11	-2.71	1.09	5.74	12.75
毛利率	9.36	5.70	6.16	5.99	3.06	8.34	16.96	18.55
净利率	4.09	-0.11	2.38	1.54	-4.09	1.54	7.44	11.59

精益管理对存货周转率提高效果明显。DS 公司对存货的精益管理体现在：首先测算安全生产库存、安全采购库存，设定必要的库存额度，保障生产的连续运转和及时地交货；然后对超过库存的存货设置 3 项资金占用（原材料资金占用、在线资金占用和产成品资金占用）指标，按一定权重考核采购、销售和生产部门，督促 3 个部门按公司设定合理的安全库存到货、产出和及时出货，否则资金占压成本由相关部门承担；最后理顺产供销协调机制，让产供销计划更精准、及时、全面，不能因为计划的不准确影响库存占用。另外，公司的原材料价值较高，所以在行情波动比较大的情况下，积极对异常物料进行跟踪处理，加速其流转变现。总体上来看，公司通过加强存货方面的精细化管理，加快了存货的周转速度，存货周转从 2014 年的 4.03 次提升到 2017 年的 6.99 次，减少了库存资金的占用，大大地提高了资金的使用效率，在下降行情下降低了库存的减值风险，公司营运效率在管理精细化后得到稳步提升。

DS 公司引入精益管理思想和方法，在产、供、销、研和运营管理方面采取了一系列措施，使得公司的管理水平、资产运营效率、新品研发的速度、产品生产成本的控制能力、质量的稳定性、客户的满意度、供应商的稳定性都得到了大幅的提升，从 2015～2017 年，DS 公司收入得到大幅增长，由以前的年均收入 6 亿元左右增长至 2017 年的 21.6 亿元；净利润由以前亏损到 2017 年盈利 2.5 亿元，扭亏为盈。

DS 公司将继续深化精益管理，从市场需求和客户的角度，推动全价值链成本分析管控，持续不断改进，积极开展降本增效工作。外部，通过市场调研和对标分析，找出公司短板和劣势，进行改进和提高；内部，从顾客的角度出发对项目投资、产品研发、生产、采购、销售各个环节进行分析，消灭存在浪费、不创造价值的节点，找出可以提升效率、节约成本的关键点，制定相应措施，积极进行改善活动。

参考文献

［1］［美］詹姆斯·P. 沃麦克等. 改变世界的机器［M］. 商务印书馆，1999.

［2］［美］詹姆斯·P. 沃麦克，［英］丹尼尔·T. 琼斯. 精益思想［M］. 商务印书馆，2002.

［3］吕建中，于庆东. 精益管理——21 世纪的标准管理模式［M］. 中国海洋大学出版社，2003.

［4］徐春珺，杨东，闫麟化. 工业 4.0 核心之德国精益管理实践［M］. 机

械工业出版社，2016.

[5] 吴晓波，齐羽，高钰，白云峰. 中国制造业发展战略研究：创新、追赶与跨越的路径及政策［M］. 机械工业出版社，2013.

[6] 揭李文. 中烟 J 公司精益管理应用研究［D］. 南昌大学硕士学位论文，2015.

[7] 李永祥. 制造企业精益管理模式理论和应用研究［D］. 天津大学硕士学位论文，2005.

[8] 秦臻. 精益企业的财务绩效研究［D］. 天津大学硕士学位论文，2013.

[9] 张洋洋. 实施 JIT 对上市公司财务绩效影响的实证研究［D］. 东北林业大学硕士学位论文，2016.

[10] 国务院. 中国制造 2025（国发〔2015〕28 号）.

收购轻资产公司的商誉
减值与审计研究

——以 DD 公司收购 YT 公司为例

袁　敏

党的十八大以来，我国的经济增长模式在政策引导下有了一定的转变，将政治、经济、社会、文化、生态文明五位一体定为目标，并在财政、货币政策等方面予以相应的调整。作为宏观经济的晴雨表，资本市场也出现了一些趋势性的变化，包括在多层次资本市场建设的背景下，监管层开始推动一些消除跨行业、跨地区、跨所有制形式的并购重组的障碍，在制度上予以支持和配套。期间上市公司并购重组出现大幅增长，A 股市场截至 2018 年第三季度已经形成超过 1.45 万亿元的商誉。

在此过程中，以互联网、电子游戏和文化传媒等轻资产公司为交易标的的资本市场并购数量日益增长，一定程度上显示出新时代的经济发展新模式以及公司为满足人们日益增长的需求所做出的努力。但与此同时我们发现，一些公司并没有很强的行业洞察力或专业背景，在并购轻资产标的公司的过程中，往往支付非常大的溢价，从而在上市公司年报中形成了规模庞大的商誉余额，并购后在标的公司经营状况出现异常时，往往也缺乏足够的经验和能力来扭转局面，从而造成巨额的商誉减值损失，随之而来的是上市公司主体业绩恶化、二级市场表现低迷等后果。本文拟以 DD 并购 YT 为例，讨论上市公司并购轻资产公司所面临的有关商誉问题，以期为行业提供借鉴。

一、案例研究背景

近年来，上市公司跨行业并购热情高涨，以轻资产公司为标的的并购案例与日俱增。受标的公司新商业模式的影响，并购方往往支付高额溢价以取得标的资产的控制权。以财务数据为例，Wind 数据显示，2016 年末存在商誉的上市公司近 1 700 家，合计商誉余额为 10 482 亿元；2017 年这一数字增加到了 1.3 万亿元；2018 年第三季度则增至 1.45 万亿元，涉及公司达到 2 092 家。

与此匹配的是商誉减值损失的日益增加。数据显示，2013 年商誉减值总额不到 20 亿元，逐步上升至 2017 年的 266 亿元；计提商誉减值损失的公司数量也从 168 家增加到 2017 年的 482 家。而根据上市公司披露的数据，仅深交所就针对商誉减值问题发出多份关注函，问题涉及计提大额减值准备的原因及其合理性、以前年度计提判断与当前存在差异的原因及合理性、以前年度商誉减值准备计提的充分性等。与之相关的是理论界和实务界对这一问题的持续升温，越来越多的利益相关方开始质疑与商誉形成相关的投资决策的合理性，包括定价、支付方式、监管要求等。

（一）相关文献

按照现有会计准则的定义，商誉是企业合并成本大于合并所取得的被购买方各项可辨认资产、负债公允价值份额的差额，其基本观点是只有并购支付了超过所取得标的资产公允价值的部分才会确认为商誉，因此在合并报表中才会出现，且在会计初始计量上仅仅比较支付的代价、所取得标的资产的公允价值的差额即可。

在商誉的后续计量上，也经过摊销法和减值法的争议，相关处理依据可以部分地与商誉减值的原因联系，如商誉是因为并购标的资产所产生的，而标的资产的质量、运营等可能因环境的变化而发生调整，尤其是标的资产的经营风险出现很大变化，而并购交易发生时所支付的代价往往包含了买方对未来过于乐观的估计，因信息不对称所导致的代理问题，管理层会倾向于隐瞒或推迟报告减值损失以影响市场的有效性，进而影响资源的配置效率。将商誉减值的原因归结于并购交易时对标的资产的超额支付，而商誉减值在一定程度上反映了标的资产未来盈利能力的下降，是对并购方并购初期乐观心态的一种矫正（Zining et al.，2011）。而实证研究显示，当公司发布了商誉减值损失的公告后，投资者和金融分析师往往会下调对公司的预期。这种对商誉减值损失公告的负面反应，往往会驱动管理层选择不报告已经发现的减值损失，成为其盈余管理的重要动机。

就理论而言，可以将商誉的会计处理问题区分为初始计量和后续计量两个步骤，容易引起争议的往往是标的资产的后续表现所引起的商誉减值问题。部分研究探讨了商誉减值准备的影响因素，如王秀丽（2015）的研究发现，上市公司商誉减值与公司本身的价值及未来业绩的相关性不强，商誉减值更多地体现为公司管理层盈余管理的工具；袁敏（2016）认为商誉减值可能因并购前的尽职调查不充分、并购中的估值不合理、并购后的整合无效等多方面因素导致；林勇峰等（2017）则认为，上市公司外延式的扩张需求明显，加上并购浪潮中的市场炒作、潜在利益输送、现有准则处理存在问题等诱发了上市公司的商誉激增，并会因巨额商誉及其减值问题，导致市场资源配置的扭曲，从而危及公司的正常运营，并侵害投资者权益。针对这一现象，学者们也尝试在分析原因的基础上给出对策建议，如曲晓辉等（2017）从价值相关性的角度研究了商誉减值信息与盈余管理动机及内外部监督机制之间的关系，并据此提出了相关监管建议。也有一些学者对商誉相关的内部控制进行了研究，如张新民等（2018）的实证结果表明，当内部控制质量越高时，并购形成的超额商誉越低，后续商誉减值计提的比例也就越小。与大样本实证检验相对应，也有学者从个案的角度对商誉减值问题进行剖析，如张信远等（2017）以二六三公司为对象，分析其巨额商誉减值中存在的问题，并针对会计规则改进提出了相关建议；

与商誉及其减值带来的问题相关，准则制定机构与理论研究将问题的焦点放在了商誉的会计处理上。如查默斯等（Chalmers et al., 2014）研究比较了摊销和减值制度下，收入和经济投资机会之间的关联度。认为相对于摊销制度而言，减值制度更能反映商誉的基本经济价值，这一研究成果显然很大程度上为现有会计准则进行了背书；但贝戈纳等（Begoña Giner et al., 2015）对西班牙的研究结果则得出了不同的结论，研究认为商誉减值的处理方式带来了极大的风险，而采用商业摊销方式因提供了未来的稳定预期，可以防范信息不对称带来的并购泡沫，从而一定程度上可以避免因商誉一次性巨额减值带来的股市震荡。

这些研究成果表明，市场已经关注到了上市公司并购中存在的一些不合理因素，并从大的经济环境、政府监管部门的角色、公司自身的内部决策和制衡机制等角度给出了分析的思路和框架。就商誉产生于并购这一根源而言，投资决策的自主决定权归根结底应授予作为并购方的上市公司，但因为上市公司涉及公众利益，当公司的小利益与公众的大利益，以及公司的大利益与管理层的小利益之间出现冲突时，就需要很好的监督协调机制，显然，信息披露的及时性、透明性、会计和财务控制的有效性，投资决策中利益相关方的理性和积极参与，将构成合力来解决商誉及其巨额减值问题。本文仅仅尝试以案例剖析的角度，来探讨并购商誉及其巨额减值的相关成因及对策。

（二）上市公司以轻资产公司为并购标的概览

本文统计了近年来上市公司的并购情况（见图 1）。结果显示，2009 年以来，发生并购交易的上市公司家数从 677 家逐年上升到 2017 年的 1 903 家，与之相关的商誉余额则从 871 亿元增至 12 966 亿元，尤其是 2014～2016 年，商誉余额几乎连年翻番，一定程度上真实反映了上市公司的并购热情。

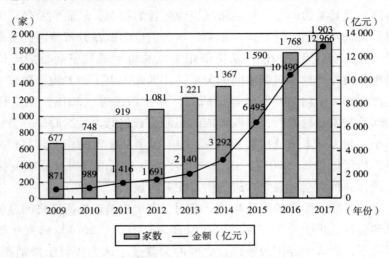

图 1　2009～2017 年上市公司并购情况

从并购标的来看，本文以 2017 年为基础，分析了上市公司并购标的涉及的公司类型。结果显示，互联网软件与服务行业这一体现轻资产特征的标的公司被并购的数量最多、涉及金额最大；其次是房地产开发、电子设备和仪器等行业（见表 1）。

表 1　　　　2017 年上市公司并购标的涉及的并购金额及行业

并购标的行业	并购金额（万元）	并购发生数量（起）
互联网软件与服务	13 280 265	85
房地产开发	7 502 242	49
海运	4 764 035	3
煤炭与消费用燃料	4 001 583	4
电子设备和仪器	3 567 877	61
房地产经营公司	2 761 750	7
电子元件	2 705 409	17
化纤	2 449 300	3
电力	2 280 848	23
多元金融服务	2 014 487	16

并购标的行业	并购金额（万元）	并购发生数量（起）
信息科技咨询与其他服务	1 829 517	34
电气部件与设备	1 800 175	25
建材	1 608 467	5
医疗保健设备	1 534 394	33
机动车零配件与设备	1 442 164	28
生物科技	1 360 479	21
广告	1 325 117	8
房地产服务	1 248 545	10
环境与设施服务	1 191 156	16
金属非金属	1 136 087	22

　　信息科技咨询、影视娱乐、教育等轻资产行业并购趋势与互联网软件与服务业的情况非常类似，在并购数量、金额等方面呈现出上升态势。作为新经济的代表，这些标的公司或标的资产具有很强的业绩增长能力，成为上市公司寻求战略转型的优先考虑对象，更因为市场追捧成为利益输送的隐性工具。

　　因为这些轻资产公司具有商业模式新、用户数量及粘性与传统行业存在很大差异，且通常受政策影响较大，因此商誉的比重往往很大。以 2018 年第三季报所披露的静态数据为例，按商誉/总资产的比重为计量指标，占比超过 50% 的公司有 24 家，其中软件与服务行业就有 12 家公司；占比超过 30% 的公司有 154家，其中软件与服务业有 44 家，均为排行第 1 的行业。显然，作为新宠的软件与服务业，在成为上市公司并购热点的同时，也沦落为商誉的重灾区，一旦发生巨额减值，将直接影响公司的实力。

（三）案例背景

　　1. 公司背景。DD 公司是一家总部位于浙江的上市公司，其母公司 DD 集团有限公司成立于 2000 年，并于同年将与塑胶包装业务有关的核心经营性资产、负债及对子公司 H 有限公司的权益性投资按评估后的净值作为资本投入，在联合其他 7 家发起人之后共同组建了上市公司主体 DD 股份有限公司，经中国证监会核准后于 2008 年 7 月上市。

　　上市初期，公司正处于国际金融危机的高峰，国内加大了对经济的支持力度，在实际控制人和管理层的主导下先后于 2010 年、2011 年 2 次通过非公开发行股票方式筹集资金合计 19.11 亿元用于现有主营业务的扩张。但受经济环境的影响，公司业务的盈利能力出现下滑，其中 2014 年、2015 年的净利润仅为 0.12 亿元和 0.15 亿元，其盈利的主要来源其实是分别在年底以土地资产对外投资实现的，两年的营业外收入就分别达到 0.81 亿元和 1.19 亿元。显然，公司的主营业务在当时就已经出现亏损。

与此同时，作为轻资产的游戏、影视、媒体等行业并购重组方兴未艾。在用户消费习惯从 PC 端转移到手机端的大潮下，游戏行业出现持续增长态势，加上其毛利率维持较高的水平，很多传统行业开始考虑通过并购方式跨界进入游戏行业，以期扭转传统业务下滑的不利态势。

在此背景下，DD 公司以非公开发行股票和现金支付的方式购买了上海一家以游戏为主业的 YT 公司，并于 2015 年 4 月 2 日完成了标的资产的股权过户手续。交易价格约 5.6 亿元，购买日 YT 公司的可辨认净资产公允价值为 7 100 万元，因此形成了约 4.9 亿元的商誉。

2. 并购后业绩变脸。因并购 YT 公司时采用发行股票和支付现金的支付方式，承销的中介服务机构每年需要对募集资金使用情况进行说明。根据 DD 公司的证券承销商发布的公告显示，收购完成后，标的资产的业务稳步增长，截至 2018 年初标的资产的经营稳定，显示出较强的盈利能力，如收购基准日 2014 年 3 月 31 日标的资产的总额为 2 962 万元，当年年底增至 6 719 万元；此后逐年上涨。相关数据见表 2。

表 2　　　　　　　　　　　　　标的资产相关指标

项目	2014 年（一季度）	2014 年	2015 年	2016 年	2017 年
资产（万元）	2 962	6 719	10 141	13 255	7 823
收入（万元）				9 781	4 561
收入占比（%）				10.29	4.35
净利润（万元）					3 922
DD 公司净利润（万元）			1 530	−18 561	−56 759

显然，并购后游戏业务仍然有一定的盈利能力，但公司主业开始陷入逐年下滑的境地。

3. 2017 年大额亏损原因。根据 DD 公司 2018 年发布的相关公告和年报信息披露，2017 年公司计提的各项资产减值准备金额高达 60 270 万元。换句话说，是因为资产减值原因直接导致了公司的巨额亏损，其中仅商誉减值就达 4.37 亿元，占各项资产减值准备金额的 72.55%，占 2016 年度经审计的归属于上市公司股东的净利润的比重达 235.57%，也就是说以 2016 年为基准，仅商誉减值一项，就相当于 2 年多的利润被侵蚀。

如前所述，并购的 YT 公司仍然具有一定的盈利能力（虽有所下滑，但 2017 年仍然贡献了近 4 000 万元的盈利）。之所以出现如此大的商誉减值准备，其根本原因在于 YT 公司的业绩未能达到预期。已有信息显示，原始的并购协议中包含了业绩补偿的条款，其中 2014～2016 年原股东承诺的扣非后归母净利润分别不低于 4 500 万元、5 850 万元和 7 350 万元；而实际业绩显示，YT 公司均完成了这一承诺（见图 2）。

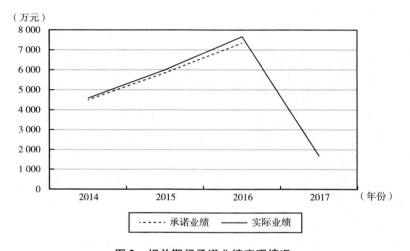

图 2　相关期间承诺业绩实现情况

如图 2 所示，承诺期（2014～2016 年）内，YT 公司全部完成业绩承诺，但仅仅是略微超过承诺水平，其中是否存在 YT 公司管理层的盈余管理问题值得商榷。不幸的是承诺期一满，YT 公司立即发生业绩变脸。根据已有的数据计算，YT 的业绩应复合增长近 30%，据此测算 YT 公司 2017 年扣非后的归母净利润应不低于 9 500 万元，而实际仅为 1 600 万元左右，不足预期业绩的 20%，因此进行大额商誉减值就成为顺理成章的事情。

二、案例分析

首先，并购 YT 公司是 DD 公司进行跨界进入游戏业的试水行为。在宏观经济景气度不足、公司传统制造业务出现下滑的背景下，进入毛利率较高、具有很强增长潜力的新经济领域，不失为一种有益的尝试。但从实际情况看，以游戏，尤其是手游为代表的软件服务类行业属于轻资产行业，其商业模式、价值链、运营特征等与传统制造业所代表的重资产企业具有很大的差异，在进入这个行业之前应有足够的谨慎性，以避免"馅饼变陷阱"的窘境；其次，从战略到运营再到财务，其中有很长的路要走，期间会蕴藏着巨大的风险，因此管理层在做出相关的投资决策时，应充分考虑战略性、经济性、风险性等方面的评估结果，对未来情境可能出现的变化，尤其是不利变化有足够的预期和相应的应对策略，在战略、预算、成本、运营、投融资、风险管理等方面形成一整套的工具箱，以因地制宜地适时应用和评价。

其次，在并购活动中的风险管控。案例中 DD 公司进入游戏业本身也许没有对错之分，但在战略确定之后，行动很重要，比如要对标的资产进行财务、管理、法律等尽职调查，对标的资产进行合适的估值，并购后关注文化、业务、管理等方面的整合，尤其是并购进入的时机很重要。DD 公司原本属于传统制造业，与游戏产业有着非常大的差别，比如制造业强调以销定产，对采购、生产、销售、配送、售后服务乃至研发等都有很多经验可以借鉴；但游戏产业具有自身的特征，在没有业务敏锐性和洞察力的情况下直接进入，出现问题的概率也就相对较高。从公司披露的信息看，现有管理层将游戏产业作为公司发展战略的重要方向，提出需"借助资本力量，做优做大游戏产业"，但游戏产业面临的政策风险很大，尤其是 YT 公司所处的网络游戏行业，国家法律法规及政策监管非常严格，尽管行业收入近年来得到显著提升，但在品牌声誉和马太效应下，市场逐渐被龙头地位的腾讯、网易所占据，中小游戏公司生存艰难；在市场竞争方面，游戏玩家通常会有"喜新厌旧"的趋势，如果不能持续开发新的精品游戏，所占据的市场份额都可能被对手蚕食，进而导致公司难以保留或吸引新客户。考虑到具体的某款游戏，通常会有很强的文化背景和代入感，以卡牌游戏为例，即使同样是中国人，各地域之间都有很大的差别，用户通常有一定的地域性，一旦被某款游戏吸引，往往具有很强的粘性。如何吸引已经被行业巨头虹吸效应、先发优势所拥有的客户，如何实现游戏的盈利模式变现，保持游戏的推陈出新速度，需要更专业的研究和洞察。

再次，会计和财务管控的重要性。公司要开拓新业务，就需要资金、资本的支持，而所有的资金都是有经济成本的。如前文所述，DD 公司的传统业务在2013 年、2014 年就出现盈利恶化的迹象，近年来基本上靠非主营业务利润来保持微利的局面，因此公司的筹资成本显著上升，加上公司上市以来，从来没有进行过现金分红，二级市场的股票表现不忍卒读，目前已跌至 2 元以下。因此，在危机情况下，资源的优化配置显得更加重要，加强会计和财务管控的重要性不言而喻。但从公司公布的年报信息看，在 2017 年度主营业务不佳、盈利主要渠道来源为游戏的情况下，公司制定了 2018 年工作计划，虽然涉及战略、风险、内部控制等内容，但并没有一项计划体现出在游戏产业方面的关注或具体方案，显然，"做大做优"的战略并没有落实到运营和资源配置上。2017 年发生的巨额商誉减值损失，某种程度上也是一种会计和财务管控无力的体现。例如，公司披露的减值是 "YT2017 年未完成预计的经营目标"，而盈利状况大幅下降的原因主要有两个：一是市场环境发生较大变化，当大的竞争对手如腾讯等推出新的游戏后，因公司缺乏资金和资源的持续投入，导致未能及时针对市场变化做出相应调整；二是公司拟开发的四款新产品，因开发进度延后、运营方的发行计划变化、手游上线审批政策变化等因素的影响，导致仅有一款游戏进行测试，其他三款产品全部延期。换言之，商誉减值的原因是因为子公司未实现盈利预期，之所以未实现盈利预期，是因为资源投入没有跟上，未能根据市场、政策等风险变化做出"临机决断"。

最后，审计的挑战和应对。审计是对会计提供的信息进行的"再验证"，其质量很大程度上取决于事务所的声誉及行业专长。但在新的行业、新的商业模式乃至新业务、新用户等出现的背景下，审计面临很大的挑战。为 DD 公司提供审计服务的是一家非四大事务所 Z，年报显示，事务所在公司上市时即为其提供审计服务，其专长局限于传统的制造行业，在业务承接和续聘方面就存在一定的风险。当 DD 公司进行大额减值时，Z 事务所按照行业惯例，采用了第三方的意见，但资料显示，提供资产评估服务的中企华公司，在新行业的评估中也缺乏说服力，例如，报告显示"中小游戏公司的平均存活年限为 2~3 年"，但在评估公司价值时"假设未来 5 年的平均增长率"，对评估已经覆盖的区间前 3 年平均年复合增长率为 30%、第 4 年增长率转为负值也缺乏足够的关注和解释，因此评估机构的报告在某种程度上并不能提供足够的说服力，事务所采用了评估机构的报告，能否解除自身的受托责任，也存在疑问。

实务中，Z 事务所将商誉减值作为"关键审计事项段"在年报中予以沟通，在说明原因时，强调减值测试中涉及很大的判断，其核心体现在"预期可收回金额"，具体涉及对资产组"未来现金流量折现"的预测，在此过程中需要做出很多重大的判断和假设，如一般性的预期收入增长率、永续增长率、经营费用、毛利率以及折现率等，但并没有提及游戏行业所特有的一些风险所带来的判断和假设，如游戏活跃玩家人数、愿意付费的人数、用户的粘性、公司管理层的应对策略等。

在审计应对方面，Z事务所采用了一些有针对性的审计方法，具体如下：

1. 评估及测试了与商誉减值测试相关的内部控制的设计及执行有效性，包括关键假设的采用及减值计提金额的复核及审批。但这种测试仍然局限在对"会计认定"的再认定，对目标、风险、控制等缺乏足够的关注，尤其在移动互联网浪潮下，如何体现审计的针对性和有效性并没有得到体现（如针对游戏数据的测试和模拟，拟合YT公司的业务数据等）。

2. 评估减值测试方法的适当性。事实上Z事务所主要是依赖第三方评估公司的评估结果，但不同评估公司、针对不同游戏公司或游戏产品，评估的方法并不相同，在没有见到工作底稿的情况下，很难判断事务所的评估是否公允。

3. 测试公司减值测试所依据的基础数据，利用估值专家评估公司减值测试中所采用的关键假设及判断的合理性，以及了解和评价公司利用其评估专家的工作。当然在利用"估值专家"的工作时，同样会出现风险问题，尤其是作为新型行业的游戏产业、中小游戏公司的竞争特色等"基础数据"并没有得到验证的情况下；再加上"业务补偿协议"所带来的盈余管理问题，可能导致估值专家、基础数据都可能受到被评估方的影响。

4. 验证商誉减值测试模型的计算准确性。模型计算其实并非重点，更重要的也许是模型的适用性、模型所依据的假设和判断的合理性等。

三、启示与讨论

DD公司并购YT公司只是近年来众多以轻资产为标的进行并购以实现战略转型的案例之一，其本身具有很强的个性化特征。但不可否认的是案例中所展示的跨行业并购问题、并购后业绩"变脸"问题、巨额商誉减值问题等仍然具有一定的代表性和针对性。本文拟讨论的问题及相关启示如下：

1. 会计信息的作用：从反映到参与决策。从会计结果上看，并购后标的资产出现了大幅减值，是对初始决策的一种估值修正，乃至对决策行为本身的一种否定。但会计的基本职能是反映，这种反映往往是有一定时滞的，商誉的后续计量导致的减值问题，一定程度上反映了标的资产的盈利能力乃至趋势发生了负向变化，如果能够真正及时、准确地反映现实状况的变化，仍然体现了会计信息的决策基础作用，但如何通过会计信息，追溯经营乃至战略的问题，并适时纠偏，才是市场参与者应该关注的焦点。

2. 轻资产标的公司的并购：重视过程还是聚焦结果。从交易的实质看，并购方通过资本市场的平台，利用发行股票等方式在某种程度上分散了投资决策的风险。案例中，DD 公司并购 YT 公司，其出发点是通过外延式扩张实现战略转型，从传统的制造行业转入新兴的游戏轻资产行业。初步的结果显示，跨界并购可能并不容易实现，但通过经验的积累，乃至教训的鞭策，可能为上市公司实现战略转型提供了借鉴，并真正实现从传统行业转入游戏、信息和软件服务等新兴行业的目标。

3. 业绩补偿协议：对信任的增强还是削弱。出于满足监管要求及分散风险的角度，并购中交易双方通过签订业绩补偿协议（即对赌协议）对未来一定期间的业绩做出承诺，已有实践和理论成果也在一定程度上证实了这一工具的有用性。但从协议本身的性质看，交易双方是期望通过业绩承诺及补偿的方式来实现消除信息不对称的目标，但标的资产的存续周期往往远远超过对赌期间，其本身在一定程度上反映了交易双方的"不信任"，是期望通过协议这一"工具"达成某些方面，尤其是业绩及增长方面的共识。对买方而言，协议能够保障的只是承诺期内的业务，如何实现标的资产的可持续增长，才是真正应该关注的焦点。因此对赌协议在短期内增强了交易双方乃至市场参与者的信心，但从长期而言，其实是对信任的削弱（换言之，如果真正信任，还需要承诺吗）。

4. 中介机构：责任意识和专业性如何体现。对交易双方而言，标的资产的质量及可持续性是存在一定的信息不对称情形的。在交易方式及支付方式的影响下，标的资产的未来战略、运营、财务等状况会发生一定的影响（如创始股东的激情、业务团队的凝聚力等在交易达成后会出现变化）。而并购时的承诺及预期，会随着时间的流逝在财务上反映出来。当商誉出现大额减值时，不仅会对投资者的情绪造成影响，而且会对标的资产的未来盈利能力及可持续性产生质疑，所减值的数额又建立在一定的假设基础上，因此需要包括注册会计师、资产评估机构等在内的中介机构的参与。对于新兴的以"轻资产"为标的的运营主体的服务经验、基础数据等方面的匮乏，如何正确认识中介机构的服务质量成为关注的焦点之一。标的资产的估值模型、潜在的假设、经济及竞争环境的变化、政策和市场风险的判断等，都会影响会计处理的结果，因此无论是以公司为代表的评估机构，还是以大量中小事务所为主体的审计机构，都应建立一定的行业专长和市场核心竞争力，逐步完善基础信息数据和估值方法模型，真正体现中介机构的专业性和服务本质，以服务质量和声誉来体现其结论的可靠性。因可能的低价承揽甚至意见购买行为，加大对中介机构的监督处罚力度和责任承担，也是需要考虑的问题。

5. 并购主体——选择中介机构的决策是匹配优先还是声誉至上。从 DD 公司案例看，公司的原始股东、管理团队、董事会成员均没有游戏方面的行业专长及经验，可以预期，其并购 YT 公司成功除了战略方向上的引领和执行的决心之外，很大程度上是依赖财务顾问、券商、法律顾问、评估机构甚至事务所的帮助，因此选择合适、可信赖的中介服务机构很重要。实践中，出于收费、声誉、行业专长等方面的考虑，并购主体往往选择符合自身条件的中介机构，如中小公司选择中小中介机构提供服务。尤其是在传统业务出现不景气、业绩下滑明显的情况下，公司通过并购市场上流行的"概念类"标的资产的迫切性增强，对标的资产的发展前景和盈利能力缺乏真正的洞察，往往会影响到并购交易的估值，进而对商誉的初始和后续计量产生重大影响。对理性的市场参与者而言，需要关注并购方的市场竞争地位及在交易中的谈判地位，并结合现有业务状况、对新业务的洞察、中介机构的市场声誉和专业性等，选择合适的中介机构。简言之，只选"对"的，不选"贵"的，在中介服务机构的选择上，匹配性可能比声誉更重要。

6. 审计服务——增信地位的保持和提升。与会计处理的辅助作用类似，审计也需要思考自身定位和职能延伸问题。如明确审计服务是对会计信息的再认定还是对企业行为结果的再认定，即审会计还是审企业。当审计理念乃至方法受到大数据、IT 技术、移动互联网等影响越来越大的背景下，尤其是被审计方的业务出现了本质性变化的背景下，如何提升审计服务的质量将成为很大的挑战。当然，我们可以依赖第三方的服务、建立对会计责任的更好认识、对内部控制的信任等基础上，但认识、学习、洞察那些日益增长的"新"行业、新模式、新业务，将实践中面临的问题提升到理论、模型、行业洞察力的高度加以总结、学习，建立自身的 IT 基础设施对新兴行业如手游的基础数据进行收集、加工、整理，通过更多地依赖自身的行业洞察力对被审计对象做出直接、实质性的验证，才能真正将审计风险管理在可接受的范围内；这也许是注册会计师行业迎接挑战、提升胜任能力的重要发展方向。

参考文献

[1] Begoña Giner, Pardo F., How Ethical are Managers' Goodwill Impairment Decisions in Spanish – Listed Firms？ [J]. Journal of Business Ethics, 2015, 132 (1)：21 – 40.

[2] Chalmers K., Godfrey J. M., Webster J. Does a Goodwill Impairment Regime Better Reflect the Underlying Economic Attributes of Goodwill？ [J]. Accounting

& Finance，2014，51（3）：634 - 660.

［3］Zining Li，Shroff Pervin K.，Ramgopal Venkataraman，Ivy Xiying Zhang. Causes and Consequences of Goodwill Impairment losses［J］. The Accounting Review，2011，16（4）：745 - 778

［4］范庆泉，王竞达. 上市公司并购重组中的业绩承诺及政策影响研究［J］. 会计研究，2017（10）：71 - 77，97.

［5］黄蔚，汤湘希. 商誉后续计量方法改进是否应该重新考虑引入摊销？——基于合并商誉本质的实证分析［J］. 经济问题探索，2018（8）：39 - 50，66.

［6］林勇峰. 商誉与商誉减值：基于上市公司现状的深层分析［J］. 上海证券报，2017 - 4 - 15：（4）.

［7］曲晓辉，卢煜，张瑞丽. 商誉减值的价值相关性——基于中国 A 股市场的经验证据［J］. 经济与管理研究，2017（3）：122 - 132.

［8］王秀丽. 合并商誉减值：经济因素还是盈余管理？——基于 A 股上市公司的经验证据［J］. 中国注册会计师，2015（12）：56 - 61.

［9］徐焱军，张信远. 关于商誉会计处理的思考——基于二六三商誉减值的案例分析［J］. 财务与会计，2017（17）：28 - 30.

［10］袁敏. 并购风险计量初探——以蓝色光标为例［J］. 财务与会计，2016（21）：37 - 39.

［11］张新民，卿琛，杨道广. 内部控制与商誉泡沫的抑制——来自我国上市公司的经验证据［J］. 厦门大学学报（哲学社会科学版），2018（3）55 - 65.

区块链电子发票探秘

刘梅玲

一、区块链电子发票的产生背景

（一）区块链及其应用概况

1. 区块链的定义与特征。

（1）区块链的定义。区块链技术起源于化名为"中本聪"（Satoshi Nakamoto）的学者在 2008 年发表的奠基性论文《比特币：一种点对点电子现金系统》。区块链是分布式数据存储、点对点传输、共识机制、加密算法等计算机技术的新型应用模式 。狭义来讲，区块链是一种按照时间顺序将数据区块以顺序相连的方式组合成的一种链式数据结构，并以密码学方式保证的不可篡改和不可伪造的分布式账本。广义来讲，区块链技术是利用块链式数据结构来验证与存储数据、利用分布式节点共识算法来生成和更新数据、利用密码学的方式保证数据传输和访问的安全、利用由自动化脚本代码组成的智能合约来编程和操作数据的一种全新的分布式基础架构与计算范式①。

（2）区块链的特征。区块链具有去中心化、开放性、自治性、信息不可篡改、匿名性和可追溯等核心特征②。其中最核心的是去中心化、信息不可篡改和可追溯 3 个特征。

第一，去中心化。由于使用分布式核算和存储，不存在中心化的硬件或管理机构，任意节点的权利和义务都是均等的，系统中的数据块由整个系统中具有维

---

① 中国区块链技术和产业发展论坛. 中国区块链技术和应用发展白皮书，2016 年 10 月 18 日.
② 区块大陆：区块链基础篇——主要特征，2018 年 5 月 16 日.

护功能的节点来共同维护。

第二，开放性。系统是开放的，除了交易各方的私有信息被加密外，区块链的数据对所有人公开，任何人都可以通过公开的接口查询区块链数据和开发相关应用，因此整个系统信息高度透明。

第三，自治性。区块链采用基于协商一致的规范和协议（比如1套公开透明的算法），使得整个系统中的所有节点能够在去信任的环境下自由安全地交换数据，使得对人的信任改成了对机器的信任，任何人为的干预都不起作用。

第四，信息不可篡改。一旦信息经过验证并添加至区块链，就会永久地存储起来，除非能够同时控制住系统中超过51%的节点，否则单个节点上对数据库的修改是无效的，因此区块链的数据稳定性和可靠性极高。

第五，匿名性。由于节点之间的交换遵循固定的算法，其数据交互是无须信任的（区块链中的程序规则会自行判断活动是否有效），因此交易对手无须通过公开身份的方式让对方对自己产生信任，对信用的累积非常有帮助。

第六，可追溯。区块链是一连串的区块所共同组成的链条，每个区块都指向前1个区块，共同形成1个链条。而区块是一系列交易的共同组合，由于记录了从创世区块开始所有的世界级交易，那么每条交易都能找到与它相关的父交易，以此类推，直到最原始的交易。

（3）区块链的类型。区块链系统根据应用场景和设计体系的不同，一般分为公有链、联盟链和专有链。其中：公有链是指链上的所有人都可读取、发送交易且能获得有效确认的共识区块链[①]。通过密码学技术和POW、POS等共识机制来维护整个链的安全。

联盟链是指由若干个机构共同参与管理的区块链，每个机构都运行着一个或多个节点，其中的数据只允许系统内不同的机构进行读写和发送交易，并且共同来记录交易数据[②]。

私有链是指其写入权限仅在一个组织手里的区块链[③]。读取权限或者对外开放，或者被任意程度地进行了限制。专有链仍然具备区块链多节点运行的通用结构，适用于特定机构的内部数据管理与审计[④]。

3类区块链的主要特性对比，如表1所示。

---

①②③　鲸准研究院.2018中国区块链行业分析报告，2018（2）：9.

④　工业和信息化部信息化和软件服务业司、中国区块链技术和产业发展论坛.中国区块链技术和应用发展白皮书（2016），2016－10－18：11.

表1   不同区块链类型的特性对比

	公有链	联盟链	私有链
中心化程度	去中心化	多中心化	中心化
参与人	任何人	预先设定或满足条件后进成员	中心控制者决定参与成员
记账人	全网	－ 参与者协商； － 动态决定	自定
信任机制	共识机制	共识机制	自定
是否需要激励	需要	可选	不需要
特点	－ 保护用户免受开发者的影响 － 所有数据默认公开 － 低交易速度	－ 低成本运行和维护 － 高交易速度及良好的扩展性 － 可更好地保护隐私	－ 交易速度非常快 － 给隐私更好地保护 － 交易成本大幅降低甚至为零
使用场景	各节点无信任	多个公司或组织参与	节点间可信度较高
典型案例	比特币、以太坊、NEO\量子链	Hyperledger、Rubix、Ripple、R3	企业中心化系统上链

资料来源：李伟. 中国区块链发展报告（2017）［M］. 社会科学文献出版社，2017：104.

2. 区块链的架构与流程。

（1）区块链的技术架构。区块链技术利用点对点网络、密码学技术、共识机制等，将集中式记账模式转化为多个节点参与的分布式记账模式。其核心优势是不再需要一个传统的中心化机构，仅通过加密算法、共识机制、时间戳等技术手段，在分步式系统中实现了不依赖某个信用中心的点对点交易、协调与协作，从而为中心化机构普遍存在的数据安全、协同效率、风险控制等问题提供解决方案。

区块链技术架构如图1所示，可分为物理层、数据层、网络层、共识层、应用层5个部分，其架构在上面4层与传统技术架构有明显差异。

（2）区块链的交易流程。区块链的交易流程包括5个环节，如图2所示。一是交易生成。交易发起节点将付款信息、交易金额、收款地址、交易时间等信息封装生成交易单，利用私钥对交易单进行数字签名。二是交易广播。交易发起节点将经过数字签名的交易单，通过分布式网络向全网广播。三是交易验证。各节点接收到广播的交易单，利用交易发起节点的公钥进行验签，验证通过后对该交易单进行确认。四是区块生成。区块链网络通过共识机制推选出记账节点，记账节点将通过验证的交易单打包生成区块并向全网广播。五是交易达成。各节点基于哈希值和时间戳验证、延迟确认等机制，将该区块添加至区块链，完成交易。

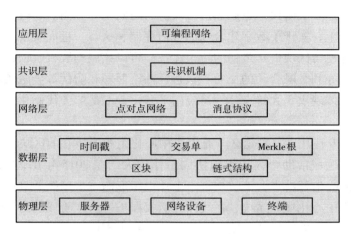

图1　区块链的技术架构

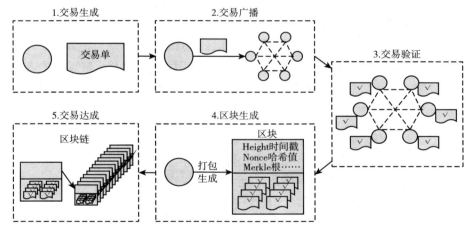

图2　区块链的交易流程

3. 区块链的应用阶段与趋势。脱离实际应用的技术是不成熟的技术，应用服务层是区块链获得持续发展的动力所在，目前划分为1.0、2.0、3.0三个阶段的应用。

区块链1.0应用：区块链1.0以2008年比特币的发明为开始标志，采用区块链技术构建了一种新型去中心化的数字支付系统，主要功能是在区块链上实现货币①的发行、转移、兑付和支付②。该阶段的区块链应用体现出 3 大特点：一是应用类型同质；二是核心技术相近；三是参与对象边缘化。

区块链 2.0 应用：区块链 2.0 在 2012 年前后萌芽，是以智能合约为典型应用的区块链高速发展阶段，也是当前区块链研究的主要方向。通过把计算机代码记载在区块链上，实现了数字化合约的可信存储和执行，进而实现多业务系统的协同工作。这使得区块链从最初的货币体系，可以拓展到股权、债权和产权的登记、转让，证券和金融合约的交易、执行，甚至博彩和防伪等金融领域。该阶段的区块链应用体现出 3 大特点：一是应用平台化；二是业务代码化；三是多行业参与。

区块链 3.0 应用：区块链 3.0 是以去中心化组织为核心的区块链远景，试图在大规模协作领域帮助个人或组织协同工作，大约在 2015 年出现探索性应用。区块链技术的去信任特点，能够从根本上让组织形态减少摩擦并且提高效率，主要应用包括去中心化域名系统、在线图片版权保护等。该阶段的区块链应用体现出两大特点：一是应用模式不明确；二是技术能力不成熟。

理想的区块链应用，追求无责任主体、去中心化，也称为公有链，很难有大量应用；传统的软件应用强调独立责任体、有限中心控制，也类似于专有链，有众多应用。对这两者进行融合，同时体现集权和分治，成为现在区块链应用的主要发展方向，如图 3 所示。即一般情况下让区块链进行分布式自治管理，出现了问题（异常处理和数据转储等）再按照一定规则由责任主体（超级维护者）按照一定规则来干预。这实际上是一种只有在特殊环境下才介入的集中管理模式，可把这种集中管控作为监管手段。

图 3 区块链技术与传统软件技术相融合

4. 国内区块链政策文件。自 2016 年 12 月，国务院在《"十三五"国家信

---

① 可编程货币，即以比特币为代表的数字加密货币，但它并不是任何国家和地区的法定货币，也没有政府当局为它提供担保。

② 李伟．中国区块链发展报告（2017）［M］．社会科学文献出版社，2017：5-6.

息化规划》中，首次将区块链技术作为战略性前沿技术、颠覆性技术列入规划期，国内发布了一系列推进区块链发展和应用的政策文件，具体如表 2 所示。

表 2 国内区块链相关政策文件

时间	部门	政策文件
2016 年 12 月	国务院	国务院《"十三五"国家信息化规划》，首次将区块链技术作为战略性前沿技术、颠覆性技术列入规划
2017 年 1 月	工信部	工信部印发《软件和信息技术服务业发展规划（2016～2020 年）》，提出发展目标之一为技术创新，其中区块链等领域创新要达到国际先进水平
2017 年 1 月	商务部	商务部《关于进一步推进国家电商示范基地建设工作的指导意见》，提出促进大数据、物联网、云计算、人工智能、区块链等技术创新应用
2017 年 3 月	工信部	工信部印发《云计算发展三年行动计划（2017～2019 年）》的通知，提出开展大数据、物联网、人工智能、区块链等新技术、新业务的研发和产业化，进一步拓宽云计算应用范畴，以应用促进行动
2017 年 7 月	国务院	《国务院关于新一代人工智能发展规划的通知》提出，促进区块链技术与人工智能的融合，建立新型社会信用体系，最大限度降低人际交往成本和风险
2017 年 7 月	工信部	工信部《关于开展 2017 年电信和互联网行业网络安全试点示范工作的通知》，应用云计算、大数据、人工智能、区块链、机器学习以及安全可靠的密码算法（如 SM 系列算法）等技术，提高网络安全技术保障水平
2017 年 8 月	商务部	《商务部办公厅 财政部办公厅关于开展供应链体系建设工作的通知》，重点推进二维码、无线射频识别（RFID）、视频识别、区块链、GS1、对象标识符（OID）、电子结算和第三方支付等应用，推动追溯系统创新升级
2017 年 9 月	金融监管体系	中国人民银行、中央网信办、工业和信息化部、工商总局、银监会、证监会、保监会《关于防范代币发行融资风险的公告》，正式叫停 ICO（Initial Coin Offering，首次代币发行）项目
2017 年 11 月	商务部/国标委	商务部办公厅、国家标准委办公室《关于印发〈网络零售标准化建设工作指引〉的通知》，针对网络零售快速创新和跨界经营的特点，加强对人工智能、虚拟现实、区块链等新技术的前瞻性研究，推动形成研究成果
2017 年 12 月	国家邮政局	《国家邮政局关于推进邮政业服务"一带一路"建设的指导意见》，与沿线国家交流邮政业和互联网、大数据、云计算、人工智能及区块链等融合发展的经验，联合开展科技应用示范

时间	部门	政策文件
2018 年 1 月	国家知识产权局	国家知识产权局印发《知识产权重点支持产业目录（2018 年本）》，目录 2.7.6 为区块链相关内容。
2018 年 3 月	工信部	工信部《2018 年信息化和软件服务业标准化工作要点》，推动组建全国区块链和分布式记账技术标准化委员会；持续推进云计算和区块链等领域标准研制工作；提交区块链等领域国际标准提案，实质性参与国际标准研制；支持在区块链参考架构、数据格式规范、互操作、智能合约等方向发布系列团体标准
2018 年 4 月	教育部	教育部印发《教育信息化 2.0 行动计划》，积极探索基于区块链、大数据等新技术的智能学习效果记录、转移、交换、认证等有效方式，形成泛在化、智能化学习体系，推进信息技术和智能技术深度融入教育教学全过程，打造教育发展国际竞争新增长极
2018 年 5 月	习总书记讲话	习近平在两院院士大会上的讲话中指出，以人工智能、量子信息、移动通信、物联网、区块链为代表的新一代信息技术加速突破应用
2018 年 6 月	工信部	工信部《工业互联网发展行动计划（2018~2020 年）》，推进边缘计算、深度学习、增强现实、虚拟现实、区块链等新兴前沿技术在工业互联网的应用研究
2018 年 10 月	海南区块链试验区	海南省工信厅于 9 月 30 日正式批复设立海南自贸区（港）区块链试验区，360 区块链、迅雷区块链、火币中国总部、火星财经总部等一批优质的头部企业入园
2019 年 1 月	中央网信办	国家互联网信息办公室发布《区块链信息服务管理规定》，旨在规范区块链信息服务活动，维护国家安全和公共利益，保护公民、法人和其他组织的合法权益，促进区块链技术及相关服务的健康发展

5. 国内区块链应用进展。

（1）国内联盟链典型应用项目。鉴于区块链当前主要适用于非实时性、轻量级、交易吞吐量较小和信息敏感度较低的业务场景，国内对于区块链技术的应用更加客观理性。如在金融领域，区块链技术的不可篡改、可追溯等特征，具有重塑信用形成机制、降低交易成本、重构技术架构、优化现有业务流程等潜力，但现阶段主要用于解决现有业务痛点，力图通过区块链分布式协作的特点，优化现有业务流程。传统金融机构多采用共建联盟链的方式开展应用研究，当前国内基于联盟链平台的区块链典型应用项目如表 3 所示。

表3 国内基于联盟链平台的区块链典型应用项目

序号	牵头机构	项目名称	应用分类	上线时间	其他参与机构	应用目标
1	蚂蚁金融	区块链公益项目	公益慈善	2016年7月	中国红十字基金会、深圳壹基金公益基金会等机构	解决慈善资金用途不公开、不透明、难追踪等问题
2	中国银行	区块链住房按揭贷款项目	贷款业务	2016年11月	汇丰银行、香港房屋评估机构	解决传统模式下纸质报告质储成本高、存在造假风险、一房多评等问题
3	兴业银行	区块链防伪平台	凭证业务	2017年1月	云象区块链	解决电子信息化关键业务信息的存证、防伪等问题
4	浙商银行	移动数字汇票项目	票据业务	2017年1月	趣链科技	为用户提供移动数字汇票产品
5	招商银行	跨境直联清算项目	跨境支付	2017年2月	—	提升国内银行跨境交易效率
6	中国银联 光大银行	电子凭证存证	凭证业务	2017年3月	—	解决传统电子凭证可能被篡改、被删除及合谋删假时间问题
7	工商银行	贵州扶贫项目	公益慈善	2017年5月	贵民集团	解决慈善扶贫资金用途不公开、不透明、难追踪等问题
8	中信银行 民生银行	国内银行信用证应用	信用证	2017年7月	苏宁银行、北京农商银行	提高信用证开证、通知及单据审核效率
9	京东金融	区块链ABS产品	资产管理/托管	2017年7月	建元车贷、中诚信评级等机构	促进资产透明化运作
10	农业银行	涉农互联网电商融资项目	供应链金融	2017年8月	—	实现订单采购、批量授信、灵活定价、自动审批、受托支付、自助还款等功能
11	光大银行	泛资产·阳光链	资产管理/托管	2017年8月	赢时胜	实现管理人和托管人全面信息共享、实时可审计、可监管

续表

序号	牵头机构	项目名称	应用分类	上线时间	其他参与机构	应用目标
12	工商银行	雄安智慧森林项目	资产管理/托管	2017年11月	雄安政府	实现植树造林项目的实施过程全流程监管和数字化管理
13	上海票据交易所	数字票据交易平台	票据业务	2018年1月	数字货币研究所、中钞、工商银行、中国银行、浦发银行和杭州银行	解决纸质票据一票多卖、电子票据打款背书不同步问题
14	工商银行	供应链金融	供应链金融	2018年1月	特产石化	促进供应链上下游企业金融信息共享
15	中国银联中国银行	基于区块链的跨境汇款查询项目	跨境支付	2018年1月	—	解决跨境汇款信息不同步问题
16	腾讯	基于区块链的供应链金融项目	供应链金融	2018年1月	前海联易融	促进供应链上下游企业金融信息共享

（2）国内区块链电子政务应用。《2018 联合国电子政务调查报告》显示，我国电子政务发展指数 EGDI 为 0.6811[①]，全球排名第 65 位，处于中等偏上的位置，仍有较大的上升空间。从市场规模来看，2017 年我国电子政务市场规模达 2 722 亿元；2018 年有望突破 3 000 亿元[②]。但处于转型期的电子政务面临着数据孤岛、成本高昂、网络安全、效率低下、监管缺失等痛点。

区块链可为电子政务提供新的解决方案。我国各级政府纷纷出台政策，鼓励将区块链技术应用于电子政务，我国区块链电子政务应用取得一定的进展。目前共有 17 项区块链电子政务应用，分别涉及 7 大细分场景：政府审计、数字身份、数据共享、涉公监管、电子票据、电子存证、出口监管等，如表 4 所示。

表 4　　　　　　　　各地政府"区块链 + 电子政务"项目

序号	地区项目名称	上线时间	类型	落地情况
1	株洲区块链敏感数据审计平台	2018 年 5 月	政府审计平台	已落地
2	兰考链政通	2018 年 7 月	数字身份平台	已落地
3	佛山禅城 IMI 数字身份平台	2017 年 6 月	数字身份平台	已落地
4	重庆智慧党建平台	2018 年 7 月	数据共享平台	已落地
5	杭州公信宝	2018 年 5 月	数据共享平台	暂未知
6	陕西陕数通	2018 年 4 月	数据共享平台	已落地
7	广州政务链	2018 年 1 月	数据共享平台	已落地
8	江苏某市中兴通讯 Golden Chain	2017 年 9 月	数据共享平台	已落地
9	杭州北斗区块链	2017 年 8 月	数据共享平台	已落地
10	雄安区块链管理平台	2018 年 8 月	涉公监管平台	已落地
11	深圳税链平台	2018 年 5 月	电子票据	已落地
12	多个地区航天信息电子发票	2016 年开始研究	电子票据	已落地
13	安徽东港瑞宏区块链电子发票	2018 年 7 月	电子票据	已落地
14	杭州司法区块链	2018 年 6 月	电子存证	已落地
15	武汉区块链公益诉讼案	2018 年 6 月	电子存证	已落地
16	广州仲裁链	2017 年 12 月	电子存证	已落地
17	厦门能源贸易区块链应用项目	2018 年 4 月	出口监管	已落地

---

① United Nations. 中央党校（国家行政学院）电子政务研究中心译，联合国电子政务调查报告，2018：237.

② 塔链智库. 中国区块链电子子政务研究报告，2018 - 10 - 6：3.

我国未来将出现更多细分场景的区块链电子政务应用，联盟链比公有链更适宜政务场景。但是由于区块链技术的不确定性，区块链电子政务应用仍存在效率、安全风险。

（二）电子发票及国内应用概况

1. 电子发票的概念与特征。

（1）电子发票的界定。发票是指在购销商品、提供或者接受服务以及从事其他经营活动中，开具、收取的收付款凭证①。电子发票是指在购销商品、提供或者接受服务以及从事其他经营活动中开具、收取的，经过电子签名认证、以电子方式存储的收付款凭证②。可见，相比纸质发票，电子发票强调电子签名认证和以电子方式存储。

（2）电子发票的基本内容。根据《发票管理办法实施细则》③，发票的基本内容包括：发票的名称、发票代码和号码、联次及用途、客户名称、开户银行及账号、商品名称或经营项目、计量单位、数量、单价、大小写金额、开票人、开票日期、开票单位（个人）名称（章）等。省以上税务机关可根据经济活动以及发票管理需要，确定发票的具体内容。

电子发票是一个 PDF 格式的版式文件，具有发票的基本内容。在 PDF 文件阅读器中的显示式样如图 4 所示。

增值税电子普通发票与纸质发票的区别在于左上角的二维码、右上角的"密码区"，以及经过加密处理的电子签章。其中，左上角的二维码，扫描之后可直接显示该发票的 5 项核心内容，包括发票代码、发票号码、合计金额（不含税）、开票日期及发票校验码。用微信扫描此二维码，微信发票助手中的显示效果如图 5 所示。

密码区经过特殊处理的密文也将成为纳税人开票信息真实性的查验方法。税务机关将对密文和发票文字信息进行比对，可杜绝恶意修改发票信息行为。此外，发票右下角嵌入的电子签章——企业电子发票专用章，是经过加密处理的 CA（Certificate Authority，证书颁发机构）文件，符合可靠的电子签名的特性。

---

① 国务院令第 587 号. 发票管理办法，2010 - 12 - 20 修订，第 3 条.
② 杭州市国家税务局，杭州市地方税务局，杭州市财政局，杭州市贸易局，杭州市工商行政管理局. 关于电子发票应用试点若干事项的公告，2013 - 12 - 20.
③ 国家税务总局令第 25 号. 发票管理办法实施细则，2011 - 2 - 14，第 4 条.

根据《电子签名法》[①] 第 13 条可知，该电子签章可确保该电子发票的以下特性：对电子签章的任何改动能够被发现，对数据电文内容和形式的任何改动能够被发现。

图 4　增值税电子普通发票

图 5　电子发票二维码携带信息

---

① 电子签名法，2004 年 8 月 28 日第十届全国人民代表大会常务委员会第 11 次会议通过，2015 年 4 月 24 日第十二届全国人民代表大会常务委员会第 14 次会议修正。

（3）电子发票的联次。发票的基本联次包括存根联、发票联、记账联①。其中，存根联由收款方或开票方企业留存备查；发票联由付款方或受票方企业作为付款原始凭证；记账联由收款方或开票方企业作为记账原始凭证。省以上税务机关可根据发票管理情况以及纳税人经营业务需要，增减除发票联以外的其他联次，并确定其用途。即发票联是发票最为基本的联次，不可或缺。

电子发票的联次设置与纸质发票不同，为单联发票，不再区分联次。

（4）电子发票的功能。发票有 3 个主要的功能，分别是交易凭证、财务凭证、计税凭证。《发票管理办法》② 第 3 条指出，本办法所称发票，是指在购销商品、提供或者接受服务以及从事其他经营活动中，开具、收取的收付款凭证。即发票是交易凭证。《税收征收管理法》③ 第 19 条指出，纳税人、扣缴义务人按照有关法律、行政法规和国务院财政、税务主管部门的规定设置账簿，根据合法、有效的凭证记账进行核算。即发票是重要的合法有效记账依据，是财务中重要的原始凭证。《税收征收管理法》④ 第 21 条指出，税务机关是发票的主管机关，负责发票印制、领购、开具、取得、保管、缴销的管理和监督。单位、个人在购销商品、提供或者接受经营服务以及从事其他经营活动中，应当按照规定开具、使用、取得发票。发票是税务机关进行税务管理和监督的工具，即计税凭证。

《关于推行通过增值税电子发票系统开具的增值税电子普通发票有关问题的公告》⑤ 决定，自 2015 年 12 月 1 日起在全国范围内推行增值税电子发票系统。公告明确，增值税电子普通发票的开票方企业和受票方企业需要纸质发票的，可以自行打印增值税电子普通发票的版式文件，其法律效力、基本用途、基本使用规定等与税务机关监制的增值税普通发票相同。换言之，电子发票与纸质发票一样，具有交易凭证、财务凭证、计税凭证等功能。

2. 我国电子发票的推进情况。自 2011 年 6 月 28 日，中国物流与采购联合会发布《中国电子发票蓝皮书》，迈出了我国电子发票的第一步。迄今已有近 8 年的时间，发展进程中的标志性事件如表 5 所示。

---

① 国家税务总局令第 25 号. 发票管理办法实施细则，2011 – 2 – 14，第 3 条.
② 国务院令第 587 号. 发票管理办法，2010 – 12 – 20 修订，第 3 条.
③ 税收征收管理法，根据 2015 年 4 月 24 日第十二届全国人民代表大会常务委员会第 14 次会议《关于修改〈中华人民共和国港口法〉等七部法律的决定》第 3 次修正，第 19 条.
④ 税收征收管理法，根据 2015 年 4 月 24 日第十二届全国人民代表大会常务委员会第 14 次会议《关于修改〈中华人民共和国港口法〉等七部法律的决定》第 3 次修正，第 21 条.
⑤ 国家税务总局. 关于推行通过增值税电子发票系统开具的增值税电子普通发票有关问题的公告，2015（84）. 2015 – 11.

表5	我国推进电子发票的进程
时间	标志性事件
2011年6月28日	中国物流与采购联合会发布《中国电子发票蓝皮书》，迈出了我国电子发票的第一步，标志着在我国推广使用电子发票的基本条件已具备
2012年2月6日	国家发展改革委发布《关于促进电子商务健康快速发展有关工作的通知》，指出要开展网络（电子）发票应用试点
2012年5月8日	国家发改委办公厅发布《关于组织开展国家电子商务示范城市电子商务试点专项的通知》，并根据城市申请最终决定在重庆、杭州、青岛、深圳和南京5个城市开展电子发票试点
2013年5月	经北京市政府批准，电子发票项目在北京启动，选取京东作为电子发票项目的试点单位
2013年6月27日	京东商城开出我国内地第1张电子发票
2014年6月27日	人保财险和北京市国税局成功地接收了国内第1张以电子化方式入账的电子发票
2015年2月10日	中国人寿开出我国内地金融保险业首张电子发票
2015年11月26日	国家税务总局发布《关于推行通过增值税电子发票系统开具的增值税电子普通发票有关问题的公告》，宣布将增值税发票系统升级版推向全国，并明确增值税电子发票的法律效力、基本用途、基本使用规定等与税务机关监制的增值税普通发票相同，在电商、电信、快递、公用事业等开票量较大的行业推行。自12月1日起，增值税发票系统升级版推向全国
2015年9月23日	国务院发布《国务院关于加快构建大众创业万众创新支撑平台的指导意见》，明确指出，加快推广使用电子发票，支持四众平台企业和采用众包模式的中小微企业及个体经营者按规定开具电子发票，并允许将电子发票作为报销凭证
2015年12月11日	财政部、国家档案局联合发布《会计档案管理办法》，办法中明确指出满足条件的单位形成的和单位从外部接收的属于归档范围的电子会计资料可仅以电子形式保存，形成电子会计档案，首次明确了电子会计档案的合法地位
2016年1月1日	增值税电子普通发票在全国推出，这标志着电子发票推广应用进入了一个新阶段
2016年3月31日	微信在"互联网＋税务"行业研讨沙龙上正式发布通过微信卡包、企业号探索实现电子发票归集报销的可行解决方案
2016年5月18日	京东北京地区的电子发票全部加载营改增的宣传信息，每日滚动更换。在电子发票上宣传营改增知识，突破性地将发票从传统意义的财务专用票据变为加载税法宣传的通道，未来将尝试进一步作为广告载体，将传统购物的终点（要发票为报销）变为收到发票是下一次购物的起点
2017年1月5日	支付宝与百胜中国合作上线电子发票功能，用户在门店消费后，用支付宝扫描发票提取码上的开票二维码即可开具百胜电子发票

时间	标志性事件
2017 年 3 月 21 日	国家税务总局发布《关于进一步做好增值税电子普通发票推行工作的指导意见》，要求各地国税机关重点在电商、电信、金融、快递、公用事业等有特殊需求的纳税人中推行使用电子发票
2017 年 7 月 5 日	李克强总理主持召开的国务院常务会议上，确定在年底前实现统一开具高速公路通行费增值税电子发票。这标志着中国电子发票应用又进入了一个新的领域
2017 年 11 月 9 日	在腾讯全球合作伙伴大会上发布微信电子发票四大核心能力（抬头管理能力、递送归集能力、无纸化报销能力、自助打印能力），通过微信公众号、卡包、扫一扫、企业号、钱包等提供的整体连接能力，形成了"发票—保存—流转—报销"全流程报销闭环
2017 年 12 月 25 日	交通运输部、国家税务总局发布《关于收费公路通行费增值税电子普通发票开具等有关事项的公告》，规定 2018 年 1 月 1 日以后使用 ETC 或用户卡交纳的通行费，以及 ETC 卡充值费可以开具通行费电子发票，不再开具纸质票据，旨在推进物流业降本增效、进一步提升收费公路服务水平
2018 年 8 月 10 日	深圳国贸旋转餐厅，开出了中国第 1 张基于区块链技术的增值税电子普票。本次创新由国家税务总局指导，深圳市税务局主导，腾讯 FiT（金融科技）区块链团队提供底层技术能力
2018 年 8 月 17 日	中国太保携手京东集团共同宣布，全国首个利用区块链技术实现增值税专用发票电子化项目正式上线运行，并在中国太保"互联网采购（e 采）平台"试点应用
2018 年 12 月 31 日	《电子商务法》① 第 14 条规定，电子商务经营者销售商品或者提供服务应当依法出具纸质发票或者电子发票等购货凭证或者服务单据。电子发票与纸质发票具有同等法律效力

3. 电子发票在增值税发票系统升级版中的流转逻辑。增值税发票升级版的建设任务 2014 年 6 月提出，主要包括：建设总局、省局两级部署模式的增值税电子底账数据库；实现全国增值税发票信息（含普通发票）和增值税纳税人档案信息（含小规模纳税人）的全国集中；建立增值税专用发票电子底账，实现抵扣发票明细比对；实现所有增值税企业实施"先比对后抵扣"的管理办法。电子发票在增值税发票系统升级版中的流转逻辑如图 6 所示。

---

① 电子商务法，2018 年 8 月 31 日第十三届全国人民代表大会常务委员会第 5 次会议通过，自 2019 年 1 月 1 日起施行。

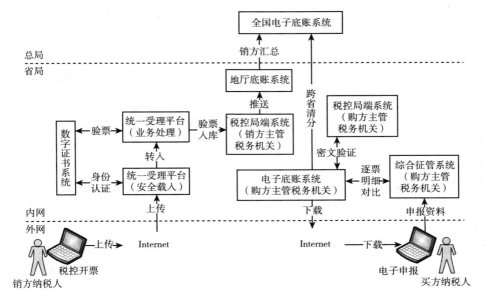

图6　电子发票在增值税发票系统升级版中的流转逻辑

资料来源：根据《增值税发票系统升级版——电子底账系统功能介绍》PPT整理，https：//wenku.baidu.com/view/793746480640be1e650e52ea551810a6f524c8d1.html.

电子发票在增值税发票系统升级版中流转的原理为：发票数据由税控系统的开票子系统开具；实时上传局端税控系统，再自动推送到省级电子底账系统；省级电子底账系统将所有发票数据自动汇总上传至总局；总局电子底账系统根据购方纳税人档案信息，将跨省交易发票数据自动清分下发到购方所属省级电子底账系统；购方纳税人可通过电子底账系统下载可抵扣的发票数据，并在申报抵扣时，由省级电子底账系统对其申报抵扣的发票信息进行实时逐票明细比对，最终实现对申报抵扣数据的管控和发票的闭环管理。

（三）区块链用于电子发票的恰当性分析

区块链潜力的核心在于分布式数据库的独特属性，以及如何提高透明度、安全性和效率。历史上，组织使用数据库作为中央数据存储库来支持事务处理和计算。数据库的控制权取决于其所有者，他们管理访问和更新，限制透明度、可伸缩性，也限制了外部人员确保记录不被篡改的能力。由于技术限制，分布式数据库几乎不可能实现。但是，由于软件、通信和加密的进步，现已允许跨越组织的分布式数据库。

1. 区块链适用的业务场景。作为新技术，区块链在系统稳定性、应用安全性、业务模式等方面尚未成熟，目前主要适用于非实时、轻量级、吞吐量小、敏感度低的业务场景①。

第一，非实时性。根据组织行为学理论，当群体规模超过一定限度时，协同工作效率会大幅下降，显著增加群体的协调成本和决策时间。区块链技术采用分布式的点对点网络结构，其参与节点数量众多且地位对等，均拥有交易记账权并协同提供服务。为选择有效的记账节点并获得所有节点的信任，区块链技术需要消耗较高的计算资源和时间成本，方可达成共识并完成交易。因此，区块链技术交易效率较低，不适用于实时性业务场景。

第二，轻量级。为保证交易的不可篡改和可追溯，区块链技术采用分散化的存储模式，每个节点均存储完整的历史交易信息，数据的冗余备份量大，存储空间消耗多。区块链技术若用于大数据量的业务场景，每个节点数据存储量将达到TB级，给节点存储空间带来巨大挑战。因此，区块链技术不适用于重量级数据的业务场景。

第三，吞吐量低。区块作为区块链中存储交易单信息的基本单元，其生成时间决定交易吞吐量（单位时间内完成的交易数量）。区块生成时间越长，交易吞吐量越小。为防范窃取记账权、篡改交易记录等风险，区块链技术需要依靠每个节点完成足够的计算量后才能生成一个可信的区块，生成区块的速度较慢。因此，区块链技术不适用于交易吞吐量太大的业务场景。

第四，敏感度低。在区块链网络中，付款方信息、收款方信息、交易金额、交易时间等交易数据封装成交易单，在全网范围内广播、验证和存储。网络中各节点均能够获取完整的历史数据副本，且能解读全部历史交易信息。基于这些敏感信息，恶意节点可通过大数据等技术手段实施交易欺诈、盗取账户资金、窥探经济走势，给金融稳定、经济秩序和国家网络安全带来不良影响。因此，区块链技术不适用于信息敏感度较高的业务场景。

2. 适合采用区块链解决的问题。区块链的透明、安全和效率，使其成为重塑因效率低下而陷入困境的企业以及启用基于分布式市场和技术的新商业模式的一个特别好的选择②。区块链不是"万能"的，也不是修复断裂的业务流程的替代品，但它特别适合解决以下各类问题：

一是促进多方之间的安全、分布式交易。由于账本固有的分布式，区块链在

---

① 李伟. 中国区块链发展报告［M］. 社会科学文献出版社，2017：13.

② The Goldman Sachs Group, Inc., Blockchain Putting theory into practice, 2016 - 5 - 24：4.

处理多方之间的分布式交易方面尤其有效。此外，由于各方之间的加密检验和确认，区块链为每笔交易提供了高水平的安全性。随着覆盖数千万甚至数亿资产（如共享经济下的汽车或公寓）或机器（物联网）的新型分布式经济模式的演进，需要安全的、分布式的交易模型来促进交易。

二是减少欺诈和增加信任，提高安全性。在世界许多地方，腐败可能导致伪造或更改官方记录。例如，贿赂可能会迫使政府内部人员更改描述支付金额的 1 条记录，或某项特定资产记录的所有者。类似地，恶意参与者可能试图有选择地更改或销毁记录（例如，网络黑客更改付款记录或各方之间的交易）。由于每笔交易都是通过密码学唯一编码的，并且该编码由区块链上的其他方验证，因此任何更改或删除交易信息的尝试都将被其他方检测到，并由其他节点进行更正。

三是提高多方交易的透明度和效率。在任何涉及两方或多方的交易中，通常每个当事方都会将同一交易单独输入自己的独立系统。在资本市场上，同一个交易订单可能会进入两个交易对手的系统。在每个组织中，交易都通过中台和后台系统以自己的方式工作——错误可能导致成本高昂的对账过程，需要大量的人工干预。利用区块链等分布式账本技术，组织可以简化清算结算流程，缩短结算窗口，避免大量资本和运营费用。高盛研究了一些资本市场应用程序，其中区块链应用可显著降低成本。

3. 增值税征管系统优化的必要性。当前，增值税已成为我国税收收入中贡献最大的税种，但其征管体系中仍存在一些薄弱环节①：第一，当消费者个人是货物或服务的买方时，由于无法抵扣税款可能不积极向卖方索要发票，卖方可能隐匿销售收入逃避税收。第二，增值税专用发票作为增值税进项税额抵扣和出口退税的有效凭证，如果出现伪造或虚开，则买方可能虚增进项税额抵扣或虚报出口退税，造成增值税收入流失。在虚开增值税的卖方逃匿、销户时，增值税固有的对卖方缴税的约束也不复存在，国家税收收入的损失更大。第三，增值税普通发票的伪造或虚开，也可能导致买方虚增成本费用扣除中的个人不当报销，带来企业所得税流失或其他损失。

此外，当前的金税工程系统仍然存在以下不足②：第一，数据采集不充分。当前，税务征管系统还不能全面掌握纳税人的涉税交易信息，因而无法解决隐匿收入的问题。第二，数据核验不充分。当前，金税工程系统尚未实现基于交易而对发票信息进行核验，因此无法解决发票虚开问题。第三，数据核验不及时。目

---

①② 杜莉，郑毓文．应用区块链技术推动我国增值税征管创新：机制分析与方案设计［J］．税务研究，2018（6）：72 - 79.

前，涉税信息尚未实现在税务系统内的实时共享，税务机关对涉税案件主要采用中央式甄别的方法，对于增值税专用发票的稽核迟于申报抵扣，因此无法从源头遏制发票的虚开。第四，税款清算不及时。当前，征管系统还不能实现即时清算应纳税额。对于虚开发票的空壳公司未能形成有效制约，导致不法分子容易在违法后注销企业、快速逃匿，造成税收流失。

针对上述问题，要在"互联网＋"背景下实现增值税征管效率和能力的提升，我国的增值税征管系统需要具备以下功能：一是实时记录所有的涉税交易；二是在开具发票之前对发票信息及其关联交易的真实性进行评估验证；三是实现增值税随交易进程在云端的自动结算；四是将验证通过的涉税交易和发票信息在系统内共享。

4. 区块链在电子发票中的适用性。区块链技术具有全流程完整追溯、信息不可篡改等特性，与发票逻辑吻合，能够有效规避假发票、完善发票监管流程。基于区块链的数字发票解决方案，将连接每一个发票干系人，可以追溯发票的来源、真伪和报销等信息，解决发票流转过程中一票多报、虚报虚抵、真假难验等难题。此外，还具有降低成本、简化流程、保障数据安全和隐私的优势，如表6所示。

表6	区块链用于电子发票的优势
区块链的特点	区块链用于电子发票的优势
去中心化	发票信息税企一体电子化，改善用户报销体验
防篡改	发票信息不可篡改，降低发票的风控成本
可追溯	发票全流程可追溯，提高发票管理效率

二、区块链电子普票探秘

1. 深圳市区块链电子普票的推进。2018年5月，深圳市国税局与腾讯公司就共同成立"智税"创新实验室，探索新型发票生态。从实验室创建到政策发布，再到区块链电子普通发票落地，主要推进情况如表7所示。

2. "腾讯＋国贸"区块链电子普票概况。2018年8月10日，在国税总局指导下，深圳税务局携手腾讯公司落地区块链电子发票项目，全国首张区块链电子发票在深圳国贸旋转餐厅开出，并宣告深圳成为全国区块链电子发票首个试点城市。

表7　　　　　　　　　　深圳市区块链电子普票的推进进程

时间	主体	区块链电子普票事项
2018年5月24日	深圳市国税局与腾讯公司	深圳市国税局与腾讯公司共同成立"智税"创新实验室,推出国内首个基于区块链的数字发票解决方案①,探索新型发票生态,希望每一张发票都可以做到可查、可验、可信、可追溯,并利用区块链技术对发票流转全过程进行管理,让发票数据全场景流通成为现实
2018年8月9日	深圳市国税局	国家税务总局深圳市税务局发布《关于推行通过区块链系统开具的电子普通发票有关问题的公告》②,决定在深圳市开展通过区块链系统开具的电子普通发票应用试点(选取了餐饮业、停车场、小型商贸、加工修理修配等行业的部分纳税人推广,后期适时将其他行业纳税人纳入),同时发布了区块链电子普通发票票样和对公告的解读文件
2018年8月10日	深圳市国贸餐饮有限公司	全国首张区块链电子发票在深圳国贸旋转餐厅开出③,深圳由此成为全国区块链电子发票首个试点城市,也意味着纳税服务正式开启区块链时代。此次推出的区块链电子发票由深圳市税务局主导、腾讯提供底层技术和能力,是全国范围内首个"区块链+发票"生态体系应用研究成果,得到国家税务总局的批准与认可
2018年11月1日	招商银行深圳分行	招商银行深圳分行在为客户办理贵金属购买业务后,通过系统直联深圳市税务局区块链电子发票平台,成功为客户开出了首张区块链电子发票,标志着招商银行成为全国首个区块链电子发票的试点银行,开启了金融服务领域区块链电子发票时代

　　除国贸旋转餐厅之外,首批试点商户还包括宝安区体育中心停车场、凯鑫汽车贸易有限公司(坪山汽修场)、Image腾讯印象咖啡店等。在首期试点应用中,深圳税务局、腾讯、金蝶软件3方合作,打造了"微信支付—发票开具—报销入账"发票管理应用场景。其中,税务局提供指导,腾讯提供区块链技术支持,金蝶财务软件提供报销入账支持。

　　3. "腾讯+国贸"区块链电子普票业务流程。

　　(1)"腾讯+国贸"区块链电子普票实务流程。"腾讯+国贸"区块链电子

---

　　① 腾讯牵手深圳市国税局 发布全国首个基于区块链的数字发票解决方案. 深圳晚报,2018-5-24. http：//www.myzaker.com/article/5b06a5ec1bc8e0ca3600034e.

　　② 国家税务总局深圳市税务局. 国家税务总局深圳市税务局关于推行通过区块链系统开具的电子普通发票有关问题的公告,2018-8-9.

　　③ 新华网. 全国首张区块链电子发票在深圳开出. 2018-8-10. http：//www.gd.xinhuanet.com/newscenter/2018-08/10/c_1123251859.htm.

普票，从开具到报销的实务流程都非常便捷。

终端消费者在微信端通过扫描进行款项支付，在支付凭证界面申请开票，通过"新发票提醒"下载电子发票，通过"我的票券"存储电子发票，通过扫描"金蝶发票云"平台中的二维码，将电子发票导入"金蝶报销工作台"完成报销入账，报销款项打回微信零钱，供消费者循环使用。报销入账的同时，"金蝶发票云"将报销信息通过区块链实时同步到深圳税务局的区块链云计算节点，从而完成电子发票在区块链上循环的一个周期。

（2）区块链电子普票开具的处理流程。区块链电子普票开具的处理流程如图 7 所示。其中国贸餐厅是开票方，腾讯提供电子发票云平台服务，消费者是受票方。

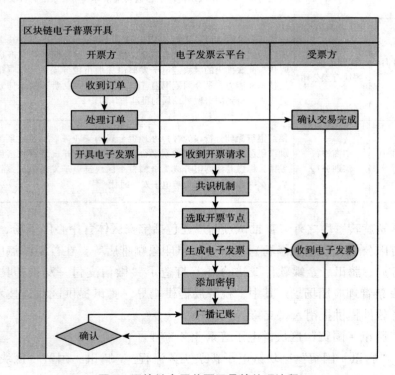

图 7　区块链电子普票开具的处理流程

（3）区块链电子普票报销入账的处理流程。区块链电子普票报销入账的处理流程如图 8 所示。其中，受票方是终端消费者，第三方服务商提供微信发票助手、金蝶发票云和金蝶报销工作台；电子发票云平台是指基于区块链的电子普票处理平台。

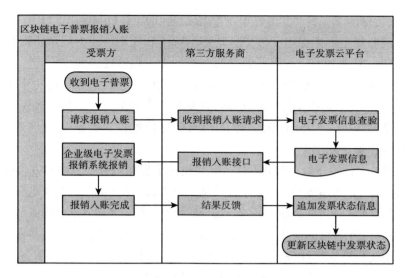

图 8　区块链电子普票报销入账的处理流程

4. "腾讯＋国贸"区块链电子普票的工作机制。"腾讯＋国贸"区块链电子普票的工作机制，以及各类主体的职责分工如图 9 所示。

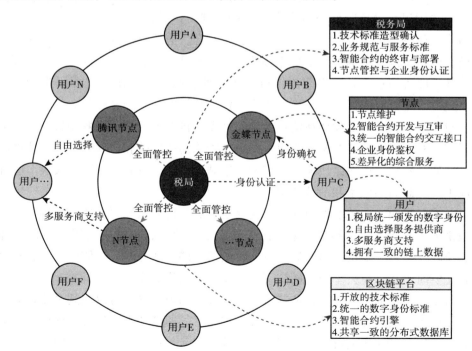

图 9　深圳区块链电子普票云平台的技术架构

就技术层面而言，深圳区块链电子普票云平台的工作机制突出了以下 3 个特点：

一是税务局全面主导电子发票区块链的标准和规则。税务局负责对纳税人最终身份认证、管理和鉴定权限；对云服务商的全方位管控，实现稳定、可靠和安全运行；对区块链技术提供商的全方位管控，确保流程可追溯、历史不可篡改的可信任环境；对区块链节点即智能合约开发服务商的全方位管控，确保服务平台开放、共享和活跃；对 SaaS 服务提供商的全方位管控，灵活支持多业务场景，让更多纳税企业主动参与。

二是服务平台的开放性和共享性。区块链电子发票服务平台由多方参与，标准统一，相互制约，可避免被单一技术商控制。参与的多方之间既有竞争也有合作的开发模式，有助于实现更加合理、高效、安全的服务平台。开放共享的服务平台，更能获得纳税企业、纳税人的信任，从而促使他们的主动参与，以实现共建共赢。

三是系统数据安全性好、可信任度高。在区块链平台上，任何服务商都不会也不能控制多数节点。数据通过智能合约、共识机制等技术保存在区块链上。区块链的分布式存储，有助于数据共享和容灾；区块链上数据的一致性，使得电子发票数据更加安全和可靠；区块链链式数据的可追溯性，有助于区块链电子发票的全流程管控；区块链上数据的不可篡改性，决定了区块链电子发票数据的高可信任度。

5. "腾讯 + 国贸" 区块链电子普票的优势。区块链电子发票具有全流程完整追溯、信息不可篡改等特性，与发票逻辑吻合，能够有效规避假发票，完善发票监管流程。区块链电子发票将连接每一个发票干系人，可以追溯发票的来源、真伪和入账等信息，解决发票流转过程中一票多报、虚报虚抵、真假难验等难题。此外，还具有降低成本、简化流程、保障数据安全和隐私的优势。

对商户而言，传统发票在消费者结账后需安排专人开票，高峰期排长队拉低翻桌率；开票慢、开错票又容易引发冲突，影响消费体验和口碑。采用区块链电子发票后，商户可以在区块链上实现发票申领、开具、查验、入账，大大节省开票成本，提高店面效率和消费体验。

对消费者而言，传统发票在完成交易后，需等待商家开票并填写报销单，经过报销流程才能拿到报销款。采用区块链电子发票后，消费者可以实现链上储存、流转、报销。消费者结账后即可通过微信一键申请开票、存储、报销，且报销状态实时可查，免去了烦琐的流程，实现"交易即开票，开票即报销"。

对于税务局而言，作为税务监管方、管理方的税务局，可以达到全流程监管的科技创新，实现无纸化智能税务管理。如监管的速度和力度提升。增值税上面有商品编码，区块链上可以直接回溯，掌握全面流程；开票信息与验旧、纳税信息比对；根本杜绝发票虚开问题，因为资金流和发票流完全一致。

三、区块链电子专票探秘

1. "京东 + 太保"区块链电子专票概况。2018 年 8 月 15 日，京东联合中国太平洋保险（以下简称"中国太保"）、大象慧云，运用"智臻链"① 落地了"区块链增值税专用发票电子化项目"，开出中国第一张企业间区块链增值税专用电子发票。"智臻链"联通了中国太保"互联网采购（e 采）平台"和京东大客户"融聚"系统。这是国内增值税专用发票迈向电子化进程中的一项重要尝试，也是京东在打通采购全流程电子化的又一里程碑事件。

2. "京东 + 太保"区块链电子专票的业务流程。京东与中国太保区块链电子专票的电子化方案如图 10 所示。

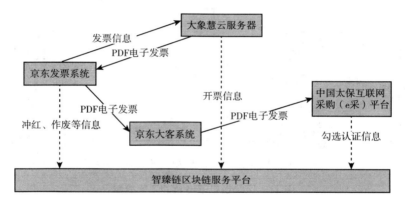

图 10　京东与太保集团区块链电子专票的电子化方案

资料来源：根据京东集团副总裁蔡磊在 2018 年 8 月 17 日的演讲"区块链电子发票助力税源管理"整理而得。

京东与中国太保区块链电子专票的电子化方案中涉及智臻链区块链服务平台和 4 个核心系统。其中，智臻链区块链服务平台利用区块链技术记录专用发票的票面信息，及其开具、勾选认证、作废冲红等状态；京东发票系统主要存储京东开具的电子发票信息（含冲红、作废等信息）和 PDF 格式电子专票版式文件

---

① 2018 年 8 月 17 日，京东自主研发的区块链服务平台——智臻链（JD Blockchain Open Platform）正式发布。"智"代表了其是京东构建未来智能商业体的重要技术元素；"臻"象征京东服务于人民美好生活，追求极致的用户体验；而"链"则寓意以上二者都需要依靠京东与各行业、各领域合作伙伴共同努力才能真正实现。"智、臻、链"形成了京东区块链服务平台拓展应用和提升技术的目标和愿景。

（以下简称 PDF 电子发票）；大象慧云服务器主要负责生成 PDF 电子发票；京东大客系统（京东大客户"融聚"系统）是发票管理端口，提供 PDF 电子发票查询的对外接口；中国太保互联网采购（e 采）平台打通了采购系统、报销系统和财务系统，在企业采购全流程的采购预算、采购审批、收货验货、对账支付 4 个关键环节，实现采购需求与计划自动匹配、预算科目与财务科目自动对应，下单完成后通过电子专票在系统内进行结算、核验和报销。

3. "京东 + 太保"区块链电子专票的工作机制。杜莉等（2017）① 认为，增值税电子专票系统的主要功能在于实现发票及其相关交易信息的及时查验，根据查验结果自动生成电子发票，并对发票及其相关交易信息进行安全的存储和共享，其工作机制如图 11 所示。

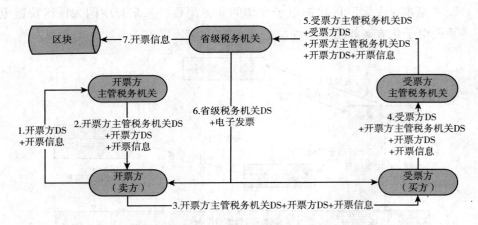

图 11　区块链电子专票的工作机制

以某项交易为例，增值税电子发票管理系统的工作流程为：①先由卖方（开票方）创建一条开票信息，随后将开票方数字签名后的开票信息发送至自己的主管税务机关②；②开票方主管税务机关确认开票信息的完整性和真实性后，进行数字签名和副本保存，并将双重数字签名后的开票信息发回卖方；③卖方将双重数字签名后的开票信息发送给买方；④买方对开票信息进行验证，确认信息无误后进行数字签名，并将 3 重数字签名的开票信息发送到自己的主管税务机关；⑤受票方主管税务机关确认开票信息的完整性和真实性后，进行数字签名和

---

① 杜莉，郑毓文. 应用区块链技术推动我国增值税征管创新：机制分析与方案设计. 税务研究，2018（6）：72－79.

② 根据区块链中的信息加密和验证过程，需要先将开票信息明文基于哈希函数转换为开票信息摘要，再将开票信息明文、数字签名后的开票信息摘要和与数字签名所用私钥对应的公钥一同发送。

副本保存，并将4重数字签名后的开票信息上传至省级税务机关；⑥省级税务机关对4方数字签名进行验证后，根据发票内容生成电子发票，并在数字签名后发送给买卖双方，作为记账、报销中抵扣增值税进项税额的凭证；⑦经审核的真实开票信息将按时间顺序生成新的区块。

4. "京东+太保"区块链电子专票的优势。纸质增值税专用发票（简称"纸质专票"）存在效率低、成本高、电子对账难、结账滞后等问题，而区块链电子专票能够很好地解决这些问题，呈现出一系列的优势，如表8所示。

表8　　　　　　　　　　区块链电子发票的优势

纸质专票存在的问题	区块链电子专票的优势	区块链电子专票的优势描述
效率低	效率提升	基于区块链的电子专票可以24小时自动开具，利用区块链技术记录专用发票的票面信息，及其开具、勾选认证、作废冲红等状态，可以大幅提升交易效率
成本高	成本降低	京东每年可节省2亿元综合成本（开票成本，含专票纸张及邮寄成本），全国预计可节省150亿元综合成本，绿色环保作用显著
风险高	风险降低	基于区块链的电子专票可以全流程追溯，从而解决一票多报、虚报虚抵、真假难验等难题，也可降低纳税人的风险（如虚假发票、不合规发票带来的违规风险）
电子对账难	自动对账	基于区块链去中心化、不可篡改等特质，受票方可随时查询区块链上真实无法篡改的发票信息，用以校验发票真伪及状态，准确无误地进行可视化自动对账，提高财务运行效率
流程繁杂	流程优化	基于区块链的电子发票，可以整合内部报销、财务记账等流程，进行全流程跟踪，实时、透明、可视化，改善用户报销体验，提升企业财税管理智能化水平
增值应用不易	有助于增值应用	伴随区块链电子专票的开具和积累，开票方可提供基于可信大数据的金融服务，受票方可通过供应链上的税票协同进行增值税的纳税筹划
税源管理不易	有助于税源管理	区块链用于电子发票，订单信息、物流信息、资金流信息、发票报销入账等信息被写入区块链，将为税务机关提供丰富的涉税大数据，利用大数据技术对其进行比对分析，可更加深入地了解税源状况

在区块链电子发票以上优势中，效率提升、成本降低和增值应用同时针对开票方和受票方；风险降低、自动对账和流程优化主要针对受票方；而有助于税源管理主要针对税务机关。

附录

附表1		区块链电子发票与传统电子发票的关键问题比较	
序号	问题描述	传统电子普票	区块链电子普票
1	费用抵扣问题	电子发票服务商为航信和百望，税控盘购买费用可以抵扣，但小微企业不纳税，没有机会抵扣	深圳市税务局在区块链上记录和传递信息，不使用税控盘传递信息，不产生税控盘购买费用
2	税盘传递问题	对于有多个交易分店的企业而言，每家店需要一个税控盘，需要集中到总部上传数据，但需要解锁或增加票量时，需要寄回分店处理，邮寄工作量大、风险高	深圳市税务局在区块链上记录和传递信息，不使用税控盘传递信息，无需邮寄税控盘
3	存储费用问题	航信、百望等第三方电子发票服务机构，向企业收取一定的电子发票存储服务费用，约每张几分钱	深圳市税务局向深圳市所有企业提供电子发票开具、存储服务，不收取任何费用
4	真票假开问题	因开票和纳税申报之间存在时间差，传统电子发票无法实时辨别真票假开（票是真的，交易是假的）的情形，一般在次月申报时才能发现异常	深圳市税务局可在链上实时看到企业开票信息，容易发现开票异常行为
5	重复入账问题	受票企业在自己的ERP中报销入账，不向税务局传递报销信息，税务局无法得知该发票是否已入账，是否重复入账等	受票企业在ERP中报销入账后，会将"已报销"这一状态计入区块链，下次再来报销时，可自动检测是否已入账，避免重复入账。在这种情形下，企业无需改造自己的ERP，即可避免重复入账
6	票人匹配问题	开票企业只能按照受票方的要求，根据发票抬头等信息进行电子发票开具，但无法判断付款人是否是开票人，即无法判断票人是否匹配	借助腾讯技术及微信上的支付信息，深圳市税务局可将交易信息、支付信息和开票人发票抬头信息进行匹配，以解决票人不符问题

附表2		深圳区块链电子普票目前的局限性
序号	局限领域	局限描述
1	票种的局限	根据国家档案局批复，目前只允许深圳税务局试点增值税专票以外的税种
2	地域的局限	目前只是深圳税务局为深圳企业提供区块链电子发票的免费实时开票、免费终身存储的服务，未涉及其他地域。广州与阿里合作，也在试点区块链电子普票
3	ERP厂商的局限	目前仅金蝶ERP支持企业实现无感化报销，但对于用友、浪潮等主流软件商的ERP有待早日接入，真正形成区块链电子发票生态圈

序号	局限领域	局限描述
4	联盟链的局限	为保证数据的安全性，提高公众的信赖度，深圳税务局目前仅在腾讯的技术支持下，部署了基于深圳税局私有云的4个节点，作为联盟链节点，并非不同联盟成员各自维护一个联盟链节点
5	跨链的局限	深圳税务局区块链联盟链与阿里、京东等联盟链的跨链合作技术和方案还不够成熟，且缺乏实际应用场景，容易在税收领域造成新的技术寡头
6	存储的局限	区块链电子发票的存储，目前放在深圳税务局单独的数据库中，没有归入国税总局电子底账库，导致发票数据的分立

附表3   **区块链电子普票对各利益相关方的影响**

序号	利益相关方	区块链电子普票的影响
1	开票企业	无需购买第三方的电子发票服务，只需要提交资料在深圳税务局官方网站进行申请，即可开通开具区块链电子发票的功能，享受腾讯税务局提供的免费开票服务和免费存储服务
2	受票人	申请到收到票据没有时间延迟，处于无感状态；在移动端直接报销，无需打印电子发票；现金直接打到报销人员微信零钱，以便循环使用
3	ERP厂商	要提供技术接口，能够支持在手机端将区块链电子发票导入报销系统；要能及时将已报销的状态写到深圳税务局的电子发票链上，以免重复报销
4	受票企业	受票企业无需增加专门的电子发票模块，只需与ERP厂商的区块链电子发票接口对接，便能支持员工在移动端进行区块链电子普票报销，而无需再打印区块链电子普票
5	受票企业初审人员	直接在移动端或网络端，对报销业务的真实性与合规性进行审核
6	受票企业会计人员	自动生成记账凭证，自动进行审核，无需进一步对原始凭证的真实性、完整性与合规性进行审核
7	深圳市税务局	可实时掌握每家接入企业的电子普票开具情况，随时对异常票开具进行监测
8	审计人员	无需关注票据本身的真实性、完整性与合规性，可重点通过业务流、资金流、实物流之间的比对，掌握业务本身的真实性与合规性

    通过附表1~附表3的分析可见，区块链电子普票对利益相关方的影响，并非区块链电子普票的独自优势。传统电子发票在恰当税收技术环境的支持下，也同样可以具备这些优势。为此，区块链电子发票的影响，更多地是深圳市税务局推广实施策略的结果，而非区块链本身的优势。

MM 区小额贷款公司财政
扶持政策效果分析

赵　敏

　　MM 区小额贷款公司自 2009 年首家试点，至今已经有 10 余年时间。以首批成立的 CS 小贷公司为例，其成立于 2009 年 10 月，目前员工总共 15 人，最高峰曾经达到 20 人，一度成为上海市金融办的一级小额贷款公司，是小贷公司的佼佼者。公司创办前 5 年经营业绩较好，累计实现净利润总额高达 1.5 亿元。但 2012 年起，随着外部环境和公司业务变化，公司经营情况日趋下行，截至目前净利润累计 1.8 亿元，累计不良贷款 8 000 万元，公司经营困难。事实上，CS 公司所在 MM 区 2009 年前后共批准成立 8 家小贷公司，目前正常运营的只有 4 家，政府也出台了大量的政策加以扶持。但因种种原因，还是失败者居多。这就对政府提出了新的课题，小贷公司该何去何从，还有必要再出政策和资金加以扶持吗？该如何扶持呢？

一、MM 区小额贷款公司发展概况与现状

（一）小额贷款公司的发展背景与现状

　　各国经济发展的经验表明，中小企业在促进就业、改善经济增长质量、增强经济活力等方面具有重要作用。在我国，随着社会主义市场经济的发展，以中小企业为主的非国有经济增长迅速，成为市场的主力军。

　　在中小企业发展过程中，由于信息不对称、市场偏好，以及自身信用不足等原因，中小企业融资难、融资贵等问题突出，这与其在国民经济和社会发展中的地位作用是极不相称的，也严重制约了中小企业的发展。因此，很多专家学者都对此进行了充分的研究与分析，并提出了多种有效的对策。其中，最有影响力的

是 20 世纪 60 年代末孟加拉国著名经济学家穆罕默德·尤努斯教授。他曾开展了小额贷款试验,后来在全球范围内迅速发展。小贷公司通常被视作为农村和小微企业提供系统性金融服务的可持续制度安排。

在我国,党中央、国务院高度重视中小企业融资问题。近几年每年政府工作报告都特别强调要引导资金更多地投向小微企业、"三农"和贫困地区,更好地服务实体经济。因此,全国各地、各级政府都纷纷出台相应的扶持政策,用以规范、引导与促进发展地方性中小金融机构。但由于小微企业融资本身的特殊性,导致一些体制机制性的融资难、融资贵等问题仍未完全解决。

在面向小微企业以及"三农"提供融资的机制下,小贷公司成为主力军。按照原中国银监会的认定,小贷公司是由自然人、企业法人与其他社会组织投资设立的、不吸收公众存款、经营小额贷款业务的有限责任公司或股份有限公司。我国小贷公司主要自 2008 年开始试点,旨在解决全球性金融危机后激发企业活力的难题。其中标志性的转折点是原中国银监会、中国人民银行 2008 年 5 月联合下发《关于小额贷款公司试点的指导意见》,从小贷公司的性质、设立、资金来源、资金运用以及监督管理等各方面对小贷公司进行规范。此外,相关数据显示,截至 2018 年末,全国共有小贷公司 8 133 家,相关从业人员达到 90 839 人,贷款余额共计 9 550 亿元,有效补充了中小企业融资渠道。

(二) 小额贷款公司的业务特点

小贷公司是由自然人、企业法人与其社会组织投资设立的经营小额贷款业务的有限责任公司或股份有限公司。其营运资金主要来源于股东缴纳的注册资金,不能向社会公众吸收存款。小贷公司和银行相比,其主要特点就是担保方式灵活,监管要求因地制宜较为宽松,同时为客户办理贷款业务效率较高,十分简便快捷,特别适合"三农"、小企业和个体户。此外,小贷公司又不同于民间借贷或是民间集资,其借贷利息相对较低。由于受到各地金融办的监管,运营较为规范,不会发生暴力追债等非法行为。从某种程度来说,小贷公司提供的贷款手续规范、融资成本低,弥补了银行贷款的不足,有利于促进社会融资的有序发展。

小贷公司业务范围包括为客户办理各项小额贷款,提供相应的财务咨询。同时在坚持以贷款业务为主,并确保风险可控的前提下,还可以从事以注册资金 30% 为限额的股权投资、为相关企业提供委托贷款等业务。其业务特点可概括为以下几个特点:

（1）"短"。小额贷款与银行贷款相比，没有具体的还款期限的规定，周期非常短，一般不超过1年。公司可根据借款人不同的情况规定不同的期限并征得借款人的同意。在实际操作层面，通常还款期限有3个月、6个月、1年和2年等几种情况，其中2年期以上的非常少；1年期以内的占到65%以上。

（2）"小"。小额贷款通常都在50万元以下，有时也会有较大额度的贷款，但整体来说其规模较小；客户大多是农户和小微企业，客户多而且分散，贷款资金一般都是小金额，坚持"小额、分散"原则。

（3）"快"。审批速度快。由于小贷公司面向较为有限的地区，信息较为充分，对客户情况也比较了解，因此经过小贷公司相关人员开展信贷调研和贷审会审核后，通常2~7天内批准贷款，效率较高。

（4）"活"。通常，小贷公司能够根据小微客户需求，在一般商业银行不能抵押的许多资产都可作为抵押物，例如农资农具、有价证券等。主要是抵押担保、信用担保，甚至无抵押、无担保也行。大多采取信用担保贷款的方式，即没有什么抵押物的方式；其他方式较少采用。

（5）"高"。小贷公司贷款利率介于银行和民间借贷之间。上海金融政策规定其利率可具有灵活性，允许根据市场情况作适当调整。在同一公司内，对资信差、无任何担保的客户，小贷公司可适当上浮贷款利率，但上浮后的利率不得超过银行利率的4倍，避免形成高利贷。这种灵活多变、可与客户协商的利率机制，使小贷公司在金融市场上具有更强的竞争力。

（三）MM区小额贷款公司的发展历程与现状

2015年，位于上海市西南角的MM区统计局、第3次经济普查领导小组办公室联合发布了《MM区第三次经济普查主要数据公报》。普查中发现，过去很多人看不上眼的小微企业，逐渐成为大众创业的生力军。

据统计，全区目前小微企业的从业人员441 692人，占全部企业法人单位从业人员的49.3%。由此可见，MM区小微企业在扩大就业、促进经济发展方面发挥了重要的作用。但目前，资金紧张是多数小微企业面临的最大瓶颈。MM区统计局2017年8月22日发布的《MM区小微企业创新及新经济发展状况报告》对此提供了很好的佐证：小微企业融资较难，全区仅6家企业近1年内有成功融资。企业的融资主要来自中小银行、非银行金融机构和其他渠道。小微企业主要融资渠道为股东注资和民间借贷，银行对小微企业的贷款热情并不高，融资渠道单一造成小微企业融资成本过高。

造成这种局面的原因是多方面的。一方面是企业自身问题。一是很多小微企业没有完备的治理架构，缺少完善的财务制度，出资方很难对企业的财务状况及信用现状进行准确的评估；二是资本匮乏，缺少担保抵押。一旦发生风险，贷款机构则很难获得补偿。另一方面则是市场的原因。小微企业通常不受资本市场的青睐，很难获得直接融资。另外，由于自身信用有限，且缺乏有效的抵押或者担保，银行也将多数企业拒之门外。

在这种情况下，作为普惠金融体系的重要组成部分，小贷公司近年来发展迅速，以其灵活性和便捷性，成为银行融资渠道的重要补充，弥补了金融服务的不足，为解决"三农"和小微企业的融资难题发挥了一定的作用。

（四）MM 区小额贷款公司的发展现状

由于小贷公司旨在服务于区域的小微企业，弥补正规金融机构的不足，因此上海市区政府安排了专项资金，并成立专门负责的部门和小贷公司对接，及时了解它们的需求，并经常派专人来指导小贷公司的工作。有了这些政策和资金上的支持，小贷公司就可以尽可能地减少后顾之忧。

MM 区小贷公司扶持政策在小贷公司试点工作中先行先试，进一步加大了财政投入力度，为全区小贷公司的规范发展奠定了基础。在政策的推动下，全区获批开业的小贷公司一度发展至 8 家，注册资本 9.8 亿元，客户群体包括"三农"企业、科技企业、自然人、贸易企业等多种类型客户。小贷公司的发展，在丰富 MM 区金融服务、缓解中小企业融资难等方面发挥了一定的作用，同时也有利于提升小贷公司的整体机构质量，对带动 MM 区域经济发展具有特殊的意义。

该区政府在对小贷公司监管过程中，采取了一些较为有力的监管措施，相关工作初见成效。自开展试点以来，未出现一例小贷公司非法集资或跑路的现象。但其中有 4 家公司运营效果一般，对扶持区域内农业及相关小微企业发展起到了一定的促进作用，不过也曾经出现过个别小贷公司刚拿到开办补贴就违规的事件。这种小贷公司从开业直至退出试点，几乎未进行正常经营。由于缺乏监督，使得政府的开办扶持作用化为泡影。特别是近几年受宏观经济形势下行压力的影响，小贷公司不少都陷入了较深的经营危机。

自 2009 年以来，小贷公司累计放贷 1 765 户、3 177 笔，共 64.38 亿元。目前，已有 4 家小贷公司退出试点，正常运营的小贷公司还有 4 家（JG、DZ、HY、CYJL）。4 家退出试点的公司分别为幸子小贷、南大小贷、爱建小贷和 JX 小贷。其中，幸子小贷和爱建小贷因已实际停业和不配合监管等原因，2016 年 7

月经金融办批复取消小贷公司试点资格；南大小贷因主发起集团上市，需剥离在南大小贷的投资而主动申请获批退出试点；JX 小贷因经营场地和经营方向调整等问题申请退出试点。

总的来说，MM 区小贷公司的发展，在丰富该区金融服务、带动地区经济发展、缓解中小企业融资难等方面发挥了一定的作用，成为缓解"三农"和小企业融资困难的重要力量。

二、小额贷款公司扶持的政策及相关内容

小贷公司按照"小额、分散"的原则，以其方便快捷、灵活高效的放贷方式，成为金融组织体系的重要补充。小贷公司推动了金融组织创新，满足了部分民间资本的合理诉求，也为社会提供了专业的信用信息服务。

（一）国家相关政策及小贷公司发展现状

2005 年、2006 年两个中央 1 号文件都提出鼓励各类金融机构服务"三农"，要探索建立更加贴近农民和农村需要、由自然人或企业发起的小额信贷组织，解决小微企业和农民贷款难等问题。根据这一要求，人民银行、银监会、财政部等部门就开展小额贷款组织试点问题多次进行调研和政策研讨。2005 年 10 月，开始在山西、四川、贵州、内蒙古、陕西等 5 省（区）各选择 1 个县进行小贷公司试点，由中国人民银行进行业务指导。同时提出，试点以外的省政府搞试点的，可自行组织。

为全面落实科学发展观，有效配置金融资源，引导资金流向农村和欠发达地区，改善农村地区金融服务，促进农业和农村经济发展，支持社会主义新农村建设，原中国银监会、中国人民银行于 2008 年 5 月联合下发《关于小额贷款公司试点的指导意见》，从小贷公司的性质、设立、资金来源、资金运用以及监督管理等各方面进行规范，标志着全国范围内小贷公司试点工作的正式启动，也对开展小额贷款组织工作提出了更加具体明确的指导意见。据中国人民银行发布的《2017 年上半年小额贷款公司统计数据报告》显示：截至 2017 年 6 月末，全国共有小贷公司 8 643 家，贷款余额 9 608 亿元，上半年人民币贷款增加 313 亿元（应为 335.4 亿元）。

(二) 上海市相关政策及小额贷款公司现状

2009 年 1 月, 为进一步加强对上海市"三农"和小企业的金融服务, 根据原中国银监会、中国人民银行《关于小额贷款公司试点的指导意见》的文件精神, 结合上海实际, 上海市政府发布了《关于本市开展小额贷款公司试点工作实施办法的通知》, 从试点要求和工作步骤、准入资格与运营要求、工作机制与批准程序、监督管理与风险处置以及扶持措施等五个方面对本市小贷公司试点工作的推进进行了具体布置。

2010 年 5 月, 上海市金融服务办公室发布《关于促进本市小额贷款公司发展的若干意见》, 从加强对小贷公司发展的组织指导、创造条件推动小贷公司健康发展、积极实施推进小贷公司进一步发展的扶持措施等三个方面对原有文件进行修订, 对促进本市小贷公司的持续健康发展发挥了重要作用。

为持续优化行业布局结构, 提升本市小贷公司整体发展水平, 2014 年上海市金融服务办公室联合上海市工商行政管理局联合下发《关于进一步促进本市小额贷款公司发展的若干意见》, 从"适度调整准入条件, 持续优化布局结构""逐步拓宽融资渠道, 有序推进创新发展""加大扶持引导力度, 营造良好发展环境"以及"强化事中事后监督, 促进行业健康发展"四个方面对本市小额贷款公司的发展进行了重新规划, 《关于促进本市小额贷款公司发展的若干意见》同时废止。

为进一步规范小贷公司的发展, 配合试点工作的开展, 2016 年 9 月上海市人民政府办公厅印发《上海市小额贷款公司监管办法》, 从试点要求、准入资格与运营要求、工作机制与批准程序、监督管理与问题处理以及扶持措施等五个方面对小贷公司的试点和监管工作提出了新的要求。

2017 年 6 月, 上海银监局发布的《2016 年度上海市普惠金融发展报告》显示, 普惠金融组织体系呈现多元化体系。传统和新型、大型和小型、线上和线下金融组织机构共同发展的格局逐步形成, 不同金融机构之间的协同效应得到充分发挥, 实现综合化、一体化服务。130 家小贷公司与其他机构一起, 共同参与打造普惠金融服务命运共同体, 服务实体经济、支持小微经济、助力多点消费需求。

上海市及各区根据当地实际情况, 近几年出台了大量的扶持政策以支持各区小贷公司的发展。

（三）MM区小额贷款扶持政策及发展概况

MM区积极响应政策的号召，先行先试。区财政局2009年就推出了小贷公司的扶持政策文件《关于印发〈MM区支持小额贷款公司发展实施意见〉的通知》，为本区小贷公司的规范发展奠定了基础。2012年，为进一步促进MM区小贷公司的持续健康发展，充分发挥小贷公司为"三农"和小企业提供金融服务和信贷支持的作用，在市政府的文件精神的指导下，MM区政府在第一轮政策的基础上，研究制定了《MM区人民政府办公室转发〈关于MM区支持小额贷款公司发展实施意见〉的通知》，提出对"三农"项目给予贷款利息补贴、支持融资性担保公司为小贷公司发放贷款提供担保、对新设立的小贷公司给予开办扶持、建立坏账专项准备金等具体扶持措施。

（四）MM区扶持政策的主要内容与相关投入

1. 政策主要内容。

（1）对"三农"项目给予贷款利息补贴。贷款利率为银行同期基准贷款利率2倍以下（含2倍）的，给予实际贷款利息70%的补贴；贷款利率为银行同期基准贷款利率2倍以上的，给予实际贷款利息50%的补贴。

（2）支持本区融资性担保公司为小贷公司发放贷款提供担保。对注册在本区的企业通过本区融资性担保公司获得小贷公司贷款的，在《MM区支持融资性担保公司发展实施意见的操作办法》规定的担保费补贴的基础上，再给予0.5%费率的补贴。

（3）支持本区融资性担保公司为小贷公司向银行融资提供担保。小贷公司通过本区融资性担保公司担保向银行融资，适用《MM区支持融资性担保公司发展实施意见的操作办法》的规定，实施部分担保费补贴。

（4）支持小贷公司通过中小企业信用贷款担保平台融资。操作办法参照中小企业信用贷款的担保政策，并可享受本区中小企业信用担保贷款的担保费补贴。

（5）对新设立的小贷公司给予开办扶持。本区小贷公司开业后，给予一次性开办费补贴30万元。

（6）小贷公司经营状况良好，经综合评估合格，并经相应中介机构（会计师事务所）认可的，可以按当年的营业额以及利润所形成的区级实得财力的

50%，建立专项扶持资金。每年向区财政申报项目，主要用于信息化建设、职工培训、房租补贴、设备购置等。

（7）小贷公司经营所形成的区级实得财力的 50%，作为小贷公司坏账准备专项资金，用于补贴经核定的小贷公司的坏账损失。坏账损失补贴原则上以小贷公司经营所形成的区级财力的 50% 为限，其中单笔坏账金额在 100 万元（含 100 万元）以下的，按实际发生坏账净额的 50% 给予坏账损失补贴；单笔坏账金额在 100 万元以上的，按实际发生坏账净额的 30% 给予坏账损失补贴。

2. 相关扶持资金投入情况。

根据《MM 区人民政府办公室转发〈关于 MM 区支持小额贷款公司发展实施意见〉的通知》的文件精神，重在围绕小贷公司增税创利、为地方经济发展的贡献度，以及服务"三农"和小企业的经营活动予以扶持，MM 区财政投入大量资金对小贷公司进行扶持。

开业补贴、扶持资金、三农补贴和坏账使用均为年度申报、隔年兑现，所需资金全部由区财政承担。自 2009～2017 年 8 月，MM 区各小贷公司共获得财政扶持补助 3 017.226 万元，其中：开业补贴 200 万元；"三农"贴息 31.5 万元；专项扶持补贴 1 594.78 万元；坏账补贴 1 190.94 万元。从上述数据可见，政府每年补贴 335 万元左右。

（五）MM 区的政策扶持方向与扶持方式

1. 对"三农"项目给予贷款利息补贴。此类补贴的申请条件是按时还款的"三农"借款企业，申报材料包括：书面申请、营业执照复印件、企业实际支付利息的发票及复印件、借款合同复印件、还款凭证及复印件、MM 区小额贷款公司"三农"贴息申请表。

2. 企业向小贷公司申请借款获本区融资性担保公司提供担保的，给予部分担保费补贴。此类补贴的申请条件是按时还款的中小企业。申报材料包括：书面申请、借款合同以及担保合同复印件、还款凭证以及缴纳保费的收据和复印件、MM 区注册企业补贴保费申请表。

3. 小贷公司向银行融资，通过本区融资性担保公司提供担保的，给予部分担保费补贴。此类补贴的申请条件是正常按时还款的小贷公司。申请材料包括：书面申请、借款合同以及担保合同复印件、还款凭证以及缴纳保费的收据和复印件、MM 区注册企业补贴保费申请表。

4. 小贷公司向银行融资，通过中小企业信用贷款担保平台担保的，享受本区中小企业信用担保贷款的担保费补贴。此类补贴的申请条件是按时还款的小贷公司。申报材料包括：书面申请、借款合同复印件、还款凭证以及缴纳保费的收据和复印件、MM区中小企业担保费补贴申请表。

5. 小额贷款公司开业后，给予一次性开办费补贴。此类补贴的申请条件为正式开业的小贷公司。申报材料包括：书面申请、市金融办同意开业的批复复印件、营业执照复印件、开户银行及账号。

6. 其他扶持补贴政策。此类补贴的申请条件是小贷公司经营状况良好，经综合评估合格，并经相应中介机构（会计师事务所）认可的。申报材料包括：书面申请、企业纳税情况的书面说明及税单复印件、MM区小额贷款公司补贴审批表。

三、MM区小额贷款公司的运营现状

（一）MM区小额贷款公司现状

上海市小贷公司自2008年试点以来快速发展，并为服务"三农"和中小企业、促进区县经济发展发挥了有益作用，据中商产业研究院大数据库数据显示：2015年上海市小贷公司共有121家，同比增长3.42%；贷款余额为217.24亿元，同比增长6.27%。2010～2015年，上海市小贷公司贷款余额复合增长率为27.64%；公司数量复合增长率为19.82%。

从资金需求方来说，MM区位于上海市城乡结合部，全区区域面积近300平方公里，也是全市农业生产基地之一。农户数高达10万余户，扶持"三农"工作是全区重点工作。另外，全区近几年经济与财政发展情况良好，吸引了大量的工业园区和总部经济。为了更好地促进全区金融发展，推动就业与经济增长，区政府推出了非常优惠的吸引企业落户的政策，企业数量逐年增加。其中，中小民营企业已占到全部企业数量的60%多，它们不仅对社会经济的繁荣发展起到了至关重要的作用，成为全区的纳税主力军，同时还有效解决了70%的社会就业，成为社会的经济命脉。

从资金供给方来说，全区居民储蓄比较高，投资意愿强烈，包括小贷公司在内的一些新型金融机构开始出现。此外，区政府也对小贷公司给予专门的保障资金，说明对其发展非常重视，可以在一定程度上解决中小企业贷款难的问题，是现有金融体系的有益补充。

此外，经查阅《MM 区小额贷款公司运行及监管情况汇报》，2016 年度上海市金融办依据年度现场检查情况开展的分类评定结果为：一类公司 1 家——CYJL；二类公司 3 家——HY 小贷、DZ 小贷和 JG 小贷。没有被评为三、四类的公司，在全市总体处于中上水平。

其次，通过对小贷公司的问卷调查和访谈得知，CYJL 公司目前为止没有发生坏账的情况，经营状况良好。有 2 家小贷公司认为受到政府相关政策扶持后，公司的坏账率有所下降。10 年期间未发生金融欺诈或者卷款跑路等现象，运作基本良好，但出现以下问题。

（二） 现有小贷公司运作良好，财政扶持必要性不大

由于 MM 区小贷公司目前仅剩 4 家，主要面向中小企业和个体工商户为主，且利率相对较高，一般为 15%～20%。以 DZ 小贷公司为例，由于其在业内具有较高的声誉，风险控制较好，其财务状况相对较好。

1. 小贷公司的利率。小贷公司最重要的收入主要是利息收入，其贷款定价较商业银行等传统金融机构更具有灵活性，也更具有市场化。其贷款的原则有如下 2 点：

一是追求利润最大化原则。小贷公司本身也是营利性企业，也需要追求利润的最大化。因此，小贷公司需要扩大，利用优质的服务、快捷的资金发放、较合理的贷款利率吸引越来越多的客户，并与客户逐步形成良性稳定的合作伙伴关系。这样也会降低贷款成本，从而提高利润率。

二是遵循风险与收益对等原则。通常，高风险伴随着高收益，低风险伴随着低收益，而小贷公司面临的多是贷款风险高、抵押资产不具备、还款能力不稳定、资金需求比较急迫的客户。另外，由于资金额度较好，相应成本就会提高，因此也需要小贷公司制定较高的贷款利率。但小贷公司也会衡量客户的资质水平，对于资金回笼快、经营稳定性强、合作较稳定的客户则可以制定较低的贷款利率。

此外，小贷公司由于缺乏商业银行等传统金融机构的人才队伍、信息系统和信用评级等资源，因此在实际运营过程中，其贷款利率制定并没有合适的模型，也缺乏科学的方法，主观随意性比较强。在小贷公司确定客户贷款利率时，虽然会综合以往类似客户的信息，如坏账损失概率等情况，但因没有具体的指标或模型来综合衡量客户品质，故而只能根据信贷经理和风控经理的主观经验，以及对客户的初步调查来制定，因此利率通常比较随意。小贷公司单笔最高利率为

18.40%；单笔最低利率为8.00%；累计平均利率为13.56%。平均利率在15%上下浮动。

2. DZ小贷公司的主营收入。以DZ小贷公司为例，该小贷公司是经市金融办批准的国有独资子公司，成立时间较短，注册资本金额较大，收入来源主要为小贷利息收入。

2015～2018年，共发放贷款121笔，总计99 127万元，平均每笔贷款约为819.2万元。利息收入共计14 869万元，平均每笔贷款能带来123万元的收入。

从表1可以看出，公司的贷款额规模基本保持稳定，每年在25 000万元左右。其中2016年、2018年的贷款额均较上一年有所回落，主要是2015年、2017年均发生部分客户拖欠贷款的行为。因此公司面临着比较大的资金压力，全年增强风控，同时制定了更加严格的客户资质审查，并在迅速扩张贷款规模的同时，重视控制贷款速度。近几年，随着公司业务的发展，公司也逐步掌握了比较好的风控经验，贷款相对比较灵活，已经与越来越多的客户形成了良好的长期合作关系。

表1　　　　　　　　　　2015～2018年DZ小贷公司利息收入

项目	2015年	2016年	2017年	2018年
期末贷款笔数（笔）	27	33	32	29
当年贷款发生额（万元）	23 566	20 678	29 345	25 538
利息收入（万元）	3 534.9	3 101.7	4 401.8	3 830.7

资料来源：根据公司资料整理。

3. DZ小额贷款公司的主要成本（见表2）。

表2　　　　　　　　　　2015～2018年DZ小贷公司主要成本

项目	2015年	2016年	2017年	2018年
销售费用（万元）	551.6	554.3	526.2	568.4
管理费用（万元）	180.3	190.3	190.7	190.5
税金（万元）	290.9	306.5	425.3	415.3
总成本（万元）	1 022.8	1 051	1 142.2	1 174.2
投资回报率（%）	10.7	9.9	11.1	10.4

资料来源：根据公司资料整理。

DZ小贷公司的销售费用主要是职工薪酬以及少量的业务费用等。该公司从创业初期，仅有员工5人。但随着公司业务的增长，目前拥有员工18～20人，办公室面积也接近 1 000 平方米，公司运作相对比较稳定，也积累了一定的行业经验与影响力。公司人工成本较高，年均薪酬约为 22 万元。事实上，这样规模的小贷公司在上海算是比较大的。在一般情况下，小贷公司从业人数偏少，多为 5 ~ 10 人。然而，公司虽小，岗位设置却不能减少，导致不少小贷公司员工兼岗现象严重，不利于风险控制。

此外，管理费用主要是办公室租金，大约每年 160 万元。

综上各类数据，大约可以测算出近 4 年总计成本每年约为 1 000 万元。同时，根据表 1 和表 2 的有关数据，可以测算出每年投资回报率大约在 10%。

（三）MM 区小贷公司的贷款对象与结构

1. 贷款对象。小贷公司设立的初衷是为了反哺农村市场，激活农村金融，着重支农支小，即小贷公司开展贷款业务应当按照"小额、分散"的原则，鼓励小贷公司为农户和微型企业提供信贷服务。然而，由于多数小贷公司往往存在急功近利思想，容易盲目放贷，变相提高单户贷款额度，有时为了操作方便，更多的只是做银行的过桥贷款。根据相关数据统计，近几年实际正常运转的小贷公司不足 1/3。2019 年以来，全国各地正在密集开展调研，积极摸底小贷公司现状，不少地方金融监管机构开始鼓励小贷公司回归支农支小的原本设立初衷。

而通过调研得知，MM 区现存的 4 家小贷公司的"三农"客户比例都非常低（3 家小贷公司"三农"客户比例为 0，1 家"三农"客户比例为 1%）。出现此类现象的原因主要在于随着城市化进程的推进，MM 区"三农"企业的数量已急剧下降。可见，随着 MM 区产业转型升级，政策补贴对象与 MM 区产业当前的发展态势和发展重点（科技企业、先进制造业、先进服务业等）存在着一定的偏差（见表 3）。

表 3 　　　　　　　　　　MM 区各小贷公司客户类型　　　　　　单位:%

公司名称	"三农"企业	科技企业	自然人	其他
CYJL	1	50	40	9
JG 小贷	0	2.56	38.46	30.76
DZ 小贷	0	13	30	57
HY 小贷	0	20	80	0

注：JG 小贷其他类客户占比为 30.76%。其中，餐饮 7.69%、工厂 12.82%、工程 5.13%、市场 2.56%、综合企业 2.56%。此外，贸易企业客户占比 28.21%。

由表3可以看出，各小贷公司"三农"客户的数量都非常少，有的小贷公司甚至没有"三农"客户。另外，从调研与访谈的结果来看，"三农"项目的贷款比例没有增加。

2. 贷款结构。以DZ小贷公司为例，2017年该公司共发放企业贷款27笔，发放贷款总计18 718万元（生产企业18笔，合计金额9 260万元；商贸企业9笔合计金额9 458万元）；个人贷款12笔，总计4 640万元（主要用于购房）。

同样从2017年的贷款结构来看，DZ公司的贷款期限主要是6~12个月的贷款，共计16笔，约为13 824万元；超短期的贷款（主要是6个月以下的业务）22笔，合计金额8 534万元。6个月至1年业务16笔合计金额15 521万元。

此外，大部分贷款仍然是抵押贷款，2017年共产生25笔，合计金额15 355万元；此外主要是担保贷款，共计14笔，涉及金额8 700万元。可见，当前小额贷款公司为控制风险，还是需要客户办理相关资产的抵押手续。

3. 贷款区域。由于小贷公司具有较强的区域性，其核心业务方向就是"做近""做熟"。MM区政策扶持后的项目一定是希望相关小贷公司能够更好地作用于本区客户发展，但各小贷公司的客户区域分布比例如表4所示。

表4　　　　　　　　　各小贷公司的客户区域分布　　　　　　　单位:%

所占比例	CYJL	JG小贷	DZ小贷	HY小贷
MM区	20	66.67	16	10
其他区	80	33.33	84	90

由表4可以看出，除JG小贷公司的MM区客户数量较多外，其他小贷公司的MM区客户比例均较低。

（四）小贷公司发展中面临的主要问题与风险

1. 资本管理存在一定风险。小贷公司由于自身不能吸收存款，因此会面临因资本金不足而缺乏承担风险损失以及清偿负债的能力。因此，相较商业银行和村镇银行，小贷公司的资本充足具有相当重要的地位，必须保证有充足的资本才能确保公司业务正常开展。

通常小贷公司的资金来源有：一是股东的注册资金投入。小贷公司股东享有资产收益权，参与重大决策和管理，股东必须依法投资，及时披露资金来源，股东支付的资金应当进行资金核查并出具证明；二是向金融机构外借资金。据原中国银监会相关规定，小贷公司从银行业金融机构所获取的资金总量不得超过注册资金净额的 50%，时间方面的限制取决于小贷公司与相应银行业金融机构的合作关系和股东背景。然而从实际角度来看，小贷公司从银行业金融机构获得的资金很少。小贷公司能否从银行业金融机构获得 50% 的净资本取决于该银行业金融机构对小贷公司的评估，以及股东的担保。

以 MM 区 DZ 小贷公司为例，该公司的股东主要是 DZ 国有企业，注册资本金高达 5 亿元，在全市排名靠前，相对充足。根据公式［资本充足率 =（核心资本 + 附属资本 − 扣减项）/加权风险资产总额］，该公司的资本充足率为 301.06%，远远高于商业银行对资本充足率 8% 的要求。但因小贷公司无法吸引存款，公司自有资产已经全部用于放贷。因此，公司只要拓展市场份额，就极有可能伴随着严重的资本风险。因此，需要采取措施保证贷款资产质量和合理的资本结构，避免资本充足率急剧下降，带来不必要的资本风险。

事实上，因为存在竞争关系，小贷公司几乎不可能从当地银行获得资金支持。因为受国有控股商业银行政策方针的影响，大部分中小银行的资金来源，以及经营规模的增长性也不够。这样就增加了小贷公司的经营风险，即便小贷公司从商业银行取得支持的资金，其融资成本也会非常高。

2. 贷款结构不尽合理，资产质量风险较高。以上述小贷公司为例，其业务平均单笔贷款金额相对较大（平均每笔贷款资金量为 819 万元），且放款期限相对较长（多数为 6～12 个月），增加了业务的贷款风险；一旦贷款不能按时收回，将对 A 小贷公司的资产安全造成严重影响，增加了公司资产质量风险。因此，流动性高低与贷款期限错配等现象有时也会对公司的整体资产质量带来比较大的危险。

3. 小贷公司管理能力有限，信用风险与操作风险较高。很多小贷公司会存在比较突出的操作风险，主要是因为小贷公司自身管理能力不强，人才队伍的相关经验有限，有时还会存在一人多岗的现象。特别是小贷公司在发展业务吸引客户时，公司客户经理或者风控人员有时会不按照公司的操作规范进行客户资质的审核，此外，在按照流程进行贷款的发放以及抵押物的审核、贷后管理的跟踪等环节也缺乏有限的全过程监管，这通常也会给公司业务带来不必要的风险。

另外，由于小贷公司面对的主要是小微企业或者"三农"项目，通常缺乏有限的抵押或担保，资信比较差，且很难对其进行风险评估，因此小贷公司对不良贷款率的控制难度大，自然经营风险也大。

因此一旦借款人不能及时履行支付本息义务，使得小贷公司的实际贷款收益低于预期收益，将会给公司带来较大的风险。此外，如果抵押担保未得到执行或权利被暂停，将会出现恶意抵押，这也会对小贷公司带来比较大的资金压力。

4. 小贷公司面临的外部风险。

（1）国家及地方政策调整原因导致的系统性风险。小贷公司不依附于社会公共存款，资金来源于公司注册资金及股东融资，资金来源渠道单一且资金规模较小，给公司发展带来比较大的压力。另外，尽管小贷公司从事的是与银行相同的金融服务，但却不享有与银行相同的税收优惠政策，也不能共享全国信用系统的相关数据。

（2）相对恶性的行业竞争导致的市场风险。小贷公司由于不属于金融机构，资金也不如银行雄厚，有些业务如过桥贷款对小贷公司具有很大的风险。另外，小贷公司的数量增加迅速，很多民间资本涌入该领域，很容易引发同行业的恶性竞争，甚至违法违规操作。

（3）由于征信系统不开放等导致的客户风险。由于社会地位较低，小贷公司一般没有机会选择自己的客户，很大一部分客户都是被银行淘汰而来的，所以客户的质量和还款能力不高。由于客户质量低导致贷款人的还款能力有限，其经营受到自然条件、市场环境、政策等的影响较大，资金周转率不高，资金稳定性差。

四、MM 区财政扶持政策的实际效果

（一）政府扶持方向与小贷公司实际业务范围有所脱节

目前《MM 区支持小额贷款公司发展实施意见》中的扶持措施包括扶持和促进两类。扶持类政策条款主要是针对小贷公司的开办、坏账准备以及信息化、办公租赁等项目；而促进类政策条款主要针对"三农"项目给予贷款利息补贴和支持本区融资性担保公司为小贷公司发放贷款提供担保。但如上所述，因为目前小贷公司几乎都没有"三农"项目贷款，因此该政策条款的实际效果几乎微乎其微。

（二）融资担保项目的保费扶持未曾发生

政策中促进本区融资担保公司发展，而目前 MM 区融资担保公司已全部退出，对融资担保项目的保费扶持已形同虚设，且实施以来也并未发挥作用。由此可见，政策目标与全区经济发展的关联性有待于进一步加强。

在实际运营过程中，有的小贷公司因为使用自有办公用房以及信息化、培训开展较少等原因，未能享受房租补贴、信息化以及培训等扶持资金；有的小贷公司因经营较好或未能及时取得税务部门出具的坏账证明，未使用坏账准备金。

（三）小贷公司并未对 MM 本区小微企业产生直接推动作用

小贷公司扶持政策的根本目标在于通过促进小贷公司的健康发展，优化 MM 区的金融环境，解决中小企业融资难题，进而最终带动 MM 区区域经济的发展。但无论从政策条款的设计还是在政策的执行过程中，不管小贷公司对 MM 区区域经济发展的帮助程度多大，扶持政策标准和内容均一视同仁。事实上，随着小贷公司放开跨区经营的限制，除个别小贷公司的主要客户群体分布在 MM 区以外，绝大多数小贷公司的 MM 区客户比例均较低，且政策实施后小贷公司针对 MM 区客户的贷款比例并没有显著提升。这反映出政策条款的设计和政策执行过程缺乏对 MM 区经济促进作用的导向性，与政策设立的初衷有较大偏差。

（四）财政政策与税收政策未发挥协同作用，制约小贷公司的灵活性

随着市场经济的不断发展和社会财富的不断增加，一方面，大量民间资本需要寻找出路；另一方面，许多个体工商户、中小企业和农村存在着巨大的融资贷款需求。因此 2009 年各地小贷公司纷纷建立起来，但由于外部环境和公司内部经营等原因，不少小贷公司遇到了业务和资金寒流。

小贷公司最大的问题是国家没有给小贷公司定性为金融企业，而是定性为公司。依照《公司法》，小贷公司目前只是销售金融产品的法人公司。政府尽管出台了相关政策与指导意见，但因小贷公司的地位非常尴尬，国家既想扶持以帮助解决"三农"和小企业贷款难的问题，但又从审慎监管的角度不承认其金融企业的属性，限制了公司规模的扩大和发展。

特别是 2013 年之后，由于税收不再享受金融企业优惠政策，导致不少小贷公司退出。从本质上来说，小贷行业属于经营资金高风险、高收益的行业，应与普通金融企业一样享受税收优惠政策，但目前小贷公司仍与普通企业一样承受较高的企业所得税税率。由于所享受的政府补贴属于营业外收入，还需要缴纳

25%的所得税。因此，小贷公司实际享受到的补贴只有75%。

此外，小贷公司所从事的是发放贷款业务，客户缴纳利息要通过银行转账，这些业务有时必须通过银行来划拨，也就意味着其部分利息收益要通过银行代收。而纳税是按企业纳税，并不是按每笔贷款和利息逐笔开具收据或发票，这样也增加了企业税赋。

（五）小贷公司运营成本高，扶持政策的相关制度体系不健全

小贷公司经营面临的挑战比较多。目前来说，因为整个经济的大环境不好，导致小贷公司在客户挖掘方面面临的困难较大，从而导致资金成本比较高。公司的客户群主要集中在企业和个人，自然人客户较多，需要提供住宅房屋作为抵押来贷款。以DZ小贷公司为例，2009年以后业务发展不错，但从2014年开始下滑，公司抗风险能力比较差，可用资金比较少，利息收入越来越少。

另外，小贷公司被视为商业性企业，发展过程中没有相应的税收优惠，也没有相关的法律法规来指导针对小贷公司的税收问题，这些都对小贷公司的经营与发展存在影响。以DZ小贷公司为例，每年各种税收在300万~500万元，压力比较大。

最后，目前小贷公司的借贷利率约为15%，比民间借贷利率稍低一点。对于企业来说短期可以承受。但由于到小贷公司来贷款的人可能都有信用或资产抵押方面的瑕疵，风控无法完全规避，小贷公司承受的资金压力和风控压力很大。

然而，现有的政策中并未针对小贷公司存在的实际资金压力进行有效分析，相关条款难以落实到位，因此政策效果一般。

（六）坏账准备金形同虚设，未能对小微企业起到保障作用

此外，申领坏账准备金非常复杂，基本很难拿到。目前DZ小贷公司有较多坏账，法院判决胜诉后迟迟无法执行，也就无法拿到税务局出具的坏账证明。但坏账准备金的申领是需要提供税务部门相关证明的，所以坏账准备金基本申请不到。建议将坏账准备金以税收返还的方式直接补贴给小贷公司，而不是需要提供税务局的凭证去申请，或者建议胜诉判决后规定一段时间的等待期，如果还是无法收回坏账，就可以申领坏账准备金。

五、小结与展望

1. 对政策的扶持目标进行充分聚焦，突出精准扶持。尽管 MM 区对小贷公司进行了较全面的政策扶持，但因未能有效针对全区中小企业的融资特点、小贷公司的发展特点进行系统而精准的分析，因此出现了现有政策多个条款放空的现状。建议新一轮的政策应加强对扶持目标的聚焦度，充分突出小贷公司的扶持主题，调整政策内容，围绕小贷公司的业务从扶持和促进两个角度进行政策条款设计。

（1）政策目标突出区域经济发展导向性，限定补贴发放的适用地域范围。针对政策条款的设计和政策执行过程中未明确规定扶持项目所属区域的不足，建议在新一轮的政策修订中，明确补贴发放的适用地域范围。尤其是对坏账准备金，应明确规定该项补贴的使用范围仅适用于小贷公司冲抵因为 MM 区客户提供金融服务所带来的坏账损失；因拓展其他地区客户所带来的坏账不属于该坏账准备金的冲抵范围。

（2）提升政策扶持的瞄准度，与 MM 区产业发展的重点保持步调一致。从"十三五"规划的要求可以看出，未来 MM 区域经济产业发展的重点在于大力发展科技企业，实施先进制造业和先进服务业双轮驱动。因此，新一轮的政策修订中，除了要一如既往地鼓励小贷公司在解决"三农"问题中继续发挥作用外，还要进一步提升政策扶持的瞄准度，增加对科技型中小企业、先进制造企业、先进服务企业的贴息政策，促进小贷公司更好地服务于 MM 区科技企业，围绕先进制造业和先进服务业做文章。

2. 避免扶持与监管两张皮，对不同经营状况的小贷公司实现差异化管理。当前各地政府在促进小贷公司行业发展时，仍以扶持政策为主，监管相对较为滞后，相应领域的顶层设计不完善，立法工作和制度建设滞后。特别是目前规范全国层面小贷公司行业的上位法即非存款类放贷组织条例尚未出台。

因此，在新一轮的政策修订中，应加大与小贷公司监管工作的结合力度，实行差异化管理，切实督促和激励小贷公司的业务经营，保障小贷公司的持续健康发展。

第一，针对小贷公司的开办费补贴，建议分年兑现，不宜刚起步就一次到位，防止"开关公司"现象的出现，以提高扶持资金的使用效益。

第二，增加促进类政策条款，加大促进类补贴资金的比例，政策的重心从兜底向激励转化。

第三，根据区金融办的评级结果和日常经营活动的监督，实现对小贷公司的差异化管理。打破目前补贴标准和内容一视同仁的限制，对评级较低、经营不符合监管要求或出现重大经营风险的小贷公司给予降低补贴金额的惩罚措施，对评级较高、经营合规、无重大经营风险并能切实促进 MM 区区域经济发展的小贷公司给予政策倾斜，设立奖励基金，加大激励力度，提高补贴金额。

"十四五"时期，MM 区继续以经济建设为中心，落实"中国制造 2025"，按照高端化、绿色化、服务化原则，继续实施先进制造业和现代服务业双轮驱动、融合发展的产业发展方针，加强质量品牌建设，全力支持实体经济发展，推动产业结构战略性调整，形成以先进制造业为支撑、现代服务业为重点、战略性新兴产业为引领的现代化产业体系。以集聚人才为核心，着力推动重创空间品牌化发展，着力推动科技成果转化为现实生产力，全力打造创新创业的示范功能、产业创新的引领功能、成果转化的承载功能、研发机构的集聚功能，努力向建设上海科技创新中心功能集聚区进军。基于此，新一轮的扶持政策应与"十四五"时期的奋斗目标紧密结合，引导小贷公司真正发挥出在服务 MM 区域经济发展中的作用，助力 MM 区大众创业、万众创新活力的持续提升，为增强科技创新对实体经济发展的支撑作用以及促进先进制造业和现代服务业的发展添砖加瓦。

参考文献

[1] 陈小懿，陈煦飞，庄妍. 小额贷款公司的现状探究与发展建议——以上海市小额贷款公司为个案 [J]. 成都行政学院学报，2010 (6)：63 – 66.

[2] 陈刚. 上海市小额贷款公司发展研究 [J]. 当代经济，2013 (19)：62 – 64.

[3] 上海市闵行区人民检察院课题组. 闵行区新型金融机构运行状况分析 [J]. 山西省政法管理干部学院学报，2016 (3)：27 – 30.

[4] 郭威. 小额贷款公司与中小企业融资问题研究——以上海浦东新区为例 [D]. 上海师范大学硕士学位论文，2013.

[5] 崔慧茹. 上海市闵行区小额贷款公司运营模式分析 [D]. 电子科技大学硕士学位论文，2011.

[6] 李瑞. A 小额贷款公司财务风险管理研究 [D]. 山东财经大学硕士学位论文，2016.

跋

  《上海国家会计学院案例集（第十一辑）》是 2018～2019 年年度教学案例项目的成果。案例于 2018 年中启动，经过开题评审，中期汇报与结项验收三个环节，顺利于 2019 年中完成。因部分案例数据更新，本辑于 2022 年正式出版。

  本辑的案例包括管理会计、财务管理、区块链等，其中有涉及复杂的金融工具公允价值计量问题，也有信息化下区块链的应用案例，以及国内外的税务问题案例，本辑也包含了科研院所的会计与财务案例。

  案例开发与教学是一种学习与成长，感谢学院各级领导十余年来的关注和支持，感谢同事们对案例教学的孜孜不倦的追求和努力，更要感谢案例作者贡献出自己的经验与学识。

上海国家会计学院

案例研究中心

李颖琦

二〇二二年九月

上海国家会计学院案例库目录

编号	作者	案例名称	所在案例集
2007010	夏大慰	金枫酿酒：差异化战略	第一辑
2007011	张人骥、刘春江	控股溢价、流通溢价与上市公司要约收购——南钢股份案例研究	第一辑
2007012	曹声容、高伟	钢丝上的舞蹈——企业道德风险控制	第一辑
2008013	单喆慜、高杨	财务杠杆对企业盈利的影响——电力行业案例分析	第一辑
2008014	单喆慜、袁文军	商业银行的作业成本与传统成本比较案例	第一辑
2010015	单喆慜	钢铁行业上市企业在 2002 – 2006 年期间的盈余管理	第二辑
2007016	单喆慜	深发展 2004 – 2006 年年报中的盈余管理	第一辑
2010017	邓传洲、李俊瑜	会计的经济后果与利益平衡——基于潍柴动力合并湘火炬的案例分析	第二辑
2007018	邓传洲、赵春光、张人骥	制度安排与盈余管理：宝钢权证的案例分析	第一辑
2010019	郑德渊、李建新	结构化融资：福乐能源集团的案例	第二辑
2010020	李扣庆、田蓓、王晖	三一重工的双重业务层战略	第二辑
2010021	刘凤委	公司控制权配置与财务危机	第二辑
2010022	刘勤	AMT 公司基于共享文化的知识管理	第二辑
2006023	卢文彬	长虹公司——扩张之路	第一辑
2010024	庞金伟	某集团涉税案例	第二辑
2010025	屈伊春	黄金搭档营销费用管理	第二辑
2010026	宋德亮	工资核算员舞弊案——基于内部控制框架的结构化分析	第二辑
2010027	宋航	浙江电信内部控制建设研究	第二辑
2010028	佟成生、滕凌云	SHAP 集团公司的预算管理	第二辑
2007029	王怀芳、袁国良	要约收购下的股东权益保护——中国石化要约收购下属子公司案例研究	第一辑
2010030	王怀芳	股权融资偏好与股东价值最大化——万科可转换债券案例研究	第二辑

编号	作者	案例名称	所在案例集
2007031	夏大慰	日产汽车公司墨西哥市场进入策略	第一辑
2007032	夏大慰	上电股份：热电联供的价格规制	第一辑
2010033	颜延	经济实质与法律形式之辨——BOT项目的会计确认与计量	第二辑
2010034	余坚	云南白药：利用实物期权战略推动可持续发展	第二辑
2007035	赵春光	激励机制案例：万科（000002）的限制性股票激励计划	第一辑
2010036	赵春光	价格战与成本管理：波导的案例分析	第二辑
2006037	赵春光	经营风险和财务风险分析：航空公司案例	第一辑
2010038	赵敏	政府公共项目及政策的绩效评价——农村特困人口救助项目的成败之争	第二辑
2007039	周叶	A国卫星公司的收入是否在中国缴税？——对营业利润、租金、特许权使用费和税务救济程序的分析	第一辑
2006040	张人骥、陈倩	经营租赁：动机和对财务报告的影响——东方航空的案例	第一辑
2007041	夏大慰	京都议定书：清洁发展机制与碳交易	第一辑
2006042	王怀芳	上市公司缘何偏好股权融资——深圳万科集团可转债融资的案例研究	第一辑
2010043	宋德亮	企业内部控制规范实施技术案例	第三辑
2011044	郑德渊	股票期权：七匹狼	第四辑
2011045	王怀芳、孙暐	公司估值、股东价值及流动性溢价——基于中国船舶与长江电力的案例分析	第四辑
2011046	余坚	战略实施中的绩效管理与薪酬激励——SPX公司案例	第四辑
2011047	吉瑞	战略性融资与分离交易可转债——江西铜业的案例分析	第四辑
2011048	庞金伟	增值税转型对上市公司经营业绩的影响——A航空公司财务分析报告	第四辑
2011049	刘凤委、邱铁	国美控制权之争折射的公司治理问题	第四辑
2011050	夏大慰	MCI购并案	第四辑
2011051	江百灵、宋振超	中国企业跨国并购的财务风险——吉利并购沃尔沃的案例	第四辑
2011052	曹声容	中国企业国际化之联想	第四辑
2011053	贺学会	商业银行经济资本管理——ING与中国××银行的比较分析	第四辑

续表

编号	作者	案例名称	所在案例集
2011054	宋航、杨于民	商业银行分支机构绩效考核制度案例研究	第四辑
2011055	张向菁、赵婷	商业银行竞争力管理路径研究——B 银行案例	第四辑
2011056	赵春光	联合分析法在产品定价中的应用——MPAcc 项目的案例分析	第四辑
2011057	赵敏	地方政府投融资平台的债务形成与风险控制——上海城投案例	第四辑
2011058	宋德亮	企业风险管理案例——雪灾中的郴州电力	第四辑
2012059	刘凤委、刘铎	破坏性创新浪潮下的企业可持续发展——基于伊士曼柯达公司的案例研究	第五辑
2012060	吉瑞	农产品价格风险调控与创新——安信农业保险"保淡"绿叶菜保险	第五辑
2012061	江百灵、刘汝东、冯长军、胡伟益	EVA 绩效考核与价值管理在国企的应用	第五辑
2012062	庞金伟	XX 省汽车集团公司特殊收入纳税案	第五辑
2012063	宋德亮	开县 1223 井喷案例——基于内部控制框架的分析	第五辑
2012064	张人骥、方浩毅	增值税改革对工业园区房地产企业的影响分析——CHJ 公司与 JQ 公司的案例	第五辑
2012065	赵敏	AIG 与资产证券化	第五辑
2012066	佟成生、张孝堂	基于价值链的成本管理体系设计——以某省中烟公司为例	第五辑
2012067	刘勤、宋振超、胡劲波	XBRL 在企业中的实施与应用——以东方航空 XBRL 应用项目为例	第五辑
2012068	郑德渊	外汇风险管理：漳泽电力	第五辑
2012069	余坚	中国平安并购深发展案例研究	第五辑
2012070	宋航	某租赁公司营业税改征增值税案例分析	第五辑
2013071	曹声容	从屠宰场到文化创意园地——上汽 1933 老场坊之商业模式	第六辑
2013072	宋德亮	限售股权的会计问题研究——来自兰生股份的案例	第六辑
2013073	郑德渊	套期保值：宝胜股份	第六辑
2013074	袁敏	银行内部控制与风险管理改进——基于摩根大通合成信用交易事件的反思	第六辑
2013075	赵敏	虎城一号——揭开政信合作的面纱	第六辑
2013076	王怀芳	蓝色光标并购扩张之路上的对赌协议	第六辑

编号	作者	案例名称	所在案例集
2013077	赵春光	作业成本法在商业银行的应用——CN 银行 HZ 支行的案例分析	第六辑
2013078	庞金伟	揭开央视与地产商土地增值税争论的层层迷雾	第六辑
2013079	佟成生	管理会计新工具——阿米巴经营模式	第六辑
2013080	刘凤委	亚马逊的启示	第六辑
2013081	宋航	某邮政公司营业税改增值税案例	第六辑
2013082	朱丹	绩效预算与绩效评价——基于 X 高校学位项目的案例讨论	第六辑
2013083	张人骥	短期期货合约对长期供货责任的套期保值—— MG 公司案例的再讨论	第六辑
2014084	王纪平	HD 集团对标管理	第七辑
2014085	王蕾	普惠金融的商业可持续发展之路——台州银行的实践	第七辑
2014086	陈胜群	互联网创新机制下的思考——余额宝	第七辑
2014087	季周	员工身股，激励还是福利——浙江 FT 公司案例	第七辑
2014088	刘梅玲	第三方支付企业的管理会计信息化之路——以 TL 支付为例	第七辑
2014089	余坚	协议控制的法律形式与经济实质——新东方 VIE 架构案例研究	第七辑
2014090	赵春光	ABC 钢铁公司实施实物流成本会计的案例研究——促进财务业绩与环境保护的和谐发展	第七辑
2014091	叶小杰	情感与理智——上海家化的公司治理问题	第七辑
2014092	赵敏	上海城投与老港四期 PPP 项目	第七辑
2014093	刘凤委、刘铎	破坏性创新视角下的汽车产业价值链重构——基于特斯拉汽车公司的案例研究	第七辑
2014094	郑德渊、马琳玉	放宽信用为哪般？——隆基股份与尚德电力	第七辑
2014095	宋航、严守恒、程业坤	ABC 保险公司营业费用分摊方法选择的经济后果研究	第七辑
2014096	宋德亮	收购与反向收购迷局——置信电气重组案例分析	第七辑
2014097	佟成生、兰宝英	DQ 集团公司精益成本管理体系的构建	第七辑
2014098	曹声容	吉利汽车之顾客价值与竞争优势——购并沃尔沃的影响	第七辑
2014099	庞金伟	杭州前进齿轮箱集团股份有限公司分立涉税案	第七辑
2014100	张向菁	WQ 公司的医务团队之一——扮演部门总经理	第七辑
2014101	张人骥、杨艺	租赁准则调整对公司财务状况的影响——以东方航空为例	第七辑
2014102	朱丹、谢冬松	绩效预算与绩效评价——基于 X 高校学位项目的案例讨论	第七辑

编号	作者	案例名称	所在案例集
2014103	袁敏	中国概念股危机对审计行业的影响——基于 SEC 与中国"四大"和解的分析	第七辑
2014104	单喆慜	机构投资者对中小股东权益保护的影响——基于汇源果汁集团收购汇源产业控股的案例分析	第七辑
2015105	郑德渊、邓煜	信用风险与重整预期：超日太阳	第八辑
2015106	王纪平	制约法在管理会计中的应用研究——以 G 公司为例	第八辑
2015107	刘梅玲	信息化环境下的房地产企业全面预算管理研究——以 ZT 置业为例	第八辑
2015108	宋航、李海霞	定增式股权激励的避税效应——莱美药业的案例	第八辑
2015109	刘凤委、孙益明	"联销"模式收入确认及经济后果研究	第八辑
2015110	袁敏	并购商誉的估值和风险计量研究——以蓝色光标并购 Huntsworth 为例	第八辑
2015111	庞金伟	税务行政诉讼审理中法律依据的采纳问题研究——盈锦置业有限公司与仁化地税局税务诉讼案	第八辑
2015112	赵敏	N 市交通投资控股有限公司的 PPP 模式实践	第八辑
2015113	陈胜群	TOC 供应链管理下的"黑手党提案"决策——基于迈嘉、耐奇和利泰公司的研究	第八辑
2015114	王蕾	P2P 网贷行业之殇：来自 e 租宝事件的启示	第八辑
2015115	叶小杰	基于物联网的管理会计应用——以浙江亿利达为例	第八辑
2015116	黄长胤	成本数据准确性助力智能制造——山东 CL 集团的案例	第八辑
2015117	刘勤、吴忠生	财务共享服务的应用实践——国美电器的案例分析	第八辑
2015118	佟成生、范松林	宝钢金属阿米巴经营模式的创新应用	第八辑
2015119	赵春光	生产能力成本的案例分析	第八辑
2015120	张人骥、檀梦雅	可转换可赎回优先股（CRPS）的会计财务问题——浦发银行案例	第八辑
2015121	张向菁	WQ 公司的医务团队之二	第八辑
2015122	余坚、蒋文豪	从营运资本管理到供应链金融——来自海尔集团的实践	第八辑
2015123	单喆慜	从商业模式到投资价值——以海澜之家为例	第八辑
2015124	朱丹	某公立医院医疗服务项目成本核算与管理的探索——基于管理责任的作业成本法	第八辑
2016125	郭永清	业财融合的实践——以河北联通为例	第九辑
2016126	吴忠生、应依宁	基于商业智能技术的房地产企业集团管控应用研究	第九辑

编号	作者	案例名称	所在案例集
2016127	黄长胤、高洪波	模拟利润中心在企业成本管理中的应用——山东中烟案例研究	第九辑
2016128	周赟、管瑾、吴阿平	狮桥租赁的资产证券化融资	第九辑
2016129	叶小杰、朱健	行为金融视角下的上市公司更名效应研究——以匹凸匹为例	第九辑
2016130	吉瑞	企业产融结合的模式探讨——以复星国际为例	第九辑
2016131	张向菁	个体工作压力管理——以会计师事务所审计人员为例	第九辑
2016132	郑德渊、郑超	公允价值计量：挂钩黄金触发式票据	第九辑
2016133	宋航、张晓敏	全面"营改增"下企业税务风险管理研究——以S省邮政为例	第九辑
2016134	庞金伟、韩春明、夏新东	城镇化PPP项目纳税策划方案设计——基于东江镇新型城镇化PPP项目的纳税策划方案设计	第九辑
2016135	王纪平	长安汽车：作业成本管理变革之路	第九辑
2016136	葛玉御	SH国际教育公司员工的个人所得税筹划	第九辑
2016137	江百灵	辽宁成大：持股比例被动变化的权益法难题	第九辑
2016138	刘梅玲	京东电子发票诞生记	第九辑
2016139	刘凤委、邓含	企业控制权判定与经营模式问题研究	第九辑
2016140	王怀芳	收购与反收购——基于茂业国际&深国商的收购与反收购案例分析	第九辑
2016141	赵敏	国电科环光伏业务过度投资的形成与分析	第九辑
2016142	袁敏	风险导向审计在英昭公司的应用	第九辑
2016143	王蕾	项目收益债真的能实现风险隔离吗——以14穗热电债为例	第九辑
2018144	郭永清、杨海雄	价值工程分析与目标成本法在成本控制中的结合应用——以微基站产品成本管理为例	第十辑
2018145	袁敏	内部审计的压力与应对——以XF审计GS为例	第十辑
2018146	葛玉御	国际税收"受益所有人"的理解和认定——股息和利息所得的案例分析	第十辑
2018147	吴忠生、王佳	XBRL财务报告的数据质量控制研究	第十辑
2018148	郑德渊、陈筱悦、吴红	股票期权公允价值计量——科达科技	第十辑

编号	作者	案例名称	所在案例集
2018149	宋航、朱贝贝	人工智能行业上市公司估值问题研究	第十辑
2018150	赵敏	NJ 创业投资引导基金运行模式与效果分析	第十辑
2018151	吉瑞、王攀峰	循环购买型资产证券化产品终止确认问题研究——以招商银行"和享一期"为例	第十辑
2018152	刘凤委、汪洋	控制权判断与合并报表范围的变更	第十辑
2018153	叶小杰、纪秋蕾	风险投资机构声誉受损的经济后果——基于赛富亚洲的案例分析	第十辑
2018154	季周	打造面向未来的高绩效财务团队——T 公司财会人员任职资格项目研究	第十辑
2018155	李颖琦、沈莎、徐升华、孟骥、李明忠	公立医院成本精细化管理策略与应用——以四川大学华西医院为例	第十辑
2018156	余坚	利率风险的久期分析与资本结构优化——国家开发银行案例研究	第十辑
2018157	庞金伟、杨念东、夏新东	农业 PPP 项目的财税核算及管理	第十辑
2018158	朱丹	某公立医院固定资产管理案例研究	第十辑
2018159	张向菁	教练之 GROW 模型——新晋管理者辅导案例分析	第十辑
2018160	王纪平、李曙亮	要利润还是要投入资金回报——基于 DFJD 集团的规划决策实践	第十辑
2018161	李昕凝	互联网金融税收面临的现实挑战——以网络借贷和互联网支付为例	第十辑
2022162	章辉	沃尔公司政采十年诉讼路——"政府采购第一案"的启示	第十一辑
2022163	李昕凝、卫江昊	汉堡王与提姆霍顿的"税收倒置交易"	第十一辑
2022164	葛玉御	YY 地产公司无锡酒店项目税收筹划	第十一辑
2022165	朱丹、顾玲	科研项目预算管理案例研究——基于 D 研究所 J 科研项目的案例分析	第十一辑
2022166	庞金伟	宝武集团"竞争成本变革"案例分析	第十一辑
2022167	季周	吉利汽车的责任利润中心建设与绩效考核研究	第十一辑
2022168	郑德渊、黄娴雅	套期保值：零成本领式合约	第十一辑
2022169	叶小杰、王惟立	CAPM 在证券虚假陈述案中的应用——以大智慧案为例	第十一辑

编号	作者	案例名称	所在案例集
2022170	吉瑞	房地产投资信托基金在我国长租公寓融资中的应用研究——以碧桂园房地产投资信托为例	第十一辑
2022171	宋航、曾嶒	商誉的后续计量研究——以益佰制药为例	第十一辑
2022172	吴忠生、程少文	XBRL 企业内部应用能力事前评价研究——以 C 公司为例	第十一辑
2022173	郭永清	DS 公司精益管理案例研究	第十一辑
2022174	袁敏	收购轻资产公司的商誉减值与审计研究——以 DD 公司收购 YT 公司为例	第十一辑
2022175	刘梅玲	区块链电子发票探秘	第十一辑
2022176	赵敏	MM 区小额贷款公司财政扶持政策效果分析	第十一辑